Toki Pona Dictionary

compiled by
Sonja Lang

Credits

Toki Pona Dictionary is a book by Sonja Lang.

With significant contributions from:

    Albey Amakiir, jan Alise, jan Ana, kulupu Aponi, cile pa n-Ile,
Jezza Hehn, jan Jan, jan Jolansi, jan Kaja, jan Kapilu,
jan Ke Tami, jan Kelikun, jan Lanu (Ronu), jan Likipi,
lipamanka, jan Masewin, jan Molin (Gaeaphile), jan Ne,
jan Olipija, jan Sa, jan San, sictoabu, skymandr, soweli nata,
Stella H., Tamzin Hadasa Kelly (wan Tansin), jan Tepo,
jan Weko, jan Wija and many others

Cover art: Lucy Deacon (jan nanpa Lusi) and Vacon Sartirani

Interior illustrations: Vacon Sartirani

Toki Pona is free!
This book is copyright © Sonja Lang 2021.
(Thank you for supporting my work.)

Pages 397 and 401 are copyright their respective writers.

ISBN: 978-0-9782923-6-2

Contents

Notes on *lipu pu*

Seven years have passed since the first official book was published. As Toki Pona is a living language, *Toki Pona: The Language of Good* must also be a living document. Let me share some clarifications, corrections and critiques.

p. 7

"This is the way I use Toki Pona." The first book serves as a snapshot and reference point of one key person's way of using Toki Pona at one key moment in time. This foundation is paired with the invitation on page 62. "Now the rest depends on you. Go enjoy yourself. Create, play, and be *pona!*"

p. 11

In light of a commitment to non-ableist language, the chicken example should be corrected to 'silly bird' *(waso nasa).*

p. 17

In the book, words are taught using parts of speech and example translations that are familiar to English-speaking learners, e.g. nouns, adjectives, verbs. A deeper analysis of Toki Pona grammar reveals that a model with content words and particles (among others) may be more appropriate or accurate. For one example, search for "Toki Pona Analysis: Parts of Speech" by u/pisceyo (kala kala) on Reddit.

p. 23

The word *mi* is introduced as meaning *I, me, we*. I would like to emphasize that singularity is not the default in Toki Pona.

p. 23

At this point, *meli* and *mije* have been taught. A third word, *tonsi*, has been created by the community of Toki Pona speakers in a grassroots project, and I support it. See the dictionary part of this book for definitions.

p. 25–27

While *kute* does also mean obey, other perception words like *lukin* can also be used for obeying, for example if the information was conveyed visually.

p. 28

Technically, the word *pu* describes the relationship and interaction between a person *(jan pu)* and the book *(lipu pu)*. In informal usage, a number of people use *pu* as a name for the book itself or the variety of Toki Pona presented in it.

p. 31–33

A few people form a yes-or-no question using intonation alone, without adding *anu seme* or using the *ala* method. Although this can occur spontaneously in some situations, I would not recommend it as the main way to form a yes-or-no question, especially in writing.

In addition to the verb repetition method to answer 'yes', it is also very common to hear 'lon' with the meaning of 'yes, that's true'.

p. 34

In early years, *kepeken* served as both a preposition (without *e*) and as a transitive verb (with *e*). Later, an effort was made to consolidate *kepeken* as only a preposition, i.e. without *e*. Today, some people use *kepeken e*, although the majority use *kepeken* only as a preposition. There may be benefits to either style.

Preposition style:
  o kepeken ala ilo ike. or *o kepeken ilo ike ala.*
Transitive verb style:
  o kepeken ala e ilo ike. or *o kepeken e ilo ike ala.*

Many people also use prepositions as nouns. For example:
  mi sona ala e tan.   I don't know the reason.
  mi toki e lon.   I say the truth.

p. 35

I personally use the preposition *lon* with a very wide meaning. The example *mi toki lon toki pona* could also be expressed as *mi toki kepeken toki pona,* and many Toki Pona speakers prefer this way. I also personally use *lon* when talking 'about' something: *mi toki lon kili.* I'm talking about turnips.

p. 38

For 'Chinese lady' *(meli Sonko)*, many people find it clearer to say *meli pi ma Sonko* or *meli tan ma Sonko* or *meli pi kulupu Sonko.* This avoids misunderstanding it as 'a woman named Sonko', because the primary interpretation of '[noun] [Name]' is 'a [noun] named [Name]'.

p. 38

Correction: *jan Epawan Linkan li tan ma Mewika.*

p. 43–45

Although the particle *pi* is glossed as 'of', it is more accurate to say that *pi* regroups modifiers. As the examples in *lipu pu* show, it does not behave exactly the same way as the English word 'of'. It may be helpful to compare the function of *pi* to the hyphen in English. For example, compare:

pali jan wan	one personal project
pali pi jan wan	one-person project
waso kule tu	two colourful birds
waso pi kule tu	two-coloured bird

Also, a completely different way to use *pi* exists in the structure *A pi B en C.* This is a very old way to use *pi*, which continues to be used by some people; however, many people dislike using it. For example, *linja pi ma en sewi* is one way to say horizon, and *musi pi kiwen walo en kiwen pimeja* is one way to say chess.

p. 45

The proverbial scholar of Toki Pona also listens to the usage of the community.

p. 46–47

For those who yearn for a more sophisticated and robust number system, I personally endorse the *kijetesantakalu-*based system, innovated by soweli nata in alignment with the values system of Toki Pona. See near the end of this book.

p. 48–50

Other examples of pre-verbs in usage include *alasa, open, pini* and *tawa*:

o alasa lukin e lipu.	Try to read the document.
mi open seli e pan.	I started cooking rice.
sina pini moku e kili.	You finished eating the kumquat.
mi tawa moku e kala.	I'll go eat seafood.

p. 52

In my opinion, whether to use a comma before *la*, after *la*, or to not use a comma at all is a personal stylistic choice.

p. 54

The *pu* book introduces an oddity with how *noka* has traditionally been used. It is much more common to use *noka* as 'leg, foot' and *anpa* as 'area below or under'.

p. 56

In *pu* style, the particle *li* can introduce a new verb for a third person subject, but in the case of *mi* or *sina*, one starts a new sentence. This reflects *li*'s origins as a third person marker. Many people have expanded the use of *li* to introduce a new verb, even when the subject is *mi* or *sina*.

pu style:

jan li toki li moku.	The person speaks and eats.
mi toki. mi moku.	I speak and eat.

Expanded *li* style:

jan li toki li moku.	The person speaks and eats.
mi toki li moku.	I speak and eat.

p. 58

jan Melani li kama tawa tomo mi.
We can also say:
jan Melani li kama lon tomo mi.

p. 62

This page contains by far the most important message in *lipu pu*.

10

p. 65

Correction: *2. kulupu pi toki pona li pana e ijo mute.*

p. 73

Non-ableist language: A sage is a strange person.

p. 76

Non-ableist language: Women will make men impulsive. (Of course, not all men experience opposite-sex attraction in this way.)

p. 92–103

Signed Toki Pona *(toki pona luka)* was presented as a game to battle Lojbanists. A new and very *pona* project, *luka pona*, has since been designed by jan Olipija to be usable as a naturalistic sign language alongside Toki Pona. I recommend learning *luka pona*.

p. 104–111

The community has developed *sitelen pona* glyphs for many non-*pu* words. For example, two great font projects include *linja sike* by lipamanka and *linja suwi* by jan Ana.

An alternate and secular form of the *sewi* glyph also exists as an option. It matches the other spatial terms like *anpa*.
For example, search for "sitelen pona la sitelen ante mi pi nimi *sewi*" by u/neonpixii on Reddit.

p. 112–123

These were presented as suggestions and still serve as useful defaults to fall back on. If the community of Toki Pona speakers, especially those with a connection to the place or language in question, agree on a way they would prefer to be called in Toki Pona, please use that form. In Toki Pona, there is a preference for endonyms. Also there is an effort to re-use the same word for the country, the language and the ethnic group. See *nimi.tokipona.org*

p. 116

Is the example of *ma Sawusi* an error or an indication that Toki Pona phonotactics are less strict when transcribing foreign words?

p. 125–134

In an effort to minimize the vocabulary for learners, some words were presented as merged: *a* and *kin*, *sin* and *namako*, *lukin* and *oko*. In reality, the community of Toki Pona speakers, both before and after publication of the first book, uses these words with different meanings. See the dictionary part of this book for definitions.

akesi li suwi!

p. 125

Correction:

akesi

NOUN reptile, amphibian

p. 130

Non-ableist language:

nasa

ADJ unusual, strange; silly; drunk, intoxicated

p. 131

The examples given for *seli* are in fact nouns.

Toki Pona Dictionary

About the Dictionary

tenpo ku li lon a!

The *Toki Pona Dictionary* project documents common ways Toki Pona speakers translate common English words. It is based on four months of community polling in the *ma pona pi toki pona* Discord server.

The *ma pona pi toki pona* community was chosen for this one project, because at the time it was the social hub with the most linguistic vitality and the highest number of volunteers available in real time. Because the data was sourced from one particular community only, this dictionary inherits whatever linguistic patterns, cultural or personal values, views and biases that are predominant in that community.

When collecting terminological data from volunteer informants, I was not able to include every single answer suggested, but I did my best to include the most common ways and the ways that made sense to me. If your favourite neologism *(nimi sin)* or creative phrasing was not included in this book, please accept my apologies.

Warning Against Lexicalization!

The translations in this dictionary are by no means the only correct ways to say things. In fact, the whole point of Toki Pona is to meditate about what things mean to you personally, paying attention to the unique context around them, and to construct your own phrases using the building blocks provided by Toki Pona. Don't think of the translations listed in this dictionary as *the* answers, but rather as **common options or examples** to inspire or guide you.

In the words of jan Likipi, "There are no hard-set compound phrases in Toki Pona. This is by design! Part of the goal of the language is for you to break down your surroundings from your own viewpoint and describe things dynamically, not use the same phrase to mean the same thing all the time. Think about what the topic means to you, and consider what is important about it."

A useful habit when using any bilingual dictionary is to compare your ideas with their back-translation from the other side of the book. For example, you look up an English word and see three suggestions in Toki Pona. You can then look up each of those in the Toki Pona side to see what other things they commonly mean or don't mean, and better understand how they differ.

Grammar

Also note that a dictionary doesn't always teach grammar. A dictionary points you to which words you might want to use, but it doesn't teach you how to integrate them into a sentence. For example, you might look up 'beside' and see the translation *poka*. To build a Toki Pona sentence using the word *poka*, you still need to know whether and how to add *lon*. Often, the syntax and word order in Toki Pona are very different from English. An obvious case of this is the particle *la*. Similarly, the important particles *li* and *e* do not have exact English equivalents and are not taught in this book. The first official book, *Toki Pona: The Language of Good*, teaches the fundamentals of Toki Pona grammar.

That being said, *ku* does confirm some aspects of Toki Pona grammar not mentioned by *pu*. For example, *jan kepeken* shows *kepeken* as a content word. There are several entries that use multiple *pi*'s in the same noun phrase. Many entries show a prepositional phrase at the end of a noun phrase, e.g. *jan lon soweli* (rider). We can observe interesting stylistic trends such as *tenpo* dropping. And so on.

About Endonyms

In Toki Pona, there is a preference to use self-designated names (endonyms) for the proper names of ethnic groups, countries, cities, languages, religions, famous people, etc.

The data in this dictionary was gathered from people who may not have been aware of actual endonyms. If the community of Toki Pona speakers with a cultural connection to a specific proper name agree on an endonym they would prefer, please use that form. See *nimi.tokipona.org*

What do the little numbers mean?

The superscript numbers are frequency indexes that measure how commonly a word was used by the Toki Pona speakers surveyed during the research project. It is a scale from ½ to 5. For example, 5 shows a widespread translation that the overwhelming majority of informants independently agreed on. In contrast, ½ often shows an expression that is unique to one person, yet was still accepted as valid and understandable. A more common translation is not necessarily more correct. However, there are many situations where it's helpful to know roughly how common or uncommon a word or translation is.

More specifically, the frequency index means that, when a group of 10 to 30 informants were asked how they would say a specific English word or phrase in Toki Pona, the following percentage of them gave that answer:

frequency index	percentage of respondents
5	81 to 100%
4	61 to 80%
3	41 to 60%
2	21 to 40%
1	11 to 20%
½	1 to 10%

Although the indexes were generated while surveying people to translate prompts from English to Toki Pona, the values are preserved when the data is reversed and presented as Toki Pona to English translations.

What about the new *ku* words?

This dictionary documents Toki Pona as a living language. As a result, it also includes a specific set of non-*pu* words, which can now be called *ku* words.

When choosing whether a particular *ku* word is one you want to use, its frequency index can help show its approximate vitality and importance at the moment when this dictionary was compiled.

Word choice also depends on your personal style and goals. For example, if you enjoy the original minimalism ethos and challenge of Toki Pona, you may want to restrict your vocabulary as much as possible. If you enjoy the *nimi sin* ethos and organically growing culture, you can now more confidently use the most common non-*pu* words, knowing they are published *ku* words.

nimi ku suli

I would argue that almost all new words with a frequency index of 3 or higher are now an essential part of Toki Pona. We can call them *nimi ku suli*:

> *namako, kin, oko, kipisi, leko, monsuta, tonsi, jasima,*
> *kijetesantakalu, soko, meso, epiku, kokosila, lanpan, n,*
> *misikeke*

Personally, when I evaluate new *ku* words with a frequency index of 2 or lower — if I may call them *nimi ku pi suli ala* — some of them give me the reaction, 'OK, I understand this word, but do we really need it?' Others give me the reaction, 'This word has excellent expressive power. Let's use this creatively in more situations!'

The new *ku* words are of various types. Some were taken from my old pre-*pu* drafts. Many others were created by members of the Toki Pona community. Some are pragmatic and fill semantic gaps. Others are clearly part of the humour tradition of Toki Pona. Some could be described as technical terms used by specialists who frequently deal with a topic and need a dedicated word. Many *nimi sin* are slang, and the nature of slang is to change quickly.

Experiment and decide your style of Toki Pona for yourself. I encourage freedom and creativity!

Creator Attribution for *ku* words

jan seme li mama pi nimi ni?

epiku: jan li sona ala
ete: jan inwin
ewe: jan ko
isipin: jan ko
jasima: jan inwin en jan Wesu
   en jan Maliku en jan Kisinja
kamalawala: jan Wesu
ke: jan Maliku en jan Kisinja
kese: jan Jan
kiki: akesi kon Nalasuni
kulijo: jan pakala (lu) en kala
   pona Tonyu
kuntu: jan inwin en jan Wesu
   en jan Maliku
lanpan: jan inwin en jan Wesu
   en jan Maliku en jan Kisinja
likujo: jan inwin en jan Kawa
linluwi: jan inwin
meso: jan Olipija
misa: misa Ewis
n: kala kala

neja: jan inwin
oke: jan li sona ala
peto: jan Kiwa en kulupu kasi
Pingo: jan Likipi
polinpin: jan li sona ala
pomotolo: jan Kawa
san: socks en jan Wesu
soko: jan inwin
soto: jan inwin
sutopatikuna: Alexandre
   Baudry
taki: jan Kapilu en jan Lewiku
te: kala kala en jan Lakuse
teje: jan inwin en jan ante wan
to: kala kala en jan Lakuse
tonsi: grassroots community
   effort
umesu: jan Wija
usawi: ka Tumu
wa: mama mama pi jan Lakuse
waleja: jan inwin

Not listed here are words by Sonja Lang.

English–
Toki Pona

abandon weka^4

ability ken^5, ken pali$^{1/2}$

able ken^5

about (talk about something) toki e ijo^2, toki lon ijo^1, toki ijo^1

about lon^2, la^1, e^1, tan$^{1/2}$, pi$^{1/2}$

above lon sewi^3, sewi^2

abroad lon ma ante^3, weka^2, ma ante^1, lon ma weka$^{1/2}$

absence weka^4, ala^1, lon ala$^{1/2}$, awen weka$^{1/2}$

absolute ale^2, lon^2, mute^1

absolutely lon a^2, lon^2, a^1

absorb moku^2, insa^1, kama jo$^{1/2}$

abstract kon^2, sona taso$^{1/2}$, nasa$^{1/2}$

abuse ike^1, pakala^1, kepeken ike$^{1/2}$, pali ike$^{1/2}$, utala$^{1/2}$, pana ike$^{1/2}$

academic pi tomo sona^2, jan sona$^{1/2}$, kulupu sona$^{1/2}$, sona$^{1/2}$

academy tomo sona^4, kulupu sona^1

accent nasin toki^3, kalama toki^1, kule toki$^{1/2}$, nasin pi toki uta$^{1/2}$, toki pi ante lili$^{1/2}$, toki nasa$^{1/2}$

accept kama jo^2, ken^1, kama sona$^{1/2}$

acceptable pona^5, ken pona$^{1/2}$

acceptance pilin pona^1, ken lon kulupu$^{1/2}$, olin$^{1/2}$, ken kama$^{1/2}$

access open^2, ken lon^1, ken kepeken$^{1/2}$, jo$^{1/2}$

accessible ken kepeken^2, pona^1, ken jo$^{1/2}$, ken kama jo$^{1/2}$

accident pakala^4, pakala pi wile ala^1

accommodate pana tomo^1, pana e tomo^1

accompany lon poka^3, tawa lon poka^1, poka^1, tawa poka^1

accomplish pali^3, pali suli^1, kama pali^1

accomplishment pali pona^2, pali^2, kama pali$^{1/2}$, pali suli$^{1/2}$, pali pini$^{1/2}$

according to tawa^2, la^1

account lipu^1, lipu jan^1, poki mani^1, jan$^{1/2}$

accountability wile^1, lawa pona$^{1/2}$, pali lawa$^{1/2}$, ken ike tan ike$^{1/2}$, ken ike tan pali ike$^{1/2}$, nasin pi pali pona$^{1/2}$, jan mute li pilin e ni: jan ni o pali e ijo pona$^{1/2}$, awen pi wile pona$^{1/2}$

accounting nasin esun^1, nanpa^1, pali pi lipu esun$^{1/2}$, nasin mani$^{1/2}$

accuracy lon^1, pona$^{1/2}$, nanpa pona$^{1/2}$, sona pona$^{1/2}$

accurate lon^3, pona^2

accusation toki ike^1, toki pi pali ike jan$^{1/2}$, toki e ni: jan li pali e ijo ike$^{1/2}$, toki pi pali ike pi jan ante$^{1/2}$, toki pi pakala jan$^{1/2}$, toki utala$^{1/2}$, toki pi pali ike$^{1/2}$, toki pi ike jan$^{1/2}$

accuse toki^2, toki ike^1, toki e ni: jan li pali e ijo$^{1/2}$, toki e ni: jan li pali e ijo ike$^{1/2}$, toki e ike$^{1/2}$

achieve pali^2, kama pali^1

achievement pali pona^2, pali suli$^{1/2}$, pali pini$^{1/2}$, kama pali$^{1/2}$, kama jo pona$^{1/2}$, pali pona pi ken pona$^{1/2}$, pini pona$^{1/2}$

acid telo pakala^2, telo nasa pakala^1, telo ike^1

acknowledge sona^2, toki^1, kama sona$^{1/2}$, toki e lon$^{1/2}$, sona e lon$^{1/2}$

acquire kama jo^4

acquisition kama jo^4

acre ma^2, leko ma$^{1/2}$, ma mani$^{1/2}$, ma kili$^{1/2}$, ma suli$^{1/2}$

across lon poka ante^1, tawa poka ante^1

act pali^3, powe$^{1/2}$, pali kepeken selo ante$^{1/2}$, lukin pali$^{1/2}$, pali musi$^{1/2}$, lipu$^{1/2}$

action pali^5

active pali^2, tawa^2

actively pali^2, tenpo ni$^{1/2}$, awen pali$^{1/2}$, mute$^{1/2}$

activist jan pi wile ante^2, jan pali pi ante kulupu$^{1/2}$, jan kalama pi wile ante$^{1/2}$, jan pali$^{1/2}$, jan utala$^{1/2}$

activity pali^5

actor jan musi^3, jan pi sitelen tawa^1, jan musi pi sitelen tawa$^{1/2}$, jan pi toki musi$^{1/2}$, jan pi sitelen tawa musi$^{1/2}$, jan powe musi$^{1/2}$

actress meli musi^2, jan musi^2, jan pi sitelen tawa^1, jan pi pali musi^1, jan musi pi sitelen tawa$^{1/2}$, jan pi toki musi$^{1/2}$

actual lon^5, tenpo ni$^{1/2}$, ni$^{1/2}$

actually lon la^3, lon^1, taso^1, a$^{1/2}$

ad sitelen esun^3, toki esun^1

adapt ante^2, ante pona^1

adaptation ante^2, kama ante^1, ante pona^1, ijo ante$^{1/2}$, ante tawa nasin ante$^{1/2}$, kama ante soweli tawa ken pi moli ala$^{1/2}$

add pana^2, en^2, namako^1, wan e^1, sin^1

added pana^2, namako^1, sin^1

addiction wile ike^2, wile suli pi ijo ike$^{1/2}$, wile ike wawa$^{1/2}$, wile suli ike$^{1/2}$, kepeken ike$^{1/2}$

addition en^2, namako^1, sin^1, wan^1, pana$^{1/2}$, ijo kin$^{1/2}$

additional namako^3, kin^2, sin^1, mute^1

additionally sin^2, kin^1, kin la^1

address nimi tomo^1, nanpa tomo^1, ma^1, tomo$^{1/2}$

adequate pona^2, pona lili^1, meso^1

adjective nimi kule^1, nimi ante^1, nimi pi ante nimi$^{1/2}$, nimi nasin$^{1/2}$, nimi sitelen$^{1/2}$, nimi namako$^{1/2}$

adjust ante^2, ante pona^1, pona^1, ante lili^1, pali ante^1

adjustment ante^3, pona e$^{1/2}$, tawa lili$^{1/2}$, ante lili$^{1/2}$, kama ante$^{1/2}$

administer lawa^3, pana^2

administration kulupu lawa^3, lawa^2

administrative lawa^4

administrator jan lawa^5

admire pilin pona tawa^2, pilin e ni: ona li suli$^{1/2}$, lukin sewi$^{1/2}$, pona tawa$^{1/2}$, olin$^{1/2}$, pilin e ni: jan li pona mute$^{1/2}$

admission kama insa^1

admit toki^3, open^1, toki e lon ijo$^{1/2}$, kama toki$^{1/2}$

adolescent jan pi kama suli^2, jan lili suli^1, jan^1, jan pi tenpo insa$^{1/2}$

adopt kama jo^2, kama mama^2, awen e jan lili sin$^{1/2}$, kama mama tawa$^{1/2}$

adoption kama mama^2, kama jo e jan lili sin$^{1/2}$, kama mama sin$^{1/2}$, kama mama pi jan lili ante$^{1/2}$, kama awen e jan lili weka$^{1/2}$

adornment namako^3, namako lukin^1

adult jan suli^5

advance tawa^3, tawa sinpin^2, mani$^{1/2}$

advanced wawa^1, suli^1, sewi^1, pi sona suli$^{1/2}$, pona$^{1/2}$, kepeken pali mute$^{1/2}$, pi sona wawa$^{1/2}$

advantage pona^3, pona suli$^{1/2}$, ijo pona$^{1/2}$, nasin pona$^{1/2}$, wawa$^{1/2}$

adventure tawa musi^1, alasa suli$^{1/2}$, pali musi$^{1/2}$, nasin musi$^{1/2}$, tawa suli pi ken pakala$^{1/2}$, tawa pona pi kama sona$^{1/2}$, musi$^{1/2}$, alasa musi$^{1/2}$, tawa ma$^{1/2}$, tawa lukin$^{1/2}$

advertisement sitelen esun^3, toki esun^1, sitelen pi pana wile^{½}

advertising sitelen esun^2, toki esun^2, sitelen mani^1

advice sona^1, toki pona^1, sona pona^{½}, pana sona^{½}, toki nasin^{½}

advise toki pona^2, pana sona^1, toki sona^{½}, pana e toki insa^{½}, toki e pali ken^{½}

adviser jan sona^2, jan pi pana sona^1

affair olin pi toki ala^{½}, olin pakala tan ni: ona li pakala e kulupu olin e pilin pi jan olin^{½}, ijo^{½}, unpa pi nasin ike^{½}, unpa ike^{½}

affect ante^2, ante e^1, pali^1

affiliation kulupu^2

afford ken esun^2, jo e mani^1

affordable mani lili^2, ken esun^2

afraid pilin ike^2, monsuta^2, pilin monsuta^{½}, pilin pi wile weka^{½}, pilin e ken moli^{½}, lukin e ike lon tenpo kama^{½}

African ma Apika^2, pi ma Apika^1, Apika^1, ma suli Apika^{½}, tan ma Apika^{½}, jan pi ma Apika^{½}, jan Apika^{½}

after pini la^2, tenpo kama^1, tenpo monsi^1

afternoon tenpo pi suno anpa^2, tenpo suno^1

again sin^2, lon tenpo sin^1, tenpo sin la^{½}, tenpo sin^{½}

against utala^2, pilin ante^1, ante^1, lon sinpin^{½}

age suli^2, tenpo^1, mute pi tenpo sike^{½}, mute pi sike suno^{½}

agency kulupu^1, kulupu esun^1, kulupu pali^1, ken lawa^{½}

agenda wile^3, lipu^{½}, lipu pi wile pali^{½}, wile kulupu^{½}, lipu pi pali kama^{½}, lipu tenpo^{½}, lipu wile^{½}

agent jan pali^2, jan alasa pi sona len^{½}, ijo pali^{½}, jan toki^{½}, nasin^{½}

aggressive utala^2, pilin utala^2, wile utala^2

ago tenpo pini^2, pini^2, lon tenpo pini^2

agree pilin sama^2, toki sama^1

agreement pilin sama^2

agricultural kasi^1, pi pali ma^1, pi ma kili^{½}, pi pali pan^{½}

agriculture nasin pi pali kasi^1, pali kasi^1, pali ma^1, ma pan^{½}

ah a^5

ahead lon sinpin^3, sinpin^2, kama^{½}

aid pana pona^2, pana e pona^1, pona^1

aide pona^2, jan pona^1, jan pali^{½}, jan pi pana pona^{½}, jan pali pi pana pona^{½}

aim alasa^2, lukin^2, wile^1, wile tawa^1

air kon^5

aircraft tomo tawa kon^3, tomo kon^1, tomo tawa lon sewi^{½}, tomo tawa sewi^{½}

airline kulupu pi tomo tawa kon^1

airplane tomo tawa kon^2, tomo waso^1, tomo tawa waso^1, tomo tawa sewi^1

airport ma pi tomo tawa kon^1

aisle nasin^3, nasin esun^1, tomo linja^1

alarm ilo kalama^1, kalama suli^{½}, kalama pakala^{½}, kalama^{½}, pilin monsuta^{½}

album kulupu pi kalama musi^2, lipu sitelen^2

alcohol telo nasa^4, telo ike^{½}, telo pi nasa lawa^{½}, tenpo pi lawa nasa^{½}

alien pi ma ante^1, jan mun^1, kon mun^{½}, jan pi mun ante^{½}, tan ma ante^{½}, nasa^{½}

alike sama^5

alive lon^3, moli ala^1, wawa^{½}

all ale^4, ali^2

allegation toki^2, toki pi pali ike^2, toki utala^1, toki pi ijo ike^1, toki ken^{½}

alleged jan li toki e ni^1, ken^1

allegedly toki la^1, toki jan taso la^{½}, toki pi jan ante la^{½}, jan li toki e ni^{½}, tan toki pi jan ante^{½}

alley nasin lili^2, nasin monsi^1, nasin pimeja^{½}, lon poka pi tomo tu^{½}

alliance kulupu pona^2, kulupu^1, kulupu wan^1, kulupu pi utala ala^{½}, kulupu wan pona^{½}, kulupu pi pilin sama^{½}

allow ken e^2, ken^2

ally jan pona^3, jan poka^2, jan poka utala^{½}, jan sama^{½}, jan pi wile sama^{½}, jan poka pona^{½}, jan pona tawa kulupu^{½}

almost ale ala^1, poka^1, lili^1

alone wan taso^2, wan^2, lon poka jan ala^{½}

along lon poka^2, lon nasin^1, poka^1, lon^1, tawa nasin^{½}

alongside lon poka³, poka², kan¹

alpha nanpa wan², sitelen Elena nanpa wan¹, wawa½, sitelen kalama nanpa wan½, lawa½

already tenpo ni², tenpo pini la¹

alright pona⁴, ale li pona½, oke½, pona lili½, ke½

also kin⁴, en la¹

alter ante⁵, supa sewi½ *[sic]*

alternative ante⁴, ijo ante½, nasin ante½, ken ante½

although taso⁴, la½, ante la½

altogether ale³, ale la², kulupu½, ale li lon kulupu½, ali½

always tenpo ale², lon tenpo ale², tenpo ali¹, tenpo ali la½

amazing epiku², pona a¹, pona mute¹, pona¹, musi mute½, wawa½, pona mute a½

ambassador jan toki¹, jan sinpin kulupu½, jan toki kulupu½

ambition wile⁴, wile suli½, wile pali mute½

ambitious wile mute¹, wile suli¹, wile pali suli¹, wile pali mute½, wile pali½, wile kama pali½

amendment ante², sin½, pona½, lipu sin½

American jan pi ma Mewika², pi ma Mewika², Mewika², jan tan ma Mewika½

Americas ma Amelika²

amid insa², lon², lon insa¹, lon poka½, kan½, poka½, lon kulupu½

among lon insa², lon poka², lon¹, insa¹, poka¹

amount mute², nanpa¹

analysis lukin¹, kama sona nasin½, sona tan lukin mute½, kama sona½, pali sona½, lukin suli½, alasa sona½, lukin ale½, lukin sona½

analyst jan sona², jan lukin², jan pi alasa sona½

analyze lukin sona^1, lukin^1, alasa kepeken nasin sona$^{\frac{1}{2}}$, lukin insa$^{\frac{1}{2}}$, sona insa$^{\frac{1}{2}}$, lukin mute$^{\frac{1}{2}}$, kama sona$^{\frac{1}{2}}$

ancestor jan pini^1, mama mama mama$^{\frac{1}{2}}$, jan majuna$^{\frac{1}{2}}$, mama weka$^{\frac{1}{2}}$, mama pi tenpo pini$^{\frac{1}{2}}$, jan pi linja mama$^{\frac{1}{2}}$, mama pi tenpo pini suli$^{\frac{1}{2}}$, mama$^{\frac{1}{2}}$, mama lon tenpo pini suli$^{\frac{1}{2}}$

anchor ilo awen^2, ilo awen pi tomo tawa telo$^{\frac{1}{2}}$

ancient pi tenpo pini^1, majuna^1, majuna mute^1, pi tenpo weka$^{\frac{1}{2}}$

and en^3, li^1, e^1, kin la$^{\frac{1}{2}}$

android jan ilo^2, ilo jan^1, ilo sona pi selo sama jan$^{\frac{1}{2}}$, jan kiwen$^{\frac{1}{2}}$, ilo sona pi sijelo jan$^{\frac{1}{2}}$

angel jan sewi^1, jan waso^1, kon pona$^{\frac{1}{2}}$, jan sewi pi oko mute$^{\frac{1}{2}}$

anger pilin utala^3, pilin ike$^{\frac{1}{2}}$

angle nasin^2, kiki$^{\frac{1}{2}}$, leko$^{\frac{1}{2}}$, linja$^{\frac{1}{2}}$, nena linja$^{\frac{1}{2}}$, nanpa pi linja tu$^{\frac{1}{2}}$

angry pilin utala^3, pilin pi wile utala$^{\frac{1}{2}}$, pilin ike$^{\frac{1}{2}}$, pilin seli$^{\frac{1}{2}}$, pilin ike seli$^{\frac{1}{2}}$

animal vocalization mu^5, kalama soweli$^{\frac{1}{2}}$

animal soweli^5, soweli anu waso anu akesi anu kala$^{\frac{1}{2}}$

animal soweli^5

ankle noka^3

anniversary sike^1, tenpo sike$^{\frac{1}{2}}$, tenpo sike sin$^{\frac{1}{2}}$

announce toki^2, toki suli^2, toki wawa^1, kalama$^{\frac{1}{2}}$

announcement toki suli^4, toki suli tawa kulupu$^{\frac{1}{2}}$, toki pona$^{\frac{1}{2}}$, toki$^{\frac{1}{2}}$

annual lon tenpo sike ale^2

annually sike suno^1, pi tenpo sike$^{\frac{1}{2}}$, tenpo sike$^{\frac{1}{2}}$, lon tenpo sike ale$^{\frac{1}{2}}$

anonymous nimi ala^2, pi nimi ala^1

another ante^3, sin^2, wan sin$^{\frac{1}{2}}$

answer toki^3

anticipate wile^1, pilin kama^1, pilin e ni: ona li ken lon$^{\frac{1}{2}}$, sona ken$^{\frac{1}{2}}$, sona kama$^{\frac{1}{2}}$, wile e ijo lon tenpo kama$^{\frac{1}{2}}$, lukin e ijo pi tenpo kama$^{\frac{1}{2}}$

anxiety pilin ike^2, pilin monsuta^2, pilin ike tan tenpo kama$^{\frac{1}{2}}$

anxious pilin ike^1, pilin ike tan sona ala$^{\frac{1}{2}}$, pilin pi ken ike$^{\frac{1}{2}}$, pilin ike tawa tenpo kama$^{\frac{1}{2}}$, pilin monsuta$^{\frac{1}{2}}$

any ale^2, wan$^{1/2}$, ali$^{1/2}$
anybody jan^4, jan ale$^{1/2}$
anymore lon tenpo ni^2, mute^1, tenpo ni la$^{1/2}$
anyone jan^3, jan ale^1, jan wan^1
anything ijo^3, ijo ale^1, ale^1, ijo wan tan ale^1
anytime tenpo ale^2, tenpo^1, lon tenpo ale$^{1/2}$, tenpo ale la$^{1/2}$, tenpo ali$^{1/2}$
anyway ante la^2, taso^2, pona$^{1/2}$, a$^{1/2}$, lon nasin ale$^{1/2}$
anywhere lon ale^1, ma ale^1, lon ma ale^1, ma$^{1/2}$
apart weka^4, tu$^{1/2}$, poka ala$^{1/2}$
apartment tomo^3, tomo lili^2, tomo suli^1, tomo lape$^{1/2}$
apologize pona e pakala$^{1/2}$, pona$^{1/2}$, toki e ni: mi pakala$^{1/2}$, toki e wile pona$^{1/2}$
apology toki pi pilin ike^1, toki pakala^1, toki pi kama pona$^{1/2}$, mi pakala$^{1/2}$, toki pilin pi pali ike$^{1/2}$, wile pona$^{1/2}$, toki pi pona pakala$^{1/2}$, toki sona pi pakala pini$^{1/2}$, toki e ni: mi pilin ike. pilin li tan ni: mi pali ike tawa sina$^{1/2}$
app ilo^4, leko pi ilo sona$^{1/2}$, lipu$^{1/2}$

apparent lukin^2, ken lukin^1, ken$^{1/2}$
apparently lukin la^2, toki la^1, sona mi la$^{1/2}$, ken la$^{1/2}$
appeal pona^2, toki^1, wile^1, pona tawa$^{1/2}$, o lukin sin$^{1/2}$, toki tawa jan lawa$^{1/2}$, pona lukin$^{1/2}$
appear kama lon^1, kama^1, lon^1, lukin^1
appearance lukin^3, selo^1, sijelo^1
apple kili^5, kili loje^1, kili sike loje$^{1/2}$
application ilo^2, nasin kepeken$^{1/2}$, lipu pi kama lon kulupu$^{1/2}$, kepeken$^{1/2}$, wile pali$^{1/2}$, lipu wile$^{1/2}$
apply pana^2, kepeken^1, pana e wile pali$^{1/2}$, toki e wile pali$^{1/2}$, e$^{1/2}$
appoint pana^3, poki pali e jan$^{1/2}$, pana lawa$^{1/2}$
appointment tenpo^3, tenpo toki$^{1/2}$, tenpo kama$^{1/2}$
appreciate pona tawa^1, pilin pona tan^1
appreciation pilin pona^2, olin^1
approach tawa^2, kama tawa^1, kama^1, nasin$^{1/2}$, kama lon$^{1/2}$, kama lon poka$^{1/2}$
appropriate pona^5

approval pona^3, pilin pona^1, pana e pona$^{1/2}$, ken$^{1/2}$

approve toki pona^1, pona^1, pana pona^1, toki e ni: ijo li pona$^{1/2}$, pilin pona$^{1/2}$

approximately lon poka^1, poka^1, poka la^1, sama lili^1

April tenpo mun nanpa tu tu^1

Arab jan Alapi^2, Alapi^1, jan pi kulupu Alapija$^{1/2}$, jan pi ma Alapi$^{1/2}$

architect jan pi pali tomo^2, jan pi sona tomo^1, jan pi nasin tomo$^{1/2}$

architecture sona tomo^2, nasin tomo^1, pali tomo^1, nasin pi pali tomo$^{1/2}$

archive awen^1, lipu^1, kulupu lipu pi tenpo pini$^{1/2}$, lipu pi tenpo pini$^{1/2}$, poki sona$^{1/2}$, tomo pi lipu majuna$^{1/2}$, tomo pi awen sona$^{1/2}$, lipu awen$^{1/2}$, awen lon lipu$^{1/2}$, sona awen$^{1/2}$

area ma^5

arena ma utala^3, tomo utala^2, ma musi$^{1/2}$, tomo sike$^{1/2}$

argue toki utala^2, utala toki^2

argument toki utala^3, utala toki^1, toki pi pilin ante$^{1/2}$, pilin$^{1/2}$

arise kama^2, sewi^2, kama sewi$^{1/2}$, tawa sewi$^{1/2}$, kama lon$^{1/2}$

arm luka^4

armed jo e ilo utala^3, jo e ilo moli^1

armpit anpa luka^2, anpa pi palisa luka^1, lupa luka^1, insa luka^1

army kulupu utala^4, kulupu pi jan utala^1

around lon poka^4, lon sike^1, poka^1

arrange nasin^2, kulupu^1, nasin e$^{1/2}$, linja e$^{1/2}$, pana$^{1/2}$, lawa$^{1/2}$, pona$^{1/2}$, pana lon kulupu pona$^{1/2}$, ante e sijelo$^{1/2}$

arrangement nasin^1, kulupu^1, selo^1, sijelo^1, nasin pali pi wile sama$^{1/2}$, sitelen$^{1/2}$, nasin pi tenpo kama$^{1/2}$

array kulupu^2, kulupu linja$^{1/2}$, kulupu sama$^{1/2}$, len$^{1/2}$

arrest poki^1, awen$^{1/2}$, kama jo$^{1/2}$

arrival kama^5

arrive kama^5, kama lon^1

arrow palisa alasa^1, palisa^1, ilo pana^1

art musi^3, sitelen^1, pali musi^1, sitelen musi$^{1/2}$

article lipu^5

artificial pali jan^1, pali^1, jan$^{1/2}$, tan jan$^{1/2}$, pi pali jan$^{1/2}$, tan ma ala$^{1/2}$, ilo$^{1/2}$, jan li pali e ona$^{1/2}$

artist jan musi^{2}, jan sitelen^{2}, jan pi pali musi^{1}, jan pali^{1}, jan kule^{1}, jan pi pali sitelen$^{1/2}$, jan pali musi$^{1/2}$

artistic musi^{3}, sitelen^{1}

as sama^{4}, la^{1}

asexual jan pi wile unpa ala^{2}, unpa ala^{2}, wile unpa ala^{1}

ashes ko pimeja^{2}, ko seli^{2}, ko tan seli^{1}, ko pi seli moli^{1}, ko pi seli pini$^{1/2}$

Asian Asija^{1}, ma Asija^{1}, tan ma Asija$^{1/2}$, pi ma Asija$^{1/2}$

aside poka^{3}, lon poka^{1}, ante^{1}, ni li lili la$^{1/2}$

ask wile sona^{1}, toki e wile sona$^{1/2}$, pana e toki pi wile sona$^{1/2}$, toki pi wile sona$^{1/2}$, seme$^{1/2}$

asleep lape^{4}

aspect wan^{1}, ijo^{1}, selo$^{1/2}$, nasin lukin$^{1/2}$, nasin$^{1/2}$, kipisi$^{1/2}$, kipisi kon$^{1/2}$, kule$^{1/2}$, ijo lili$^{1/2}$, sinpin$^{1/2}$

ass monsi^{4}, soweli^{1}

assault utala^{5}

assemble pali^{3}, wan e^{1}, kama wan$^{1/2}$

assembly kulupu^{3}, pali wan^{1}, kama wan$^{1/2}$, tenpo kulupu$^{1/2}$, pali$^{1/2}$, kulupu kama$^{1/2}$

assert toki^{1}, pana^{1}, toki pi ijo lon$^{1/2}$

assess lukin^{2}, kama sona e ni: ijo li pona anu ike$^{1/2}$

assessment lukin^{1}, sona^{1}, lipu pi wile sona$^{1/2}$, ijo li pona anu ike$^{1/2}$, wile sona$^{1/2}$, lipu sona$^{1/2}$

asset ijo^{2}, ijo mani^{1}, mani^{1}, ijo pona^{1}

asshole jan ike^{3}, lupa monsi^{1}, jan jaki$^{1/2}$, pakala$^{1/2}$

assign pana^{3}, lawa^{1}, pana e pali^{1}, poki e jan$^{1/2}$

assignment pali^{3}, pana e pali$^{1/2}$, lipu pali$^{1/2}$, pana$^{1/2}$

assist pana pali^{1}, pana e pona^{1}, pana pona^{1}, pana^{1}

assistance pana pona^{3}, pona$^{1/2}$

assistant jan pali^{2}, jan pali poka^{1}, jan pona^{1}, jan pali lili$^{1/2}$, jan pi pali pana$^{1/2}$

associate jan poka^{1}, sama^{1}, jan sama$^{1/2}$, lon poka$^{1/2}$, jan pi pali sama$^{1/2}$, jan pali$^{1/2}$, sama pilin$^{1/2}$, pilin sama$^{1/2}$, poka e$^{1/2}$

associated sama^{2}, lon kulupu sama^{1}, lon poka$^{1/2}$, nasin sama$^{1/2}$, poka$^{1/2}$, kan$^{1/2}$

association kulupu^{4}, poka^{1}

assume pilin^{3}, toki insa$^{1/2}$, pilin sona$^{1/2}$, sona nasa$^{1/2}$

assumption pilin^2, sona pi lukin ala$^{1/2}$, sona pi ken suli$^{1/2}$, sona tan ala$^{1/2}$

assure toki e ni: ale li pona$^{1/2}$, toki wawa$^{1/2}$, toki pi pilin pona$^{1/2}$, lon e$^{1/2}$, ken e$^{1/2}$

astronomer jan pi sona mun^2, jan mun^2, jan sona mun^1, jan pi lukin mun^1

at lon^5

athlete jan wawa^2, jan pi tawa sijelo^1, jan pi sijelo wawa$^{1/2}$, jan pi musi sijelo$^{1/2}$, jan pi tawa musi$^{1/2}$, jan pi utala musi$^{1/2}$

athletic wawa sijelo^1, sijelo wawa^1, wawa^1, pi sijelo wawa$^{1/2}$

atmosphere kon^4, kon ale pi ma ale$^{1/2}$, pilin$^{1/2}$, kon suli$^{1/2}$, kon ma$^{1/2}$

attach pana^2, wan e^1, taki$^{1/2}$, awen lon poka$^{1/2}$, namako$^{1/2}$, namako e$^{1/2}$

attack utala^5, pakala^1

attempt pali^2, alasa^1, lukin pali^1, lukin^1, ken^1

attend lon^3, tawa^2, kama^1, lon ni$^{1/2}$

attendance lon^3, nanpa pi jan lon^1, jan seme li lon$^{1/2}$, mute pi jan lon$^{1/2}$

attention lukin^3, waleja$^{1/2}$, awen lukin$^{1/2}$, kon lawa$^{1/2}$, pana lukin$^{1/2}$, lukin anu kute anu pilin$^{1/2}$

attitude pilin^4, nasin pilin^1

attorney jan pi sona lawa^2, jan pi nasin lawa$^{1/2}$, jan pi lipu lawa$^{1/2}$, jan toki lawa$^{1/2}$, jan lawa sona$^{1/2}$, jan pi awen lawa$^{1/2}$, jan awen pi lipu lawa$^{1/2}$, jan pali pi nasin lawa$^{1/2}$, jan pi lawa toki$^{1/2}$

attract kama jo^1, taki$^{1/2}$, kama e$^{1/2}$, pona tawa$^{1/2}$

attraction olin^2, wile^1

attractive pona lukin^3

attribute kon^1, jo^1, kule^1, ijo pi nasin lon$^{1/2}$, nasin$^{1/2}$

audience jan kute^3, jan lukin^2, kulupu lukin^1

August tenpo mun nanpa luka tu wan^2, tenpo seli^1

aunt jan sama mama^2, mama sama^1, pata mama^1, mama sama meli$^{1/2}$, jan meli sama mama$^{1/2}$

author jan sitelen^3, jan pi pali lipu^1, jan sitelen toki$^{1/2}$, mama lipu$^{1/2}$, jan toki$^{1/2}$, tan jan ni$^{1/2}$

authority lawa^4, jan lawa^1, jan pi sona nasin$^{1/2}$

authorize ken^1, ken e^1, pana e ken^1, pana ken^1

automatic lawa e ona sama$^{1/2}$, pali pi jan ala$^{1/2}$, kepeken ala lawa jan$^{1/2}$, pali tan insa$^{1/2}$

automatically kepeken jan ala^1, lawa e ona sama$^{1/2}$

availability lon^2, ken$^{1/2}$, lon pi ijo esun$^{1/2}$, ken pali$^{1/2}$, tenpo ken$^{1/2}$, ken kama$^{1/2}$, ken tawa$^{1/2}$

available ken^3, lon^1

avenue nasin^4, nasin suli$^{1/2}$

average meso^3, nasin^1, nasa ala$^{1/2}$, insa$^{1/2}$, sama jan mute$^{1/2}$, suli ala$^{1/2}$

avoid weka^3, weka tan^1, o ala$^{1/2}$, tawa weka$^{1/2}$, tawa weka tan$^{1/2}$

await awen^5

awake lape ala^4, lon$^{1/2}$, pini lape$^{1/2}$

award ijo pona^1, pana$^{1/2}$, nimi pona$^{1/2}$, ijo pana pi pini pona$^{1/2}$, sike kiwen pona$^{1/2}$, mani tan pali pona$^{1/2}$, pana pi pali pona$^{1/2}$

aware sona^5, kute$^{1/2}$, lukin$^{1/2}$

awareness sona^4, sona lon$^{1/2}$

away weka^4, lon weka^1

awesome pona^2, epiku^2, pona^1, pona mute$^{1/2}$, pona mute a$^{1/2}$

awful ike^3, ike mute^2, ike a$^{1/2}$

awkward ike^2, nasa$^{1/2}$, pilin ike$^{1/2}$, ike lili$^{1/2}$, pilin nasa$^{1/2}$

babe jan olin^1, jan lili$^{1/2}$, meli pi pona lukin$^{1/2}$, jan lili sin$^{1/2}$, jan a$^{1/2}$, jan lili olin$^{1/2}$, jan sin$^{1/2}$

baby jan lili^3, jan sin^2, jan lili lili^1, jan lili sin$^{1/2}$

back (anatomy) monsi^4, monsi sijelo^1, monsi sewi$^{1/2}$

back (i.e. as before or returned) sin^2, kama sin^1

background sitelen monsi^2, ma weka$^{1/2}$, tenpo pini$^{1/2}$, waleja$^{1/2}$, monsi sitelen$^{1/2}$

backup sama awen^2, awen^1, jasima pi ilo sona$^{1/2}$

backyard ma lon monsi tomo^2, ma monsi^1, ma^1, ma kasi lon monsi tomo$^{1/2}$

bacteria jaki^4, kon jaki$^{1/2}$, ijo lili ike$^{1/2}$

bad ike^5

badly ike^5, ike la$^{1/2}$

bag poki^5, poki len^1

Bahá'í Faith nasin sewi Pawa$^{1/2}$, nasin Pawa$^{1/2}$

bake seli^2, seli e pan$^{1/2}$, seli e moku$^{1/2}$

balance sama^2, awen sama^1, poka tu li sama$^{1/2}$, sama e poka$^{1/2}$

ball sike^4, sike musi^2

balloon sike kon^3, sike kule musi$^{1/2}$

ballot lipu wile^2, lipu pi pana wile$^{1/2}$, lipu pi wile kulupu$^{1/2}$

ban weka^2, weka suli^1

band kulupu pi kalama musi^3, kulupu^1, linja lipu$^{1/2}$, kulupu musi$^{1/2}$, kulupu kalama$^{1/2}$

bang kalama^2, kalama wawa^1, kalama suli^1, mu^1, unpa$^{1/2}$, pakala$^{1/2}$

bank tomo mani^4, tomo pi awen mani$^{1/2}$

banker jan mani^4, jan pi tomo mani^1

banking awen mani^1, mani$^{1/2}$, esun mani$^{1/2}$, esun$^{1/2}$, esun pi awen mani$^{1/2}$, kepeken tomo mani$^{1/2}$, nasin pi tomo mani$^{1/2}$

bankruptcy weka mani^2, jo ala e mani$^{1/2}$, mani ala$^{1/2}$, jo e mani ala$^{1/2}$, esun ona li pakala ike tan mani ala li ken ala esun lon tenpo kama$^{1/2}$, pakala esun$^{1/2}$

bar tomo pi telo nasa^2, palisa^2, leko$^{1/2}$

bare len ala^2, pi len ala^1, kepeken len ala$^{1/2}$

barely lili^3, lon poka^1, ala$^{1/2}$

barn tomo soweli^2, tomo pan^2, tomo$^{1/2}$, tomo suli$^{1/2}$, tomo mani$^{1/2}$

barrel poki sike^3, poki suli^2, poki^1

barrier sinpin^2, selo^2, pake^1, sinpin pake$^{1/2}$

base noka^2, anpa^1, tomo$^{1/2}$, supa$^{1/2}$, leko$^{1/2}$

baseball musi sike^1, musi sike palisa^1, musi pi palisa en sike^1, musi palisa sike^1, sike walo pi musi palisa sike$^{1/2}$, musi sijelo$^{1/2}$

basement tomo anpa^5, anpa tomo$^{1/2}$, tomo pi anpa ma$^{1/2}$

basic pona^2, lili^1, lili pona$^{1/2}$

basically pona la^2, lon la$^{1/2}$, toki pona la$^{1/2}$

basis tan^2, anpa^1, noka$^{1/2}$, lon$^{1/2}$, nasin$^{1/2}$

basket poki^4, poki lili$^{1/2}$, poki pi linja kasi$^{1/2}$, poki sike$^{1/2}$

basketball sike musi^2, sike pi musi lupa^1, sike musi pi loje jelo$^{1/2}$, musi sike poki$^{1/2}$

bat waso^2, waso pimeja^1, soweli waso^1, palisa pi tawa wawa$^{1/2}$, palisa musi$^{1/2}$

bath poki telo^2, telo^1, tomo telo$^{1/2}$, telo pi weka jaki$^{1/2}$, telo e sijelo$^{1/2}$

bathroom tomo telo^4, tomo jaki^1, tomo pi telo jaki$^{1/2}$, tomo pi weka jaki$^{1/2}$

battery poki wawa^4

battle utala^5

bay telo suli^1

be on the leaderboard for a Toki Pona game umesu$^{1/2}$

beach poka telo^2, ma poka telo^2

beam linja suno^2, linja^1, palisa^1, palisa kiwen$^{1/2}$

bean kili^2, kili lili^1

bear soweli suli^2, soweli wawa^1, soweli^1, soweli pi moku ko jelo$^{1/2}$

beast soweli^3, monsuta^2, soweli ike^1

beat utala^2, pakala^1, anpa e$^{1/2}$

beautiful pona lukin^2, pona^2

beauty pona lukin^3

because of tan^4

become kama^4

bed supa lape^5

bedroom tomo lape^4, tomo unpa$^{1/2}$, tomo pi supa lape$^{1/2}$

bee pipi^1, pipi jelo pimeja^1, pipi pi ko suwi$^{1/2}$, pipi suwi$^{1/2}$, pipi jelo pi ko suwi$^{1/2}$, pipi jelo$^{1/2}$, pipi pimeja jelo$^{1/2}$

beef moku soweli^2, soweli moli$^{1/2}$, soweli$^{1/2}$, moku tan mani$^{1/2}$

beer telo nasa^4, telo nasa pan$^{1/2}$, telo jelo pi jan suli$^{1/2}$, telo ike$^{1/2}$

before tenpo pini la^1, lon tenpo pini^1, tenpo pini$^{1/2}$

beg toki wile^2, toki e wile^1

begin open^5

beginning open^5

behalf of tan^2, tawa^1, tan wile^1, sama wile pi jan ante$^{1/2}$

behave pali^3, kute$^{1/2}$

behaviour pali^3, nasin pali^2, nasin^1, nasin jan$^{1/2}$

behavioural pali^2, nasin^1, pi pali jan^1, pi nasin pali^1, sona pi pali jan$^{1/2}$

behind lon monsi^3, monsi^2

being jan^3, ijo^2, lon^1, li lon li jo e kon$^{1/2}$

belief pilin^2, nasin^1, pilin sona^1

believe pilin^2, sona pilin^1, pilin lon$^{1/2}$, mi pilin e ni: mi sona$^{1/2}$, wile$^{1/2}$, sona$^{1/2}$

believer jan pilin^1, jan nasin^1, jan sona^1, jan ni li pilin wawa tawa ijo$^{1/2}$, jan pi pilin ni$^{1/2}$, jan pi pilin sewi$^{1/2}$, jan wile$^{1/2}$, jan pi nasin sewi ni$^{1/2}$, jan monsi$^{1/2}$

bell ilo kalama^3

belly insa^3

belong jo^1, wile lon^1, lon kulupu$^{1/2}$, lon$^{1/2}$

beloved jan olin^3, olin^2

below anpa^3, lon anpa^2, lon noka$^{1/2}$, noka$^{1/2}$

belt len linja^1, linja^1

bench supa^2, supa monsi^1

bend ante^1, linja$^{1/2}$, sike$^{1/2}$, pakala lili$^{1/2}$

beneath anpa^3, lon anpa^2, noka$^{1/2}$

benefit pona^4, kama pona^1, pali pona$^{1/2}$

beside poka^3, lon poka^3

besides ante la^1, taso^1, lon poka^1

best nanpa wan^2, pona mute$^{1/2}$, pona mute mute$^{1/2}$, pona nanpa wan$^{1/2}$

bet pana e mani^1, musi mani$^{1/2}$

betray pali ike^1, utala e jan pona$^{1/2}$, powe$^{1/2}$, pali utala$^{1/2}$, ike$^{1/2}$, pakala e olin$^{1/2}$, pana e ike tawa jan pona$^{1/2}$

better pona^2, kama pona^2, pona mute^1, pona lili la ni li pona mute$^{1/2}$

between lon insa^2, insa^2, lon poka pi ijo tu^1

beyond suli^1, ete^1, weka^1, lon poka ante$^{1/2}$, lon monsi$^{1/2}$, lon selo$^{1/2}$, sewi mute$^{1/2}$, weka tan$^{1/2}$

bias pilin pi sona ala$^{1/2}$, pilin pi poka wan$^{1/2}$, pali ante tawa kulupu wan$^{1/2}$, pilin$^{1/2}$, sona ike$^{1/2}$, sona pakala$^{1/2}$

bias sona pakala$^{1/2}$, sona ike$^{1/2}$, pilin pi lawa jan$^{1/2}$, pilin powe$^{1/2}$, pali ante tawa kulupu ante$^{1/2}$

Bible lipu sewi^2, pu pi nasin sewi Jesu$^{1/2}$, lipu sewi pi nasin Jesu$^{1/2}$, lipu pi nasin Jesuwa$^{1/2}$, lipu pi nasin Jesu$^{1/2}$, lipu Tana$^{1/2}$

bicycle sike tu^2, ilo tawa pi sike tu^2, ilo tawa^2

bid mani^1, toki e wile pi pana mani$^{1/2}$, utala mani$^{1/2}$, pana e mani$^{1/2}$, wile pana e mani$^{1/2}$

big suli^5

bike ilo tawa^2, ilo tawa pi sike tu^1, ilo pi sike tu$^{1/2}$, sike tu$^{1/2}$, sike tu tawa$^{1/2}$, sike tawa tu$^{1/2}$

bill lipu mani^2, lipu pi wile mani^1, lipu esun^1, lipu pi mani wile$^{1/2}$, lipu$^{1/2}$, mani$^{1/2}$, uta$^{1/2}$, uta waso$^{1/2}$, uta pi waso telo$^{1/2}$

billion mute^2, mute mute^1, ale$^{1/2}$, mute mute a$^{1/2}$

bind wan^2

biological tan sijelo$^{1/2}$, pi kulupu mama sama$^{1/2}$, sijelo$^{1/2}$, sona sijelo$^{1/2}$, tan sijelo taso$^{1/2}$, nasin sijelo$^{1/2}$

biology sona soweli^2, nasin sona sijelo$^{1/2}$, sona pi soweli ale en sona pi kasi ale$^{1/2}$, sijelo$^{1/2}$, nasin pi moli ala$^{1/2}$, sona pi kasi en soweli$^{1/2}$

bird waso^5

birth kama lon^1, tenpo mama^1, kama$^{1/2}$, kama mama$^{1/2}$, kama tan mama$^{1/2}$

birthday tenpo suno pi kama lon ma$^{1/2}$, tenpo suno pi kama lon$^{1/2}$, tenpo suno pi kama jan$^{1/2}$, tenpo suno pi kama ona$^{1/2}$, tenpo suno pi open lon$^{1/2}$, tenpo suno ona$^{1/2}$

bishop jan lawa pi nasin sewi^1, jan sewi^1, jan li tawa lon linja pi poka sinpin$^{1/2}$

bit lili^4, wan^1, ijo lili$^{1/2}$

bitch jan ike^2, soweli meli^2, meli wawa ike$^{1/2}$, soweli tomo meli$^{1/2}$, ike a$^{1/2}$

bite uta^2, moku lili^1, moku^1, uta utala^1

bitter ike^1, nasa jaki$^{1/2}$, ike lon uta$^{1/2}$, pilin jaki pona lon uta$^{1/2}$, suwi ala$^{1/2}$

black pimeja^5

blade ilo kipisi^1, ilo utala^1

blame apeja$^{1/2}$, toki e ike pi jan ante$^{1/2}$, toki e ike jan$^{1/2}$, toki e ike$^{1/2}$

blanket len^2, len suli^2, len lape^1, len seli^1, len pi supa lape$^{1/2}$, len lape sijelo$^{1/2}$

blast pakala^2, wawa^1, pakala suli^1, pakala seli$^{1/2}$, kon wawa$^{1/2}$

bleed pana e telo loje^3, pana e telo sijelo^1

blend wan^3, wan e^1, ko$^{1/2}$

bless pana pona^1, pana e pilin pona$^{1/2}$, wile pona$^{1/2}$, pana e pona sewi$^{1/2}$, sewi pona$^{1/2}$, toki pi pona sewi$^{1/2}$, pana pona sewi$^{1/2}$, toki sewi$^{1/2}$

blessing pona sewi^1, toki sewi^1, pona^1, toki sewi pona$^{1/2}$, toki pi awen sewi$^{1/2}$, wile pona$^{1/2}$, nimi sewi$^{1/2}$, pana pona$^{1/2}$

blind lukin ala^3, ken lukin ala^1, ken ala lukin^1

block leko^3, kiwen^1, pake$^{1/2}$

blog lipu^2, lipu pilin$^{1/2}$, lipu linluwi$^{1/2}$, lipu pi ilo sona$^{1/2}$

blood telo loje^3, telo sijelo loje^1, telo insa$^{1/2}$, telo loje sijelo$^{1/2}$, telo sijelo$^{1/2}$

bloody pi telo loje sijelo^1, pakala$^{1/2}$

blow pana e kon^1, kon^1

blue laso^5, laso telo^1

board game musi supa^5, musi lipu$^{1/2}$, musi$^{1/2}$

board supa^4, sinpin$^{1/2}$

boat tomo tawa telo^4

body sijelo^5

boil seli^2, seli e^1, kepeken telo seli$^{1/2}$, kama seli kon$^{1/2}$

bold wawa^4, pilin wawa^1

bomb ilo pakala^1, sike moli$^{1/2}$, ilo moli$^{1/2}$, sike pakala$^{1/2}$, ilo utala$^{1/2}$, ilo pakala wawa$^{1/2}$, ilo pi pakala suli$^{1/2}$

bond linja$^{1/2}$, olin$^{1/2}$, kulupu$^{1/2}$, wan$^{1/2}$, taki$^{1/2}$

bone kiwen sijelo^2, kiwen insa$^{1/2}$, kiwen jan$^{1/2}$, kiwen pi soweli moli$^{1/2}$, kiwen lon insa sijelo$^{1/2}$, kiwen insa sijelo$^{1/2}$, kiwen walo insa$^{1/2}$

bonus namako^2, pona^2, mani namako^1

book lipu^5

boom pakala^2, kalama^1, kama suli$^{1/2}$, kalama wawa$^{1/2}$, kalama pi seli suli$^{1/2}$, pakala kalama suli$^{1/2}$, kalama pakala$^{1/2}$, kalama suli$^{1/2}$

boost wawa^2, suli^1, pana e wawa^1

boot len noka^4

booth tomo lili^2, tomo^1, tomo esun lili$^{1/2}$, supa$^{1/2}$

border selo^2, selo ma$^{1/2}$

boring musi ala^3, pilin pi pali ala$^{1/2}$

born kama lon^2, kama$^{1/2}$, kama lon ma$^{1/2}$, kama sin$^{1/2}$, jo e mama$^{1/2}$

borrow kama jo^1, jo pi tenpo lili^1, jo lon tenpo lili^1, kepeken ijo pi jan ante lon ken ona$^{1/2}$

boss jan lawa^5

both tu^4

bother pana e pilin ike^1, nasa e$^{1/2}$, ike tawa$^{1/2}$, ike$^{1/2}$, pipi$^{1/2}$

bottle poki^4, poki telo^2

bottom anpa^4, monsi^1, noka$^{1/2}$

bounce tawa sewi sin^1, anpa sewi^1, tawa sewi^1, tawa musi$^{1/2}$, tawa jasima$^{1/2}$

boundary selo^4

bow ilo alasa^2, anpa^2

bowl poki^3, poki moku^2, poki sike$^{1/2}$

bowling pin palisa musi^2, palisa pi musi sike^1, palisa^1, polinpin$^{1/2}$

box poki^5, leko$^{1/2}$

boy mije lili^2, jan lili^2, jan lili mije^1, mije^1

boyfriend mije olin^2, mije^2, jan olin^2

bra len pi nena meli^2, len pi nena sijelo^1, len^1, len pi nena tu$^{1/2}$, len meli$^{1/2}$

brain lawa^3, insa lawa^2, ko lawa$^{1/2}$

branch palisa^3, luka kasi$^{1/2}$, nasin ante$^{1/2}$, linja poka$^{1/2}$

brand nimi^2, nimi esun^2, sitelen esun^1

brave wawa^3, pilin wawa^1, jo e kon$^{1/2}$

bread pan^5

break pakala^4, lape$^{1/2}$, tenpo lape$^{1/2}$, pake lili$^{1/2}$, tenpo pi pali ala$^{1/2}$, weka pali$^{1/2}$, tenpo awen$^{1/2}$

breakfast moku nanpa wan^1, moku open^1, moku^1

breast nena mama^2, nena^1, nena sinpin^1, nena sijelo$^{1/2}$, nena meli$^{1/2}$, nena pi telo walo$^{1/2}$

breath kon^3, kon uta^1, moku e kon$^{1/2}$

breathe kon^3, pana e kon^1, moku e kon$^{1/2}$, tawa e kon$^{1/2}$

breathing kon^3, moku e kon^1

breeze kon tawa^2, kon^2, tawa kon^1

brick leko^2, kiwen^1, kiwen leko$^{1/2}$, leko kiwen tomo$^{1/2}$, kiwen pi ko loje$^{1/2}$

bride meli^1, meli olin sin$^{1/2}$, meli olin$^{1/2}$, meli pi len walo$^{1/2}$, meli pi kama wan^{½}, meli pi kama jan tu^{½}, meli pi kulupu olin^{½}, meli pi kama olin lawa^{½}

bridge nasin sewi^{½}, nasin lon sewi telo^{½}, nasin lon telo^{½}

brief lili^{4}, kepeken tenpo lili^{1}

briefly lon tenpo lili^{2}, kepeken tenpo lili^{2}, tenpo lili^{2}

bright suno^{4}, suno wawa^{½}, suno mute^{½}

brilliant pona mute^{2}, suno^{1}, sona mute^{½}, sona wawa^{½}, sona sewi^{½}, sona^{½}, pi sona wawa^{½}

bring pana^{2}, jo^{2}, kama poka^{1}, li kama li jo^{½}

British pi ma Piten^{½}, jan Juke^{½}, pi ma Juke^{½}, Juke^{½}, Piten^{½}

broad suli^{4}

broadcast pana^{2}, pana kon^{1}

broken pakala^{5}

brother jan sama^{3}, jan sama mije^{1}, mije sama^{½}, jan pi mama sama^{½}, mije pi mama sama^{½}

brown kapesi^{2}, kule ma^{1}, pimeja^{1}, loje jelo pimeja^{1}

brush ilo linja^{1}, ilo sitelen^{½}, weka e jaki^{½}, ilo pi sitelen telo^{½}, ilo pi linja kiwen pi weka jaki^{½}, ilo kule^{½}

brutal utala^{2}, jaki^{1}, pakala^{1}, wawa pakala^{1}, ike^{1}

bubble sike kon^{2}, sike telo^{2}, sike^{½}, sike kon pi selo telo^{½}

buck soweli^{1}, mani^{1}, soweli mije pi kiwen lawa^{½}, lipu mani^{½}, soweli mije^{½}, utala^{½}, mani lipu^{½}

bucket poki^{4}, poki telo^{1}

Buddhism nasin Puta^{2}, nasin sewi Puta^{2}, nasin Tama^{½}

buddy jan pona^{5}, jan pi pona mute^{½}, jan pona poka^{½}

budget mani^{2}, mute mani^{1}, lipu mani^{1}, mani pi ken pana^{½}, nasin mani^{½}, nasin mani pi tenpo kama^{½}, mani ken^{½}, mani pini^{½}

bug pipi^{5}

build pali^{5}

building tomo^{5}

bull soweli wawa^{1}, soweli^{1}, mani mije^{1}

bullet kiwen^{1}, kiwen moli^{½}, sike lili utala^{½}, kiwen lili moli^{½}, sike utala^{½}, sike moli lili^{½}, kiwen pi ilo moli^{½}, kiwen lili pi tawa wawa^{½}, kiwen lili utala^{½}, ilo moli^{½}

bullshit jaki^{2}, toki nasa^{1}, pakala^{1}, toki jaki^{1}, powe^{1}

bunch kulupu^4, mute^1, ijo mute$^{1/2}$

burden pali suli^1, kiwen suli$^{1/2}$, pali ike$^{1/2}$, ike$^{1/2}$, suli$^{1/2}$, pali wile pi wawa mute$^{1/2}$, jo ike$^{1/2}$, ijo kiwen$^{1/2}$, ijo suli ike$^{1/2}$, ijo suli$^{1/2}$

bureau kulupu^2, supa^1, tomo pali^1, kulupu lawa$^{1/2}$

burn seli^4, seli e^1

burning seli^5

burst pakala^4, open wawa$^{1/2}$

bury pana lon ma^1, ma^1, anpa^1, anpa e ona lon insa ma$^{1/2}$, pana tawa ma$^{1/2}$

bus tomo tawa suli^2, tomo tawa kulupu^1, tomo tawa pi jan mute^1, tomo tawa^1

bush kasi^4

business esun^3, pali^1, kulupu esun^1, pali mani$^{1/2}$

businessperson jan esun^4, jan pali^1

busy pali^2, pali mute^2

but taso^5

butt monsi^5

butter ko jelo^1, ko moku^1, ko$^{1/2}$, ko tan telo mama soweli$^{1/2}$, ko jelo pi telo mama$^{1/2}$, ko pi telo mama$^{1/2}$, ko mani$^{1/2}$, ko jelo moku$^{1/2}$

button nena^2, sike lili^1, sike^1

buy esun^4, kama jo lon esun$^{1/2}$

buyer jan esun^2, jan pi pana mani^1, jan pi kama jo^1

by tan^4, lon^1

bye (said by person leaving) mi tawa^4

bye (said by person staying) tawa pona^4, o awen pona lon weka sina$^{1/2}$

cab tomo tawa esun^2, tomo tawa^1

cabin tomo^3, tomo lili^2, tomo pi kiwen kasi$^{1/2}$, tomo pi ma kasi$^{1/2}$

cabinet poki^4, poki len$^{1/2}$

cable linja^3, linja wawa^2, linja kiwen^1, linja ilo$^{1/2}$

café tomo moku^2, tomo esun pi telo wawa$^{1/2}$, tomo pi telo wawa$^{1/2}$, esun pi telo seli$^{1/2}$, tomo pi telo kasi wawa$^{1/2}$, tomo pi telo pimeja$^{1/2}$

cage poki^2, poki pi palisa mute$^{1/2}$, poki awen$^{1/2}$, poki kiwen$^{1/2}$, poki soweli$^{1/2}$, selo pake$^{1/2}$

cake pan suwi^4, pan suwi sike$^{1/2}$

calculate nanpa^2, alasa e nanpa^1, kama sona^1, pali nanpa^1

calculation pali nanpa^4, nanpa^1, nasin nanpa^{½}

calendar lipu tenpo^3, lipu pi tenpo sike^1, ilo tenpo^1

call toki^3, toki kepeken ilo^1, kalama^{½}, nimi^{½}, kalama toki^{½}

caller jan toki^4, jan pi wile toki^1, jan toki pi ilo toki^{½}, jan open pi ilo toki^{½}

calligraphy sitelen^2, sitelen pona^1, nasin sitelen^1, sitelen suwi^1, sitelen toki pi pona lukin^{½}

calm pilin pona^1

calorie wawa moku^2, wawa^1, nanpa moku^1, nanpa pi wawa moku^{½}

camera ilo sitelen^3

camp ma pi tomo len^1, kulupu pi tomo len^1, lon ma kasi^1, lape lon ma^{½}, tomo len^{½}

campaign pali suli^1, pali^1, pali kulupu^{½}

campus ma pi tomo sona^2, ma sona^1, tomo^1, kulupu pi tomo sona^{½}

can ken^4, poki^1, poki moku pi kiwen wawa^{½}

Canadian jan Kanata^2, jan pi ma Kanata^2, Kanata^1, tan ma Kanata^{½}

cancel pini^3, weka e^{½}, kama pini^{½}, pini e ijo kama^{½}, weka^{½}, pake^{½}

cancer ike sijelo^1, jaki^{½}, kon jaki^{½}, jaki insa pi kama suli^{½}, jaki wawa^{½}, ko insa ike^{½}, ko sijelo jaki^{½}

candidate jan ken^2, jan pi wile lawa^1, jan alasa^1, jan wile^{½}

candle palisa suno^2, palisa seli^1, palisa seli suno^{½}, ilo seli^{½}, ko seli^{½}

candy suwi^4, moku suwi^2, kiwen suwi^{½}

canvas len^2, lipu sitelen^1, lipu^1, sitelen^{½}, sinpin walo^{½}, lipu len^{½}

cap len lawa^4, pini sewi^{½}, pini poki^{½}

capability ken^5

capable ken^5, wawa^{½}

capacity ken jo^2, suli^1, ken^1, suli poki^{½}

capital ma tomo lawa^1, ma tomo suli^{½}, mani^{½}, ijo pali^{½}

capitalism nasin mani^3, nasin esun^1

captain jan lawa^5, jan suli^{½}, jan lawa pi tomo tawa telo^{½}

capture kama jo^2, lanpan^2, jo^1, alasa^1

capybara soweli^2, misa suli^2, misa$^{1/2}$, soweli suli pi kiwen uta sinpin suli tu$^{1/2}$

car tomo tawa^5, ilo tawa$^{1/2}$, Pingo$^{1/2}$

carbohydrate pan^2, wawa^1, ijo pan$^{1/2}$, pan anu suwi$^{1/2}$, suwi$^{1/2}$, moku pan$^{1/2}$

carbon ijo pimeja^1, kiwen pimeja^1, kiwen^1, ko pimeja$^{1/2}$, ijo nanpa luka wan$^{1/2}$

card lipu^5, lipu lili^1

care pana pona^2, olin^1, wile e pona$^{1/2}$, awen e ni: jan li pona$^{1/2}$, pilin pi suli ijo$^{1/2}$, awen$^{1/2}$

career pali^3, nasin pali$^{1/2}$, pali suli$^{1/2}$, nasin$^{1/2}$

careful awen^2, pona^1, lukin mute$^{1/2}$, kepeken tenpo suli$^{1/2}$, kepeken pona$^{1/2}$, kepeken pakala ala$^{1/2}$

carefully pona^1, pi pakala ala$^{1/2}$, lukin e lili$^{1/2}$, wile pakala ala$^{1/2}$, kepeken tenpo mute$^{1/2}$

carpet len pi supa anpa^2, len tomo anpa^1, len anpa^1, len pi supa noka$^{1/2}$, len supa$^{1/2}$, supa anpa$^{1/2}$, len$^{1/2}$

carrier jan jo^2, ilo jo^1, poki^1

carry jo^5, luka e$^{1/2}$

cart poki tawa^3, supa tawa^1, ilo tawa$^{1/2}$, ilo esun$^{1/2}$

cartoon sitelen tawa^2, sitelen^2, sitelen musi^1

carve kipisi^2, ante e selo kiwen$^{1/2}$

case poki^3, tenpo^1, waleja$^{1/2}$, tenpo wan$^{1/2}$, ni la$^{1/2}$

cash mani^5, mani lipu$^{1/2}$

casino tomo pi musi mani^2

cast pana^2, pali^1, jan^1, kulupu$^{1/2}$, kulupu pi jan musi$^{1/2}$, kulupu jan pi sitelen tawa$^{1/2}$, len$^{1/2}$

castle tomo wawa^2, tomo suli^2, tomo kiwen utala$^{1/2}$, tomo kiwen$^{1/2}$, tomo kiwen pi jan lawa$^{1/2}$, tomo utala wawa$^{1/2}$

casual suli ala^1, pona^1, musi taso$^{1/2}$, len ale li pona$^{1/2}$, anpa$^{1/2}$

cat soweli^4, soweli suwi^1, soweli alasa$^{1/2}$, soweli suwi pi noka pi kalama ala$^{1/2}$, soweli pi moku kala$^{1/2}$, soweli tomo pi linja mute pi tenpo mun$^{1/2}$

catch alasa^2, kama jo^2, lanpan^1, jo^1, luka$^{1/2}$

category kulupu^3, poki^1

Catholic nasin sewi Katolika^1

cattle mani^4, soweli mani^1, soweli^1

cause tan^2, kama^2, kama e^1

cave lupa ma^3, lupa anpa$^{1/2}$, lupa$^{1/2}$, lupa suli$^{1/2}$, lupa nena$^{1/2}$, lupa kiwen$^{1/2}$

cease pini^4, pake^1, weka$^{1/2}$

ceiling supa sewi^2, sewi tomo$^{1/2}$, selo sewi tomo$^{1/2}$, selo tomo sewi$^{1/2}$

celebrate pona^1, musi^1, musi tan sewi$^{1/2}$, pali musi$^{1/2}$, pali pona tan tenpo pona$^{1/2}$, pilin pona$^{1/2}$, pali pi tenpo kulupu pona$^{1/2}$, pali pona$^{1/2}$

celebration tenpo pona^1, musi^1, tenpo musi^1, kulupu musi$^{1/2}$, musi pi kama pona$^{1/2}$, tenpo musi pona$^{1/2}$

celebrity jan suli lon kulupu^1, jan suli^1, jan pi lukin mute^1, jan ale li sona e jan ni$^{1/2}$, jan pi nimi suli$^{1/2}$, jan mute li sona e jan ni$^{1/2}$

celestial body mun^4

cell poki^2, tomo^1, sike lili sijelo$^{1/2}$, lili lon sijelo$^{1/2}$, wan sijelo$^{1/2}$

census nanpa jan^1, nanpa pi jan ale^1, kama sona pi nanpa jan$^{1/2}$, kama sona e jan ale$^{1/2}$

cent mani lili^3, mani^1

central insa^3, insa suli$^{1/2}$, suli$^{1/2}$, lon insa suli$^{1/2}$

centre insa^5

century tenpo suli^3, tenpo sike ale$^{1/2}$, tenpo sike mute$^{1/2}$, kulupu suli pi tenpo sike$^{1/2}$

CEO jan lawa^2, jan lawa pi kulupu esun^1, jan lawa esun^1, jan lawa kulupu^1, jan lawa pi kulupu mani$^{1/2}$

ceremony tenpo pali^1, tenpo sewi$^{1/2}$, nasin$^{1/2}$, tenpo sewi nasin$^{1/2}$, musi kulupu$^{1/2}$, musi sewi$^{1/2}$

certain lon^2, kin$^{1/2}$, sona$^{1/2}$, sona awen$^{1/2}$, sona kiwen$^{1/2}$, ni$^{1/2}$, wawa$^{1/2}$

certainly lon^3, kin^1

certificate lipu^2, lipu suli^1, lipu sona$^{1/2}$, lipu pi pali pona$^{1/2}$

chain linja kiwen^3, linja^2, linja pi sike mute$^{1/2}$

chair supa monsi^2, supa^2

chairman jan lawa^4, jan lawa lon tenpo kulupu^{½}

challenge utala^4, utala musi^{½}, pali suli^{½}, ike^{½}, lukin pali^{½}

challenging ike^2, kepeken pali mute^1, pali suli^{½}, utala mute^{½}, wile e pali mute^{½}, pali mute^{½}, pi pali mute^{½}, wile e wawa mute^{½}, pi wawa ike^{½}

chamber tomo^5, tomo lili^{½}

champion nanpa wan^1, jan suli pona^1, jan utala nanpa wan^{½}, jan nanpa wan^{½}, jan pi utala pona^{½}

championship utala musi^1, utala^1

chance ken^3

change a creative work and unintentionally make it worse yupekosi^3, li ante e pali musi li ike e ona^{½}

change ante^4, kama ante^1

changing ante^5

channel nasin^2, lipu^1, tomo^1, nasin telo pali^{½}

chaos ike^2, nasin ala^1, jaki^1, tenpo nasa^{½}, nasin nasa^{½}, lawa ala^{½}, nasa^{½}

chapter kipisi lipu^2, wan lipu^2, lipu^{½}, kipisi^{½}, lipu lili^{½}

character jan^3, sitelen^1, jan powe^1, kon jan^{½}

characteristic wan^1, kon^1, ijo^{½}, nasin^{½}, ijo lili^{½}

characterize toki^1, pana e sona^{½}, kon^{½}, kule^{½}, toki e kon^{½}, ni li ijo suli jan^{½}

charge wawa^3, pana e wawa^{½}, kama wawa^{½}, wile mani^{½}, tawa wawa^{½}

charismatic wawa^1, toki pona^1, toki suwi^1, jan mute li olin e ona^{½}

charity kulupu pana^2, kulupu pi pana pona^1, pana e mani^{½}

chart sitelen sona^3, sitelen nanpa^2, lipu nanpa^{½}

charter lipu lawa^2, lipu^1, tomo tawa tan mani^{½}, esun e kepeken^{½}

chase alasa^2, tawa^2

cheap pi mani lili^2, mani lili^2, wile e mani lili^1, ijo pi mani lili^1, pi wile mani lili^{½}

cheat pali ike^2, powe^1, pali powe^{½}, pali e ike^{½}

check lukin^4, lukin sin^{½}, jan li ken sona lili taso e ijo pali la ona li lukin e ona li wawa e sona ona^{½}

cheek poka lawa^1, poka sinpin^1, sike sinpin^1, poka uta$^{1/2}$, selo lon poka uta$^{1/2}$, sinpin$^{1/2}$, poka monsi$^{1/2}$

cheer kalama pona^2, a^1, kalama wawa tan pilin pona$^{1/2}$, mu pona tawa jan utala$^{1/2}$, toki wawa$^{1/2}$, kalama wawa pi pilin musi$^{1/2}$, pana e pilin pona$^{1/2}$

cheese ko jelo^1, ko pi telo walo$^{1/2}$, ko mama$^{1/2}$, ko pi telo mama soweli$^{1/2}$

chef jan moku^3, jan pi pali moku^1, jan pi seli moku$^{1/2}$

chemical ijo^2, ko^1, telo^1, kiwen seli$^{1/2}$

chemistry sona seli^1, nasin sona pi ijo lili^1, pilin$^{1/2}$, sona pi telo seli$^{1/2}$, nasin sona pi kama ante ko$^{1/2}$, utala pi ijo lili lili$^{1/2}$, sona pi sike lili$^{1/2}$

chess musi utala^1, musi supa^1, musi^1, musi utala supa$^{1/2}$, musi supa pi jan lawa$^{1/2}$, musi pi kiwen walo en kiwen pimeja$^{1/2}$, musi utala pi jan lawa$^{1/2}$, musi pi jan lawa walo pi jan lawa pimeja$^{1/2}$, musi pi jan lawa$^{1/2}$

chest (anatomy) sinpin^2, sinpin sijelo^1, sijelo$^{1/2}$, insa sijelo$^{1/2}$

chew moku^3, uta^2, ko e$^{1/2}$, kipisi lon uta$^{1/2}$, utala e moku kepeken kiwen uta$^{1/2}$

chicken waso^3, waso moku^1, waso pi pana sike$^{1/2}$, waso nasa$^{1/2}$

chief jan lawa^5

child jan lili^3, jan sin$^{1/2}$, jan pi tenpo lili$^{1/2}$

childhood tenpo pi jan lili^3

chin anpa lawa^1, lawa$^{1/2}$, kiwen anpa sinpin$^{1/2}$, anpa sinpin$^{1/2}$, nena anpa sinpin$^{1/2}$, nena pi anpa uta$^{1/2}$, sinpin anpa$^{1/2}$, anpa uta$^{1/2}$, lawa anpa$^{1/2}$

Chinese Sonko^2, toki Sonko^1, pi ma Sonko^1, jan Sonko$^{1/2}$, tan ma Sonko$^{1/2}$

chip ilo sona lili$^{1/2}$, ijo lili$^{1/2}$, pan lili lipu$^{1/2}$, pan$^{1/2}$, moku kalama$^{1/2}$, kiwen lili$^{1/2}$, pilin pi ilo sona$^{1/2}$

chocolate suwi pimeja^2, moku suwi$^{1/2}$, moku ko suwi$^{1/2}$, suwi kiwen pimeja$^{1/2}$, leko suwi pimeja$^{1/2}$

choice anu^3, wile^2

cholesterol ko insa^1, ko lili$^{\frac12}$, ko$^{\frac12}$, kon lon telo loje$^{\frac12}$, ko insa pi pakala pilin$^{\frac12}$

choose wile^2, anu^2

chop kipisi^3, tu^2, pakala$^{\frac12}$

Christian jan pi nasin Jesu^1, pi nasin sewi Jesu$^{\frac12}$, jan pi nasin Jesuwa$^{\frac12}$, nasin sewi pi jan Jesu$^{\frac12}$, jan pi nasin sewi Kolisu$^{\frac12}$, nasin sewi pi jan Jesuwa$^{\frac12}$, jan pi nasin Kito$^{\frac12}$, nasin Kito$^{\frac12}$

Christianity nasin sewi Kolisu^1, nasin sewi pi jan Jesu$^{\frac12}$, nasin sewi Jesu$^{\frac12}$

Christmas tenpo Santa^2, tenpo pi esun mute$^{\frac12}$, suno suli pi kama lon ma pi jan Jesu$^{\frac12}$, tenpo pana$^{\frac12}$, tenpo musi pi suno lili$^{\frac12}$, tenpo musi pana lete$^{\frac12}$

chronic pi tenpo ale^2, pi tenpo mute^1, lon tenpo mute^1, lon tenpo ale^1, ike awen$^{\frac12}$, pi tenpo suli$^{\frac12}$

chronicle sitelen pi tenpo pini^1, toki^1, lipu tenpo^1, lipu toki$^{\frac12}$, lipu pi tenpo suli$^{\frac12}$, sitelen tenpo$^{\frac12}$, lipu suli$^{\frac12}$, toki pi tenpo mute$^{\frac12}$, toki musi mute$^{\frac12}$, toki suli$^{\frac12}$, sitelen$^{\frac12}$

chuckle a a a^1, kuntu^1, kalama lili pi pilin musi^1, kalama tan musi^1, kalama musi^1

chunk kipisi^2, ijo kipisi^1, ijo^1, wan^1, leko$^{\frac12}$, kiwen$^{\frac12}$

church tomo sewi^4, tomo pi nasin sewi^1, kulupu pi nasin sewi$^{\frac12}$, tomo pi kulupu sewi$^{\frac12}$

cigarette palisa ike^1, palisa seli^1, palisa pi kasi jaki$^{\frac12}$, palisa pi kon seli$^{\frac12}$, palisa pi kon jaki$^{\frac12}$

cinema tomo pi sitelen tawa^3, sitelen tawa^2

circle sike^5

circuit sike^3, sike wawa^1, linja wawa sike$^{\frac12}$

circumstance tenpo^3, waleja^1

cisgender man mije^3, mije pi tonsi ala^1

cisgender woman meli^2, meli pi tonsi ala^2, jan meli pi tonsi ala^1

cite toki sama^1, sitelen^1, nimi^1, toki tan sona ante$^{\frac12}$, toki tan$^{\frac12}$, sona e ni tan lipu ni$^{\frac12}$, toki sona pi mama sona$^{\frac12}$, toki e toki pi jan ante$^{\frac12}$

citizen jan ma^3, jan^2, jan pi ma tomo$^{\frac12}$

citizenship jo ma^1, nasin pi jan ma$^{1/2}$, ma ni li ma ona$^{1/2}$, ma$^{1/2}$

city ma tomo^5, ma pi jan mute$^{1/2}$

civic kulupu^2, nasin kulupu^1, jan$^{1/2}$

civil pona^2, jan^1, nasin jan pona$^{1/2}$, kulupu$^{1/2}$, jan ma$^{1/2}$, nasin pi jan ma$^{1/2}$

civilian jan^2, jan pi utala ala^1

civilization kulupu^1, nasin jan^1, kulupu suli jan$^{1/2}$, kulupu suli wawa$^{1/2}$, nasin kulupu$^{1/2}$, kulupu jan$^{1/2}$, kulupu suli$^{1/2}$, kulupu jan ilo$^{1/2}$

claim toki^2, wile^1, toki lon^1, lanpan$^{1/2}$, kama jo$^{1/2}$

clarify pana e sona$^{1/2}$, weka e len tan toki$^{1/2}$, suno$^{1/2}$, pona e sona$^{1/2}$, pana kon$^{1/2}$

class kulupu^2, kulupu sona^2, tenpo pi kama sona^1

classic pi tenpo pini^1, suli^1, pona pi tenpo pini$^{1/2}$

classical pi tenpo pini^1, tenpo pini^1, majuna$^{1/2}$

classify poki^3, nimi$^{1/2}$, pana e kulupu$^{1/2}$, kulupu$^{1/2}$, kulupu e$^{1/2}$

classroom tomo sona^3, tomo pi kama sona^2, tomo pi pana

sona$^{1/2}$, tomo sona pi kulupu lili$^{1/2}$

clause toki^1, kipisi pi kulupu nimi$^{1/2}$, kipisi toki$^{1/2}$, kipisi lipu$^{1/2}$, ijo ante$^{1/2}$

clay ko^3, ko ma^1, ko ma pi pali poki$^{1/2}$, ko pali$^{1/2}$

clean jaki ala^4, pona$^{1/2}$, telo e$^{1/2}$

clear kule ala^1, ken lukin^1, jan li ken sona$^{1/2}$, pona$^{1/2}$, sama telo$^{1/2}$

clearly lukin la^1, pona la^1, ken sona$^{1/2}$, toki pona la$^{1/2}$, jan ale li sona$^{1/2}$

clerk jan esun^2, jan lipu^1, jan pali^1

clever sona^2, sona wawa^1, kepeken sona$^{1/2}$, sona mute$^{1/2}$, pali pona$^{1/2}$, pona musi$^{1/2}$

click kalama lili^1, luka^1, kama wan$^{1/2}$, mu$^{1/2}$, kepeken ilo luka$^{1/2}$, kalama lili tan ni: jan li pilin e ilo nanpa$^{1/2}$, kalama ilo lili$^{1/2}$, kalama ilo$^{1/2}$, kepeken luka$^{1/2}$

client jan pi pana mani^1, jan esun^1, jan mani$^{1/2}$, jan pi kama jo$^{1/2}$, jan li kama jo e pona$^{1/2}$, jan li wile e ni$^{1/2}$, jan pi wile esun$^{1/2}$

cliff ma pini^1, sinpin suli kiwen$^{1/2}$, pini pi ma sewi$^{1/2}$, ma sewi$^{1/2}$, sinpin nena$^{1/2}$, sinpin ma$^{1/2}$, sinpin kiwen suli$^{1/2}$

climate kon^2, kon ma^1, seli ma^1, lete ma anu seli ma$^{1/2}$

climb tawa sewi^2, tawa nena^1, tawa^1

clinic tomo pi pona sijelo^3, tomo misikeke^1

clinical misikeke^1, sijelo^1, pi nasin sona$^{1/2}$, pi tomo misikeke$^{1/2}$, pali misikeke$^{1/2}$, pona sijelo$^{1/2}$, sona sijelo la$^{1/2}$, kepeken pilin ala$^{1/2}$, nasin sona$^{1/2}$

clip kipisi^2, sitelen tawa lili^1, sitelen$^{1/2}$, kipisi pi sitelen tawa$^{1/2}$, ilo awen$^{1/2}$, taki$^{1/2}$

clock ilo tenpo^5

close (adj) lon poka^3

close (v) pini^4

closed pini^4, open ala^1, lupa ala$^{1/2}$, pake$^{1/2}$

closely poka^2, lon poka$^{1/2}$, poka la$^{1/2}$

closet poki len^2, tomo len^1, tomo lili^1, tomo lili len$^{1/2}$, poki$^{1/2}$, poki pi awen ijo$^{1/2}$

(closing quotation particle) to$^{1/2}$

cloth len^5

clothes len^5

clothing len^5

cloud ko sewi^2, kon ko^1, kon walo sewi$^{1/2}$, kon telo$^{1/2}$, kon telo walo$^{1/2}$, walo sewi$^{1/2}$, ko walo sewi$^{1/2}$, kon walo$^{1/2}$, ko walo$^{1/2}$

club kulupu^3, palisa$^{1/2}$, kulupu musi$^{1/2}$, tomo musi$^{1/2}$, ilo utala$^{1/2}$

clue sona lili^1, sona^1, sona namako$^{1/2}$, wan sona$^{1/2}$

cluster kulupu^4

coach jan pona^2, jan lawa^1, jan lawa pi tawa sijelo$^{1/2}$, jan lawa musi$^{1/2}$, pana e wawa$^{1/2}$, jan sona$^{1/2}$, jan pi pana sona$^{1/2}$

coal kiwen pimeja seli^1, kiwen pimeja^1, kiwen wawa^1, kiwen seli$^{1/2}$, kiwen pimeja wawa$^{1/2}$

coalition kulupu^3

coast poka telo^1, ma poka telo^1, selo ma^1, ma pi poka telo^1

coastal lon poka telo^1, pi poka telo^1, selo telo^1

coat len sijelo^2, len seli^2, len suli^1, len^1

cock-a-doodle-doo mu^3, mu-mu-muuu-mu-mu$^{1/2}$, mu pi waso mije$^{1/2}$

code toki ilo[2]

coffee telo wawa[2], telo kasi wawa[½], telo seli pimeja[½], telo wawa pimeja[½], telo pali pimeja[½], telo pimeja[½], telo pimeja wawa[½], telo pi lape ala[½]

cognitive lawa[2], sona[2], sona lawa[½], pi jo sona[½], lon lawa[½]

coin sike mani[2], mani[1], mani sike[1], kiwen mani[½], mani lili[½], mani lili kiwen[½], mani kiwen sike[½], mani kiwen[½]

cold lete[5]

collaboration pali kulupu[3], pali pi jan mute[2]

collapse pakala[3], pakala tawa anpa[½], tawa anpa[½]

colleague jan pi pali sama[2], jan pali sama[1], jan pona[1], jan poka[½], jan pali poka[½], jan sama[½]

collect kama jo[3], alasa[2], kulupu[½], kama jo e kulupu[½]

collection kulupu[4], kulupu ijo[½], kulupu pi ijo musi[½], kulupu pi ijo jo[½], likujo[½]

collective kulupu[5]

collector jan alasa[2], jan pi kama jo[2], jan pi kama awen[½]

college tomo sona[2], tomo sona suli[2], tomo sona pi jan suli[1]

colonel jan lawa[2], jan lawa utala[1], jan utala lawa[1]

colonial pi ma lawa[½], pi ma tomo sin[½], pi ma ante[½], pi ma lanpan[½], pi tenpo pini[½], pi ma lili weka[½]

colony ma tomo sin[1], ma sin[1], ma pi jan sin[½]

colour kule[5]

column palisa tomo[1], palisa[1]

columnist jan sitelen[2], jan lipu[1], jan pali pi lipu toki[½], jan pi pali sitelen[½], jan sitelen pi lipu tenpo[½], jan toki[½]

combat utala[5]

combination kulupu[2], wan[2], kama wan pi ijo mute[½], ijo mute li wan[½], wan pi ijo tu[½], kama wan[½]

combine wan[3], wan e[2], kama wan[1]

combined wan[4], kulupu[½], wan la[½], pi kama wan[½]

come kama[5]

comedy musi[5], kuntu[½]

comfort pilin pona[2], pona[1]

comfortable pilin pona[4], pona[2]

comics sitelen musi[4], lipu pi leko sitelen[½]

coming kama[5]

command toki lawa[3], lawa[2], lawa e[½]

commander jan lawa[5], jan utala lawa[½]

comment toki[4], toki pona[½], toki lili[½], toki anpa[½], toki poka[½]

commentary toki[3]

commerce esun[4], nasin esun[1]

commercial esun[2], sitelen esun[1], sitelen tawa esun[½], esun suli[½]

commission pali mani[1], wile[½], wile esun[½], kulupu pali[½], esun[½], pana e wile[½], mani[½], mani namako[½], esun e pali sitelen[½], kulupu lawa[½]

commissioner jan lawa[2], jan wile[1], jan pi pana mani[½]

commit pali[3], wile[1], wile awen[½], awen[½]

commitment wile[1], awen[1], awen lon kulupu olin[½]

committee kulupu lawa[2], kulupu[2], kulupu pali[1]

commodity ijo esun[3], ijo[1]

common mute[2], nasa ala[1], pi jan mute[½], pi tenpo mute[½], lon tenpo mute[½], nasin[½], suli[½]

commonly tenpo mute la[3]

communicate toki[5]

communication toki[5]

communism nasin kulupu[2], nasin pi jan pali[½], nasin pi jo kulupu[½], nasin pi jan sama[½]

communist nasin kulupu[1], nasin pi jo kulupu[1], pona kulupu[½], pi wan jo[½], pi nasin lawa kulupu[½], pi nasin kulupu[½]

community kulupu[5]

companion jan poka[4], jan kan[½], jan lon poka[½]

company kulupu[2], kulupu pali[1], kulupu esun[1], esun[1]

compare lukin e ante pi ijo tu[1], lukin e ante[1], lukin[1]

comparison sama ala sama[1], sama[1], lukin ante[1], lukin[1]

compassion olin^3, pona^1, pilin sama$^{1/2}$, kepeken pilin sama$^{1/2}$

compel kama^1, pali$^{1/2}$, lawa$^{1/2}$

compelling wawa^2, pona^1, musi mute$^{1/2}$

compensation mani^2, ijo jasima$^{1/2}$, mani tan pali$^{1/2}$, pona tan ike$^{1/2}$, kama jo sama$^{1/2}$

compete utala^4, utala musi$^{1/2}$, lukin la jan seme li sewi$^{1/2}$, pali musi$^{1/2}$

competition utala^2, utala musi^2

competitive utala^2, wile musi utala$^{1/2}$, wile utala$^{1/2}$, wile pali$^{1/2}$, pi nasin utala$^{1/2}$, ken utala$^{1/2}$, utala musi$^{1/2}$

competitor jan utala^4, jan ante^1, jan pi utala sama$^{1/2}$

complain toki ike^3, toki pi pilin ike$^{1/2}$, toki e ijo ike$^{1/2}$, toki e ike$^{1/2}$, wile ante$^{1/2}$

complaint toki pi ijo ike^1, toki pi pali ike$^{1/2}$, toki pi pilin ike$^{1/2}$, toki ike$^{1/2}$

complete pini^3, ale^2

completely ale^3, ali^1, ale la$^{1/2}$

complex ike^2, suli^1

complexity ike^3, suli^1

compliance nasin lawa$^{1/2}$, wile sama$^{1/2}$, nasin sama$^{1/2}$, lon nasin$^{1/2}$, kute$^{1/2}$, pali lon lawa$^{1/2}$

complicated ike^2, suli^1, pali mute$^{1/2}$, nasin sona ona li ike li suli$^{1/2}$, jo e ijo mute$^{1/2}$

comply kute^1, pali^1, kepeken nasin wile pi jan ante$^{1/2}$, kepeken nasin ni$^{1/2}$

component wan^2, kipisi^2, ijo^1, lili^1

compose pali^3, sitelen^2, pali e kalama musi$^{1/2}$, wan e lili mute$^{1/2}$

composition nasin^2, pali^1, musi^1, kalama musi$^{1/2}$

compound kulupu^1, ijo mute pi kama wan$^{1/2}$, ijo mute$^{1/2}$, ma tomo$^{1/2}$, kulupu ijo wan$^{1/2}$, ijo wan pi ijo mute$^{1/2}$, ijo$^{1/2}$, wan$^{1/2}$

comprehensive ale^3, suli pona$^{1/2}$, suli mute$^{1/2}$, sona ale pona$^{1/2}$, jo e ijo mute$^{1/2}$, pi sona mute$^{1/2}$, pi ijo ale$^{1/2}$

comprise jo^3

compromise nasin meso^1, pini e utala$^{1/2}$, kama lon meso$^{1/2}$, kama jo e pilin sama$^{1/2}$, pilin sama$^{1/2}$

computer ilo sona^3, ilo^2, ilo nanpa^1, ilo pi sitelen soweli$^{1/2}$

conceive kama e^1, kama sona$^{1/2}$, pilin insa$^{1/2}$, isipin$^{1/2}$, kama mama$^{1/2}$

concentrate lukin wawa^1, weka e pilin ante$^{1/2}$, kama wawa$^{1/2}$, pana isipin$^{1/2}$, isipin wan$^{1/2}$, lili e$^{1/2}$, lukin e wan$^{1/2}$, isipin$^{1/2}$

concentration isipin$^{1/2}$, kama lukin wawa$^{1/2}$, mute wawa$^{1/2}$, pali sona$^{1/2}$, wawa lawa$^{1/2}$, mute lon wan$^{1/2}$, lukin pi ijo wan$^{1/2}$

concept sona^1, sona ijo$^{1/2}$, ijo sona$^{1/2}$, pilin lawa$^{1/2}$, ijo lon insa lawa$^{1/2}$, ijo$^{1/2}$, nimi$^{1/2}$, kon$^{1/2}$, isipin$^{1/2}$

conception sona^1, kama jan$^{1/2}$, unpa la kon pi jan lili sin li

kama$^{1/2}$, tenpo open$^{1/2}$, pilin$^{1/2}$, sin$^{1/2}$, ken mama$^{1/2}$, open pali$^{1/2}$

concern pilin ike^2, pilin^1, monsuta^1

concerned pilin ike^2

concerning lon^1, monsuta^1, pi^1, waleja ona li ni$^{1/2}$

concert tenpo pi kalama musi^2, kalama musi^1

conclude pini^4, kama sona^1, toki$^{1/2}$

conclusion pini^2, sona pini^1, pini la^1, toki pini^1

concrete kiwen^3, kiwen walo$^{1/2}$, kiwen tomo$^{1/2}$, kiwen pi walo pimeja$^{1/2}$

condemn toki ike^2, toki e ike^2, toki ike tawa$^{1/2}$, weka$^{1/2}$, o pali ala$^{1/2}$, toki e ni: ona li ike$^{1/2}$, pana e toki ike$^{1/2}$

condition nasin sijelo^2, tenpo^1

conduct lawa^3, pali^1, nasin pali$^{1/2}$

conference kulupu^2, kulupu toki^1, toki kulupu^1

confess toki^2, toki e lon^1, toki lon$^{1/2}$, toki e pakala$^{1/2}$, toki pi pilin mi suli$^{1/2}$, toki e ike jan lon$^{1/2}$, toki tan ike pi ona sama$^{1/2}$

confident pilin wawa^3, wawa^2

confirm toki e lon^1, lon^1, toki lon$^{1/2}$

conflict utala^5

confront utala^2, toki^1, toki utala$^{1/2}$, lon sinpin$^{1/2}$, wile utala$^{1/2}$

confuse nasa^2, pilin nasa^1, pilin pi sona ala^1, pana e pilin nasa$^{1/2}$, nasa e lawa jan$^{1/2}$, toki ike$^{1/2}$, pilin nasa e$^{1/2}$, pakala$^{1/2}$, pana e nasa$^{1/2}$

confusion pilin nasa^3, pilin pi sona ala^1, sona ala^1, nasa$^{1/2}$

congress kulupu lawa^3, kulupu jan lawa^1, kulupu pi pali lawa^1, kulupu pi pana lawa$^{1/2}$, kulupu pi lawa ma$^{1/2}$

congressman jan lawa^3

connect linja^2, wan^1, kama sama$^{1/2}$, linluwi e$^{1/2}$, kama wan$^{1/2}$, poka$^{1/2}$

connection linja^2, sama^1, kulupu$^{1/2}$, pilin sama$^{1/2}$, linluwi$^{1/2}$

conscience pilin^2, wawa lawa$^{1/2}$, lawa pona$^{1/2}$, sona$^{1/2}$, pilin pi pona pali$^{1/2}$, kon$^{1/2}$, wile pali pona$^{1/2}$, kon pona$^{1/2}$

conscious sona^2, lape ala^2, pilin^1, sona e lon ona$^{1/2}$

consciousness pilin lon^1, isipin^1, pilin$^{1/2}$, lape ala$^{1/2}$, toki insa$^{1/2}$, kon sona$^{1/2}$, ken toki$^{1/2}$, kon$^{1/2}$, toki$^{1/2}$

consensus pilin sama^2, sona kulupu$^{1/2}$, wile sama pi jan mute$^{1/2}$, toki sama$^{1/2}$, kama pilin sama$^{1/2}$

consent wile^2, ken^1, wile sama$^{1/2}$, pana wile$^{1/2}$, pilin sama$^{1/2}$, toki pi pali ken$^{1/2}$, toki ken$^{1/2}$, ken unpa tan jan ante$^{1/2}$

consequence la^1, ijo tan$^{1/2}$, kama tan pali pini$^{1/2}$, ijo tan ni$^{1/2}$, tenpo jasima$^{1/2}$, ijo kama$^{1/2}$, kama jasima$^{1/2}$

consequently ni la^2, tan ni^1, tan$^{1/2}$, la$^{1/2}$

conservation awen^2, pali awen$^{1/2}$

conservative nasin awen^2, awen^2, nasin awen pi tenpo pini$^{1/2}$, jan pi wile ante ala$^{1/2}$, poka teje$^{1/2}$, wile e ante ala$^{1/2}$, wile pi ante ala$^{1/2}$, nasin pi kule mute ala$^{1/2}$, pana lili$^{1/2}$

consider toki insa^2, pilin^2, isipin$^{1/2}$

considerable suli^4, mute^1, ken^1

consideration sona^1, toki lawa^1, toki insa^1, pilin$^{1/2}$, isipin$^{1/2}$

considering la^1, toki insa^1, isipin$^{1/2}$, pilin$^{1/2}$, ni la$^{1/2}$

consist jo^3

consistent ante ala^2, awen^1, sama^1, tenpo mute la^1

consistently sama^1, tenpo mute^1, sama pi tenpo ali$^{1/2}$, tenpo ale la ijo li sama$^{1/2}$, lon tenpo mute$^{1/2}$, tenpo ali la$^{1/2}$, awen$^{1/2}$, mute sama$^{1/2}$, tenpo ale$^{1/2}$, nasin awen$^{1/2}$

conspiracy kulupu ike^1, kulupu pi pali ike$^{1/2}$, kulupu ike li lawa$^{1/2}$, toki nasa$^{1/2}$

constant awen^3, sama^2, pi kama ante ala$^{1/2}$

constantly tenpo ale^3, tenpo mute^1, awen la$^{1/2}$, lon tenpo mute$^{1/2}$, tenpo ali la$^{1/2}$, awen$^{1/2}$, tenpo ali$^{1/2}$

constitute sijelo^1, pali^1, jo$^{1/2}$, sama$^{1/2}$

constitution lipu lawa^3, lipu sewi ma$^{1/2}$, pu$^{1/2}$

constraint ken ala^2, selo lawa$^{1/2}$, pake$^{1/2}$, wile$^{1/2}$, selo$^{1/2}$, nasin pi tawa ala$^{1/2}$, lawa awen$^{1/2}$

construct pali^5

construction pali tomo^2, tomo^2, pali^2

consult toki^2, pana e sona^1, pana sona^1, wile sona^1, kute e toki pona pi jan ante$^{1/2}$

consultant jan sona^2, jan toki$^{1/2}$

consume moku^5, kepeken$^{1/2}$

consumer jan esun^3, jan moku^2, jan kepeken^1

consumption moku^5, kepeken$^{1/2}$

contact toki^3, toki tawa^1, jan pona$^{1/2}$

contain jo^4, poki^1

container poki^5

contemporary pi tenpo ni^2, tenpo lili^1, sin^1, pi tenpo sama$^{1/2}$, lon tenpo sama$^{1/2}$, pi tenpo suli ni$^{1/2}$

contend utala^5

content word nimi kon^3

content insa^2, pilin pona$^{1/2}$, ale li pona$^{1/2}$, sitelen tawa$^{1/2}$, ijo$^{1/2}$

contest utala^3, utala musi^1, musi utala^1

context ijo toki^1, ijo^1, waleja^1, tenpo$^{1/2}$, poki$^{1/2}$, kon$^{1/2}$, la$^{1/2}$

continent ma suli^3, ma^2, ma mute$^{1/2}$

continue awen^4, awen pali$^{1/2}$

continued awen^4

continuing awen^4, lon^1

continuous awen^3, awen tawa$^{1/2}$, tenpo ali la$^{1/2}$

contract lipu lawa^2, lipu wile$^{1/2}$, lipu pi toki sama$^{1/2}$, lipu pi ijo wile$^{1/2}$, lipu lawa pali$^{1/2}$, lipu pi pali wile$^{1/2}$, lipu pi pilin sama$^{1/2}$

contractor jan pali^3, jan lawa^1

contrast ante^3, ante mute$^{1/2}$, jasima$^{1/2}$, walo anu pimeja$^{1/2}$

contribute pana^3, pana pali^1, pana e pali^1, pali lon kulupu$^{1/2}$

contribution pana^2, pali^2, pana pali$^{1/2}$, pali lili tawa pali ale$^{1/2}$, ijo pana$^{1/2}$

contributor jan pana^2, jan pali^2

control lawa^4, lawa e$^{1/2}$

controversial toki utala$^{1/2}$, ken utala$^{1/2}$, pi pilin ante mute$^{1/2}$

controversy utala^1, ijo ike$^{1/2}$

convention nasin^1, kulupu^1, tenpo kulupu^1

conventional nasin pi jan mute^2, nasin^2, nasa ala^1, pi tenpo mute$^{1/2}$, pi jan mute$^{1/2}$, nasin kulupu$^{1/2}$

conversation toki^5

conversion ante^3, kama ante^1

convert ante^4, kama ante$^{1/2}$, ante e$^{1/2}$

convey pana^3, toki^1, pana e sona$^{1/2}$, pana kon$^{1/2}$

convict jan pi pali ike^1

conviction pilin sona^1, toki pi ike jan$^{1/2}$

convince pana e sona^1, toki^1, ante e pilin^1

convinced pilin sona^1, pilin^1, kama pilin sona$^{1/2}$, kama sona$^{1/2}$

cook seli^2, seli e moku^1, pali e moku^1

cookie pan suwi^2, pan suwi lili^1, moku suwi$^{1/2}$, sike suwi$^{1/2}$, sike pan suwi$^{1/2}$, pan lili suwi$^{1/2}$

cooking pali moku^2, seli^2, seli e moku^1, pali e moku^1

cool pona^3, lete^2, pona mute$^{1/2}$, kulijo$^{1/2}$, epiku$^{1/2}$, wawa$^{1/2}$

cooperate pali kulupu^3, pali lon kulupu$^{1/2}$

cooperation pali kulupu^2, pali poka^1

coordinator jan lawa^3, jan kulupu^1, jan pali^1, jan pali kulupu$^{1/2}$

cop jan pi awen lawa^2, jan pi utala lawa^1

cope awen pona^1, awen^1, awen pilin pona$^{1/2}$, kama pali$^{1/2}$,

kama pona^{½}, weka e pilin
ike^{½}

copy sama^{2}, pali sama^{1},
jasima^{1}, lipu sama^{½}

copyright lawa jasima^{1}, o
lanpan ala e ni^{½}, lawa pana^{½},
ken pi pali sin ijo^{½}, lawa pi jan
sitelen^{½}, lawa pi ijo musi^{½}

cord linja^{5}

core insa^{4}, kiwen insa^{½}

corn pan^{2}, pan jelo^{2}, pan pi ijo
lili jelo mute^{½}

corner leko^{1}, pini^{1}, poka
sinpin^{½}

corporate kulupu mani^{1},
esun^{1}, kulupu^{1}, kulupu pali^{1},
pi kulupu mani^{½}

corporation kulupu mani^{2},
kulupu esun^{1}, kulupu suli^{½},
kulupu^{½}

corps kulupu utala^{2}, kulupu^{1},
kulupu pi jan utala^{½}

correct pona^{3}, lon^{2}, powe ala^{½}

correction pona^{3}, kama
pona^{2}, ijo pi kama pona^{½},
toki pi sona pona^{½}

correctly pona^{2}, lon^{2}, lon la^{1},
pona la^{½}

correlation sama^{2}, linja^{1},
nasin sama^{1}, nanpa sama^{½}

correspondent jan toki^{3}

corridor tomo linja^{2}, tomo
palisa^{1}, nasin^{1}, nasin tomo^{½},
tomo nasin^{½}

corrupt ike^{2}, pakala^{1}, mani
ike^{½}, kama ike^{½}, jaki lawa^{½},
wile jaki^{½}, wile pi mani taso^{½}

corruption ike^{2}, pali jaki^{½},
pakala jan^{½}, pakala lawa^{½},
pakala^{½}, lawa ike pi kama jo
mani^{½}, nasin ike pi jan
wawa^{½}, jan ike li lawa^{½}, jaki^{½},
lawa ike^{½}, kama ike^{½}

cost mani^{3}, nanpa mani^{1}

costume len^{2}, len musi^{2}

cotton len^{2}, len kasi^{1}, len
suwi^{½}

couch supa^{2}, supa monsi suli^{1},
supa monsi^{½}, supa monsi ko^{½}

could ken^{5}, ken la^{½}

council kulupu lawa^{4}, kulupu
sona^{½}

counsel toki^{2}, pana sona^{1}

counselling pona toki^{1}, pana
sona^{½}, toki misikeke^{½}, pona e
lawa^{½}, toki pi kama pilin
pona^{½}

counsellor jan pona^{1}, jan
toki^{1}, jan pi toki pona^{1}, jan pi
toki pilin^{½}, jan pi toki
misikeke^{½}, jan pi kulupu

sona$^{1/2}$, jan toki pona$^{1/2}$, jan pi nasin pona$^{1/2}$

count nanpa^4, nanpa e$^{1/2}$

counter ilo nanpa^2, supa^2, supa esun^1, supa moku$^{1/2}$, utala$^{1/2}$

counterpart ante^2, sama^1, jasima^1, jan poka$^{1/2}$, ijo sama$^{1/2}$

countless mute^2, ale^2, mute mute^1, mute a$^{1/2}$, mute pi ken ala nanpa$^{1/2}$

country ma^5

couple tu^3, jan tu^1, jan olin tu^1, jan olin$^{1/2}$, kulupu olin$^{1/2}$

courage pilin wawa^1, wawa^1, wile wawa$^{1/2}$, weka monsuta$^{1/2}$, wile$^{1/2}$, pilin wawa lon tenpo ike$^{1/2}$, kon wawa$^{1/2}$

course nasin^3, tenpo pi kama sona$^{1/2}$, kama sona$^{1/2}$

court tomo lawa^2, alasa olin$^{1/2}$, tomo pi nasin lawa$^{1/2}$

courtesy pona^2, pali pona^1

courtroom tomo lawa^4, tomo pi wile lawa$^{1/2}$, tomo pi alasa lawa$^{1/2}$, tomo pi toki pi lipu lawa$^{1/2}$, tomo pi anu pi jan ike$^{1/2}$

cousin jan sama^2, jan pi mama mama sama^1, jan sama pi kulupu mama$^{1/2}$, pata$^{1/2}$

cover len^4, selo^2, sitelen sinpin lipu$^{1/2}$

coverage toki^2, len^2, selo$^{1/2}$, pona lon tenpo ni$^{1/2}$, jo$^{1/2}$

cow mani^2, soweli mani^2, soweli suli$^{1/2}$, soweli$^{1/2}$, mani suli pi telo mama$^{1/2}$

cowboy jan mani^1, jan pi awen soweli^1, jan pi lawa soweli^1

crack pakala^3, lupa$^{1/2}$, linja pakala$^{1/2}$, pakala lili$^{1/2}$, lupa linja$^{1/2}$

craft pali^4, pali musi$^{1/2}$, pali kepeken luka$^{1/2}$, ilo tawa$^{1/2}$, sitelen musi$^{1/2}$

crap jaki^3, pakala^2, ike$^{1/2}$, ko jaki$^{1/2}$

crash pakala^4, pakala tawa^1

crawl tawa anpa^2, tawa lon anpa^1, tawa sama akesi$^{1/2}$

cream ko^2, telo walo^1, ko pi telo walo soweli$^{1/2}$, ko walo$^{1/2}$

create pali^5, lon e^1

creation pali^3, ale^1, ijo ale$^{1/2}$, pali mama$^{1/2}$

creative musi^2

creativity musi^1, pali^1, ken pali e ijo sin$^{1/2}$, sona musi$^{1/2}$, ken musi$^{1/2}$

creator mama^3, jan pali^3

creature soweli^4, monsuta$^{\frac{1}{2}}$, ijo lon$^{\frac{1}{2}}$, soweli nasa$^{\frac{1}{2}}$, soweli anu waso anu kala anu pipi anu akesi$^{\frac{1}{2}}$

credibility pona^1, sona^1, sona pi jan ni li pona$^{\frac{1}{2}}$, sona pona$^{\frac{1}{2}}$

credit mani^2, nimi$^{\frac{1}{2}}$, mani pi tenpo kama$^{\frac{1}{2}}$

creek linja telo lili^1, telo linja^1

crew kulupu^4, kulupu pali$^{\frac{1}{2}}$, jan pali$^{\frac{1}{2}}$

crime pali ike^3, lawa ala^1, pali pi lawa ala^1, pali ike tawa kulupu lawa$^{\frac{1}{2}}$

criminal jan ike^1, jan ike tawa lawa^1, jan pakala^1, jan pi pali ike$^{\frac{1}{2}}$, pi pali ike$^{\frac{1}{2}}$

crisis tenpo ike^2, ike^1, pakala suli^1

criteria wile^2, nasin^1, nasin wile^1

critic jan pi toki ike^1, jan pilin$^{\frac{1}{2}}$, jan pi alasa pakala$^{\frac{1}{2}}$, jan pi toki insa$^{\frac{1}{2}}$

critical suli^2, suli mute^1, sona^1, ike tawa$^{\frac{1}{2}}$, toki pilin$^{\frac{1}{2}}$, toki e ike$^{\frac{1}{2}}$

criticism toki ike^2, toki^2, toki pi kama pona$^{\frac{1}{2}}$

criticize toki ike^3, toki e ike^1

critique toki ike^1, toki pilin^1

crop pan^1, kipisi e insa sitelen$^{\frac{1}{2}}$

cross tawa^2, palisa tu$^{\frac{1}{2}}$, tawa poka ante$^{\frac{1}{2}}$, pilin ike$^{\frac{1}{2}}$, sitelen pi linja tu$^{\frac{1}{2}}$

crowd kulupu^3, jan mute^2

crown len lawa^1, kiwen lawa pi jan lawa$^{\frac{1}{2}}$, sike lawa$^{\frac{1}{2}}$, len lawa lawa$^{\frac{1}{2}}$

crucial suli^4

cruel ike^3, wile pakala$^{\frac{1}{2}}$, pana ike$^{\frac{1}{2}}$, pali ike$^{\frac{1}{2}}$

cruise tawa telo^1, tawa^1, tenpo musi lon tomo telo$^{\frac{1}{2}}$, alasa unpa$^{\frac{1}{2}}$

crush pakala^2, jan olin^1, olin^1, wile olin^1, olin lili$^{\frac{1}{2}}$, lipu e$^{\frac{1}{2}}$

cry telo oko^1, pana e telo oko^1, kalama uta pi pilin ike$^{\frac{1}{2}}$, peto$^{\frac{1}{2}}$

crystal kiwen suno^1, kiwen^1, kiwen namako$^{\frac{1}{2}}$, kiwen pi ken pakala$^{\frac{1}{2}}$, kiwen pi lukin insa$^{\frac{1}{2}}$, kiwen walo$^{\frac{1}{2}}$

cube leko^3

cue tenpo pali^1, tenpo^1, palisa musi^1

cultural kulupu^2, nasin kulupu^1, nasin jan$^{\frac{1}{2}}$, pi nasin kulupu$^{\frac{1}{2}}$

culture nasin kulupu^2, nasin jan^1, nasin^1, kulupu^1, sona kulupu$^{1/2}$

cup poki telo^3, poki^2

cure misikeke^2, pona^1, pona sijelo$^{1/2}$, ijo pona$^{1/2}$, pona e$^{1/2}$

curiosity wile sona^5, ilo tawa nanpa tu tu lon mun loje$^{1/2}$

curious wile sona^3

currency mani^5, mani ma$^{1/2}$, kule mani$^{1/2}$

current tenpo ni^3, pi tenpo ni^1, lon tenpo ni^1

currently tenpo ni la^5, tenpo ni$^{1/2}$

curriculum nasin pi pana sona^2, nasin pi kama sona^2, lipu sona$^{1/2}$, kulupu ijo pi pana sona$^{1/2}$

cursed ike^2, pakala^1, pi wawa nasa ike$^{1/2}$, kon ike$^{1/2}$, kon pakala$^{1/2}$

curtain len lupa^2, len^1

curve linja sike^2, sike^2, kipisi sike^1, nena$^{1/2}$

custody awen^2, lawa^1, jo^1, mama$^{1/2}$, kama jo pi jan lili$^{1/2}$

custom nasin^3, pi jan wan$^{1/2}$, nasin jan$^{1/2}$, nasin kulupu$^{1/2}$

customer jan esun^3, jan pi pana mani$^{1/2}$

cut kipisi^3, tu^2

cute suwi^5, suwi lukin$^{1/2}$

cycle sike^4, tenpo sike$^{1/2}$, tawa kepeken sike tu$^{1/2}$

dad mama mije^4, mama^2

daddy mama mije^3, mama^2, mama mije o$^{1/2}$

daily lon tenpo suno ale^2, pi tenpo suno ale^1

damage pakala^5

damn pakala^4, pana e ike sewi$^{1/2}$, a$^{1/2}$

dance tawa musi^5

dancer jan pi tawa musi^4, jan pi musi tawa^1, jan musi$^{1/2}$, jan pi tawa sijelo musi$^{1/2}$, jan pi sijelo tawa musi$^{1/2}$

dancing tawa musi^3, musi tawa^1, tawa musi pi kalama musi$^{1/2}$

danger ike^2, pakala ken^1, ken ike^1, monsuta^1, ike ken^1

dangerous ken pakala^2, ike^1, ken ike^1, ken moli$^{1/2}$, ike li ken kama$^{1/2}$

dare wile^2, o$^{1/2}$, o pali e ni$^{1/2}$, ken$^{1/2}$, pali pi pilin suli$^{1/2}$, wawa$^{1/2}$, toki e ni: sina ken ala pali e ni$^{1/2}$

dark pimeja^5

darkness pimeja^5

darling jan olin^2, suwi^2, olin^1, jan pona^1

data sona^3, nanpa$^{1/2}$, kulupu pi nanpa mute$^{1/2}$, sitelen sona$^{1/2}$

database poki sona^2, lipu^1

date tenpo^3, tenpo suno^1, nanpa suno$^{1/2}$, tenpo olin$^{1/2}$

daughter meli lili^2, jan lili^2, jan lili meli^1, meli tan mama^1, jan meli lili$^{1/2}$

dawn tenpo pi suno kama^1, kama suno$^{1/2}$, tenpo pi kama suno$^{1/2}$, tenpo pi open suno$^{1/2}$, tenpo pi suno sin$^{1/2}$

day tenpo suno^4, suno^1

dead person jan moli^5

dead moli^5

deadline tenpo pini^3, tenpo nanpa pini^1, tenpo pi pili pali^1, tenpo pi pini pana$^{1/2}$

deadly moli^2, ken moli^2, pana moli^1

deal esun^4, toki esun$^{1/2}$, pana esun$^{1/2}$

dealer jan pana^3, jan esun^2, jan pana pi ilo nasa$^{1/2}$, jan pana esun$^{1/2}$

dear pona^1, olin^1, suwi^1, jan olin^1, o$^{1/2}$

death moli^5

debate utala toki^2, toki utala^2, toki pi sona ante$^{1/2}$

debt wile pana e mani^1, mani weka^1, wile pana e mani tawa jan ante$^{1/2}$, jan ante li pana e mani tawa mi lon tenpo pini la mi wile pana e mani ni tawa jan ni$^{1/2}$

debut musi nanpa wan^1, open^1

decade tenpo suli^2, tenpo suke luka luka^2, tenpo sike mute$^{1/2}$

December tenpo mun nanpa luka luka tu^1, tenpo mun nanpa pini$^{1/2}$, pini pi tenpo sike$^{1/2}$, tenpo lete$^{1/2}$, mun pana$^{1/2}$, mun nanpa luka luka tu$^{1/2}$, tenpo mun lete$^{1/2}$

decent pona^2, pona lili^2, meso$^{1/2}$, jo e len$^{1/2}$

decide anu^2, wile^1, kama wile^1

decision wile^3, anu^2, pilin$^{1/2}$, kama wile$^{1/2}$

deck supa^2, supa monsi$^{1/2}$, supa anpa$^{1/2}$, kulupu pi lipu lili$^{1/2}$, kulupu pi lipu mute$^{1/2}$

declaration toki^2, toki suli^1, toki lawa$^{1/2}$, lipu kulupu$^{1/2}$

declare toki^3, toki suli^2, toki wawa^1

decline wile ala^2, anpa^1, kama lili^1, toki e ni: ala^{½}

decrease lili^3, kama lili^3

dedicate pana^2, ni li tawa jan ni^{½}, pali tawa^{½}

deem pilin^3, toki^1, isipin^{½}

deep anpa suli^1, suli anpa^1, lupa suli^{½}

deeply mute^2, suli^2, suli la^1, wawa^1, anpa mute^{½}, insa la^{½}

deer soweli^5, soweli suwi pi nena lawa suli^{½}, soweli pi palisa lawa tu^{½}

default lon^1, nasin^1, sina ante ala e ona la^{½}, nasa ala^{½}, pi tenpo mute^{½}, meso^{½}, pi wile mama^{½}

defeat anpa^3, anpa e^2, moli^{½}

defence awen^3

defend awen^4

defendant jan awen^3, ken la jan ni li pali e ijo ike^{½}, jan ni pi utala lawa: jan ante li open utala tawa jan ni^{½}

defender jan awen^3

defensive awen^2, awen utala^{½}, utala awen^{½}, nasin awen^{½}

deficit weka mani^1, weka^1

define pana e kon^2

definitely lon^2, lon la^1

definition kon^2, kon nimi^1

degree nanpa^1, lili^1, lipu pi tomo sona pini^{½}, lipu pi kama sona^{½}, lipu sona^{½}

delay awen^2, tenpo awen^1, weka tenpo^1

delete weka^4, weka e^{½}, ala e^{½}

delicate ken pakala^1, lili^1, wawa ala^1, li lili li ken pakala^{½}

delicious moku pona^2, pona moku^1, pona tawa uta^{½}, pona mute lon uta^{½}, suwi^{½}

deliver pana^5

delivery pana^5

demand wile^3, toki wile^{½}, wile mute^{½}, toki wile wawa^{½}, toki wawa e wile^{½}

democracy nasin lawa kulupu^1, lawa kulupu^1, nasin kulupu^{½}

democratic wile kulupu^1, lawa jan^{½}, pi nasin lawa kulupu^{½}, wile pi jan ale^{½}, lawa kulupu^{½}, pi lawa jan^{½}, jan ale li lawa^{½}, nasin lawa ma pi wawa pi jan ale^{½}, nasin pi lawa kulupu^{½}

demographic kulupu^2, kulupu jan^1

demon monsuta^2, ike^1, kon ike^{½}, monsuta tan anpa seli^{½}, jan ike^{½}

demonstrate pana[1], pana e lukin[1]

demonstration pana lukin[2], pali tawa pana sona[½], toki kulupu tawa jan lawa[½], pali wan[½], pali lon jan mute[½], ken e lukin[½]

denial toki ala[1], toki e lon ala[½]

density suli[2], kiwen insa[½], mute kiwen[½], nanpa ijo lon poki[½], ijo suli lon sijelo lili[½], nanpa lon ma sama[½]

deny ala[1], ken ala[1], weka[1], pake[1], toki ala[½], wile ala[½], toki e ni: ala[½]

department kulupu pali[1], poki[1], tomo[1], kulupu pi jan pali[½], kipisi esun[½], tomo lawa[½], kipisi[½], poki kulupu[½]

departure tawa[3], tawa weka[1], tenpo pi kama weka[½], weka[½]

depend wile[2], ante[1], ken[1], la[1]

dependent wile[2], jan pi kama jo mani[½], tan[½], wile e mani tan mama[½]

depending la[3], tan[1]

depict sitelen[4], toki e sitelen[½]

deploy pana[3], pana wawa[½], pana tawa ma[½]

deposit pana[3], pana e mani[½], mani awen[½]

depressed pilin ike[2], pilin ike mute[1], pilin ike wawa[½], ken ala pilin pona[½], pilin ike ni: tenpo kama ala la pona li kama[½], pilin moli[½]

depression pilin ike[2], pilin ike suli[½], pilin pimeja[½], ike[½]

depth suli[2], anpa[1], suli anpa[1]

deputy jan lawa[2], jan lawa nanpa tu[1], jan pali[½]

derive kama[1], kama jo[½], kama jo tan[½], kama sona[½], kama lon[½], kama tan[½], kama e[½]

descend tawa anpa[3], anpa[1], kama anpa[½]

describe toki[2], toki e ijo ona[½], toki e kule[½], toki e nasin[½], toki e[½]

description toki sona[1], nimi[1], nimi mute[½], toki[½], sitelen sona[½], nasin ijo[½]

desert ma pi telo ala[2], ma pi weka telo[½], ma seli[½], ma pakala[½], ma ko seli[½]

deserve wile[2], wile tan pona ona[½], ken kama jo[½], li pilin e ni: jan li wile e[½], pilin wile[½], o jo e[½], wile pona[½]

design sitelen[1], nasin[½], pali[½], selo[½]

designer jan pali[2], jan sitelen[2], jan pi sitelen sin[½], jan pi pali selo[½], mama ijo[½], jan pali musi[½], jan pi pona lipu[½], jan musi[½]

desire wile[5]

desk supa[3], supa pali[2], supa sitelen[1], supa sona[½], supa lipu[½]

desperate wile mute[2], wile suli[1]

desperately wile mute[2], wile[1], pilin utala[½], pi wile suli[½]

despite taso[4], taso la[1]

dessert moku suwi[3], suwi[2]

destination tawa[1], ma pini[1], tawa ma[½]

destiny tenpo kama[1], kama[½], nasin pi tenpo kama[½]

destroy pakala[4], pakala ali[½], pakala e ale[½]

destruction pakala[5]

detail ijo lili[2], lili[1], sona lili[½], ijo lili pi sona mute[½], sitelen lili[½]

detailed kepeken ijo lili mute[½], sona mute[½], pi ijo lili mute[½], ike[½], pi lili mute[½], kule mute li lon[½], jo e ijo lili mute[½], kepeken toki mute[½]

detect lukin[3], kama lukin[1], kama sona[½], kute[½], kama pilin[½], oko[½]

detective jan pi alasa sona[3]

determination wile[2], wile wawa[2]

determine kama sona[2], sona[1], lawa[1]

develop pali[3], kama suli[1], suli[1], kama[1]

developer jan pali[4], jan pali pi ijo sin[½], jan pi toki ilo[½], jan pi ilo nanpa[½], jan pi ilo sona[½]

developing kama suli[2], ante[1], kama sona[½], kama pona[½], pali[½], lon pali[½]

development pali[2], kama suli[2]

developmental kama[2], pi kama suli[1], pali[1], kama suli[½]

device ilo[5]

devil monsuta[1], kon ike[½]

devote pana[2]

diabetes ike suwi[1], jaki pi suwi sijelo ike[½], suwi mute ike lon telo loje[½], jaki sijelo tan suwi mute[½], suwi mute lon telo loje li pakala e sijelo[½], sijelo li ken ala pali e suwi lon telo loje[½], ike pi telo loje[½]

diagnose sona e ike sijelo[½], kama sona e pakala[½], alasa sona e pakala^{½}, sona pi ike sijelo^{½}, kama sona e ike sijelo^{½}, kama sona^{½}, sona sijelo^{½}, kama sona sijelo^{½}, kama sona e ni: seme li ike^{½}

diagnosis toki pi ike sijelo^{½}, sona pi jaki sijelo^{½}, nimi pi jaki sijelo^{½}, sona pi pona sijelo^{½}, nimi pi ike sijelo^{½}

dialect nasin toki^{2}, toki^{1}, toki ante^{½}, nasin toki pi ante lili^{½}, toki lili^{½}, nasin toki lili^{½}

dialogue toki^{3}, toki pi jan tu^{1}, toki kulupu^{½}, toki pi jan mute^{½}

diamond kiwen mani^{2}, kiwen suno^{1}, kiwen^{1}, kiwen wawa^{½}, kiwen wawa laso^{½}, kiwen laso^{½}

diary lipu pilin^{2}, lipu pi tenpo suno^{1}, lipu pi tenpo suno ale^{½}, lipu pi jan wan taso^{½}, lipu pi ale jan^{½}

dictionary lipu nimi^{3}, lipu pi nimi ale^{1}, lipu pi sona nimi^{1}, lipu pi kon nimi^{½}

die moli^{4}, kama moli^{½}, leko nanpa^{½}, ilo kiwen ni: ilo li moku e selo pi ilo ante li selo e ilo^{½}

diet nasin moku^{3}, moku^{1}

difference ante^{4}, ijo ante^{½}

different ante^{5}

differently ante^{4}, ante la^{1}, lon nasin ante^{½}, kepeken nasin ante^{½}

difficult pali suli^{2}, ike^{2}

difficulty ike^{2}, suli pali^{1}, pali mute^{1}, pali suli^{½}, ike pali^{½}, wile pali^{½}

dig lupa^{2}, lupa e ma^{1}, pali e lupa^{1}, weka e ma^{1}, pali e lupa ma^{½}

digital pi ilo sona^{1}, nanpa^{1}, linluwi^{½}

dignity pona jan^{1}, wawa^{1}, pilin pona^{½}

dimension ma^{1}, suli^{1}

diminish lili^{3}, lili e^{2}, kama lili^{½}

dining moku^{5}

dinner moku^{3}, tenpo moku^{1}, moku pi tenpo pimeja^{1}, moku nanpa pini^{½}

diplomatic toki meso^{½}, toki pona^{½}, wile ma^{½}, utala ala^{½}, pi toki pona^{½}, toki pona tan utala ala^{½}, pona lon poka pi ma ante^{½}, pi toki lon insa pi kulupu tu^{½}

direct lawa^{½}, pi nasin lili^{½}, kepeken nasin lili^{½}, nasin e^{½}

direction nasin^{4}, nasin tawa^{½}

directly tawa[1], kepeken poka ala[½], kepeken linja lili[½], nasin linja[½], kepeken nasin pona[½], kepeken nasin taso[½], nasin lili[½], kepeken nasin lili[½], lon nasin wan[½]

director jan lawa[3], jan lawa pi sitelen tawa[½]

director jan lawa[4], jan lawa pi sitelen tawa[½]

dirt ma[2], ko ma[2], ko jaki[1], jaki[½], ko[½]

dirty jaki[5]

disability ken ala[2], ken ante[1]

disabled ken ala[3]

disagree pilin ante[3], toki utala[1]

disappear weka[3], kama kon[½], tawa weka[½], kama weka[½]

disappointed pilin ike[3]

disappointment pilin ike[3]

disaster pakala suli[2], ike suli[1], pakala[1], ike[1], tenpo ike[1]

disc sike[3], sike lipu[½]

discipline nasin[1], lawa e[½], wile kute[½], poki pali[½], nasin e[½], wile pali[½], wawa wile[½], nasin sona[½], nasin lawa[½], wile[½]

disclose toki[3], pana sona[1], pana[1], weka e len[½]

disclosure toki[1], pana sona[1], jan li sona e ijo sin[½], kama pi len ala[½]

Discord ilo Siko[2], ma Siko[1]

discount mani lili[2], lili mani[1], pi mani lili[1]

discourage toki e ni: o pali ala e ijo[½], weka e wile[½]

discourse toki[4], toki pi nasin jan[½], toki pilin[½], toki utala[½]

discover kama sona[3], kama lukin[1], sona sin[½], lukin[½]

discovery kama sona[2], sona sin[1], ijo sin[1]

discrimination pali ike tawa kulupu ante[½], ike tawa jan ante[½], ante ike[½], pali ante ike tawa jan pi kulupu ante[½]

discuss toki[5]

discussion toki[5], toki sona[½], toki pi jan mute[½]

disease jaki[2], jaki sijelo[2], kon jaki[1]

disgusting jaki[4], ike[1], jaki mute[½]

dish supa moku[2], moku[1], poki moku[1], ilo moku[½]

dismiss weka[4], weka e[½], toki e ni: ijo li lili[½], toki e ni: sina ken tawa[½]

disorder ike^2, nasa^1, pakala^1, ike sijelo$^{1/2}$, jaki sijelo$^{1/2}$

display pana lukin^2, sitelen^1, ilo lukin$^{1/2}$, pana e lukin$^{1/2}$

dispute utala^3, toki utala^1, pilin sama ala$^{1/2}$, toki sama ala$^{1/2}$

distance weka^3, linja$^{1/2}$, suli weka$^{1/2}$, mute weka$^{1/2}$

distant weka^4, lon poka ala^1

distinct ante^4, wan^1

distinction ante^3, sama ala$^{1/2}$

distinguish ante^2, sona e ante^1, lukin^1

distract weka e lukin$^{1/2}$, weka e lawa$^{1/2}$, powe$^{1/2}$, kama lukin ante$^{1/2}$, nasa$^{1/2}$, weka waleja$^{1/2}$, tawa lon poka$^{1/2}$

distribute pana^4, pana tawa jan mute$^{1/2}$, pana kulupu$^{1/2}$

distribution pana^3, pana tawa jan mute$^{1/2}$, pana tawa kulupu$^{1/2}$, pana suli$^{1/2}$, nasin pana$^{1/2}$

district ma lili^1, kipisi pi ma tomo$^{1/2}$, ma$^{1/2}$, ma lawa$^{1/2}$, kulupu tomo$^{1/2}$

disturbing monsuta^2, ike^1, nasa ike$^{1/2}$, pilin ike$^{1/2}$, pana e pilin ike$^{1/2}$

diverse kule^2, ante^2, ante mute^2, nasin mute^1

diversity ante^2, ante mute^2, nasin mute^1, mute ante pona$^{1/2}$, kule$^{1/2}$, ken mute$^{1/2}$

divide kipisi^3, tu^2

divination alasa e sona kepeken wawa sewi$^{1/2}$, lukin insa$^{1/2}$, sona pi tenpo kama$^{1/2}$, lukin pi tenpo kama$^{1/2}$, kama sona pi ijo kama$^{1/2}$, kama sona nasa$^{1/2}$, lukin sona$^{1/2}$, toki tan sewi$^{1/2}$, sona powe$^{1/2}$, kama sona tan sewi$^{1/2}$, toki sewi$^{1/2}$

divine sewi^5

division kipisi^4, tu^1, kipisi kulupu$^{1/2}$, wan$^{1/2}$

divorce tu^1, pini olin^1, kipisi olin$^{1/2}$, weka olin$^{1/2}$

DNA nanpa sijelo^1, kon mama$^{1/2}$, linja sona pi insa sijelo$^{1/2}$, ijo lili unpa$^{1/2}$

do pali^5

doc lipu^2, jan misikeke^1, jan pi pona sijelo$^{1/2}$

doctor jan pi pona sijelo^2, jan pi sona sijelo^2, jan misikeke^2

doctrine nasin^5, sona lawa$^{1/2}$

document lipu^5

documentary sitelen tawa sona^3, sitelen tawa lon^1

dog soweli[4], soweli pi mu mute$^{1/2}$, soweli tomo pona$^{1/2}$, soweli pona$^{1/2}$, soweli tomo$^{1/2}$

doll ilo musi pi jan lili[1], jan len[1], ilo musi sama jan[1], musi jan[1], jan lili powe$^{1/2}$

dollar mani[4], mani Mewika$^{1/2}$, mani lili$^{1/2}$

domain ma[3], ma lawa[2], nimi pi lipu linluwi$^{1/2}$, lawa$^{1/2}$

domestic tomo[3], pi ma ni$^{1/2}$, pi ma mi$^{1/2}$

dominant suli[2], lawa[1], lawa wawa$^{1/2}$, pi mute suli$^{1/2}$, wawa lawa$^{1/2}$, suli mute pi kama pona$^{1/2}$, sewi$^{1/2}$, wawa$^{1/2}$

dominate lawa[2], anpa e[1], anpa[1], suli[1]

donate pana[3], pana e mani[2], pana pona[1]

donation pana mani[3], pana[2], ijo pana kepeken mani ala$^{1/2}$, pana mani pona$^{1/2}$, pana pona$^{1/2}$

donor jan pana[5]

door lupa[5]

dose mute[2], mute misikeke[1]

dot sike lili[3], lili[2], sike[1], sitelen lili[1], ijo lili$^{1/2}$

double tu[4]

doubt sona ala[2], pilin pi sona ala$^{1/2}$, pilin powe$^{1/2}$, pilin pi lon ala$^{1/2}$

dough ko pan[2], ko[2]

down anpa[4], tawa anpa[1]

down anpa[5], noka$^{1/2}$

download kama jo[3]

downtown insa pi ma tomo[3], lon insa pi ma tomo[1]

dozen luka luka tu[3], mute[2]

draft lipu pi pini ala[1], pali open[1], kon$^{1/2}$, lipu pi ken ante$^{1/2}$, sitelen pali$^{1/2}$, sitelen pi pini ala$^{1/2}$

drag tawa lon ma[1], tawa[1], tawa lon supa$^{1/2}$

dragon akesi seli[3], akesi sewi$^{1/2}$, akesi wawa$^{1/2}$, akesi suli pi pana seli$^{1/2}$, akesi suli$^{1/2}$

drain weka[2], weka telo[1], lupa$^{1/2}$, weka e telo$^{1/2}$, ilo pi weka telo$^{1/2}$, pana e telo lon lupa$^{1/2}$

drama utala[1], musi$^{1/2}$, toki musi$^{1/2}$, pilin$^{1/2}$, toki utala$^{1/2}$, toki ike$^{1/2}$, utala pilin$^{1/2}$

dramatic suli[2], pilin mute[1], musi ike$^{1/2}$, pilin wawa$^{1/2}$, pilin a$^{1/2}$, pilin lili$^{1/2}$, wawa$^{1/2}$, nasin pilin$^{1/2}$

dramatically suli[3], kepeken pilin mute$^{1/2}$, musi la$^{1/2}$, ona li wile e ni: ale li lukin e ona$^{1/2}$, sama sitelen musi$^{1/2}$, musi$^{1/2}$, mute$^{1/2}$, wawa$^{1/2}$

draw sitelen^4, pali e sitelen$^{1/2}$, wawa sama$^{1/2}$, linja e ijo$^{1/2}$

drawer poki^3

drawing sitelen^5

dream sitelen lape^4

dress len^3, len meli$^{1/2}$, len suli$^{1/2}$, len meli pi pona lukin$^{1/2}$, len sijelo$^{1/2}$

drift tawa^2, tawa poka^1, tawa nasa$^{1/2}$, tawa lon tenpo mute$^{1/2}$, tawa pi wawa ala$^{1/2}$, tawa tan lawa ala$^{1/2}$, weka tan$^{1/2}$

drill ilo lupa^2, ilo^1, ilo pakala$^{1/2}$

drink telo^2, moku^2, moku e telo^1, moku telo^1

drinking moku^3, moku telo^2, moku e telo^1

drive lawa^2, lawa e tomo tawa^2, tawa^2, wile$^{1/2}$, tawa kepeken tomo tawa$^{1/2}$

driver jan lawa pi tomo tawa^2, jan pi tomo tawa^1, jan lawa^1, jan tawa^1

driving lawa e tomo tawa^1, tawa^1, tawa kepeken^1

drop weka^1, kama anpa^1, anpa^1

drown moli telo^3, moli lon telo suli$^{1/2}$, moli lon telo$^{1/2}$, moli tan kon ala$^{1/2}$

drug misikeke^1, ilo nasa^1

drum ilo kalama^2, selo kalama^1, poki kalama^1, sike kalama$^{1/2}$, ilo kalama selo$^{1/2}$, ilo sike pi kalama musi$^{1/2}$, ilo kalama sike selo$^{1/2}$

drunk nasa^4, pilin nasa tan telo nasa$^{1/2}$

dry telo ala^4, pi telo ala^2, jo ala e telo$^{1/2}$

duck waso telo^3, waso^2

dude jan^4, mije^1, jan pona$^{1/2}$, jan sama$^{1/2}$

due wile^2, kama$^{1/2}$, wile pana$^{1/2}$, tan$^{1/2}$

dump weka^1, ma jaki^1, pana^1, ko jaki$^{1/2}$

during lon tenpo^2, lon tenpo pi^1, lon$^{1/2}$

dust ko^2, ko jaki^1, ko kon^1

Dutch Netelan^2, toki Netelan^1, pi ma Netelan^1

duty wile pali^2, wile^1

dying moli^4, kama moli^2, lon poka moli$^{1/2}$

dynamic ante^2, tawa^2, ken ante^1, ante lon tenpo ale$^{1/2}$, awen ala$^{1/2}$, wawa$^{1/2}$, pali$^{1/2}$

dynamics wawa[1], sona pi tawa ijo[½], sona tawa[½], sona pi ijo tawa[½], nasin[½], lawa ante[½]

each ale[2]

eager wile[3], wile wawa[½], pilin pona tawa tenpo kama[½], pilin pona[½], wile mute[½]

eagle waso wawa[2], waso[2], waso alasa[½]

ear kute[5], nena kute[½]

early lon tenpo open[1]

earn kama jo[2], kama e[½], kama jo tan pali[½], kama jo tan pali pini[½], kama jo e mani[½], kama jo sama jan pona[½]

earnings mani[2], mani pi kama jo[1], mani kama[½], sike len kute[½], mute mani[½]

earth ma[4], ma sike[2], ma ko[½]

earthquake pakala ma[2], tawa ma[2], pakala ma suli[½]

ease pona[3], pona e[½], kepeken wawa ala[½], lili pali[½], kepeken pali lili[½]

easily kepeken pali lili[2], pona[2], pali lili[1], kepeken wawa lili[½]

east nasin pi kama suno[1], nasin pi open suno[1]

Eastern pi kama suno[1]

easy pona[2], pali lili[1], wile e pali lili[½]

eat moku[5]

eater jan moku[4]

eating moku[5]

echo kalama jasima[1], kalama sin[1], kalama pi kama sin[½]

economic mani[2], nasin mani[2], esun[1]

economics nasin mani[2], sona mani[2], nasin esun[½], sona esun[½]

economist jan pi sona esun[3], jan pi sona mani[1], jan mani[1]

economy esun[2], nasin mani[1], mani ale[½], nasin esun[½], lawa mani[½]

ecosystem ma[1], linluwi laso[½], nasin ma[½], nasin pi laso ale[½], nasin pi moli ala[½], kasi en soweli[½], kulupu[½], ma pona[½], kulupu pi soweli en kasi[½], ma wan[½]

edge selo[2], pini[1], pini supa[½], linja kipisi[½]

edit ante[4], ante e lipu[½], ante sitelen[½]

edition nanpa[2], lipu ante[½]

editor jan lawa lipu[1], jan pi ante lipu[½], jan alasa pi pakala sitelen[½], jan pi sitelen toki[½]

educate pana sona^3, pana e
sona^3

education kama sona^2, pana
sona^2, sona^1, nasin sona^1

educational sona^2, pana
sona^2, kama sona^2, pi kama
sona^1, pi pana sona$^{1/2}$

educator jan pi pana sona^4,
jan sona^2

effect kama^1, pali^1

effective pona^2, pali pona^1,
pona pali^1

effectively pona^2, pali pona^2,
lon la^1, kepeken wawa lili$^{1/2}$,
kepeken nasin pona$^{1/2}$, nasin
pona la$^{1/2}$, kepeken pona$^{1/2}$

effectiveness pona^2, pona
pali^1

efficiency pona^2, pona pali^1,
kepeken tenpo lili$^{1/2}$, pali
pona$^{1/2}$

efficient pali pona^2, kepeken
tenpo lili pona$^{1/2}$, pi pali
pona$^{1/2}$, pi pali lili$^{1/2}$, pona a$^{1/2}$,
wawa$^{1/2}$, kepeken tenpo lili$^{1/2}$,
pona$^{1/2}$

effort pali^3, wawa^1, pali mute$^{1/2}$

egg sike mama^4

ego pilin wawa^1, wile^1, mi^1,
pilin suli^1

eight mute^2, luka tu wan^2

eighth nanpa mute^2, nanpa
luka tu wan^2, wan lili$^{1/2}$, lili$^{1/2}$

either anu^2, ni anu ante$^{1/2}$, ijo
ni anu ijo ante$^{1/2}$, tu li ken$^{1/2}$

elbow luka^2, nena luka^1, meso
luka$^{1/2}$

elder jan suli^2, jan majuna^1,
majuna^1, jan sona$^{1/2}$, jan pi sin
ala$^{1/2}$, sin ala$^{1/2}$

elderly majuna^2, suli$^{1/2}$, jan
majuna$^{1/2}$

elect wile^2, anu e^1

election pana wile^1, nasin pi
kama lawa$^{1/2}$, pana wile pi jan
lawa sin$^{1/2}$, tenpo pi pana
wile$^{1/2}$, utala lawa$^{1/2}$, wile
kulupu$^{1/2}$, kama jo pi jan lawa
sin$^{1/2}$, tenpo pi wile kulupu$^{1/2}$

electrical wawa^3, pi linja
wawa$^{1/2}$, wawa kon$^{1/2}$, wawa
linja$^{1/2}$

electricity wawa^2, wawa ilo^1,
wawa linja$^{1/2}$, wawa pi linja
kiwen$^{1/2}$, wawa tan linja$^{1/2}$

electronic wawa^1, ilo wawa^1,
pi wawa linja^1, kepeken ilo
sona$^{1/2}$

elegant pona^2, pona lukin^2,
suwi^1, tawa pona$^{1/2}$, sewi
lukin$^{1/2}$, pona tawa$^{1/2}$

element ijo^2, wan^1, kipisi^1, wan tan ijo ale$^{\frac{1}{2}}$, kon$^{\frac{1}{2}}$

elementary pona^2, lili^1, lili pona$^{\frac{1}{2}}$, sona anpa$^{\frac{1}{2}}$

elephant soweli suli^3, soweli$^{\frac{1}{2}}$, soweli suli pi nena linja$^{\frac{1}{2}}$

elevated sewi^4, lon sewi^1, nena$^{\frac{1}{2}}$

elevator tomo pi tawa sewi^1, ilo tawa lon tomo suli$^{\frac{1}{2}}$, tomo tawa sewi lon insa tomo$^{\frac{1}{2}}$, ilo pi kama sewi$^{\frac{1}{2}}$, tomo pi kama sewi$^{\frac{1}{2}}$, poki jan pi tawa sewi$^{\frac{1}{2}}$, tomo tawa lon tomo$^{\frac{1}{2}}$, ilo pi tawa sewi anpa$^{\frac{1}{2}}$

eleven luka luka wan^2, mute^1, tu tu tu tu tu wan$^{\frac{1}{2}}$

elf jan^1, jan kon$^{\frac{1}{2}}$, kon ma$^{\frac{1}{2}}$, jan lili$^{\frac{1}{2}}$, jan nasa$^{\frac{1}{2}}$

eligible ken^4, pona$^{\frac{1}{2}}$

eliminate weka^4, moli$^{\frac{1}{2}}$, weka e$^{\frac{1}{2}}$

elite sewi^1, jan wawa^1, nanpa wan^1

else ante^3, ante la^2, anu$^{\frac{1}{2}}$, ala la$^{\frac{1}{2}}$

elsewhere lon ma ante^3, ma ante^1, weka$^{\frac{1}{2}}$, lon ante$^{\frac{1}{2}}$, lon tomo ante$^{\frac{1}{2}}$

email lipu^1, toki^1, lipu toki$^{\frac{1}{2}}$

embarrassed apeja^2, pilin ike^2, pilin pi len ala$^{\frac{1}{2}}$

embassy tomo pi ma ante^2, tomo lawa pi ma ante$^{\frac{1}{2}}$, tomo lawa$^{\frac{1}{2}}$, tomo lon ma wan tan ma ante$^{\frac{1}{2}}$, tomo pi jan sinpin$^{\frac{1}{2}}$

embrace jo$^{\frac{1}{2}}$, luka olin$^{\frac{1}{2}}$, olin$^{\frac{1}{2}}$

emerge kama^4, kama tan$^{\frac{1}{2}}$

emergency tenpo ike^2, ike suli$^{\frac{1}{2}}$, ijo ike a$^{\frac{1}{2}}$, tenpo pakala$^{\frac{1}{2}}$

emerging kama^4

emission pana^2, pana jaki$^{\frac{1}{2}}$, kon ike$^{\frac{1}{2}}$, pana pi kon jaki$^{\frac{1}{2}}$

emotion pilin^5

emotional pilin^4, pilin mute^2, pi pilin mute$^{\frac{1}{2}}$, kepeken pilin$^{\frac{1}{2}}$

emotionally pilin^4, pilin la^1

emperor jan lawa^3, mije lawa$^{\frac{1}{2}}$, jan pi lawa mute$^{\frac{1}{2}}$, jan lawa suli$^{\frac{1}{2}}$, jan lawa pi kulupu ma$^{\frac{1}{2}}$, jan lawa sewi$^{\frac{1}{2}}$, jan pi lawa wawa$^{\frac{1}{2}}$

emphasis suli^2, toki suli^1, a^1, waleja$^{1/2}$, suli toki$^{1/2}$, kule$^{1/2}$, suli sitelen$^{1/2}$

emphasize suli^2, suli e^2, toki suli^2, waleja$^{1/2}$

empire ma lawa suli^1, ma suli^1

employ kepeken^3, pana e pali^1, kama jo e jan pali$^{1/2}$

employee jan pali^5, jan esun$^{1/2}$, jan anpa$^{1/2}$

employer jan lawa^3, jan pi pana pali^1, jan pi pana mani$^{1/2}$, jan lawa pali$^{1/2}$, jan esun pi pana pali$^{1/2}$

employment pali^2, pali mani^1, nasin pali^1

empty jo ala^2, ala li lon insa^1

enable ken^2, ken e^1, open^1, pana e ken$^{1/2}$

enact pali^3, kama lawa^1, open pali$^{1/2}$

encounter lukin^2, kama lon poka^1, kama sona^1, kama lon^1

encourage pana e wile^1, suli e wile$^{1/2}$, pana e kon pona$^{1/2}$, toki e pona$^{1/2}$, toki pona$^{1/2}$, pona$^{1/2}$, pana e kon wawa$^{1/2}$, pana e pona$^{1/2}$

encouraging pana e pilin pona$^{1/2}$, pana e wile$^{1/2}$, pana pona$^{1/2}$

end pini^5

ending pini^4

endless pini ala^3, pi pini ala^2

endorse toki pona^2, pana mani^1, toki e pona^1, toki e ni: ona li pona$^{1/2}$

endure awen^4, awen ike$^{1/2}$, awen tan ike$^{1/2}$, jo e wawa insa$^{1/2}$

enemy jan ike^3, jan utala^1, jan pi poka utala ante$^{1/2}$, jan utala ike tawa mi$^{1/2}$

energy wawa^5, ken pali$^{1/2}$

enforce lawa^3, pali lawa^1, nasin e^1

enforcement lawa^1, awen lawa^1, pali lawa$^{1/2}$

engage open^2, pali^1, utala^1, open utala$^{1/2}$

engagement kepeken^1, tenpo kulupu$^{1/2}$, kama kulupu$^{1/2}$, kama wan olin$^{1/2}$, wile kama wan$^{1/2}$, wile pi olin wan$^{1/2}$

engine ilo tawa^2, ilo pali^1, ilo tawa pi tomo tawa$^{1/2}$, ilo$^{1/2}$

engineer jan pali^2, jan ilo^1, jan pi sona ilo$^{1/2}$, jan sona ilo$^{1/2}$

engineering sona ilo^1, sona pali^1, pali ilo$^{1/2}$

English toki Inli^5, toki ike$^{1/2}$

enhance pona^2, pona e^1, pana pona^1, wawa e$^{1/2}$, suli e namako$^{1/2}$

enjoy musi^2, pilin pona tan^1, pilin pona^1, pona^1

enormous suli^2, suli mute^2, suli a^1, suli mute mute^1

enough mute pona^2, o pake$^{1/2}$

enroll kama lon^3, kama lon kulupu^1

ensure awen^2, wawa^1, lon^1, kama^1

enter tawa insa^2, kama insa^2, kama^1, kama lon insa^1

enterprise esun^2, kulupu mani^1, kulupu esun^1, pali suli^1, kulupu^1

entertainment musi^5

enthusiasm wile^2, pilin wawa^1, wile pali$^{1/2}$, pilin pona pi ijo kama$^{1/2}$, pilin pona$^{1/2}$

entire ale^4, ali^2

entirely ale^3, lon ale^1, mute$^{1/2}$, ale la$^{1/2}$, ni ale la$^{1/2}$

entitle pana^1, pana lawa^1, pana e lawa^1, pana e ken$^{1/2}$, pana e nimi$^{1/2}$

entity ijo^5, wan$^{1/2}$

entrance lupa^2, lupa open^1, open^1, nasin tawa insa$^{1/2}$, kama$^{1/2}$

entrepreneur jan esun^2, jan pi esun sin^1

entry open^2, kama insa^1, lupa$^{1/2}$, tawa insa$^{1/2}$, nimi$^{1/2}$

envelope poki lipu^4

environment ma^3, ma poka^2, ma lon sike$^{1/2}$, ma pi poka ale$^{1/2}$, ali lon poka$^{1/2}$

environmental ma^3, pona ma^1, tawa ma pona$^{1/2}$

epic epiku^3, pona mute^1

episode tenpo^1, nanpa$^{1/2}$, nanpa pi sitelen tawa$^{1/2}$, sitelen tawa wan$^{1/2}$, tenpo pi pilin ike$^{1/2}$, kama$^{1/2}$, musi lili$^{1/2}$, wan$^{1/2}$, wan pi sitelen tawa$^{1/2}$

equal sama^5

equality sama^3, nasin sama^2

equally sama^3, sama la^1, kepeken nasin sama$^{1/2}$, kepeken pali sama$^{1/2}$, nasin sama$^{1/2}$

equation sitelen nanpa^1, nanpa sama^1, pali nanpa$^{1/2}$

equip jo^2, kepeken^2, pana e ilo^1, poki e ilo$^{1/2}$

equipment ilo^5, kulupu ilo$^{1/2}$

equity sama^2, mani^1, sama pona$^{1/2}$, pona sama$^{1/2}$, nasin pona$^{1/2}$, jan ale li sama$^{1/2}$, ken sama$^{1/2}$

equivalent sama^5, ijo sama^1

era tenpo suli^3, tenpo^1

error pakala^4, ike^2

escape weka^3, tawa^1

especially suli la^3, kin^2, a^1, kin la$^{1/2}$

essay lipu^3, lipu pi utala toki$^{1/2}$, lipu sona$^{1/2}$

essence kon^4

essential suli^2, ken ala jo ala e ni$^{1/2}$, wile suli$^{1/2}$, suli mute$^{1/2}$, wile$^{1/2}$, wile jo$^{1/2}$, ken ala lon ala$^{1/2}$

essentially lon la^2, suli la^2, suli^1, kon la$^{1/2}$

establish kama lon^1, lon e$^{1/2}$, mama$^{1/2}$, pali$^{1/2}$

establishment tomo^3, kulupu^2, nasin$^{1/2}$, nasin lon$^{1/2}$, kulupu lawa$^{1/2}$

estate ma jo^1, ma^1, ijo^1, mani$^{1/2}$, tomo suli pi jan mani$^{1/2}$

estimate pilin^1, sona lili$^{1/2}$, nanpa pona$^{1/2}$, nanpa$^{1/2}$

estimated pilin^2, poka^1, sama^1, ken$^{1/2}$, nanpa poka$^{1/2}$, poka sama$^{1/2}$

etc en ante^1, e sama$^{1/2}$, anu ijo sama ni$^{1/2}$, anu ijo ante$^{1/2}$, ijo ante$^{1/2}$, e sama e sama$^{1/2}$, en ijo ante$^{1/2}$, ijo ante li lon$^{1/2}$

eternal pi tenpo ale^2, pini ala^1, tenpo ale^1, lon tenpo ale^1, tenpo pi pini ala^1

ethical pona^3, pi nasin pona$^{1/2}$, nasin pona$^{1/2}$, nasin pi pali pona$^{1/2}$

ethics nasin pi pali pona^1, nasin jan^1, sona pi nasin pona$^{1/2}$, nasin pi pona jan$^{1/2}$, nasin pali pona$^{1/2}$

ethnic kulupu^2

European ma Elopa^2, tan ma Elopa^1, jan Elopa^1, Elopa^1, jan pi ma Elopa$^{1/2}$, pi ma Elopa$^{1/2}$

evaluate kama sona^2, nanpa^1, lukin$^{1/2}$, kama sona e pona$^{1/2}$, toki e pona anu ike$^{1/2}$, alasa e sona$^{1/2}$, lukin e pona$^{1/2}$, pana e nanpa$^{1/2}$, lukin e sona$^{1/2}$

evaluation lukin^1, pilin$^{1/2}$, kama sona$^{1/2}$, nanpa$^{1/2}$, lukin pi wile sona$^{1/2}$, alasa e kon$^{1/2}$, kama isipin$^{1/2}$

even sama^2, kin^2, supa$^{1/2}$, ken pi kipisi tu$^{1/2}$, ken kipisi tu$^{1/2}$

evening tenpo pimeja^2, tenpo pi suno pini^1

event tenpo^2, kama^2, tenpo kulupu$^{1/2}$, ijo kama$^{1/2}$

eventually lon tenpo kama^2, tenpo la^1, tenpo kama la^1, tenpo nanpa pini la$^{1/2}$

ever tenpo ale^2, lon tenpo^1, tenpo wan$^{1/2}$, lon tenpo pi ale ken$^{1/2}$

every ale^4, ali^1

everybody jan ale^5

everyday tenpo suno ale^2, lon tenpo suno ale^2, tenpo suno ale la$^{1/2}$, pi tenpo suno ale$^{1/2}$, tenpo suno ali$^{1/2}$

everyone jan ale^4, jan ali^1

everything ale^4, ijo ale$^{1/2}$, ali$^{1/2}$, ijo ali$^{1/2}$

everywhere lon ale^3, ma ale^1, lon ma ale$^{1/2}$, lon ma ali$^{1/2}$, ma ali$^{1/2}$

evidence ijo sona^1, sona^1, ilo sona$^{1/2}$

evident lon^1, lukin$^{1/2}$, tan lukin$^{1/2}$

evil ike^4, ike mute$^{1/2}$, pali e ike$^{1/2}$

evolution ante^1, suli$^{1/2}$, kama ante$^{1/2}$

evolve kama ante^3, kama ante pona$^{1/2}$

exact pana e sona mute mute$^{1/2}$, lon$^{1/2}$, sona pi ijo lili$^{1/2}$, wile pi toki mute$^{1/2}$, ni$^{1/2}$, sama$^{1/2}$, lon pona lili$^{1/2}$

exactly lon^3, lon a$^{1/2}$, ni$^{1/2}$

exam utala sona^1, lukin sona^1, lipu pi kama sona$^{1/2}$, sitelen pi utala sona$^{1/2}$, lipu pi pali sona$^{1/2}$, tenpo sitelen$^{1/2}$

examination lukin^3, lukin suli^1

examine lukin^3, lukin wawa$^{1/2}$, lukin mute$^{1/2}$, lukin suli$^{1/2}$, kama sona$^{1/2}$

example ijo^2, ijo pi pana sona^1, wan^1, ijo lili sama$^{1/2}$, nasin wan$^{1/2}$, ken$^{1/2}$, ijo sama ijo$^{1/2}$, pana lukin$^{1/2}$

exceed mute^2, ete^1, suli weka$^{1/2}$, suli suli$^{1/2}$, sewi mute$^{1/2}$

excellent pona mute^3, pona^2, pona mute a^1, pona a$^{1/2}$

except taso^3

exception taso^2, ante^1

excessive mute ike^2, mute^2, suli ike^1, pi mute ike$^{1/2}$, mute a$^{1/2}$

exchange esun^3, ante$^{1/2}$

excite pana e pilin wawa^2, pona a$^{1/2}$, musi e$^{1/2}$, wawa e pilin$^{1/2}$, pana e pilin namako$^{1/2}$, wawa$^{1/2}$

excited pilin pona wawa^1, pilin suli^1

excitement pilin wawa^3, pilin pona tan tenpo kama$^{1/2}$, pilin wawa tan ijo kama$^{1/2}$, pilin pona$^{1/2}$

exciting musi mute$^{1/2}$, musi$^{1/2}$, pana e pilin pona$^{1/2}$, pona tawa mi a$^{1/2}$, wawa$^{1/2}$, pilin tawa$^{1/2}$, musi namako$^{1/2}$

exclude weka^3, wile ala$^{1/2}$, jo ala$^{1/2}$, weka e$^{1/2}$

exclusive taso^4, pi nasin ni en nasin ante ala$^{1/2}$, lon ni taso$^{1/2}$

exclusively taso^4, nasin ni en nasin ante ala la$^{1/2}$

excuse toki^2, tan^1, toki tan pakala$^{1/2}$, toki pi weka apeja$^{1/2}$

execute pali^4, moli^1, kama pali$^{1/2}$

execution pali^2, moli^2, kama pali$^{1/2}$

executive lawa^2, jan lawa^2, jan lawa kulupu$^{1/2}$

exercise pali sijelo^3, tawa pi pona sijelo$^{1/2}$, pona e sijelo$^{1/2}$, pali sijelo wawa$^{1/2}$, pali pi kama sona$^{1/2}$

exhibit pana^2, pana lukin^1, ijo lukin$^{1/2}$, sitelen musi lukin$^{1/2}$, sitelen$^{1/2}$

exhibition pana lukin^1, sitelen mute$^{1/2}$, pana musi$^{1/2}$, tomo pi ijo lukin$^{1/2}$, tomo lukin$^{1/2}$, ijo lukin$^{1/2}$, musi$^{1/2}$

exist lon^5

existence lon^5, ale$^{1/2}$

existing lon^5

exit weka^2, lupa weka^1, tawa^1, tawa weka^1, nasin weka^1, lupa tawa ma$^{1/2}$

expand suli^2, kama suli^2, suli e^1

expansion kama suli^3, suli^2

expect wile^1, li awen li wile$^{1/2}$, sona e kama$^{1/2}$, pilin pi ijo kama$^{1/2}$, ken lukin$^{1/2}$, sona ken pi tenpo kama$^{1/2}$, lukin$^{1/2}$, sona$^{1/2}$

expectation wile^2, pilin kama^1, pilin^1, wile lon tenpo kama$^{1/2}$

expected sona^1, sin ala$^{1/2}$, sona e kama pi ijo ni$^{1/2}$, tenpo pini la mi sona e ni: ijo li kama$^{1/2}$

expense mani^2, mani weka^2, pana mani$^{1/2}$

expensive mani mute^3, pi mani mute^2, wile e mani mute$^{1/2}$

experience pilin^2, sona^1, sona tan pali$^{1/2}$, pali pi tenpo pini$^{1/2}$

experienced sona^2, pi sona mute^1, pi pali mute^1, sona mute^1, pi sona mute tan tenpo pini$^{\frac{1}{2}}$, pi sona pali mute$^{\frac{1}{2}}$

experiment pali pi kama sona^3, pali sona^1

experimental nasa^1, sin^1, nasin sin^1, li ken pona li ken ike$^{\frac{1}{2}}$, musi$^{\frac{1}{2}}$, alasa$^{\frac{1}{2}}$

expert jan sona^3, jan pi sona mute^2, sona mute$^{\frac{1}{2}}$

expertise sona^3, sona pali$^{\frac{1}{2}}$, sona wawa$^{\frac{1}{2}}$, sona suli$^{\frac{1}{2}}$

explain pana sona^2, toki^1, pana e sona$^{\frac{1}{2}}$

explanation toki sona^2, sona^1, toki^1, pana sona^1, toki pi pana sona^1

explicitly len ala^1, toki pona^1, lon^1, sina ken lukin$^{\frac{1}{2}}$, ken lukin suli la$^{\frac{1}{2}}$

explode pakala^2, pakala wawa^1

exploit kepeken ike^1, utala^1

exploration alasa^1, kama sona ma$^{\frac{1}{2}}$, tawa pi kama sona$^{\frac{1}{2}}$, kama sona pi ma sin$^{\frac{1}{2}}$, alasa ma$^{\frac{1}{2}}$, tawa sona$^{\frac{1}{2}}$, kama sona$^{\frac{1}{2}}$

explore alasa^3, kama sona^1, tawa sona$^{\frac{1}{2}}$

explosion pakala seli^2, pakala suli^2, pakala^1, wawa^1, pakala seli wawa$^{\frac{1}{2}}$

export pana^2, pana tawa ma ante^2, pana weka^2

expose weka e len^2, toki sona$^{\frac{1}{2}}$, pana e lukin$^{\frac{1}{2}}$

exposure pana lukin^1, len ala^1

express toki^3, pana e sona$^{\frac{1}{2}}$, pana e pilin kepeken toki$^{\frac{1}{2}}$, pana tan insa$^{\frac{1}{2}}$, tawa wawa$^{\frac{1}{2}}$

expression toki^3, sinpin^1

extend suli^2, kama suli^1, suli e^1, pana^1

extended suli^4, kama suli$^{\frac{1}{2}}$

extension namako^2, suli^2, ijo sin$^{\frac{1}{2}}$, mute e$^{\frac{1}{2}}$, kama suli$^{\frac{1}{2}}$

extensive suli^4, ken mute$^{\frac{1}{2}}$, mute mute$^{\frac{1}{2}}$

extent suli^3, mute^1

external insa ala^2, selo^2, tawa ma$^{\frac{1}{2}}$, tan selo$^{\frac{1}{2}}$, lon selo$^{\frac{1}{2}}$

extra namako^4, mute^1, sin^1

extract weka^1, kama jo$^{\frac{1}{2}}$, kama$^{\frac{1}{2}}$, alasa$^{\frac{1}{2}}$, lanpan$^{\frac{1}{2}}$

extraordinary pona mute^2, a$^{\frac{1}{2}}$, sewi$^{\frac{1}{2}}$, pona a$^{\frac{1}{2}}$, nasa$^{\frac{1}{2}}$, nasa pona$^{\frac{1}{2}}$

extreme wawa^1, nasa^1, mute^1

extremely mute mute^2, mute^2, nanpa wan$^{1/2}$, pi mute mute$^{1/2}$

eye oko^4, lukin^2

fabric len^5

fabric len^5

face (n) sinpin^4, sinpin lawa^1

facilitate pona^1, pona e$^{1/2}$, pona e pali$^{1/2}$

facility tomo^3, tomo pali^2, ilo^1, ma pali^1

fact ijo lon^2, lon^2, sona^1, toki lon^1, sona pona$^{1/2}$

factor tan^2, ijo^1, wan^1, kipisi$^{1/2}$

factory tomo pali^3, tomo ilo pali^1

faculty ken^2, kulupu sona^1

fade weka^2, kama kon^1, kama walo^1, kama pimeja$^{1/2}$, kama weka$^{1/2}$, tawa weka$^{1/2}$, kama kule ala$^{1/2}$

fail pakala^4, kama ike$^{1/2}$, kama anpa$^{1/2}$

failure pakala^3, kama ike$^{1/2}$, pali ike$^{1/2}$

fair pona^3, kepeken nasin pona$^{1/2}$, pona tawa ale$^{1/2}$, pona sama pi jan ale$^{1/2}$, pona sama$^{1/2}$, pona tawa jan ale$^{1/2}$

fairly pona^2, lili^1, pona kulupu la$^{1/2}$

faith pilin^2, pilin sewi^1, nasin sewi^1, pilin pi nasin sewi$^{1/2}$, wawa tan pilin$^{1/2}$, pilin awen$^{1/2}$, sona kon$^{1/2}$, pilin pi sona wawa$^{1/2}$, pilin lon$^{1/2}$

faithful olin^1, awen olin$^{1/2}$, pilin awen$^{1/2}$, awen lon nasin$^{1/2}$, kute pona$^{1/2}$, pona$^{1/2}$

fake lon ala^3, powe^2

fall tawa anpa^2, anpa^2, kama anpa^1, anpa wawa^1, tawa ma$^{1/2}$, tenpo pi moli lipu$^{1/2}$, tenpo loje$^{1/2}$

false lon ala^3, powe^2, ala$^{1/2}$, pi lon ala$^{1/2}$

fame suli^1, sona pi kulupu suli^1, sona pi jan mute$^{1/2}$

familiar sona^2, soweli nasa$^{1/2}$

family kulupu mama^3, kulupu^1

famous jan suli^1, jan mute li sona e ona^1, sona tan jan mute^1

fan ilo kon^1, ilo pi tawa kon^1, ilo pi kon tawa^1, jan olin^1

fancy namako^2, mani$^{1/2}$, pi mani mute$^{1/2}$

fantastic pona a^3, pona mute^2, pona wawa$^{1/2}$, pona mute a$^{1/2}$, epiku$^{1/2}$

fantasy powe[1], nasa[1], wile nasa[½], ma pi lon ala[½], toki pi lon ante[½], lon ala[½]

far weka[3], lon weka[½]

farm ma pan[1], ma kasi[1], ma kili[½], ma mani[½], esun soweli[½]

farmer jan kasi[2], jan ma[1], jan pali ma[½], jan pi pali kasi[½], jan pi pali ma[½]

fascinating musi[2], pona[2], sona musi[½], sona pona[½], pona sona[½], musi mute[½], musi wawa a[½]

fashion nasin len[4], len pi tenpo ni[½], nasin len pi jan mute[½]

fast wawa[2], tawa wawa[1], kepeken tenpo lili[1], lon tenpo lili[½], tawa kepeken tenpo lili[½], moku ala[½]

faster kepeken tenpo lili[1], wawa[1], tawa mute[1], wawa mute[½]

fat suli[4], ko moku[½], sijelo pi suli ike[½], suli poka[½]

fate tenpo kama[2], pini[1], lipu sewi pi tenpo ale[½]

father mama mije[3], mama[2]

fault pakala[3]

favour pali pona[2], pona[2], pali[1], wile[1], pona lili[½], pali pona lili[½]

favourite nanpa wan[1], pona suli[1], pona nanpa wan[1], pona mute[½]

fear monsuta[3], pilin ike[1]

feature ken ilo[½], wan[½], pona ilo[½], ken[½], ijo lili[½], ijo lawa[½], ijo[½], pali wan[½], ijo ijo[½]

February tenpo mun nanpa tu[2], mun pi pini lete[½], tenpo lete[½], tenpo mun lete[½], mun nanpa tu[½]

federal pi lawa ma[1], lawa pi ma suli[½]

fee mani[3], wile mani[2]

feed pana e moku[2], pana moku[2], moku[1]

feedback toki[2], toki pilin[2], toki pona[½], pana sona[½]

feel pilin[5], luka e[½]

feeling pilin[5]

fellow sama[2], jan pona[1], jan poka[1], jan[1], jan sama[1]

female meli[5]

fence sinpin ma[1], selo[1], sinpin palisa[½], ilo pake[½], sinpin awen[½], sinpin[½]

festival tenpo musi[3], musi[1], tenpo musi suli[1], musi suli[½], kulupu musi[½]

fever seli sijelo ike^1, jaki seli^1, sijelo seli^1, jaki$^{1/2}$, seli sijelo jaki$^{1/2}$, pilin seli$^{1/2}$, seli sijelo$^{1/2}$

few (a few people) jan pi mute lili^3, jan mute^2, jan pi mute ala$^{1/2}$

few pi mute lili^1, pi nanpa lili^1, pi mute ala^1, lili^1, mute ala$^{1/2}$

fewer lili^3, pi mute lili$^{1/2}$, kama lili$^{1/2}$

fibre linja^3, len^1, linja lili^1, linja kasi$^{1/2}$, linja len$^{1/2}$

fiction lipu musi^1, lon ala^1, toki musi pi lon ala^1, powe^1, lipu powe^1, powe musi$^{1/2}$

fiction toki pi lon ala^2, lipu musi$^{1/2}$, powe$^{1/2}$, lipu pi lon ala$^{1/2}$, lipu powe$^{1/2}$, sitelen pi lon ala$^{1/2}$, lon ala$^{1/2}$, musi pi lon ala$^{1/2}$

field ma^4, ma sona$^{1/2}$, ma pan$^{1/2}$, ma open$^{1/2}$

fifteen mute^2, luka luka luka^2

fifth nanpa luka^3, nanpa mute^1

fifty mute^3, mute mute luka luka$^{1/2}$, luka luka luka luka luka luka luka luka luka$^{1/2}$, tu tu tu tu tu tu tu tu tu tu tu tu tu tu tu tu tu tu tu tu tu tu$^{1/2}$

fight utala^5

fighter jan utala^5

fighting utala^5

figure sijelo^2, sitelen^1, jan^1, selo$^{1/2}$, selo jan$^{1/2}$, sitelen sijelo$^{1/2}$

file lipu^4, ijo$^{1/2}$, poki lipu$^{1/2}$, kulupu lipu$^{1/2}$

fill pana^1, pana lon insa$^{1/2}$, pini$^{1/2}$

film sitelen tawa^4, lipu pi sitelen tawa$^{1/2}$, lipu lukin$^{1/2}$, selo$^{1/2}$

filter len pi weka jaki^1, len^1, weka e^1, ilo pake$^{1/2}$, weka e ike$^{1/2}$

final pini^3, nanpa pini^3, nanpa monsi$^{1/2}$

finally pini la^4, tenpo pini la$^{1/2}$

finance nasin mani^2, sona mani^1, mani$^{1/2}$

financial mani^4, esun^2, nasin mani$^{1/2}$

find kama jo^2, alasa^2, lukin^2, kama lukin$^{1/2}$

finding alasa^3, kama lukin^1, sona sin$^{1/2}$

fine pona^4, lili$^{1/2}$, oke$^{1/2}$, mani$^{1/2}$

finger palisa luka^3, luka^1, luka lili^1

finish pini^5

fire seli^5

firm kiwen^3, wawa^1, ko ala$^{1/2}$, kulupu pali$^{1/2}$

firmly wawa^4, kepeken wawa^1, pilin mi li ken ala ante$^{1/2}$

first nanpa wan^4

fiscal mani^3

fish kala^5

fishing alasa kala^3, alasa e kala^1

fist luka kiwen^2, luka^1, luka wawa^1, luka utala$^{1/2}$, luka sike$^{1/2}$

fit sijelo pona^2, pona sijelo^1, pona^1, ken lon$^{1/2}$, lon selo$^{1/2}$, ken len$^{1/2}$, ken kama lon insa$^{1/2}$

fitness pona sijelo^2, sijelo pona^1, wawa sijelo$^{1/2}$

five luka^4, mute$^{1/2}$, tu tu wan$^{1/2}$

fix pona^3, pona e^2

fixed pona^3, awen^2

flag len^2, len sitelen^1, len ma^1, sitelen kulupu$^{1/2}$, len kon$^{1/2}$, len kule$^{1/2}$, len sitelen ma$^{1/2}$, sitelen$^{1/2}$

flame seli^5

flash suno^1, suno wawa^1, suno pi tenpo lili^1, suno lili^1

flat supa^3, lipu^2

flavour pilin uta^3, namako^1, kule moku$^{1/2}$

flaw pakala^3, ike^1, ijo ike^1

flee weka^2, tawa weka^2, tawa tan ike$^{1/2}$, tawa tan$^{1/2}$

fleet kulupu pi tomo tawa telo^2, tomo tawa telo mute^2, kulupu^1, mute^1

flesh sijelo^3, ko soweli$^{1/2}$, moku soweli$^{1/2}$, ijo sijelo$^{1/2}$, insa$^{1/2}$, ko loje tawa soweli$^{1/2}$

flexibility ken ante^2, linja^2, ken linja$^{1/2}$, nasin ko$^{1/2}$, sama linja$^{1/2}$, ko$^{1/2}$, ken ko$^{1/2}$, ken tawa$^{1/2}$

flexible linja^2, ko^1, ken tawa$^{1/2}$, ken linja$^{1/2}$, ken ante$^{1/2}$, kiwen ala$^{1/2}$

flight tawa waso^3, tawa sewi^2, tawa kon^1

flip tawa^1, jasima^1, ante e poka$^{1/2}$

float awen sewi^1, awen lon kon^1, lon sewi telo^1

flood telo mute^1, kama telo suli^1, kama pi telo suli$^{1/2}$

floor anpa^2, supa noka^1, supa anpa^1, supa^1

flour ko pan^4, ko pan walo$^{1/2}$

flow telo^2, tawa telo^1, tawa sama telo^1, tawa^1, nasin telo$^{1/2}$

flower kasi kule^3, kasi^1, lawa kasi^1

fluid telo^5

fly tawa sewi^2, tawa kon^2, waso$^{1/2}$, tawa sama waso$^{1/2}$, tawa lon kon$^{1/2}$

focus isipin mute$^{1/2}$, pana isipin$^{1/2}$, lawa wawa$^{1/2}$, lukin wawa$^{1/2}$, isipin$^{1/2}$, lukin e wan$^{1/2}$

fold nena^1, lili e^1, lipu e$^{1/2}$, linja$^{1/2}$, pana e sinpin ijo tawa insa ona$^{1/2}$, tawa e kipisi tawa kipisi ante$^{1/2}$

folk religion nasin sewi jan^1, nasin sewi kulupu^1, nasin sewi pi lawa ala$^{1/2}$

follow tawa lon monsi^1, alasa^1, kepeken nasin$^{1/2}$, tawa jan lawa$^{1/2}$, tawa lon nasin sama$^{1/2}$

follower jan anpa$^{1/2}$, jan kute$^{1/2}$, jan nasin$^{1/2}$, jan pi tawa sama$^{1/2}$, jan$^{1/2}$

following tawa lon monsi^2, kama$^{1/2}$, tawa$^{1/2}$, kama tawa$^{1/2}$, tawa monsi$^{1/2}$, kama lon poka$^{1/2}$

font nasin sitelen^2, sitelen^2

food moku^5

foot noka^4, pini noka$^{1/2}$, noka anpa$^{1/2}$

footage sitelen tawa^4

football musi pi sike noka^2, sike noka^2, sike musi^2, musi sike^1, musi utala pi sike noka$^{1/2}$

for tawa^5, tan^1

forbid pake^1, ken ala e$^{1/2}$, weka e ken$^{1/2}$, pali e lawa pi ken ala$^{1/2}$, ala e ken$^{1/2}$

force wawa^4, kon wawa$^{1/2}$

forehead sewi lawa^2, sewi sinpin^2, sinpin^2, lawa$^{1/2}$

foreign pi ma ante^3, tan ma ante^1, ma ante^1

forest ma kasi^2, ma pi kasi suli^2, ma pi kasi suli mute^1, ma pi kasi mute^1, kulupu kasi$^{1/2}$, kasi mute$^{1/2}$

forever tenpo ale^3, lon tenpo ale^2, tenpo ale la$^{1/2}$, tenpo mute mute$^{1/2}$

forget weka sona^3, weka e sona$^{1/2}$, pini sona$^{1/2}$, tenpo ni la sona ala$^{1/2}$

forgive weka e pali ike^1, toki pi weka ike$^{1/2}$, pali ike ala tan ike pi jan ante$^{1/2}$, pini pi pilin ike$^{1/2}$, pana e pini pi pilin ike$^{1/2}$, toki pona$^{1/2}$, kama pilin pona$^{1/2}$

fork ilo moku^5, ilo moku palisa$^{1/2}$

form sijelo^2, lipu^2, lipu pi wile sona^1

formal nasin[1], ijo lipu[½], suli[½], nasin suli[½], len pi mani mute[½], musi ala[½], suli lukin[½]

format nasin[3], selo[½], leko[½]

formation sijelo[1], sitelen[1], nasin[1], kama lon[1], kulupu[1]

former pi tenpo pini[2], pini[2], tenpo pini[1]

formula nasin nanpa[1], nasin[1], nasin pi sona nanpa[½], toki nanpa[½], nasin pali[½], sona pali[½]

forth tawa[2], tawa sinpin[1], sinpin[1]

fortunately pona la[4], pona a[½]

fortune mani mute[2], mani[1], pona[½], ken pona[½], kama pona[½]

forty mute mute[2], mute[1], luka luka luka luka luka luka luka luka[½]

forum tomo toki[1], ma toki[1], kulupu[½], lipu[½], kulupu toki[½], lipu toki[½]

forward tawa sinpin[3], tawa[2], sinpin[2], lon sinpin[½]

fossil kiwen pi soweli moli[1], kala lon insa kiwen[½], kiwen pi soweli pi majuna mute[½], sijelo moli li kama kiwen[½]

foster mama[3], mama e[1], mama e jan lili sin[½]

found lukin[2], kama jo[½], alasa[½], kama lukin[½]

foundation noka[1], anpa[1], anpa wawa[½], noka toma[½], kulupu open[½], noka wawa[½]

founder jan open[2], mama[2], jan pali nanpa wan[½]

four tu tu[3], mute[1], po[½], neja[½]

fourth nanpa tu tu[4], nanpa mute[2]

fraction kipisi[2], kipisi nanpa[1], lili[1], wan[1]

frame selo[2], selo sitelen[1], poki sitelen[½]

framework tomo^1, nasin^1, selo$^{1/2}$, sijelo pali$^{1/2}$, ilo pali$^{1/2}$, selo kiwen$^{1/2}$, sijelo$^{1/2}$

franchise esun^2, kulupu^2, esun sama$^{1/2}$, kulupu esun$^{1/2}$

frankly lon^2, lon la^1, toki pona la^1, kepeken kon open pi len ala$^{1/2}$

fraud powe^1, toki ike pi weka mani$^{1/2}$, jan pi pali ike$^{1/2}$, toki ike$^{1/2}$, sinpin li pona taso insa li ike$^{1/2}$, esun ike pi weka mani$^{1/2}$, pali powe$^{1/2}$, powe mani$^{1/2}$

free pona^2, pi mani ala^1, mani ala^1, ken$^{1/2}$

freedom ken^2, ken ale^1

freely ken mute^1

freeze lete^2, kama kiwen lete^1, lete mute^1, kiwen$^{1/2}$, kama lete mute$^{1/2}$, kama lete kiwen$^{1/2}$, lete e$^{1/2}$

French toki Kanse^2, Kanse^1, pi ma Kanse^1, a a a pan$^{1/2}$

frequency mute^2, tenpo$^{1/2}$, mute tenpo$^{1/2}$

frequent mute^2, lon tenpo mute^2, pi tenpo mute^1, tenpo mute^1

frequently lon tenpo mute^2, tenpo mute^2, tenpo mute la^2

fresh sin^5

freshman jan sin^4, jan sin lon tomo sona$^{1/2}$, jan sin pi tomo sona$^{1/2}$, tomo sona la jan sin pi tenpo sike nanpa wan$^{1/2}$

Friday tenpo suno^1, tenpo suno nanpa luka pi tenpo esun$^{1/2}$, tenpo suno esun nanpa luka$^{1/2}$, pini pi tenpo esun$^{1/2}$

friend jan pona^5, jan$^{1/2}$

friendly pona^4, pi jan pona$^{1/2}$

friendship pona jan^1, kulupu pi jan pona^1, nasin pi jan pona^{½}

frog akesi^3, akesi suwi^{½}, akesi telo^{½}

from the perspective of tawa^3, la^1

from tan^5

front sinpin^5, lon sinpin^{½}

frozen lete^3, kiwen lete^2, lete kiwen^1, tawa ala^{½}

fruit kili^5, kili suwi^{½}

frustration pilin ike^3

fuck pakala^3, unpa^2, unpa wawa^{½}, a^{½}

fucking unpa^3, pakala^3

fuel telo wawa^2, ko seli^1

full-time tenpo ale^2, lon tenpo ale^1, lon tenpo mute^{½}, lon tenpo suli^{½}

full ale^2, ken ala poki e namako^{½}, insa ale li jo^{½}, jo mute^{½}, wile ala moku^{½}

fully ale^2, ali^1, ale la^{½}, wan^{½}

fun musi^5

function pali^5, kepeken^{½}, nasin^{½}

functional pali^2, pali pona^1, ken pali^1, pona^1

fund mani^2, pana e mani^1, pana mani^{½}, poki mani^{½}, pana e mani tawa^{½}

fundamental suli^2, pona^1, ijo kiwen^{½}, nanpa wan^{½}

funding mani^3, pana mani^1, pana e mani^{½}

funeral kulupu tan jan moli^{½}, pana ma pi jan moli^{½}, tenpo moli^{½}, sewi moli^{½}, tenpo olin pi jan moli^{½}, tenpo pi toki moli^{½}, tenpo kulupu pi weka pi jan moli^{½}, tenpo sewi tan jan moli^{½}

fungus soko^3, kili^2, kasi pi wile suno ala^{½}, kasi nasa^{½}, kasi anpa^{½}

funny musi^5, nasa^{½}

fur linja soweli^2, linja sijelo^1, linja lon selo soweli^{½}

furniture supa^3

furthermore ni la^2, kin^1, kin la^1

future tenpo kama^5, kama^{½}

gain kama jo^3, jo^{½}, lanpan^{½}

galaxy kulupu mun^1, kulupu suno^1

gallery tomo sitelen^2, kulupu sitelen^2, tomo lukin^1, tomo pi sitelen musi^{½}

gallon mute^2, poki telo^1, poki^1, poki telo suli$^{1/2}$, telo mute$^{1/2}$, nanpa telo$^{1/2}$, poki suli telo$^{1/2}$, telo suli$^{1/2}$

game musi^5

gang kulupu^3, kulupu pi pali ike^1, kulupu jan^1, kulupu pi lawa ala$^{1/2}$

gap lupa^2, lupa lili$^{1/2}$, lupa linja$^{1/2}$, pakala selo$^{1/2}$, weka lili$^{1/2}$

garage tomo pi tomo tawa^3, tomo ilo^1, tomo awen pi tomo tawa$^{1/2}$

garbage jaki^5

garden ma kasi^4, ma kili$^{1/2}$

garlic kili namako^1, kili$^{1/2}$

gas kon^5, telo pi tomo tawa$^{1/2}$, telo wawa$^{1/2}$, ko$^{1/2}$, telo seli$^{1/2}$

gasoline telo wawa^3, telo seli^2, telo wawa pi tomo tawa$^{1/2}$

gasp a^2, mu^2, kalama pi kon wawa$^{1/2}$, kalama pi kon uta$^{1/2}$, kalama uta pi kon wawa$^{1/2}$, uta open$^{1/2}$, kama jo wawa e kon$^{1/2}$, kalama uta kon pi pilin ike$^{1/2}$

gate lupa^3, lupa suli^1, open$^{1/2}$

gather alasa^4, kulupu^1, kama jo$^{1/2}$

gathering kulupu^3, kulupu kama^1, tenpo kulupu^1, likujo$^{1/2}$

gay kule^2, mije pi olin mije^1, pi olin sama^1, mije li olin e mije$^{1/2}$, jan pi olin kule$^{1/2}$

gaze lukin^5, lukin wawa$^{1/2}$

gear ilo^3, ilo mute$^{1/2}$, kulupu ilo$^{1/2}$, sike pali pi nena mute$^{1/2}$, sike ilo$^{1/2}$, ilo sike kiwen$^{1/2}$

gender non-conforming person tonsi^3, jan tonsi^2

gender kon^1, kule kon^1, nasin jan^1, meli anu mije anu tonsi$^{1/2}$

gene kon mama$^{1/2}$, wan mama$^{1/2}$, wan pi sama mama$^{1/2}$, ijo mama$^{1/2}$

general ale^2, jan lawa utala^1, tawa jan ale$^{1/2}$, pi ijo ale$^{1/2}$, pi ijo mute$^{1/2}$, tawa ale$^{1/2}$

generally ale la^2, tenpo mute la^2

generate pali^3, pana^1, mama^1, lon e$^{1/2}$

generation kulupu tenpo^1, kulupu jan tenpo^1, kulupu sama$^{1/2}$, kulupu pi tenpo sama$^{1/2}$, kulupu pi jan sama$^{1/2}$

generous pana mute^2, pona^1, pi pana mute$^{1/2}$

genius jan pi sona mute^1, sona mute^1, jan sona^1

genre nasin^1, kulupu^1, poki^1, nasin lipu^1, poki musi$^{1/2}$, kulupu sama$^{1/2}$, kule$^{1/2}$, nasin musi$^{1/2}$

gentle suwi^2, pona^1, pi wawa lili$^{1/2}$, utala ala$^{1/2}$, nasin olin$^{1/2}$

gentleman mije^2, mije pona^1, jan pona^1, jan mije pona^1, jan mije^1

gently suwi^2, wawa ala^1, lili^1, kepeken wawa lili$^{1/2}$, kepeken luka suwi$^{1/2}$, pi wawa lili$^{1/2}$, kepeken olin$^{1/2}$

genuine lon^3, powe ala^1, pona$^{1/2}$

German Tosi^2, toki Tosi^2, pi ma Tosi$^{1/2}$, jan Tosi$^{1/2}$, jan pi kulupu Tosi$^{1/2}$

gesture luka^2, tawa luka^2, tawa^1, sitelen pi tawa luka$^{1/2}$, toki luka$^{1/2}$

get kama jo^4, lanpan$^{1/2}$

ghost kon moli^2, kon jan^1, kon$^{1/2}$, kon pi jan moli$^{1/2}$, monsuta$^{1/2}$

giant suli^4, pi suli mute$^{1/2}$, jan suli$^{1/2}$

gift ijo pana^3, pana^2, poki pana$^{1/2}$

gifted pona^1, wawa$^{1/2}$, ken mute$^{1/2}$, sona pona$^{1/2}$, pi ken suli$^{1/2}$, pi sona mute$^{1/2}$, ken pali mute$^{1/2}$, sona$^{1/2}$, sona wawa$^{1/2}$

girl meli^3, jan meli^1, jan lili meli$^{1/2}$, jan lili$^{1/2}$

girlfriend meli olin^3, jan olin^1, meli mi$^{1/2}$

give pana^5

given pana^3, lon^1, kama pana$^{1/2}$, la$^{1/2}$, pana pini$^{1/2}$

glad pilin pona^5

glance lukin lili^3, lukin^2, oko^1

glass poki telo^1, poki^1, kiwen pi ken lukin^1, kiwen lukin$^{1/2}$, kiwen pi ken lukin insa$^{1/2}$

Glires or *Eulipotyphla* soweli lili^4, misa^1, soweli lili ma$^{1/2}$, soweli$^{1/2}$

global ma ale^2, pi ma ale^2

globe sike^3, sike ma^1, ma ale$^{1/2}$

glory wawa^2, pona^1, sewi$^{1/2}$, pilin wawa$^{1/2}$, pilin sewi$^{1/2}$, pona suli$^{1/2}$, nanpa wan$^{1/2}$

glove len luka^5

go tawa^5

goal wile^2, pini^1, pini nasin$^{1/2}$, poki pi sike tawa$^{1/2}$

goat soweli^3, mani$^{1/2}$

God sewi^2, jan sewi^2

goddamn pakala^4, pakala a$^{1/2}$, ike a$^{1/2}$, a$^{1/2}$

gold kiwen jelo^2, kiwen mani jelo^2, kiwen mani^2

golden jelo^2, jelo mani^1, kiwen mani jelo$^{1/2}$, pi kiwen mani$^{1/2}$, kule pi kiwen jelo$^{1/2}$

goo ko^5

good pona^5

goodbye tawa pona^3, o tawa pona^2, mi tawa^1

goodness pona^1, a$^{1/2}$

gorgeous pona lukin^2, suwi$^{1/2}$

gosh a^4

Gospel lipu sewi^2, toki pona$^{1/2}$, lipu pi nasin sewi$^{1/2}$

govern lawa^5

government kulupu lawa^2, lawa^2, lawa suli ma$^{1/2}$, lawa suli$^{1/2}$, kulupu lawa ma$^{1/2}$, lawa kulupu$^{1/2}$

governor jan lawa^4, jan lawa pi ma lili$^{1/2}$

grab kama jo^2, lanpan^2, luka e^1

grace pona^3, tawa pona^1, suwi$^{1/2}$, pona tawa$^{1/2}$, lon e pona$^{1/2}$, pana pona$^{1/2}$

grade nanpa^2, nanpa pona^2, lukin e pona$^{1/2}$, pana e nanpa$^{1/2}$

gradually kepeken tenpo suli^1, tenpo suli^1, lon tenpo suli$^{1/2}$, noka lili la$^{1/2}$, tenpo pi nasin lili$^{1/2}$, kama ante kepeken tenpo$^{1/2}$

graduate kama jo e lipu sona$^{1/2}$, kama jan sona$^{1/2}$, jan sona$^{1/2}$, pini tan tomo sona$^{1/2}$, kama jo e lipu pi toki sona jan$^{1/2}$, jan pi pali sona pini$^{1/2}$

grain pan^5, wan pan$^{1/2}$, lili pan$^{1/2}$

gram lili^2, mute lili$^{1/2}$

grammar nasin toki^2, lawa toki^1, nasin nimi^1, sona toki$^{1/2}$

grand suli^4, suli mute$^{1/2}$, sewi$^{1/2}$

grandfather mama mama mije^2, mama mama^2

grandma mama mama^4, mama mama meli^1

grandmother mama mama^3, mama mama meli^2

grant pana^5, mani$^{1/2}$

graph sitelen nanpa^2, sitelen^2, sitelen sona^1

graphic sitelen^5

grasp jo^2, luka e^2

grass kasi^1, kasi lili^1, kasi anpa^1, kasi ma^1, kasi linja anpa$^{1/2}$

grateful pilin pona^3, pilin pona tan pona jan$^{1/2}$, pilin pona tan ijo$^{1/2}$, toki e pona jan$^{1/2}$

grave lupa moli^2, poki moli^1, lupa pi jan moli$^{1/2}$, ma pi jan moli$^{1/2}$, kiwen moli$^{1/2}$

gravity wawa anpa[1], kon tawa anpa[½], ijo suli li tawa anpa[½], wawa tawa[½], nasin tawa anpa[½], wawa pi kama anpa[½], tawa anpa pi ijo ale[½], wile pi tawa anpa[½], tawa anpa[½]

great suli[3], pona[1], pona mute[½]

greatly suli[3], mute[2], pona[½]

Greece ma Elena[3], ma Elata[1]

Greek ma Elena[1], pi ma Elena[1]

green laso[3], laso kasi[3]

greet toki[2], toki e kama pana tawa[½], toki e ni: o kama pona[½], kama pona[½], open toki[½], toki e nimi pona tawa[½]

grey pimeja walo[2], walo pimeja[2], kapesi[½]

grid linja mute[1], leko[½], lipu leko[½], lipu sona[½], lipu pi leko mute[½]

grief pilin ike[3], pilin ike tan moli[1], pilin ike tan weka[½]

grip jo[2], luka e[½], luka[½], poki luka[½]

groceries moku[3], moku esun[1]

gross jaki[5]

ground ma[4], ma anpa[1], supa anpa[½], anpa[½]

group kulupu[5]

grow kama suli[4], suli[2]

growing kama suli[4]

growth kama suli[4], suli[2]

guarantee toki wawa[1], ken ala pakala[½], lon e[½]

guard jan awen[3], awen[2], jan sinpin[½], jan wawa awen[½]

guardian jan awen[2], mama[1]

guess toki e pilin[½], pana e pilin[½], toki e ken[½]

guest jan sin[2], jan kama[1], jan pona[1], jan ante[1], jan tan tomo ante[½], jan pona li kama[½]

guidance lawa[1], nasin[1], pana nasin[½], sona nasin[½]

guide lawa[2], jan lawa[½], jan nasin[½], jan pi sona nasin[½], lawa e tawa[½], nasin[½], lipu[½], pana lukin e nasin[½]

guideline nasin[2], nasin lawa[1], lawa[1]

guilt pilin ike[3], apeja[1], pilin ike pi pali ike[½], pilin ike tan pali ike[½], pilin pakala[½]

guilty pilin pi pali ike[1], jan pi pali ike[1], ike[1], apeja[1], pilin ike tan pali ike[½], pilin ike tan pali pini[½]

guitar ilo kalama linja[2], ilo kalama[1], ilo linja pi kalama musi[1], ilo pi kalama musi[½]

gulf telo suli[1], telo[1]

gun ilo utala^2, ilo moli^2, ilo moli kalama$^{1/2}$

guts insa^4, insa jan^1

guy jan^3, mije^2, jan mije^1

gym tomo sijelo^1, tomo pi wawa sijelo$^{1/2}$, tomo pi pali sijelo$^{1/2}$

ha a^5

habit pali pi tenpo mute^1, pali pi tenpo ale^1, nasin$^{1/2}$, wile$^{1/2}$, ona li pali e ijo ni la ni li kama lon mute li kama lon kepeken sona ala$^{1/2}$

habitat ma^2, ma soweli^2, tomo^1

hair linja lawa^3, linja^2

half kipisi^2, wan pi tu^2, kipisi tu^1

halfway lon meso$^{1/2}$, lon pini ala$^{1/2}$, nasin pi pini ala$^{1/2}$, lon kipisi$^{1/2}$, lon kipisi nasin$^{1/2}$, meso$^{1/2}$, kipisi nasin$^{1/2}$

hall tomo^2, tomo suli^1, tomo open$^{1/2}$

Halloween tenpo monsuta^2

hallway nasin tomo^2, nasin lon insa tomo$^{1/2}$, tomo$^{1/2}$, tomo pi kama tawa$^{1/2}$

hand sanitizer telo pi weka jaki^1, telo luka^1, telo luka pi weka jaki$^{1/2}$, telo nasa pi moku ala$^{1/2}$

hand luka^5

handful mute lili^2, luka^2, ijo lon luka$^{1/2}$

handle pali^2, palisa luka$^{1/2}$, ilo$^{1/2}$, kepeken$^{1/2}$, ilo luka$^{1/2}$, pali kepeken$^{1/2}$, palisa open lupa$^{1/2}$, lawa$^{1/2}$, palisa$^{1/2}$, luka e$^{1/2}$

handsome pona lukin^2

hang awen^2, pana$^{1/2}$, tan sewi$^{1/2}$, lon linja tan sewi$^{1/2}$, sinpin$^{1/2}$

happen kama^4, lon^2

happily pilin pona^3, pona la^1, pilin pona la^1, pona^1

happiness pilin pona^4, pona^1

happy pilin pona^5

harassment toki ike^2, ike^1, pali ike$^{1/2}$, pana e pilin ike$^{1/2}$

harbour ma pi tomo tawa telo^2

hard (difficult) pali suli^2, ike^2, wile e pali suli^1, pali mute^1

hard object kiwen^4, ijo kiwen^2

hardly lili^2, ala^2

hardware ilo^4, kiwen sona$^{1/2}$, ilo nanpa$^{1/2}$

harm pakala^4, ike^2

harmony pona^1, kalama musi pona^1, pona kulupu^1, kulupu pona$^{1/2}$, kon sama$^{1/2}$, tenpo pona$^{1/2}$, utala ala$^{1/2}$, nasin pona$^{1/2}$

harsh ike^5, utala$^{1/2}$, jaki$^{1/2}$

hat len lawa^5

hate pilin ike^1, ike mute tawa^1

hatred pilin ike^2, pilin utala^1, pilin ike tawa$^{1/2}$, wile utala$^{1/2}$, ike$^{1/2}$

have jo^5

he ona^4, ona mije^1

head lawa^5

headache pilin ike lawa^2, ike lawa^2, lawa li pilin ike$^{1/2}$, pilin ike lon lawa$^{1/2}$, pilin pakala lawa$^{1/2}$, pilin pi lawa pakala$^{1/2}$

headline nimi suli^2, seme li sin$^{1/2}$

headphones ilo kute^2, ilo kalama lawa^1, ilo kute lawa$^{1/2}$

headquarters tomo lawa^4, tomo nanpa wan$^{1/2}$, tomo pali$^{1/2}$

headscarf len lawa^5

heal pona^3, pona sijelo^2, kama pona^1, pona e$^{1/2}$

health pona sijelo^3, sijelo^1, pilin sijelo^1, pona$^{1/2}$

healthcare pona sijelo^1, nasin pi pona sijelo$^{1/2}$, misikeke$^{1/2}$

healthy sijelo pona^3, pi sijelo pona^1, wawa$^{1/2}$

hear kute^5

hearing kute^5, tenpo kute$^{1/2}$

heart pilin^4, insa pilin^1, ilo insa pi telo loje$^{1/2}$

heat seli^5

heaven ma sewi^4, sewi^1, kon$^{1/2}$

heavily suli^2, wawa^1, mute$^{1/2}$, suli la$^{1/2}$

heavy suli^4, jan li wile sewi e ijo la ona li kepeken e wawa mute$^{1/2}$

heck pakala^4, a^1, ike$^{1/2}$

heel monsi noka^2, noka^2, nena noka$^{1/2}$, kiwen noka$^{1/2}$

height suli^3, nanpa suli$^{1/2}$, suli sewi$^{1/2}$

helicopter tomo tawa kon^2

hell ma seli pi jan moli$^{1/2}$, ma anpa ike$^{1/2}$, ma anpa$^{1/2}$, pakala$^{1/2}$, ma monsuta$^{1/2}$, seli anpa$^{1/2}$, ma seli ike$^{1/2}$, ma seli anpa$^{1/2}$, ma seli$^{1/2}$

hello toki^5

helmet len lawa kiwen^2, ilo pi awen lawa$^{1/2}$, len pi awen lawa$^{1/2}$, len lawa$^{1/2}$, len lawa awen$^{1/2}$

help pana pona^2, pana e pona^1, pona e$^{1/2}$, pali e pona$^{1/2}$, pana e pali$^{1/2}$

helpful pona^3, pona pali^1, pona tawa jan ante$^{1/2}$, pali pona tawa jan ante$^{1/2}$, pona mute$^{1/2}$, pana e pona$^{1/2}$

hence tan ni la^1, tan ni^1, ni la^1

her ona^5, ona meli$^{1/2}$

herb kasi^2, namako$^{1/2}$, kasi namako$^{1/2}$, kasi pona$^{1/2}$, kasi moku$^{1/2}$

here lon ni^3, lon ma ni^1, ni$^{1/2}$, ma ni$^{1/2}$

heritage nasin mama^1, linja mama^1, sona kulupu$^{1/2}$, ijo tan jan moli$^{1/2}$, kulupu pi tenpo pini$^{1/2}$, ijo tan mama$^{1/2}$, ijo mama$^{1/2}$

hero jan wawa^2, jan wawa pona$^{1/2}$

herself ona sama^3, ona^2

hesitate awen^2, sona ala^1, awen lili^1, kepeken tenpo$^{1/2}$, sona pi wawa ala$^{1/2}$, wile awen$^{1/2}$, pali ala lon tenpo lili$^{1/2}$, tawa ala lon tenpo lili$^{1/2}$, pali ala$^{1/2}$, pilin meso$^{1/2}$

hey o^3, toki^2, a$^{1/2}$

hi toki^5

hidden len^2, kon^1, weka$^{1/2}$

hide len^2, weka^2, weka tan lukin$^{1/2}$, jan li ken ala lukin$^{1/2}$, selo$^{1/2}$

hierarchy nasin ni: kulupu li jo e jan sewi e jan anpa$^{1/2}$, sewi en anpa$^{1/2}$, linja lawa$^{1/2}$, nasin kulupu pi lawa en anpa$^{1/2}$

high sewi^3, nasa^1

highlight suli^1, suno$^{1/2}$, jelo$^{1/2}$, toki e suli ona$^{1/2}$

highly sewi^3, mute^2, suli^1

highway nasin suli^2, nasin^1, nasin suli pi tomo tawa^1, nasin pi tawa wawa^1

hill nena^4, nena ma^1, nena lili$^{1/2}$

him ona^4, ona mije$^{1/2}$

himself ona sama^3, ona^2

Hinduism nasin sewi Intu^2, nasin Sanatana$^{1/2}$, nasin Sanatan Tama$^{1/2}$, nasin sewi pi lipu Peta$^{1/2}$, nasin sewi Tama$^{1/2}$

hint sona lili^2, sona namako$^{1/2}$, pana sona lili$^{1/2}$

hip poka^4, poka pi sewi noka^1

hire kama jo e jan pali^2, kama jo^1, pana e pali$^{1/2}$

his ona^4, mije^1

Hispanic pi toki Epanja$^{1/2}$, pi kulupu Epanja$^{1/2}$

historian jan sona pi tenpo pini^3, jan pi sona majuna^1

historic suli^2, tenpo pini^2, pi tenpo pini^1, suli lon tenpo pini$^{1/2}$

historical pi tenpo pini^3, majuna^1, tenpo pini$^{1/2}$

historically tenpo pini la^2, lon tenpo pini^1, tenpo pini mute la^1

history tenpo pini^3, sona pi tenpo pini^2, sona majuna$^{1/2}$, tenpo suli$^{1/2}$, tenpo majuna$^{1/2}$, ijo pi tenpo pini$^{1/2}$

hit utala^4, pakala^1

hmm n^2, a^2

hockey musi^1, utala musi lete$^{1/2}$

hold jo^4

hole lupa^5

holiday tenpo pona^2, tenpo suno pi pali ala^1, tenpo pi pali ala$^{1/2}$

holy sewi^4

home tomo^5, tomo mi^1, tomo pona$^{1/2}$

homeland ma mama^3

homeless tomo ala^2, jo e tomo ala^1, jo ala e tomo^1, pi tomo ala^1, jan pi tomo ala$^{1/2}$, jo ala e tomo lape$^{1/2}$

homework pali tomo^1, pali pi tomo sona^1, pali sona^1, pali^1, pali tomo pi kama sona$^{1/2}$, pali pi kama sona lon tomo$^{1/2}$, pali tomo pi tomo sona$^{1/2}$, pali lipu$^{1/2}$

Hominidae jan^2, soweli^2, soweli jan^2, soweli pi sama jan$^{1/2}$, jan sama$^{1/2}$

honest toki pona^2, pona^2, toki lon^1, powe ala$^{1/2}$, lon$^{1/2}$

honestly lon^2, lon la^2, powe ala$^{1/2}$, pona la$^{1/2}$, toki pona la$^{1/2}$, mi la$^{1/2}$

honey ko suwi^2, suwi^1, ko suwi pipi$^{1/2}$

honour sewi^1, pilin sewi^1

hook ilo^1, ilo jo$^{1/2}$, ilo alasa$^{1/2}$, ilo pi kama jo$^{1/2}$, ilo pi alasa kala$^{1/2}$

hope wile^4, pilin pi kama pona$^{1/2}$, pilin pi pona kama$^{1/2}$, pilin pona tan ken$^{1/2}$

hopefully wile la^2, pona la^1, wile mi la^1, pona$^{1/2}$, mi wile e ni$^{1/2}$

horizon linja pi ma en sewi^1, linja sewi$^{1/2}$, weka$^{1/2}$, selo weka ma$^{1/2}$, ma lon poka sewi$^{1/2}$, pini sewi$^{1/2}$, linja lon poka pi sewi ma$^{1/2}$

hormone misikeke meli$^{1/2}$, ko pi ante sijelo$^{1/2}$, ko insa sijelo$^{1/2}$, kon sijelo$^{1/2}$

horn ilo kalama^2, palisa lawa^2, palisa^1, ilo lupa kalama$^{1/2}$, palisa pi lawa soweli$^{1/2}$, ilo mu$^{1/2}$

horrible ike^4, ike mute^2, ike a^1

horror monsuta^3, musi monsuta$^{1/2}$, pilin monsuta$^{1/2}$

horse soweli tawa^3, soweli^2, mani$^{1/2}$, mani tawa$^{1/2}$

hospital tomo pi pona sijelo^3, tomo misikeke^1, tomo pi sijelo pakala$^{1/2}$, tomo pi sijelo pona$^{1/2}$

host jan lawa^2, jan pana$^{1/2}$, jan pi pana tomo$^{1/2}$, lawa$^{1/2}$

hostage jan poki^2, jan pi awen ike^1, jan pi kama lanpan$^{1/2}$, jan jo$^{1/2}$, jan pi ken tawa ala$^{1/2}$

hostile utala^2, ike^2, wile utala^2, pilin utala$^{1/2}$

hot seli^5, seli mute$^{1/2}$

hotel tomo^2, tomo lape^1, tomo pi jan tawa$^{1/2}$

hour tenpo^3, tenpo kalama$^{1/2}$, tenpo pi palisa lili$^{1/2}$, tenpo lili$^{1/2}$, tenpo suli$^{1/2}$

house tomo^5, tomo jan$^{1/2}$

household tomo^3, kulupu tomo^2, kulupu lon tomo sama$^{1/2}$, jan ale lon tomo$^{1/2}$, jan pi tomo sama$^{1/2}$, tomo jan$^{1/2}$

housing tomo^5, kulupu tomo$^{1/2}$

how nasin seme^2, kepeken seme^2, nasin seme la^1, kepeken nasin seme^1, seme^1

however taso^5, taso la^1

hug jo^1, luka olin^1, sijelo e$^{1/2}$, luka e$^{1/2}$

huge suli^4, suli mute^1, suli a$^{1/2}$

huh seme^3, a^3

human jan^5

humanity jan ale^3, jan^1, kulupu pi jan ale^1, ale jan$^{1/2}$

humble person jan anpa^2

humour musi^2, pilin musi^1, toki pona$^{1/2}$, toki musi$^{1/2}$, sona musi$^{1/2}$, nasin musi$^{1/2}$, nasin pi pilin musi$^{1/2}$

hundred mute^2, ale^2, luka luka luka luka luka luka luka luka luka luka luka luka luka luka luka luka luka luka luka luka$^{1/2}$

hunger wile moku^5, pilin moku$^{1/2}$

hungry wile moku^4, pilin moku$^{1/2}$

hunt alasa^5

hunter jan alasa^5, jan pi alasa soweli$^{1/2}$

hunting alasa^5, alasa e soweli$^{1/2}$

hurricane kon wawa ike$^{1/2}$, kon tawa suli ike$^{1/2}$, kon wawa$^{1/2}$, kon utala$^{1/2}$, kon tawa pi suli mute$^{1/2}$, kon suli pi pakala mute$^{1/2}$, kon pi pakala mute$^{1/2}$, kon utala suli$^{1/2}$, kon pi wawa mute$^{1/2}$, kon wawa pi tawa sike$^{1/2}$

hurry tawa wawa^2, pali kepeken tenpo lili^1, wawa^1, kepeken tenpo lili^1, tawa tan tenpo lili$^{1/2}$, kepeken e tenpo lili$^{1/2}$

hurt pakala^4, pilin pakala$^{1/2}$, pilin ike$^{1/2}$

husband mije^3, jan olin^2, mije olin^1

hypothesis pilin^3, toki pi ken wan pi nasin lon$^{1/2}$, sona ken$^{1/2}$, isipin$^{1/2}$

I mi^5

ice lete^2, telo lete kiwen$^{1/2}$, kiwen telo$^{1/2}$, kiwen lete$^{1/2}$, telo kiwen$^{1/2}$, telo lete$^{1/2}$

icon sitelen^3, sitelen lili^2, leko lili$^{1/2}$

idea pilin^2, sona^1, sin insa$^{1/2}$, isipin$^{1/2}$, musi lawa$^{1/2}$, ijo pi insa lawa$^{1/2}$

ideal pona^3

identical sama^3, sama ale^1, sama suli^1

identification lipu jan^1, sitelen pi jan wan$^{1/2}$, sitelen jan$^{1/2}$, sona pi nimi jan$^{1/2}$, sitelen sona$^{1/2}$

identify sona^2, pilin^1, sona e nimi$^{1/2}$

identity kon^2, nimi^1, jan seme$^{1/2}$, kon jan$^{1/2}$

ideology nasin^3, nasin jan^1, nasin lawa^1, nasin isipin$^{1/2}$

if la^5

ignorance sona ala^5, toki nasa$^{1/2}$

ignorant sona ala^4, pi sona ala^1

ignorant sona ala^5

ignore lukin ala^2, weka^1, kute ala$^{1/2}$

illegal lawa ala^2, ike lawa^1, ken ala^1, ike tawa lawa^1

illness jaki sijelo^2, ike sijelo^2, jaki^1, pilin ike^1, kon jaki$^{1/2}$

illusion powe^1, sitelen pi lon ala^1, lukin pi lon ala^1, sitelen powe$^{1/2}$, nasa$^{1/2}$, sitelen kon$^{1/2}$, powe oko$^{1/2}$, pilin powe$^{1/2}$

illustrate sitelen^4, pali e sitelen$^{1/2}$

illustration sitelen^5

image sitelen^5

imagination sitelen lawa^2, isipin^1, lukin insa$^{1/2}$, pilin insa$^{1/2}$, sitelen insa$^{1/2}$, sitelen sona$^{1/2}$, musi lawa$^{1/2}$

imagine pilin^1, sitelen insa^1, sitelen lawa^1, lukin insa$^{1/2}$, lukin e sitelen insa$^{1/2}$

immediate lon tenpo ni^1, kepeken tenpo lili^1, tenpo ni^1

immediately lon tenpo ni^2, lon tenpo lili^1, tenpo ni^1, awen ala la$^{1/2}$, tenpo ni la$^{1/2}$

immigrant jan tan ma ante^1, jan kama^1, jan kama pi ma ante^1, jan pi ma ante^1, jan sin lon ma ni$^{1/2}$, jan sin tan ma ante$^{1/2}$, jan pi ma sin$^{1/2}$, jan kama ma$^{1/2}$

immigration tawa jan^1, kama lon ma^1, kama jan$^{1/2}$

immune wawa^1, weka e jaki$^{1/2}$, ken ala kama ike$^{1/2}$, ken ala kama pakala$^{1/2}$, ken ala jo e jaki$^{1/2}$, ni li ken ala pakala e ona$^{1/2}$, ken pi kama jaki ala$^{1/2}$

impact ante^2, kama^1, wawa^1, kama wawa$^{1/2}$, pali wawa$^{1/2}$

implement pali^3, kepeken^1, ilo^1

implementation pali^3, nasin pali^1, kama pali$^{1/2}$

implication ni li toki e ni$^{1/2}$, toki pi ijo poka$^{1/2}$, ijo tan$^{1/2}$, kama lon$^{1/2}$, pana$^{1/2}$, toki pi kon ante$^{1/2}$, wile$^{1/2}$

imply toki kon^1, toki^1, wile toki$^{1/2}$

import kama jo^2, kama e^1, kama jo tan ma ante^1

importance suli^5

important suli^5

importantly suli^3, suli la^2, sewi^1

impose lawa^2, pana$^{1/2}$, pana lawa$^{1/2}$

impossible ken ala^4

impress wawa^1, pali pona^1, pana e pilin pona^1, wawa tawa$^{1/2}$

impression pilin^3, lukin^2, tenpo lukin$^{1/2}$, pana e pilin$^{1/2}$

impressive pona^1, pona mute^1, suli$^{1/2}$, pona a$^{1/2}$

improve pona^3, kama pona^2, pona e^1

improved kama pona^2, pona^2, sin pona^1, pi kama pona$^{1/2}$

improvement pona^3, kama pona^2

in lon^3, lon insa^2, insa$^{1/2}$

inappropriate ike^3, nasin ike^1, jaki^1, ike lon tenpo ni$^{1/2}$

incentive tan^2, wile^2, wile pali$^{1/2}$, ijo pi pana wile$^{1/2}$, ijo li pana e wile$^{1/2}$

inch lili^3, linja lili pi ma Mewika$^{1/2}$, wan weka lili pi ma Mewika$^{1/2}$

incident kama^1, tenpo ike^1, pakala$^{1/2}$, ijo ike$^{1/2}$, tenpo wan$^{1/2}$, ijo$^{1/2}$, pakala lili$^{1/2}$, tenpo$^{1/2}$

include jo^3, kulupu^1

including jo^2, lon pona^1, insa^1, ale ni li ken$^{1/2}$

income mani kama^3, mani^2

incorporate wan^2, pali e kulupu mani$^{1/2}$, kulupu e$^{1/2}$, kama kulupu$^{1/2}$

increase kama suli^3, suli^1, mute^1, kama mute$^{1/2}$

increased kama suli^3, mute^1, pi kama suli$^{1/2}$, sewi$^{1/2}$

increasing kama suli^4, kama mute$^{1/2}$

increasingly mute^2, kama mute^1, kama suli^1, sin^1

incredible pona mute^1, nasa^1, nasa mute$^{1/2}$, epiku a$^{1/2}$, pona a$^{1/2}$, pona nasa$^{1/2}$

incredibly mute^3, suli$^{1/2}$, pona a$^{1/2}$, a$^{1/2}$, sewi a$^{1/2}$, pi ken sona ala$^{1/2}$, suli a$^{1/2}$

indeed lon^3, kin^2, lon a$^{1/2}$, ni li lon$^{1/2}$

independence ken^1, lawa ala^1, kama kipisi tan ma ante$^{1/2}$, wawa lawa pi ona sama$^{1/2}$

independent wan^2, lawa ala^1, wawa$^{1/2}$, ala li lawa e ona$^{1/2}$

index lipu alasa^1

Indian Palata^1, pi ma Palata^1, jan pi ma Palata$^{1/2}$, tan ma Palata$^{1/2}$

indicate pana e sona^1, pana sona^1, toki^1, pana e kon$^{1/2}$

indication toki^1, sitelen^1, ijo pi pana sona$^{1/2}$, jan li ken sona$^{1/2}$, pana e nasin$^{1/2}$

indicator sitelen sona^1, ijo pi pana sona^1, sitelen^1, ilo sona$^{1/2}$, ilo pi pana sona$^{1/2}$, ijo pi pana lukin$^{1/2}$, linja$^{1/2}$

indigenous pi ma ni^1, nanpa wan lon ma$^{1/2}$, lon$^{1/2}$, nanpa wan$^{1/2}$

individual jan wan^2, jan^2, wan^1, jan taso^1

induce kama^2, pana^1, kama e^1

industrial pali^2, ilo^1, pi ma tomo jaki$^{1/2}$, pali mute$^{1/2}$, ilo suli$^{1/2}$, pali ilo$^{1/2}$

industry pali^2, kulupu pali^2, pali suli$^{1/2}$, nasin pi pali suli$^{1/2}$

inevitable kama^2, kama a$^{1/2}$, ken ala lon ala$^{1/2}$, jan li ken ala pini e ni$^{1/2}$, wile sewi$^{1/2}$, sina ken ala ante e ni$^{1/2}$

infamous ike^1, ike tawa jan mute^1, suli ike^1, jan li sona e ona tan ike$^{1/2}$, pi pali ike$^{1/2}$

infant jan lili^2, jan sin^2, jan lili lili^2, jan lili sin$^{1/2}$

infection jaki^3, jaki sijelo^1, ike sijelo^1, kon ike$^{1/2}$

inflation kama suli^3, suli^1, mani li kama suli$^{1/2}$, nasin mani$^{1/2}$, kama suli kon$^{1/2}$, mani li kama lili$^{1/2}$

influence ken ante^1, ante e^1, ante^1, suli$^{1/2}$

influential suli^2, wawa^1

info sona^4

inform pana e sona^2, toki^2

information sona^5

infrastructure nasin tomo^1, nasin nasin$^{1/2}$, nasin suli ma$^{1/2}$, tomo$^{1/2}$, tomo ilo$^{1/2}$, nasin pi ma jan$^{1/2}$

ingredient moku lili$^{1/2}$, ijo$^{1/2}$, wan moku$^{1/2}$

inherit kama jo tan mama^2, kama jo^2, kama jo tan tenpo pini$^{1/2}$, kama jo tan kulupu mama$^{1/2}$, kama jo tan jan moli$^{1/2}$, kama jo tan moli mama$^{1/2}$

initial open^2, wan^1, nanpa wan^1, open nimi^1, pi tenpo open$^{1/2}$

initially open la^2, tenpo open la^1, open^1

initiate open^4, jan sin$^{1/2}$, kama pona e$^{1/2}$

initiative pali nanpa wan^1, wile open^1

injure pakala^4, pakala sijelo^1

injury pakala^3, pakala sijelo^2, ike sijelo^1

inmate jan poki^1, jan lon tomo awen$^{1/2}$, jan insa$^{1/2}$, jan lon poki$^{1/2}$, jan pi awen insa$^{1/2}$

inner insa^5

innocent ike ala^2, pi pali ike ala^2, pi ike ala^1, pali ike ala$^{1/2}$, pali ala e ni$^{1/2}$, suwi$^{1/2}$, pona$^{1/2}$

innovation sin^2, ijo sin^1, ilo sin^1, sona sin^1

innovative sin^2, pi nasin sin$^{1/2}$, pi sona sin$^{1/2}$, sin pona$^{1/2}$, ilo sin$^{1/2}$

input pana^2, toki$^{1/2}$, pana sona$^{1/2}$

inquiry wile sona^3, toki^1, toki pi kama sona$^{1/2}$

insect pipi^5

insert insa^2, pana^2, pana lon insa^1, tawa insa^1

inside insa^3, lon insa^2

insight sona^2, sona insa^1, pilin sona$^{1/2}$, kama sona$^{1/2}$, isipin pona$^{1/2}$

insist wile^1, toki wawa^1, awen toki^1, wile wawa$^{1/2}$, awen wile$^{1/2}$

inspection lukin^3, lukin suli^1, alasa e pakala$^{1/2}$, jan li lukin e ijo li wile sona e ale$^{1/2}$

inspector jan lukin^3, jan pi lukin lawa$^{1/2}$, jan oko$^{1/2}$, jan pi alasa ike$^{1/2}$, jan pi lukin pona$^{1/2}$, jan alasa pi jan ike$^{1/2}$, jan lukin wawa$^{1/2}$

inspiration tan^1, sona sin$^{1/2}$, kama pi kon pona$^{1/2}$, pana e sona musi$^{1/2}$, kama pali$^{1/2}$, pana e isipin$^{1/2}$, pilin sewi$^{1/2}$, kon pona$^{1/2}$, wile$^{1/2}$, kon$^{1/2}$

inspire pana e pilin pona^1, kama wile^1, pana e wile$^{1/2}$, pana e kon$^{1/2}$, pana e wawa$^{1/2}$, pana e toki insa sin$^{1/2}$

inspire pana e wile^1, kama e wile^1, pilin sewi$^{1/2}$, pana e wile wawa$^{1/2}$, wawa e wile$^{1/2}$, pana e wawa tawa$^{1/2}$, pana e kon pona$^{1/2}$, pana e kon$^{1/2}$

install pana^2, pali^1, pana e ilo sin$^{1/2}$

installation insa^1, lon^1, pali^1, pana^1, ijo lukin$^{1/2}$

instance tenpo wan^2, tenpo^2, ijo^1

instant kepeken tenpo ala^2, tenpo ni^1, tenpo lili$^{1/2}$

instantly tenpo lili^1, lon tenpo lili^1, lon tenpo sama^1, kepeken tenpo ala^1, tenpo sama la$^{1/2}$, lon tenpo wan$^{1/2}$, lon tenpo lili lili$^{1/2}$, lon tenpo ni$^{1/2}$

instead ante la^2, taso^1, ni ala la$^{1/2}$, ijo ante$^{1/2}$

instinct pilin^2, wile^1, wile sijelo$^{1/2}$, wile soweli$^{1/2}$, pilin insa$^{1/2}$

institute tomo^2, kulupu^1, tomo sona^1, tomo sewi$^{1/2}$, kulupu pi pali sona$^{1/2}$, tomo pi sona mute$^{1/2}$, tomo lawa$^{1/2}$

institution kulupu^3

institutional lawa^2, kulupu^1, nasin lawa$^{1/2}$, nasin$^{1/2}$, nasin pi jan mute$^{1/2}$, sin ala$^{1/2}$, pi jan ike$^{1/2}$, pi tomo suli$^{1/2}$

instruct pana sona^3, pana e sona^2, toki^1

instructional pi pana sona^2, sona^1, pana sona^1, pi kama sona$^{1/2}$

instructions toki nasin^1, toki lawa^1, lipu pali^1, nasin^1

instructor jan pi pana sona^3, jan sona$^{1/2}$, jan pi pana nasin$^{1/2}$, jan toki lawa$^{1/2}$, jan lawa$^{1/2}$

instrument ilo^2, ilo kalama^2, ilo pi kalama musi^2

insurance mani tan pakala$^{1/2}$, mani pakala$^{1/2}$, pana e mani lili tawa ni: ona li pana jasima e mani suli lon pakala$^{1/2}$, mani$^{1/2}$

intangible kon^3

integrate wan^2, wan e^1, insa e^1, kulupu$^{1/2}$, kama wan$^{1/2}$

integration wan^2, kama wan^1, kulupu^1, kama lon insa kulupu$^{1/2}$, pona lon kulupu$^{1/2}$, kama kulupu$^{1/2}$

integrity pona^1, wan^1, ken awen^1

intellectual jan sona^3, sona^1, pi sona mute$^{1/2}$, jan pi toki insa$^{1/2}$

intelligence sona^2, ken sona^1

intelligent sona mute^2, sona^2, sona wawa$^{1/2}$, jo e sona$^{1/2}$

intend wile^5

intense wawa^4, suli^1

intensity wawa^4, suli^1

intent wile^4

intention wile^5

interact with *Toki Pona Dictionary* ku

interact with *Toki Pona: The Language of Good* pu^5

interact pali^2, kepeken^2, toki^1

interaction toki^2, pali^1, pali kulupu^1

interest wile^2, wile sona^1, musi^1, mani tan mani awen$^{1/2}$, mani namako$^{1/2}$

interested wile sona^2, wile^2, wile lukin$^{1/2}$

interesting musi^2, pona^2, pona sona^1

interface sinpin^1, selo ilo$^{1/2}$

interfere utala^1, pake$^{1/2}$, pakala$^{1/2}$, pini$^{1/2}$, pali e ni: jan li ken ala$^{1/2}$

interior insa^5, insa tomo$^{1/2}$

intermediate meso^2, insa^1, insa pi nasin tu$^{1/2}$

internal organ insa^2, insa sijelo^1

internal insa^5

international pi ma mute^3, pi ma ale^2

Internet kulupu pi ilo sona^1, linluwi^1, linja$^{1/2}$, kulupu ilo$^{1/2}$, linja sona$^{1/2}$, len sona$^{1/2}$, ilo sona$^{1/2}$, linja kon$^{1/2}$

interpret alasa e sona^1, sona^1, kama sona^1, pilin e kon$^{1/2}$, sona e kon$^{1/2}$, pilin$^{1/2}$, sona insa$^{1/2}$, isipin$^{1/2}$

interpretation pilin^1, nasin lukin$^{1/2}$, nasin sona$^{1/2}$, sona mi$^{1/2}$, nasin pi kama sona$^{1/2}$, nasin isipin$^{1/2}$, lukin sona$^{1/2}$, sona lipu$^{1/2}$, isipin$^{1/2}$

interrupt pini^2, pake^1, pakala^1

intersex person tonsi^2, jan tonsi^1, jan pi sijelo tonsi$^{1/2}$

interval tenpo^2, tenpo insa$^{1/2}$

intervention ante^1, pake^1, pini e ike$^{1/2}$, nasin pi pini utala$^{1/2}$, ante e nasin$^{1/2}$, li kama lon kulupu utala li wile pana e pona$^{1/2}$, pali insa$^{1/2}$, kama$^{1/2}$

interview toki^3, toki pi wile sona^2

intimate olin^2, poka^1, lon poka olin$^{1/2}$, kon olin$^{1/2}$, poka mute$^{1/2}$

into tawa insa^3, insa^2, tawa^1

introduce pana^2, pana sona^1, toki^1, tawa sona^1

introduction toki open^3, open^2, pana^1, pana nimi$^{1/2}$

invade tawa utala^1, li tawa ma li kama lawa$^{1/2}$, utala e ma$^{1/2}$, jan utala li tawa ma ante$^{1/2}$

invasion kama utala^2, tawa utala^1, jan utala li kama$^{1/2}$, utala tawa insa$^{1/2}$, utala$^{1/2}$, kama jo ma pi kulupu utala$^{1/2}$, kama pi kulupu utala ante$^{1/2}$

invent pali^2, pali sin^2, mama e ijo sin$^{1/2}$

invention ijo sin^2, ilo sin^1, pali^1, pali sin^1

inventory poki^1, ilo ale$^{1/2}$, kulupu ijo$^{1/2}$

invest pana mani^2, pana e mani^1

investigate alasa e sona^2, lukin^2, alasa^1, kama sona^1

investigation lukin^2, kama sona suli$^{1/2}$, alasa sona$^{1/2}$, lukin sona$^{1/2}$, alasa e sona$^{1/2}$, nasin pi kama sona$^{1/2}$, kama sona$^{1/2}$

investigator jan pi alasa sona^2, jan pi kama sona^1, jan lukin^1

investment pana mani^1, mani^1, mani pana^1, mani pi tenpo kama$^{1/2}$, mani tawa mani mute kama$^{1/2}$

investor jan pi pana mani^2, jan mani^2, jan pi awen mani$^{1/2}$, jan mani pana$^{1/2}$, jan esun$^{1/2}$, jan pana$^{1/2}$, jan suli mani$^{1/2}$, jan li pana e mani tawa kulupu li wile kama jo e mani mute lon tenpo kama$^{1/2}$

invisible entity kon^3, ijo kon^2, ijo ala li ken lukin e ijo ni$^{1/2}$, jan kon$^{1/2}$

invisible sama kon^1, lukin ala^1, kon$^{1/2}$

invitation wile kama$^{1/2}$, toki pi ken pali$^{1/2}$, toki pi wile kama$^{1/2}$, lipu pi kama pona$^{1/2}$, o kama$^{1/2}$, lipu pi wile kama$^{1/2}$

invite kama e^1, kama^1, ken^1, mi wile e ni: sina kama$^{1/2}$, toki e ni: jan li ken tawa tomo ona$^{1/2}$

involve kepeken^1, pana e ijo lon ijo ante$^{1/2}$, poka e jan$^{1/2}$, lon e$^{1/2}$, wile$^{1/2}$, kan e$^{1/2}$, lon$^{1/2}$, kama e$^{1/2}$

involved lon^1, lon pali$^{1/2}$, kulupu$^{1/2}$, pali$^{1/2}$, ike$^{1/2}$, pali lon$^{1/2}$, kan$^{1/2}$, kepeken$^{1/2}$, sona pi pali mute$^{1/2}$, insa$^{1/2}$

involvement pali^2, lon^1, kepeken^1, pali kulupu$^{1/2}$, kama kulupu$^{1/2}$

iPad ilo sona lipu$^{1/2}$, ilo lipu$^{1/2}$, ilo$^{1/2}$

Iranian Ilan^2, pi ma Ilan^2, jan Ilan^1

Iraqi jan Ilakija^1, pi ma Ilaki^1, jan pi ma Ilaki^1

Irish jan Alan$^{1/2}$, Alan$^{1/2}$, toki Alan$^{1/2}$

iron kiwen^3, kiwen walo^1, kiwen wawa^1, kiwen ilo$^{1/2}$

irony musi^2, nasa^1

Islam nasin sewi Isilan^1, nasin anpa$^{1/2}$

Islamic nasin sewi Isilan^1

island ma lili lon telo suli^1, ma lili^1, ma telo^1, ma lon telo^1

isolate kama wan^2, wan^1, kulupu ala$^{1/2}$, wan taso$^{1/2}$, weka$^{1/2}$, weka tan kulupu$^{1/2}$, wan e$^{1/2}$

isolation wan^1, taso^1, tenpo pi jan wan taso$^{1/2}$, wan taso$^{1/2}$, nasin weka$^{1/2}$

Israeli jan Isale^2, pi ma Isale^1, jan pi ma Isale^1, Isale^1

issue ike^3, nanpa^1, ijo ike^1

it ona^4, ni^1

Italian pi ma Italija^2, Italija^2

item ijo^5

its ona^5

itself ona^3, ona sama^3

jacket len^3, len sijelo^1, len selo^1, len sijelo suli$^{1/2}$

jail tomo poki^1, tomo awen^1, poki pi jan ike$^{1/2}$, tomo awen pi jan ike$^{1/2}$, poki jan$^{1/2}$

January tenpo mun nanpa wan$^{1/2}$, tenpo mun lete$^{1/2}$, tenpo mun open$^{1/2}$

Japan ma Nijon^4, ma Nipon^2

Japanese toki Nijon^2, jan Nijon^1, pi ma Nipon^1, Nijon$^{1/2}$, Nipon$^{1/2}$, jan pi ma Nijon$^{1/2}$, toki Nipon$^{1/2}$

jar poki^5, poki sike$^{1/2}$

jaw uta^3, anpa uta^1, kiwen anpa sinpin$^{1/2}$, kiwen pi anpa uta$^{1/2}$, anpa lawa$^{1/2}$, uta anpa$^{1/2}$

jazz kalama musi^2, kalama musi pi selo ala$^{1/2}$

jealous pilin ike^1, pilin ike tan ni: jan li olin e jan ante$^{1/2}$

jeans len noka laso^2, len noka^2, len noka wawa$^{1/2}$

jet tomo tawa kon^2, ilo tawa seli^1

jewellery kiwen mani^1, kiwen suno$^{1/2}$, kiwen namako$^{1/2}$, len namako$^{1/2}$

Jewish pi kulupu Juta^1, jan Jejusin$^{1/2}$, pi nasin sewi Juta$^{1/2}$, nasin sewi Juta$^{1/2}$

job pali^5

join kama lon kulupu^1, kama wan^1, kama lon poka$^{1/2}$, wan e$^{1/2}$

joint kama wan pi ijo tu$^{1/2}$, sike pi ken tawa$^{1/2}$, sama$^{1/2}$, palisa pi kasi nasa$^{1/2}$, wan pi ken tawa$^{1/2}$, kulupu$^{1/2}$, wan$^{1/2}$

joke toki musi^3, musi^1

journal lipu^2, lipu tenpo^1, lipu jan^1, lipu pi ijo sin$^{1/2}$, lipu pi tenpo suno ale$^{1/2}$

journalism pali lipu^1, toki pi ijo sin^1

journalist jan sitelen pi sona sin$^{1/2}$, jan lipu$^{1/2}$

journey nasin^3, tawa suli^2, tawa^1

joy pilin pona^4, pilin pona tan musi$^{1/2}$

Judaism nasin sewi Juta^1, nasin sewi Jawe^1, nasin pi kulupu Jejusi$^{1/2}$

judge lawa^1, jan lawa^1, pona anu ike$^{1/2}$

judgement lawa^1, pilin^1, pona anu ike$^{1/2}$, toki ni: jan ni li ike$^{1/2}$, isipin$^{1/2}$, toki insa$^{1/2}$, sona lawa$^{1/2}$

judicial lawa^3, pi kulupu lawa$^{1/2}$, pi jan lawa$^{1/2}$, pi nasin lawa$^{1/2}$

juggle musi e sike tu wan$^{1/2}$, li sewi li kama jo e sike mute$^{1/2}$, tawa sewi musi e sike tu wan$^{1/2}$, sewi e sike$^{1/2}$, musi sike$^{1/2}$, tawa e sike lili$^{1/2}$

juice telo kili^5, telo^1

July tenpo mun nanpa luka tu^2, tenpo seli^1

jump tawa sewi^3, sewi^1

June tenpo seli^2, tenpo mun nanpa luka wan^2

jungle ma kasi telo^1, ma pi kasi mute^1, ma kasi^1, ma kasi suli seli$^{1/2}$

junior lili^5, jan lili$^{1/2}$

junk jaki^4

jurisdiction lawa^2, ma lawa^1, wawa lawa^1, ken lawa^1

jury jan lawa^1, kulupu lawa^1, kulupu pilin$^{1/2}$, kulupu wile$^{1/2}$, kulupu pi alasa lon$^{1/2}$

just taso^4, pona$^{1/2}$, tenpo pini poka$^{1/2}$

justice pona^2, lawa pona^1, pona tawa jan ale$^{1/2}$, nasin pi pona sama$^{1/2}$, pona kulupu$^{1/2}$

justify toki pona^1, ni li lon tan ni$^{1/2}$, pona e$^{1/2}$, toki e tan pona pi pali ni$^{1/2}$, alasa e tan$^{1/2}$

keep awen^4, awen jo^1, jo awen^1

key ilo open^4, ilo open lupa$^{1/2}$

kick noka^3, noka utala^1, noka e$^{1/2}$, utala noka$^{1/2}$, utala kepeken noka$^{1/2}$

kid jan lili^1

kill moli^4, moli e^2

killer jan moli^3, jan pi pali moli$^{1/2}$, jan pi pana moli$^{1/2}$

killing moli^5

kind pona^3, nasin$^{1/2}$

kinda lili^3, sama lili^1, sama^1

king jan lawa^3, mije lawa^2, jan lawa sewi$^{1/2}$, mije lawa tan mama$^{1/2}$

kingdom ma^2, ma lawa^1, ma pi jan lawa wan^1, ma pi jan lawa^1

kiss uta^3, olin uta^1, uta olin^1, uta e^1

kit kulupu ilo^3, poki ilo$^{1/2}$, ilo$^{1/2}$, ilo mute$^{1/2}$

kitchen tomo moku^3, tomo pi pali moku^1, tomo pali moku^1, tomo seli^{½}

knee noka^2, insa noka^1, nena noka^1

knife ilo kipisi^4, ilo moku^1, ilo tu^1

knock kalama luka^2, kalama^1, kalama e^{½}, luka e^{½}, pali e kalama kepeken luka lon lupa^{½}, luka toki^{½}

know sona^5

knowledge sona^5

known sona^4, lon sona jan^{½}, suli^{½}

Korean pi ma Anku^2, Anku^1, jan Anku^{½}, toki Anku^{½}, jan pi ma Anku^{½}

kumquat kili^3, kili suwi^{½}

lab tomo pi pali sona^3, tomo pi alasa sona^1, tomo pi sona sin^{½}, tomo pi nasin sona^{½}, tomo sona^{½}, tomo ilo pi pali sona^{½}

label nimi^2, lipu nimi^1, lipu lili^1, sitelen^1

laboratory tomo sona^2, tomo pi pali sona^1, tomo pali pi alasa sona^{½}, tomo pi alasa sona^{½}

labour pali^5, pali kepeken wawa^{½}

lack jo ala^3, weka^2

lady meli^4, jan meli^1, jan^{½}

lake telo^2, telo suli^2

lamp ilo suno^4, suno^2

land ma^5

landing tawa ma^1, anpa^1, kama lon ma^1, supa^{½}

landscape ma^2, lukin ma^1, sitelen ma^1, selo ma^{½}, lukin musi ma^{½}

lane nasin^3, nasin lili^1

language toki^5

lap noka^3, sike^1, supa lon noka^{½}, supa noka^{½}, noka insa^{½}

laptop ilo sona^1, ilo sona supa^1, ilo sona lili^1, ilo nanpa lili^{½}, ilo sona poki^{½}

large domesticated animal mani^2, soweli^2, soweli mani^2, soweli suli^{½}

large suli^5

largely suli^2, mute la^2, mute^{½}

laser linja suno^2, palisa suno^2, suno linja^1, suno wawa^{½}, linja suno wawa^{½}

last nanpa pini^4

late kama lon tenpo ike^1, tenpo ike^1, pakala tenpo^1, tenpo pi kama jan li ike tan ni: tenpo pi kama pona li pini$^{1/2}$, lon tenpo monsi$^{1/2}$

lately tenpo ni la^2, tenpo ni^1, tenpo pini lili la^1, tenpo poka la^1

later tenpo kama^3, lon tenpo kama^1

Latin toki Lasina^3, toki Lasin^1

latter pini^3, nanpa pini^1, ijo nanpa tu$^{1/2}$, nanpa tu$^{1/2}$

laugh a a a^1, kalama musi^1, kalama tan musi$^{1/2}$, kuntu$^{1/2}$, mu$^{1/2}$, kalama pi pilin musi$^{1/2}$, uta pona$^{1/2}$, pana e kalama uta musi$^{1/2}$, pilin pona$^{1/2}$, kalama uta pi pilin musi$^{1/2}$, pana e kon musi$^{1/2}$

laughter a a a^1, kuntu^1, kalama uta musi$^{1/2}$

launch open^2, pana^1

laundry len jaki^4, telo e len$^{1/2}$

law lawa^3, lipu lawa^1, lawa ma$^{1/2}$, nasin lawa$^{1/2}$

lawmaker jan lawa^3, jan pi pali lawa^2, jan ni li pali e lawa kulupu$^{1/2}$, jan pana lawa$^{1/2}$

lawn supa kasi^2, ma pi kasi lili^1, ma kasi tomo^1, ma^1

lawsuit utala lawa^2, utala toki^1, utala pi sona lawa$^{1/2}$

lawyer jan pi sona lawa^2, jan pi nasin lawa^1, jan sona pi nasin lawa$^{1/2}$, jan pi nasin kulupu$^{1/2}$, jan pi utala toki lawa$^{1/2}$, jan pi utala toki$^{1/2}$

lay lape^2, pana^2, supa^1, anpa^1, tawa supa$^{1/2}$, kama supa$^{1/2}$

layer selo^3, len^1, lipu^1, wan pi kulupu lipu$^{1/2}$, supa$^{1/2}$, sitelen lipu$^{1/2}$

layout nasin^3, nasin sitelen lipu$^{1/2}$

lead lawa^3, nasin$^{1/2}$, kiwen ike$^{1/2}$

leader jan lawa^5

leadership lawa^4, ken lawa^1, nasin lawa^1

leading lawa^4

leaf lipu kasi^3, kasi^1, lipu^1

league kulupu^4, kulupu pi utala musi^1

lean lili^1, awen poka$^{1/2}$, tawa poka wan$^{1/2}$

leap tawa sewi^3, sewi^2, tawa sewi lili^1

learn kama sona^5

learner jan pi kama sona^5

learning kama sona^5

least lili nanpa wan^2, lili^1, mute lili$^{1/2}$, pi lili ale$^{1/2}$, pi lili nanpa wan$^{1/2}$

leather selo soweli^{3}, len^{1}, len pi selo soweli^{1}, selo mani^{½}

leave weka^{4}, tawa^{2}, tawa weka^{1}

lecture toki sona^{3}, pana sona^{2}, tenpo sona^{½}, tenpo pi pana sona^{½}, toki lipu^{½}

left (not right) poka^{2}, poka open^{1}, nasin pilin^{1}, soto^{½}, luka nasa^{½}, poka pi luka ike mi^{½}

left (remaining) awen^{3}, lon^{1}

leg noka^{5}

legacy majuna^{1}, ale tan kulupu mama pini^{½}, ijo awen^{½}, ijo pona tan mama^{½}, pana^{½}, jan majuna li jo e ijo la ona li pana e ona tawa jan lili ona lon tenpo pini^{½}, sona pi pali jan^{½}

legal lawa^{3}

legally nasin lawa la^{1}, lawa la^{1}, nasin lawa^{1}, pona tawa lawa^{1}, lawa^{1}

legend toki wawa^{1}

legislation lawa^{2}, lipu lawa^{1}, nasin lawa^{½}, lawa sewi ma^{½}, pali e lawa^{½}, kulupu pi nasin lawa^{½}, nasin pi jan lawa^{½}, toki lawa^{½}

legislature lipu lawa^{1}, lawa^{1}, kulupu lawa^{½}, tomo lawa^{½}

legitimate lon^{2}, pona^{1}, powe ala^{½}

lemon kili jelo^{2}, kili jelo sike^{1}, kili jelo pi suwi ala^{½}, kili jelo pi telo uta^{½}, kili sike jelo^{½}, kili pi uta kiki^{½}, kili jelo ike^{½}

lend pana^{2}, pana lon tenpo lili^{1}, pana pi tenpo lili^{1}

length suli^{3}, suli linja^{1}

lens ilo lukin^{2}, ilo oko^{2}, sike lukin^{1}

lesbian kule^{2}, meli pi olin meli^{1}, pi olin sama^{1}, meli li olin e meli^{½}, jan pi olin kule^{½}

less lili^{3}, weka^{½}

lesson sona^{1}, tenpo pi kama sona^{1}, pana sona^{1}, tenpo sona^{1}

let ken e^{2}, wile^{1}, pana e ken^{½}, o^{½}

letter (in mail) lipu^{3}, lipu toki^{1}, lipu tawa^{1}

letter (of alphabet) sitelen^{2}, sitelen lili^{1}, wan nimi^{1}, nimi lili^{1}

level supa^{3}, sewi^{½}, nanpa^{½}

LGBTQ+ kule^{2}, tonsi^{2}, jan kule^{1}, kese^{½}, nasin pi unpa ante anu pi olin ante$^{1/2}$, unpa ante$^{1/2}$

liability wile^1, ken pakala^1, ken$^{1/2}$, ike$^{1/2}$, ken ike$^{1/2}$

liar jan pi toki powe^2, jan powe^1, jan pi toki lon ala^1, jan pi toki ike^1

liberal nasin ken^1, pi nasin ken$^{1/2}$

liberty ken^2, ken pali$^{1/2}$, ken ale$^{1/2}$

library tomo lipu^5, tomo awen lipu$^{1/2}$

licence lipu ken^2, ken$^{1/2}$

lie (be in flat position) supa^3, lape^2, lon supa lape$^{1/2}$

lie (saying untruth) powe^2, toki powe^1, toki e lon ala^1, toki pi lon ala^1, toki lon ala^1, toki e ijo pi lon ala^1, toki ike$^{1/2}$

lieutenant jan lawa^2, jan lawa pi kulupu utala$^{1/2}$, jan lawa utala$^{1/2}$

life lon^2, ale^1, kon^1, moli ala$^{1/2}$, kasi en soko en pipi en soweli$^{1/2}$

lifestyle nasin lon^2, nasin^1, nasin jan^1

lifetime tenpo lon^2, tenpo^1, tenpo ale jan$^{1/2}$, ale$^{1/2}$, tenpo

jan$^{1/2}$, ali jan$^{1/2}$, tenpo pi moli ala$^{1/2}$

lift sewi^1, sewi e$^{1/2}$, ilo pi tawa sewi$^{1/2}$, tomo tawa$^{1/2}$

light suno^4, walo$^{1/2}$, suli ala$^{1/2}$, seli e$^{1/2}$

lightly lili^3, suli ala^1, wawa ala^1, kepeken wawa lili^1

lightning wawa sewi^1, linja seli tan sewi$^{1/2}$, wawa pi kon sewi$^{1/2}$, suno linja$^{1/2}$, linja suno wawa$^{1/2}$, suno$^{1/2}$, walo pi seli sewi$^{1/2}$, wawa$^{1/2}$

like sama^3, pona tawa^1

likelihood ken^3, ken suli$^{1/2}$, mute ken$^{1/2}$, nanpa ken$^{1/2}$, ken kama$^{1/2}$

likely ken^2, ken mute la$^{1/2}$, ken mute$^{1/2}$

likewise sama la^2, sama^2, nasin sama la$^{1/2}$, sama ni$^{1/2}$

limb palisa sijelo^2, luka anu noka^1, luka^1, loka^1

limit pini^1, pake$^{1/2}$, poki$^{1/2}$, pini nasin$^{1/2}$, nanpa pini$^{1/2}$, selo pini$^{1/2}$, selo$^{1/2}$

limitation selo^1, pake^1, ken ala^1

limited nanpa lili^1, lili^1, ken pini^1, mute lili^1

line linja^5

linguistics sona toki[4], sona pi nasin toki[1]

link linja[3], wan[1], nimi tawa[½]

lion soweli[3], soweli wawa[2], soweli lawa[1], soweli alasa[½], monsuta[½], soweli suli monsuta[½], soweli alasa suli[½]

lip uta[3], selo uta[1]

list lipu[2], linja[1], kulupu nimi[½]

listen kute[5]

listener jan kute[5]

literacy sona sitelen[1], ken pi lukin lipu[½], ken kepeken lipu[½], ken sitelen[½], ken lukin e sitelen[½]

literally lon la[1], lon[1], mi toki e ni[½], kon nimi taso[½]

literary nasin lipu[1], lipu[1], sitelen[1], pi nasin toki lipu[½]

literature lipu[2], lipu mute[1], kulupu lipu[1], lipu musi[½]

little lili[5]

live lon[3], moli ala[½], awen lon[½], tenpo ni[½], awen[½]

liver insa[1], insa sijelo pi weka jaki[½], insa pi weka pi telo nasa[½]

living lon[4], awen[1], moli ala[½], mani pi moli ala[½], wawa[½]

llama soweli[3], mani pi telo uta[½], soweli pi linja sijelo li moku e kasi li pana e jaki tan uta[½], soweli pi telo uta[½]

load poki[1], pana lon poki[½], ijo jo[½]

loan kama jo e mani lon tenpo lili[1], jo pi tenpo lili[1], pana[1], pana tenpo[½], pana pi tenpo lili[½], kama jo[½]

lobby tomo open[2], tomo awen[2], tomo sinpin[½]

local pi ma ni[1], lon[1], lon poka[1], ma ni[1], tan ma ni[½]

locate alasa[2]

located lon[5]

location ma[3], lon[2], ma anu tomo[½]

lock pini[2], pake[1], ilo awen[½], ilo pi awen poki[½], ilo pi awen lupa[½]

locker poki[3], poki awen[1], poki kiwen[1]

log lipu[1], palisa sike pi kasi kiwen[½], sitelen[½], lipu pali[½], wan pi kasi suli[½], palisa[½], sijelo kasi moli[½], kasi[½], lipu pi ijo kama[½]

logic nasin sona[2], sona[2], isipin[½]

logical sona[2], nasin sona[1]

lonely pilin wan taso[1], wan taso[1], wan[1]

long-term tenpo suli^2, lon tenpo suli^1, awen lon tenpo suli$^{1/2}$, pi tenpo suli$^{1/2}$

long suli^4, linja^1

longtime tenpo suli^3, pi tenpo suli^1

look at lukin^5, oko^1

look like sama lukin^3, lukin la ona li sama$^{1/2}$, sama$^{1/2}$

loop sike^4, lupa linja$^{1/2}$, mute$^{1/2}$

loose awen ala^1, wawa ala^1, awen lili$^{1/2}$, len suli$^{1/2}$, jo wawa ala$^{1/2}$, open$^{1/2}$, ken tawa$^{1/2}$

Lord jan lawa^2, sewi^1, jan sewi^1, jan pi lawa ma$^{1/2}$, jan lawa ma$^{1/2}$, kon lawa$^{1/2}$

lose weka^2, kama anpa^1, pini ike^1

loser jan anpa^2, jan pi pini ike^1

loss weka^4, pilin ike tan moli$^{1/2}$, kama ala jo$^{1/2}$, anpa$^{1/2}$

lost weka^1, sona ala lon^1, sona ala e ma^1, weka tan nasin$^{1/2}$, sona ala e nasin$^{1/2}$

lots mute^5, mute a$^{1/2}$, mute suli$^{1/2}$

loud kalama suli^2, suli kalama^1, wawa$^{1/2}$, kalama wawa$^{1/2}$

love olin^5

lovely pona^2, suwi^1, olin^1, pona mute$^{1/2}$

lover jan olin^5, jan unpa$^{1/2}$

loving olin^5

lower anpa^4, noka$^{1/2}$, anpa e$^{1/2}$, tawa anpa$^{1/2}$

loyal awen^1, olin^1, pilin awen^1

loyalty olin^2, awen$^{1/2}$, pilin awen$^{1/2}$

luck ken pona^1, ken^1, pona^1, wawa sewi pi pana pona$^{1/2}$, nasin sewi$^{1/2}$, kama pona$^{1/2}$

lucky pona^1, pilin pona tan ni: ijo pona li kama$^{1/2}$, ante pona$^{1/2}$, tan kon pona$^{1/2}$, ken pona$^{1/2}$, wawa pona$^{1/2}$

lunch moku^2, tenpo moku^1, moku nanpa tu$^{1/2}$, moku pi insa suno$^{1/2}$, moku pi tenpo suno$^{1/2}$

lung insa kon^2, poki kon^1, insa sijelo kon$^{1/2}$

lyrics nimi^2, toki pi kalama musi^1

ma'am meli^2, meli pona^1, meli o^1, jan^1

machine ilo^5

mad pilin utala^3, pilin ike$^{1/2}$, nasa$^{1/2}$

magazine lipu^4, lipu lili$^{1/2}$, lipu musi$^{1/2}$

magic wawa nasa^2, nasa^1, usawi$^{1/2}$, misikeke$^{1/2}$, wawa sewi$^{1/2}$, nasin sewi$^{1/2}$, nasin wawa nasa$^{1/2}$, nasin nasa$^{1/2}$, pali musi$^{1/2}$

magical sewi^2, wawa nasa^1, kepeken wawa nasa$^{1/2}$, wawa sewi$^{1/2}$, kon$^{1/2}$

magnitude suli^3

mail lipu tawa^1

main nanpa wan^2, lawa^2, suli^1

mainly suli^2, suli la^2, nanpa wan$^{1/2}$, tenpo mute la$^{1/2}$, lawa$^{1/2}$

mainstream nasin pi jan mute^2, nasin pi kulupu suli$^{1/2}$, pona tawa jan mute$^{1/2}$, pi jan mute$^{1/2}$, nasin suli$^{1/2}$

maintain awen^3, awen pona^1

maintenance awen^2, pana e pona$^{1/2}$, pali tenpo$^{1/2}$, pali pona$^{1/2}$

major suli^3, nasin sona suli$^{1/2}$, jan suli$^{1/2}$

majority mute^3, kulupu suli^1, jan mute$^{1/2}$, mute suli$^{1/2}$

make-up kule sinpin^2, ko^1, ko pi kule sinpin$^{1/2}$, namako sinpin$^{1/2}$, kule$^{1/2}$, ko kule sinpin$^{1/2}$

make pali^5

maker jan pali^5

male mije^5

mall tomo esun suli^2, tomo esun^2, tomo pi esun mute^1, esun suli^1, tomo esun mute$^{1/2}$

mama mama^5, mama meli^1

man mije^5, jan mije$^{1/2}$

manage lawa^4

management lawa^3, nasin lawa^1, kulupu lawa$^{1/2}$, kulupu pi jan lawa$^{1/2}$, lawa esun$^{1/2}$

manager jan lawa^5, jan pali lawa$^{1/2}$, jan ike$^{1/2}$

manatee soweli telo^2, kala suli^1, kala^1, soweli^1, kala soweli$^{1/2}$, soweli telo suli$^{1/2}$, soweli suli$^{1/2}$

mandate lawa^2, o$^{1/2}$, toki lawa$^{1/2}$, nasin lawa$^{1/2}$, pana e nasin$^{1/2}$, wile$^{1/2}$

manipulate pali^2, lawa ike^1, lawa^1, ante ike$^{1/2}$

manner nasin^4, nasin pali lon kulupu$^{1/2}$

manufacturer jan pali^3, kulupu pali^2, mama$^{1/2}$

manufacturing pali^4, pali suli$^{1/2}$, pali pi ijo mute$^{1/2}$, pali suli pi ijo sin$^{1/2}$

many mute^5

map lipu ma^2, sitelen ma^2, lipu nasin$^{1/2}$

march tawa^2, tawa wawa^1, tawa kulupu^1, tawa utala^1

March tenpo mun nanpa tu wan^2, mun open pi tenpo kasi$^{1/2}$

margin selo^2, poka lipu^1, poka lipu pi sitelen ala$^{1/2}$, weka$^{1/2}$, ken ante$^{1/2}$

marijuana kasi nasa^4, misikeke nasa$^{1/2}$, kasi misikeke$^{1/2}$, kasi nasa laso$^{1/2}$

marine telo^2, telo suli^1, pi telo suli^1, lon telo suli$^{1/2}$, kulupu utala telo$^{1/2}$, jan pi utala telo$^{1/2}$, jan utala telo$^{1/2}$

mark sitelen^3, sitelen lili lon selo$^{1/2}$

marker ilo sitelen^2, palisa sitelen^1

market esun^4, tomo esun^2, ma esun^1

marketing nasin esun^1, toki esun^1, esun^1, sona esun$^{1/2}$, pali esun$^{1/2}$

marriage kulupu olin^1, wan^1, wan pi jan tu^1, unpa^1, wan olin^1, kulupu pi jan olin$^{1/2}$, jan tu olin$^{1/2}$, kama wan pi jan olin$^{1/2}$, tu olin$^{1/2}$

marriage wan^1, wan olin^1, kulupu olin$^{1/2}$, kama wan$^{1/2}$, olin lipu$^{1/2}$, kama tu olin$^{1/2}$, kulupu awen olin$^{1/2}$, nasin olin$^{1/2}$

married wan^1, wan olin^1, jo e jan olin^1, kama wan$^{1/2}$

marry kama wan^1, kama wan olin^1, wan^1, kama jan olin$^{1/2}$, kama kulupu olin$^{1/2}$, wan e jan tu$^{1/2}$

Mars (planet) mun loje^2, mun Masu$^{1/2}$, mun Masi$^{1/2}$

mask len sinpin^3, len uta^1, len powe$^{1/2}$

mass suli^3, mute^1, nanpa suli^1, suli pi wawa anpa$^{1/2}$, tenpo sewi$^{1/2}$

massive suli^2, suli mute^2, suli a^1, suli mute a$^{1/2}$

master jan lawa^4, jan sona$^{1/2}$, jan pi sona suli$^{1/2}$

match sama^2, ilo seli^1, utala musi^1, palisa seli^1, ken olin$^{1/2}$

mate jan pona^3, jan olin^2, unpa^1, jan pi tomo kala$^{1/2}$, mije lawa li moli$^{1/2}$

material ijo^4, len^1, ko$^{1/2}$, wan$^{1/2}$, ijo insa$^{1/2}$

mathematics sona nanpa^4, nasin nanpa^1, nasin sona nanpa$^{1/2}$, nanpa$^{1/2}$

matter (n) ijo^4

matter (v) suli^5, pona$^{1/2}$

maximum nanpa suli^1, mute sewi$^{1/2}$

may ken^5, wile^1

maybe ken^3, ken la^3

mayor jan lawa^3, jan lawa pi ma tomo^2

me mi^5

meal moku^5, tenpo moku$^{1/2}$, moku suli$^{1/2}$

mean (adj) ike^4

mean (v) wile toki^2, toki^1, kon$^{1/2}$

meaning kon^3, lon^1, sona$^{1/2}$, sona nimi$^{1/2}$

meaningful suli^1, pi ijo suli$^{1/2}$, jo e kon suli$^{1/2}$, suli sona$^{1/2}$, lon$^{1/2}$, sona wawa$^{1/2}$, jan li pilin mute tan ni$^{1/2}$, kon suli$^{1/2}$, kon li lon$^{1/2}$

meantime tenpo sama^3, tenpo ni^1, tenpo sama la$^{1/2}$, sama la$^{1/2}$

meanwhile tenpo sama la^3, lon tenpo sama^1, lon tenpo ni la$^{1/2}$, tenpo ni kin$^{1/2}$

measure nanpa e$^{1/2}$, kama sona e suli$^{1/2}$, sona e nanpa$^{1/2}$

measurement nanpa^3, suli^1, kama sona pi suli ijo$^{1/2}$

meat moku soweli^2, soweli^1, moku^1, soweli anu waso$^{1/2}$, ko soweli$^{1/2}$

mechanic jan ilo^2, jan pi sona ilo$^{1/2}$, jan pali pi tomo tawa$^{1/2}$, jan pi pali ilo$^{1/2}$, jan pi pona ilo$^{1/2}$

mechanical ilo^3

mechanism ilo^3, nasin ilo^2, kulupu ilo$^{1/2}$, ilo lili$^{1/2}$

medal mani^1, ijo pona^1, kiwen wawa^1, sike pi pali pona$^{1/2}$, kiwen pi pali pona$^{1/2}$

media sitelen^2, musi^1, kulupu toki$^{1/2}$

medical misikeke^2, pi pona sijelo^1, nasin pi pona sijelo$^{1/2}$, sona sijelo$^{1/2}$, pali pi pona sijelo la$^{1/2}$

medication misikeke^3, moku pi pona sijelo^1, ilo pi pona sijelo$^{1/2}$, ijo lili pi pona sijelo$^{1/2}$

medicine misikeke^3, ijo pi pona sijelo^1, moku pi pona sijelo^1, kasi pona^1

medium meso^3, suli lili^1, nasin^1, insa^1

meet kama sona^2, kulupu^1, toki$^{1/2}$, kama lon sinpin$^{1/2}$, kama kulupu$^{1/2}$, kama lon poka$^{1/2}$

meeting kulupu^3, tenpo kulupu$^{1/2}$, tenpo pi kama kulupu$^{1/2}$, kulupu jan$^{1/2}$, tenpo wan$^{1/2}$

melt kama telo^3, telo e^1, telo^1, kama telo tan seli$^{1/2}$

member jan kulupu^3, wan kulupu^1, jan^1

membership lon kulupu^2, nasin kulupu^1, lipu kulupu$^{1/2}$

meme sitelen musi^3

memorial ijo pi awen sona$^{1/2}$, awen sona$^{1/2}$, kiwen sitelen pi jan moli$^{1/2}$, tenpo pi toki moli$^{1/2}$, ijo pi pana sona pi tenpo pini$^{1/2}$, kiwen pi suli tenpo$^{1/2}$, tenpo pi awen sona$^{1/2}$

memory awen sona^2, sona^2, sona pi tenpo pini^1

mental pilin^2, lawa^2, pilin insa^1, insa lawa^1

mentally pilin^2, lawa^1, lawa la^1, lon lawa^1

mention toki^4, nimi$^{1/2}$

mentor jan pi pana sona^3, jan sona^2

menu lipu moku^3, lipu^1

meow mu^5

mercy pona^2, olin^1, pana pona^1

mere taso^4, lili^2

merely taso^3, lili^1, lili la$^{1/2}$

merit pona^3, ijo pona^1, jo tan pali$^{1/2}$

mess jaki^5, pakala^1

message toki^4, sitelen toki^1

metal kiwen^3, kiwen ilo^1, kiwen ni: ona li tawa e seli e wawa linja$^{1/2}$, kiwen suno$^{1/2}$, kiwen pi jasima suno$^{1/2}$, kiwen wawa$^{1/2}$

metaphor toki kon^1, sama$^{1/2}$, nimi sama$^{1/2}$, sitelen$^{1/2}$, nasin kule$^{1/2}$

method nasin[5], nasin pali$^{1/2}$

metre ilo pi sona nanpa$^{1/2}$, palisa$^{1/2}$, suli$^{1/2}$, lili$^{1/2}$

Mexican jan Mesiko[1]

middle insa[3], lon insa[1], meso$^{1/2}$

midnight tenpo pimeja[2], insa pi tenpo pimeja[2], tenpo pimeja a$^{1/2}$

midst insa$^{1/2}$, lon insa$^{1/2}$, poka$^{1/2}$, lon poka$^{1/2}$, lon$^{1/2}$

might wawa[2], ken[2], ken la[2]

migration tawa[3], tawa ma ante[2], tawa kulupu[1]

mild lili[2], wawa ala[1], li seli ala li lete ala$^{1/2}$

mile weka suli$^{1/2}$, weka$^{1/2}$, linja suli$^{1/2}$, linja suli pi ma Mewika$^{1/2}$

military kulupu utala[3], jan utala[1], kulupu awen$^{1/2}$

milk telo walo[2], telo walo mama[1], telo mama[1], telo walo soweli$^{1/2}$, telo pi nena mama$^{1/2}$, telo soweli$^{1/2}$, telo walo tawa soweli lili$^{1/2}$, telo mama mani$^{1/2}$

mill tomo pi pali pan[1], tomo pi pan pakala$^{1/2}$, ilo pan$^{1/2}$, tomo pali pi ko pan$^{1/2}$, tomo pan$^{1/2}$

million mute[3], ale[1]

mind lawa[3], sona[1], kon lawa$^{1/2}$

mine mi[4], ijo mi[1], mi jo e ni$^{1/2}$

minimal lili[3], pona[1], pi ijo lili[1]

minimize lili[4]

minimum lili ale[1], lili[1], nanpa ni anu sewi$^{1/2}$, nanpa lili$^{1/2}$, mute anpa$^{1/2}$, lili lili$^{1/2}$, lili mute$^{1/2}$

mining alasa kiwen[1]

minister jan lawa[4]

ministry kulupu lawa[1], lawa[1], tomo lawa$^{1/2}$, pali sewi$^{1/2}$, nasin sewi$^{1/2}$, kulupu pi nasin sewi$^{1/2}$

minor lili[4], jan lili[1], nasin kalama pi pilin ike$^{1/2}$, jan lili li ken ala$^{1/2}$

minority jan pi kulupu lili[1], kulupu lili[1], jan pi mute ala$^{1/2}$, kulupu jan anpa$^{1/2}$, kulupu jan lili$^{1/2}$

minute tenpo lili[3], tenpo[1], tenpo pi palisa suli pi ilo tenpo$^{1/2}$

miracle pali sewi[1], ijo sewi[1], pona tan sewi$^{1/2}$

mirror ilo jasima[2], ilo lukin[1], jasima[1], sinpin pi lukin sama$^{1/2}$, ilo pi sitelen sama$^{1/2}$, supa sama telo$^{1/2}$

miss pilin ike tan weka[1], pakala[1], kama ala[1], meli$^{1/2}$

missile ilo utala suli$^{1/2}$

missing weka[4], lon ala[1]

mission pali suli^2, pali^1, nasin wile^1, nasin^1

mistake pakala^5

mix wan^2, kama wan$^{1/2}$, wan e ijo ante mute$^{1/2}$, pana lon poki sama$^{1/2}$, ijo wan$^{1/2}$, wan e$^{1/2}$

mixed ko$^{1/2}$, ijo mute li lon insa$^{1/2}$, pi ijo ante mute$^{1/2}$, wan tan mute$^{1/2}$, kule mute$^{1/2}$

mixture wan^1, ko^1, ko mute$^{1/2}$, telo tan telo mute$^{1/2}$, mute li kama wan$^{1/2}$

mm-hmm lon^2, a^2, n^1, a pona$^{1/2}$, n lon$^{1/2}$

mmm n^2, a$^{1/2}$

mobile ken tawa^3, tawa^2

mode nasin^4, nasin pali^1

model sijelo^1, selo$^{1/2}$, selo ijo$^{1/2}$, nasin pona$^{1/2}$, ijo sama$^{1/2}$, ijo pi pana sona$^{1/2}$, ijo lukin$^{1/2}$, ijo$^{1/2}$

moderate meso^3, suli ala^1, lawa^1

modern pi tenpo ni^2, sin^2, tenpo ni^2

modest lili^1, meso$^{1/2}$, wile lili taso$^{1/2}$, pi mani lili$^{1/2}$, len$^{1/2}$, suli ala$^{1/2}$, nasin pi ijo lili$^{1/2}$, jo e len mute$^{1/2}$

modify ante^5, ante e$^{1/2}$

molecule ijo lili^1, wan lili^1, wan lili lili$^{1/2}$, ijo kon$^{1/2}$, ijo lili a$^{1/2}$, lili lili lili$^{1/2}$, kon lili$^{1/2}$

mom mama^4, mama meli^2

moment tenpo^3, tenpo lili^2

momentum wawa tawa^2, tawa^2, wawa$^{1/2}$, tawa awen$^{1/2}$, nasin tawa$^{1/2}$

mommy mama^4, mama meli^1

Monday tenpo suno nanpa wan^1, tenpo suno wan^1, tenpo suno pali nanpa wan^1, suno nanpa wan$^{1/2}$

monetary mani^5, esun$^{1/2}$

money mani^5

monitor lukin^2, ilo lukin$^{1/2}$, ilo sitelen$^{1/2}$, sinpin ilo$^{1/2}$, sinpin pi sitelen tawa$^{1/2}$

monkey soweli jan^2, soweli^2, soweli sama jan$^{1/2}$, soweli musi$^{1/2}$, jan$^{1/2}$, soweli lili sama jan$^{1/2}$, soweli nasa$^{1/2}$

monster monsuta^3, jan ike^1, akesi ike$^{1/2}$

month tenpo mun^4, mun^1

monthly tenpo mun^2, lon tenpo mun ale^1

monument tomo pi awen sona$^{1/2}$, kiwen sama$^{1/2}$, tomo kiwen suli$^{1/2}$, kiwen sona$^{1/2}$, kiwen pi tenpo suli$^{1/2}$, kiwen suli$^{1/2}$, tomo pi pilin mute$^{1/2}$

mood pilin^4, kon pilin$^{1/2}$, pilin tenpo$^{1/2}$

moon mun^5

moral nasin pona^2, pona^1, nasin^1, kon^1

morality nasin pona^2, pona^2

more (more rice) pan mute^2, pan sin$^{1/2}$

moreover kin la^3, ante la^1, namako la$^{1/2}$, mute la$^{1/2}$

morning open pi tenpo suno^1, tenpo pi open suno^1, tenpo pi kama suno^1, tenpo suno sin$^{1/2}$, tenpo pi suno sin$^{1/2}$

mortality ken moli^3, moli^1, nanpa moli$^{1/2}$, mute moli$^{1/2}$

mortgage mani tomo^1

most mute^4, nanpa wan$^{1/2}$

mostly mute^2, mute la$^{1/2}$

mother mama meli^3, mama^3

motion tawa^5

motivate pana e wile^1, wawa^1, kama wile^1, pana e pilin wawa$^{1/2}$, wawa e$^{1/2}$, toki pona$^{1/2}$, toki pi pilin pona$^{1/2}$

motivation wile^4, wile wawa^1

motive tan^2, wile^2

motor ilo tawa^3, ilo wawa^1, ilo pi tomo tawa$^{1/2}$

mount tawa sewi^1, nena^1, kama lon sewi$^{1/2}$, kepeken$^{1/2}$, nena suli$^{1/2}$

mountain nena suli^3, nena^2, nena suli ma$^{1/2}$, nena ma$^{1/2}$, kiwen sewi$^{1/2}$

mouse soweli lili^3, soweli^2, ilo luka$^{1/2}$, misa$^{1/2}$

moustache linja uta^3, linja sinpin^2

mouth uta^5

move tawa^5

movement tawa^5, jan pi ma mute li wile ante e ijo suli$^{1/2}$

movie sitelen tawa^3, sitelen^1, sitelen tawa suli^1

much mute^5

mud ko ma^2, ko^2, telo ma^1, jaki ma$^{1/2}$

multiple mute^5

muscle insa wawa^1, wawa sijelo^1, ko wawa^1

museum tomo sona², tomo sitelen¹, tomo musi¹, tomo pi tenpo pini^½, tomo pi sitelen musi mute^½, tomo pi ijo majuna^½, tomo pi pana lukin^½, tomo lukin^½

mushroom soko³, kili¹, kili soko^½, kili walo^½

music kalama musi⁴, kalama suwi^½, kalama kule^½, kalama^½

musical pi kalama musi², kalama musi², musi¹, sama kalama musi^½

musician jan pi kalama musi³, jan pali pi kalama musi¹, jan kalama¹

Muslim jan pi nasin Silami^½, jan pi nasin sewi Isalan^½, jan pi nasin sewi Silami^½, jan pi nasin Isilan^½, jan anpa^½

must wile³, o²

Musteloidea soweli³, kijetesantakalu²

mutual sama², jasima¹, kulupu¹

my mi⁵

myself mi³, mi sama², mi taso^½

mysterious nasa¹, nasa pi sona ala¹, pi sona len^½, pi sona nasa^½, sewi pi sona ala^½, pi sona ala^½, len pona^½, kon^½

mystery sona ala², ijo pi sona ala¹, sona sewi^½, ijo kon^½, ijo nasa^½, nasa pi sona ala^½, nasa^½

myth powe², toki pi lon ala¹, toki sewi¹, toki musi^½, sona powe^½

nail kiwen palisa¹, kiwen luka¹, palisa¹, ilo kiki^½, kiwen pi palisa luka^½, palisa awen^½, kiwen pini^½, palisa kiwen^½

naked len ala³, jo ala e len¹, selo¹, pi len ala¹, jo e len ala^½

name nimi⁵

narrative toki³, toki nasin¹, nasin¹, kon toki^½

narrator jan toki⁴

narrow lili⁴

nasty jaki⁴, ike², ike mute^½

nation ma⁴, kulupu^½

national ma³

native tan ma ni¹, pi ma ni^½, tan ma^½, tan ma sama^½, kama tan^½, jan ma pi tenpo ale^½, jan tan^½

natural pona², jan ala¹, tan ma kasi^½, tan jan ala^½, tan ma^½

naturally pona^1, ma^1, nasin kasi$^{1/2}$, nasin telo la$^{1/2}$, pi nasin pona$^{1/2}$

nature ma^3, ma kasi^1, nasin ma$^{1/2}$, ale$^{1/2}$, ale pi pali jan ala$^{1/2}$, nasin$^{1/2}$

navy kulupu utala telo^3, jan utala telo^1, kulupu utala pi tomo tawa telo$^{1/2}$

near lon poka^4

nearby lon poka^3

nearly lon poka^1, poka^1, poka la$^{1/2}$

necessarily wile^1, wile la^1, suli^1

necessary wile^4, suli$^{1/2}$, ken ala jo ala e ni$^{1/2}$

necessity wile^4, ijo wile$^{1/2}$, wile nanpa wan$^{1/2}$

neck anpa lawa^2, palisa lawa^1, noka lawa$^{1/2}$, palisa lon anpa lawa$^{1/2}$

need wile^5

needle palisa^1, ilo len$^{1/2}$, palisa lili$^{1/2}$, palisa kiwen lili$^{1/2}$

negative ike^4, nanpa weka$^{1/2}$, ala$^{1/2}$, pilin ike$^{1/2}$

negotiate toki^2, toki esun^1, toki wile$^{1/2}$, toki pi wile tu$^{1/2}$, jan mute li pilin e ni: nasin ni li pona$^{1/2}$, toki pi kama wile sama$^{1/2}$, toki pona$^{1/2}$, alasa e nasin pona$^{1/2}$, toki lon esun$^{1/2}$, kama toki sama$^{1/2}$

negotiation toki wile^1, toki^1, toki pi kama wile$^{1/2}$, toki mani$^{1/2}$

neigh mu^5, kalama soweli$^{1/2}$

neighbour jan poka^3, jan pi tomo poka^2

neighbourhood kulupu tomo^2, tomo poka^1, ma tomo^1, kipisi pi ma tomo$^{1/2}$

neither ala^3, ala kin^1, ni tu ala$^{1/2}$

nerve linja pilin^1, pilin$^{1/2}$, ilo pilin$^{1/2}$, wawa$^{1/2}$, linja insa$^{1/2}$

nervous pilin ike^1, pilin monsuta$^{1/2}$, pilin monsuta lili$^{1/2}$, pilin pi wawa ala$^{1/2}$, pilin ike tan ijo suli$^{1/2}$

nest tomo waso^3, tomo pipi^1, tomo mama$^{1/2}$, supa waso$^{1/2}$

net len linja^2, len^2, linja mute alasa$^{1/2}$, linja alasa$^{1/2}$, linluwi$^{1/2}$

network kulupu^3, linluwi^2, len$^{1/2}$, len sona$^{1/2}$, kulupu nasin$^{1/2}$, kulupu linja$^{1/2}$, nasin mute$^{1/2}$

neutral meso^1, pi kulupu ala$^{1/2}$, pi pilin ala$^{1/2}$, nasin ala$^{1/2}$, pilin suli ala$^{1/2}$, utala ala$^{1/2}$, pona ala en ike ala$^{1/2}$

never tenpo ala^3, lon tenpo ala^2, tenpo ala la^{½}

nevertheless taso^3, taso la^1, awen la^1

new sin^5

newcomer jan sin^5

newly sin^5

news ijo sin^2, toki sin^2, sin^1, sona sin^{½}, lipu^{½}

newspaper lipu^2, lipu pi ijo sin^1, lipu tenpo^1, lipu pi sona sin^1, lipu sin^1

next kama^2, ijo kama^2, nanpa poka^1

nice pona^5, suwi^{½}

night tenpo pimeja^4, tenpo mun^{½}, pimeja^{½}

nightmare sitelen lape ike^1, monsuta lape^1, sitelen lape monsuta^1, lape ike^{½}, monsuta lon tenpo pimeja^{½}, lape monsuta^{½}

nine mute^3, luka tu tu^2

no ala^5

nobody jan ala^5

nod tawa lawa^2, tawa lawa lili tan sewi tawa anpa^{½}, tawa e lawa^{½}, lon a^{½}, pilin sama^{½}, toki e ni: lon^{½}

noise kalama^4, kalama ike^1, kalama jaki^{½}

nominate pana e nimi^1, pana nimi^{½}, nimi e^{½}, wile^{½}, pali pi ken nanpa wan^{½}

nomination wile^1, pana e nimi^{½}, pana nimi^{½}

nominee jan ken^2, jan wile^2

non-binary person tonsi^3, jan tonsi^2, jan^{½}

non-profit esun ala^2, kulupu pi mani ala^1, mani ala^1, tan wile mani ala^{½}, pi wile mani ala^{½}, pi mani ala^{½}, tan mani ala^{½}, awen mani ala^{½}

none ala^5

nonetheless taso^4

nonsense toki nasa^2, nasa^2, toki ike^1

noodles pan linja^3, pan^{½}

noon tenpo pi suno sewi^2, insa pi tenpo suno^1, tenpo suno^{½}

nor ala^2, ala kin^1, anu ijo ala^1

norm nasin^2, meso^1, nasin pi nasa ala^{½}, nasin pi jan mute^{½}

normal nasa ala^2, pona^1

normally tenpo mute la^2

north tawa lete^1, nasin ni^1, soto tan kama suno^{½}, nasin lete^{½}, lete^{½}

northeast nasin ni^1

northern pi ma lete[1], lon ma seli[1], tawa ma lete pi soweli lete[½], ma lete[½], lon ma lete[½]

northwest nasin ni[1], sitelen ma la nasin sewi pi luka ike[½]

nose nena[3], nena sinpin[2], nena kon[1]

not ala[5]

note sitelen[2], lipu lili[1]

nothing ala[5], ijo ala[1]

notice lukin[3], kama lukin[1], lipu[½], lipu sona[½]

notion pilin[3], nasin[½], sona[½], isipin[½], ijo sona[½], ijo toki[½], kon[½]

noun nimi ijo[5]

novel lipu[3], lipu musi[1], sin[1], lipu musi suli pi ijo lon ala[½]

November tenpo mun nanpa luka luka wan[1], tenpo mun lete[1]

now tenpo ni[3], tenpo lon[1], tenpo ni la[½]

nowhere ma ala[3], lon ala[2], lon ma ala[½], pi ma ala[½]

nuclear wawa mute pi ijo lili[½], wawa pi ijo lili[½], pi sike lili lili[½], insa pi kon lili[½], pakala pi ijo lili[½]

number nanpa[5]

numerous mute[4], pi mute suli[½], mute mute[½]

nurse jan pi pona sijelo[2], jan misikeke[2], jan poka pi jan pi pona sijelo[½]

nut kili kiwen[2], kili[2], kili kiwen lili[½]

nutrition moku[3], moku pona[1], pona moku[½], sona moku[½]

oak kasi suli[2], kasi suli pi kili kiwen[1]

object ijo[5]

objection toki ante[1], pilin ante[1], wile ala[½], pilin ante wawa[½], wile ante[½], ni li ike a[½]

objective wile[2], pali tawa[1], ijo alasa[½], wile pali[½], pini pali[½]

obligation wile[3], wile suli[½], wile pi jan ante[½], wile wawa[½], wile kulupu[½]

observation lukin[5], sona lukin[½]

observe lukin[5], oko[½]

observer jan lukin[5]

obstacle sinpin[1], ijo pake[1], kiwen[1]

obtain kama jo[4]

obvious pona[1], lon[½], jan ale li lukin[½], sona lon ale[½], jan ale li sona[½]

obviously jan ale li sona e ni$^{1/2}$, jan ale li ken sona$^{1/2}$, mi sona$^{1/2}$

occasion tenpo^4, tenpo wan$^{1/2}$

occasional tenpo lili^1, pi tenpo lili^1, tenpo^1, lon tenpo pi mute lili$^{1/2}$

occasionally tenpo lili^1, lon tenpo^1, tenpo la^1, tenpo lili la$^{1/2}$, tenpo pi mute lili la$^{1/2}$

occupation pali^5, pali mani^1

occupy lon^3, awen^1

occur kama^3, lon^2, kama lon$^{1/2}$

ocean telo suli^5

October tenpo mun nanpa luka luka^1

odd nasa^5

odds ken^3, nanpa ken^1, nanpa^1, wile sewi$^{1/2}$

of course lon a^2, lon^2

off pini^3, ala^1, weka^1, lape$^{1/2}$, pali ala$^{1/2}$

offend toki ike^1, ike e^1, pakala^1, pakala e pilin$^{1/2}$, utala$^{1/2}$, kama e pilin ike$^{1/2}$, pana e ike$^{1/2}$, toki e ike$^{1/2}$, utala toki$^{1/2}$

offender jan ike^4, jan pakala^1, jan pi pali ike$^{1/2}$

offense pakala^2, pali ike^2, utala^2, pakala pilin^1, utala toki$^{1/2}$

offensive ike^3, pana e pilin ike$^{1/2}$, jaki$^{1/2}$, ike tawa pilin jan$^{1/2}$

offer pana^2, wile pana^2, ken esun$^{1/2}$

offering pana^3, wile pana^2, ijo pana$^{1/2}$, ijo pana sewi$^{1/2}$, pana tawa sewi$^{1/2}$

office tomo pali^3

officer jan lawa^3, jan pali lawa^1, jan pi awen lawa$^{1/2}$, jan utala$^{1/2}$

official lawa^3, pu^2, nasin^1, jan lawa$^{1/2}$

officially pu^2, nasin lawa$^{1/2}$, toki lawa$^{1/2}$, lon nasin lawa$^{1/2}$, nasin lawa la$^{1/2}$, lawa$^{1/2}$, pu la$^{1/2}$

often tenpo mute la^2, lon tenpo mute^2, tenpo mute^2

oh a^5

oil telo^1, telo ko$^{1/2}$, telo jelo$^{1/2}$, telo wawa$^{1/2}$, ko seli$^{1/2}$

OK pona^4, pona a$^{1/2}$, oke$^{1/2}$

okay pona^3, a$^{1/2}$, pona lili$^{1/2}$

old majuna^2, sin ala^1, tenpo pini$^{1/2}$

olive kili laso lili^1, kili^1, kili laso^1, kili jaki$^{1/2}$, kili lili$^{1/2}$

Olympics utala musi pi ma ale^1, musi Olinpi$^{1/2}$

omit weka^4, pana ala$^{1/2}$, kepeken ala$^{1/2}$

on lon^5, open$^{1/2}$, lon sewi$^{1/2}$, lon supa$^{1/2}$

once lon tenpo wan^2, tenpo wan^2, tenpo wan la^2

one wan^5

ongoing awen^2, lon tenpo ni^1

onion kili^2, kili pi selo mute$^{1/2}$, kili pi telo lukin$^{1/2}$, kili pi telo oko$^{1/2}$

online lon linluwi^1, lon kulupu pi ilo sona$^{1/2}$, lon linja$^{1/2}$, lon ilo$^{1/2}$

only taso^5

onto tawa^3, lon^2

ooh a^4

open open^5

(opening quotation particle) te$^{1/2}$

opening open^3, lupa^2, lupa open$^{1/2}$

openly open^1, len ala^1, tawa ale^1, jan ale li sona$^{1/2}$

opera kalama musi^1, musi kalama$^{1/2}$, musi pi kalama uta mute$^{1/2}$, musi suli pi toki musi$^{1/2}$, musi suli$^{1/2}$, musi$^{1/2}$, musi pi kalama musi$^{1/2}$, musi kalama pi tenpo pini$^{1/2}$

operate pali^3, kepeken^2, lawa^1

operating system nasin pi ilo sona^1, ilo sona^1, nasin ilo$^{1/2}$, kon pi ilo sona$^{1/2}$, nasin pali pi ilo sona$^{1/2}$

operating pali^4, lawa^1

operation pali^3, nasin^1, misikeke$^{1/2}$

operator jan pali^2, jan kepeken^1, jan lawa^1, jan ilo^1

opinion pilin^3, wile$^{1/2}$

opponent jan utala^2, jan ante^2, jan utala ante$^{1/2}$, jan musi ante$^{1/2}$, jan pi poka ante$^{1/2}$, jan utala pi kulupu ante$^{1/2}$

opponent jan utala^3, jan ante^1, jan pi poka ante$^{1/2}$, jan utala pi poka ante$^{1/2}$, jan utala tan kulupu ante$^{1/2}$

opportunity ken^3, tenpo ken^1, tenpo pona^1

oppose utala^3, ante^1, wile ala$^{1/2}$, ike tawa$^{1/2}$, toki e ala$^{1/2}$

opposed ante^2, utala^2

opposite jasima^2, ante^1, lon poka weka$^{1/2}$, poka ante$^{1/2}$

opposition utala^2, ante^1, jan lawa utala$^{1/2}$, kulupu ante$^{1/2}$, poka ante$^{1/2}$, nasin pi pilin ante$^{1/2}$, wile ante$^{1/2}$

opt wile^2, anu^2

optimistic pilin pona^2, nasin pona$^{1/2}$, pilin pi pona kama$^{1/2}$, lukin e pona$^{1/2}$

option ken^2, nasin^1, anu^1, ijo^1, wile^1, ijo ken$^{1/2}$

or anu^5

oral uta$^{1/2}$

orange loje jelo^2, kili^2, loje^1, kili loje jelo^1, kili suwi$^{1/2}$

orbit tawa sike^2, sike^2, mun li tawa lon sike suno$^{1/2}$, nasin sike$^{1/2}$, sike mun$^{1/2}$

order nasin^2, toki wile^1, lawa^1, toki lawa$^{1/2}$, nanpa$^{1/2}$

ordinary nasa ala^2, meso^2, nasin$^{1/2}$, sama$^{1/2}$, nasin pi ijo mute$^{1/2}$

organic kasi^1, pi pali jan ala$^{1/2}$, tan ijo pi moli ala$^{1/2}$, pi moli ala$^{1/2}$, pi ma pona$^{1/2}$, tan jan ala$^{1/2}$, ante ala tan jan$^{1/2}$, tan ma$^{1/2}$, pona$^{1/2}$

organism ijo lon^2, sijelo^1, soweli^1

organization kulupu^5

organize lawa^1, pona^1, nasin$^{1/2}$, nasin e$^{1/2}$, kulupu$^{1/2}$, kulupu pona$^{1/2}$, kama e$^{1/2}$

organize pona^1, lawa$^{1/2}$, kulupu$^{1/2}$

orientation nasin^4, nasin lukin$^{1/2}$, nasin sinpin$^{1/2}$, sona nasin$^{1/2}$

orifice lupa^4, lupa sijelo^2

origin tan^2, open^2, mama^1

original nanpa wan^3, sin$^{1/2}$, open$^{1/2}$

originally open la^2, tenpo open la^1, tan$^{1/2}$, tenpo nanpa wan la$^{1/2}$

originator mama^3, jan open^1, jan pali^1

other ante^5

otherwise ante la^4

ought wile^4, o^2

ounce lili^2, mute lili^1

our mi^4, pi mi mute^2

ours mi^2, pi mi mute^2, mi mute^2, ijo pi mi mute$^{1/2}$

ourselves mi mute^3, mi^2, mi mute sama^1, mi sama$^{1/2}$

out weka^3, selo$^{1/2}$, tawa ma$^{1/2}$, tawa weka$^{1/2}$, insa ala$^{1/2}$

outcome pini^4, kama^1

outdoors ma^2, selo^1, lon insa tomo ala^1

outer selo^3, weka^1, lon selo$^{1/2}$

outfit len^4, len sijelo^1

outlet lupa$^{1/2}$, lupa pana$^{1/2}$, lupa pi pana wawa$^{1/2}$, linja wawa$^{1/2}$, musi$^{1/2}$, lupa weka$^{1/2}$, sinpin pi

pana wawa$^{1/2}$, esun$^{1/2}$, nasin
tawa$^{1/2}$, nasin musi$^{1/2}$, pana$^{1/2}$,
ilo pana$^{1/2}$

outline selo^2, linja selo^1,
sitelen selo^1

outlook pilin^2, lukin^1, ma tan
ni: sina ken lukin e ma mute$^{1/2}$

output pana^3, pana ijo$^{1/2}$, kili$^{1/2}$

outside ma^2, insa ala^2

outstanding pona mute^2,
pona suli^1, nasa$^{1/2}$, wawa$^{1/2}$,
pona mute a$^{1/2}$, sewi a$^{1/2}$

oven poki seli^3, ilo seli^1, poki
seli moku$^{1/2}$

over lon sewi^3, pini^2, sewi^1,
tawa sewi$^{1/2}$

overall ale la^4, tenpo mute la$^{1/2}$,
lon ale$^{1/2}$

overcome anpa e^2, kama pali^1

overlook lukin ala^3, ma lukin$^{1/2}$,
lukin$^{1/2}$

oversee lawa^3, lawa e pali$^{1/2}$,
lukin$^{1/2}$, lukin lawa$^{1/2}$, lawa
lukin$^{1/2}$

overwhelming mute^1, suli^1,
wawa ike$^{1/2}$, mute mute$^{1/2}$,
pana e pilin suli$^{1/2}$, ike$^{1/2}$, suli
a$^{1/2}$, suli mute$^{1/2}$, sama telo suli
wawa$^{1/2}$

owe wile pana^2

own jo^4, lawa^1

owner jan jo^3, jan lawa^2

ownership jo^4, lawa^2

oxygen kon^3, kon pona^1, kon
sijelo$^{1/2}$

pace tawa^1, tenpo^1, tenpo
tawa$^{1/2}$, wawa tawa$^{1/2}$

pack poki^2, kulupu^2, kulupu
soweli$^{1/2}$, pana lon poki$^{1/2}$

package poki^5

pad lipu^2, supa^2, ko$^{1/2}$, len pi
telo loje pi tenpo mun$^{1/2}$, len
meli$^{1/2}$, anpa pi noka soweli$^{1/2}$

page lipu^5

pain pilin pakala^2, pilin ike^1,
ike^1

painful pilin ike^2, pilin pakala^2,
pakala lon sijelo$^{1/2}$

paint kule^2, telo kule^2, ko
kule^1, ko sitelen$^{1/2}$

painter jan sitelen^4, jan kule^1

painting sitelen^4, sitelen kule^1

pair tu^5

pal jan pona^5

palace tomo suli^2, tomo lawa^1,
tomo suli mani$^{1/2}$, tomo suli
lawa$^{1/2}$, tomo suli pi jan lawa$^{1/2}$,
tomo sewi$^{1/2}$

pale walo^4

Palestinian jan Pilisin^1, jan pi
ma Pilasin^1

palm luka^2, sinpin luka^2, supa luka^1, kasi^½

pan poki moku seli^1, ilo moku^1, poki pi seli moku^½, ilo^½, poki moku^½, tawa^½, ilo supa pi seli moku^½, supa^½, supa seli^½, ilo pi seli moku^½

panel sinpin^1, supa^1, lipu^1, kulupu^1, kulupu toki^½, leko^½

panic pilin monsuta^1, pilin ike wawa^1, ike a ni li ike mute a^½

pants len noka^3, len pi palisa noka^½, len noka suli^½

paper lipu^4

paper lipu^5, lipu walo^½

parade tawa kulupu^1, kulupu tawa^½, musi kulupu^½

paradox nasa^1, toki tu pi ken ala^½, ijo tu ni li ken ala lon tenpo sama^½, powe^½, sona nasa^½, ken ala^½

paragraph kulupu nimi^1, sitelen suli^½, kulupu suli nimi^½, leko sitelen^½, kipisi lipu^½, wan lipu^½, kipisi toki^½, sitelen lili^½

parameter nanpa^1, lawa^1, ijo^1

parent mama^5

parental mama^5

park ma kasi^2, ma laso^1, ma kasi lili^1, ma musi^½

parking ma awen pi tomo tawa^2, awen tomo^1

parliament kulupu lawa^2, kulupu pi jan lawa^½, tomo lawa^½

part kipisi^2, wan^2, ijo insa^1, lili^1

partial lili^2, kipisi^1

partially lili^3, ale ala^1

participant jan pali^3, jan^2

participate pali kulupu^1, pali^1, pali lon kulupu^½

participation pali^2, lon^1, pali lon kulupu^½

particle lili^2, ijo lili^1, ijo pi lili mute^1, ijo lili lili^½, wan^½, kon^½

particle lili^2, ijo lili^2, nimi lili^½, nimi lili pi kon ala^½

particular ni^2, wan^2

particularly mute^2, kin^1

partly lili^4

partner jan poka^3, jan olin^1, jan sama^½, jan pona esun^½, jan pi pali sama^½

partnership kulupu^2

party kulupu^1, musi kulupu^1, tenpo kulupu musi^1, tenpo musi^1, kulupu pi nasin lawa^½

pass tawa^3, lipu^½, pini pona^½, pana^½

passage nasin^3, tawa^1, nasin lili^½

passenger jan tawa^2, jan pi tomo tawa$^{1/2}$, jan lon tomo tawa$^{1/2}$, jan poka$^{1/2}$

passing moli^1, tawa^1, kama tawa^1, ken$^{1/2}$, tawa poka$^{1/2}$

passion olin^2, pilin wawa^2, pilin suli^1, wile^1

passionate pilin wawa^2, olin^1, unpa wawa$^{1/2}$, olin wawa$^{1/2}$, pi wile mute$^{1/2}$

password nimi open^2, nimi open kon$^{1/2}$, nimi open pi sona len$^{1/2}$, nimi open len$^{1/2}$

past tenpo pini^5, pini$^{1/2}$

paste ko^4, pana^1

pastor jan sona pi jan sewi^1, jan pali pi nasin sewi$^{1/2}$, jan pi tomo sewi$^{1/2}$, jan pi awen soweli$^{1/2}$, jan pi nasin sewi$^{1/2}$, jan lawa pi nasin sewi$^{1/2}$, jan lawa sewi$^{1/2}$

patch len^2, pona^1, len lili^1, ma lili^1, len misikeke$^{1/2}$, ante lili$^{1/2}$

patent lipu jo$^{1/2}$, lipu lawa ilo$^{1/2}$, lawa ilo$^{1/2}$, lipu pi ilo sin$^{1/2}$, lipu lawa pi nasin pali$^{1/2}$

potentially ken la^3, ken^2

path nasin^5, nasin lili$^{1/2}$

patience ken awen^1, awen^1, wile awen^1, pilin awen$^{1/2}$

patient awen^2, ken awen^1, jan pi pilin jaki$^{1/2}$, jan supa$^{1/2}$

patrol tawa sike^1, lukin^1, tawa pi jan utala$^{1/2}$, tawa pi lukin pona$^{1/2}$, alasa$^{1/2}$, lukin awen$^{1/2}$, alasa utala$^{1/2}$, kulupu alasa$^{1/2}$, li tawa li kama$^{1/2}$

pattern sitelen^2, nasin^2, selo$^{1/2}$, ijo sama mute$^{1/2}$, kulupu kule$^{1/2}$, sitelen pi mute sama$^{1/2}$

pause pini^2, awen^2, pini lili^1

pay pana e mani^2, mani^1, pana mani^1, esun^1

payment pana mani^3, mani^2

peace utala ala^3, pona^2, ale li pona$^{1/2}$, tenpo pona$^{1/2}$

peaceful pona^3, utala ala^1, pi utala ala^1

peak sewi^3, nena^2

peanut kili kiwen lili^1, kili kiwen^1, kili pi sike tu$^{1/2}$, kili pi selo kiwen$^{1/2}$, kili$^{1/2}$

peel selo^3, weka e selo^2

peer jan sama^4, jan poka^1

pen ilo sitelen^4, ilo sitelen palisa^2, poki$^{1/2}$, ilo pi sitelen awen$^{1/2}$

penalty ike^1, jan li pali e ijo ike li kama jo e ike tan jan lawa$^{1/2}$, ike tan ike$^{1/2}$, kili pi pali ike$^{1/2}$

penguin waso lete^2, waso pi ma lete$^{1/2}$, waso kala$^{1/2}$, waso nasa$^{1/2}$, waso pi walo pimeja$^{1/2}$, wasoweli pimeja walo$^{1/2}$, soweli$^{1/2}$, waso$^{1/2}$, kala pi pimeja walo$^{1/2}$, waso pi len pona$^{1/2}$

pension mani^2, mani pi pini pali^1, mani pi jan majuna$^{1/2}$

people jan^5, jan mute$^{1/2}$, kulupu$^{1/2}$

pepper namako pimeja^2, namako^1, kili seli$^{1/2}$, kili$^{1/2}$

per tan^2, la^1, tawa^1, lon$^{1/2}$

perceive pilin^3, lukin^2, lukin sona$^{1/2}$

percent nanpa^2, kipisi^1, tan ale$^{1/2}$

percentage nanpa^2, kipisi^2, mute^1

perception lukin^2, pilin^2, oko$^{1/2}$, nasin lukin$^{1/2}$, lukin anu kute$^{1/2}$, lukin anu kute anu pilin$^{1/2}$

perfect pona^2, pona mute^1, pona nanpa wan$^{1/2}$, pi pakala ala$^{1/2}$, pona a$^{1/2}$

perfectly pona^1, pona ale^1, pi pakala ala$^{1/2}$, pona mute$^{1/2}$, pona a$^{1/2}$

perform pali^3, musi^1, pali musi^1

performance pali musi^3, musi^1

performer jan musi^3, jan pali^1, jan pi pana musi^1, jan pi pali musi$^{1/2}$

perhaps ken la^3, ken^2

period tenpo^2, tenpo loje$^{1/2}$, tenpo pi telo loje$^{1/2}$, telo loje pi tenpo mun$^{1/2}$, tenpo loje mun$^{1/2}$

permanent awen^1, lon tenpo ale^1, tenpo ale$^{1/2}$, pi tenpo ali$^{1/2}$, awen lon tenpo ale$^{1/2}$

permission ken^4

permit ken^2, lipu ken^1, pana e ken^1

person jan^5

personal jan^2, mi^1, pi jan wan$^{1/2}$, pi jan wan taso$^{1/2}$, pi mi taso$^{1/2}$

personality kon jan^1, nasin jan^1

personally mi la^4, pilin mi la$^{1/2}$

personnel jan pali^3, kulupu pali^1

persuade ante e pilin^1, pana e wile^1, ante e wile$^{1/2}$, toki wawa$^{1/2}$

pet soweli tomo^2, soweli^2, pilin e$^{1/2}$, luka e$^{1/2}$, soweli pona$^{1/2}$, soweli jan$^{1/2}$

petition lipu pi wile ante^1, lipu wile$^{1/2}$, toki pi wile suli$^{1/2}$, toki wile$^{1/2}$, lipu pi wile jan$^{1/2}$, lipu pi kama ante$^{1/2}$

phase tenpo^4

phenomenon ijo^4, kama^2, ijo kama$^{1/2}$

philosophical nasin^1, pi nasin sona^1, sona pilin^1, pi nasin isipin$^{1/2}$

philosophy nasin sona^2, nasin isipin^1, sona kon$^{1/2}$

phone ilo toki^5

photo sitelen^5, sitelen lon$^{1/2}$

photograph sitelen^4, sitelen pi ilo lukin$^{1/2}$, lipu sitelen$^{1/2}$, sitelen lon$^{1/2}$, sitelen suno$^{1/2}$, sitelen ilo$^{1/2}$

photographer jan sitelen^1, jan pali sitelen$^{1/2}$, jan pi pali sitelen$^{1/2}$, jan pi ilo sitelen$^{1/2}$, jan pi sitelen suno$^{1/2}$

photography sitelen^1, nasin sitelen^1, sona sitelen^1, sona pi sitelen suno^1

phrase toki^3, kulupu nimi^2, nimi mute$^{1/2}$, toki lili$^{1/2}$, nimi$^{1/2}$

physical lon^4, sijelo^2

physically sijelo^2, lon^2, kepeken nasin sijelo$^{1/2}$

physician jan pi pona sijelo^2, jan misikeke^2

physics sona tawa^1, sona pi tawa ijo^1, nasin pi tawa sijelo$^{1/2}$

piano ilo kalama^1, ilo kalama pi nena mute^1, ilo pi kalama musi^1, ilo suli pi kalama musi^1

pick wile^2

pickup kama jo^3, jo^1, toki unpa$^{1/2}$, tomo tawa suli$^{1/2}$, ilo tawa pi monsi poki$^{1/2}$, luka e$^{1/2}$

picture sitelen^5

pie pan suwi^2, pan^1, pan sike$^{1/2}$, pan suwi sike$^{1/2}$, mulapisu$^{1/2}$, pan sike poki$^{1/2}$, pan sike suwi$^{1/2}$

piece kipisi^2, wan^1, lili^1, ijo lili$^{1/2}$

pig soweli^2, mani lili loje$^{1/2}$, soweli pi linja lawa ala$^{1/2}$, soweli pi loje walo$^{1/2}$, soweli mani loje$^{1/2}$, soweli loje$^{1/2}$, soweli jaki$^{1/2}$

pile kulupu^3, nena^2, mute^1, nena pi ijo mute^1

pill misikeke^2, moku lili sike pi pona sijelo$^{1/2}$, misikeke lili$^{1/2}$, sike misikeke$^{1/2}$

pillow supa lawa[1], len lape lawa[1], ilo lape[1], supa lawa suwi[½]

pilot jan lawa pi tomo tawa kon[2], jan tawa[1]

pin palisa lili[2], ilo awen[1], palisa lili awen[½], kiki lili[½], awen[½], ilo lili pi lipu awen[½], pana awen[½]

pine kasi suli[2], kasi[1], wile[1], kasi suli kiki[½], wile e ijo weka[½], kasi kiwen lete[½], kasi suli pi lipu linja[½], kasi kiwen pi ma lete[½]

pink loje walo[4], loje[1], walo loje[1]

pipe palisa lupa[1], ilo pi kasi nasa[½], nasin telo[½], ilo misikeke[½], ilo kon[½]

pirate jan lanpan[2], jan ni li kama jo e ijo pona kepeken utala tan tomo tawa telo ante[½], jan kalamARR[½], jan utala pi telo suli[½], jan lanpan telo[½], jan alasa telo ike[½], jan pi kama jo ike[½], jan pi alasa mani telo[½], jan pi lanpan mani[½]

piss telo jelo[3], telo jaki[2]

pit lupa[4], lupa ma[2]

pitch sewi kalama[1], pana[1], pana wawa[½], ko[½]

pitcher poki telo[2], poki[2], jan pana[1], jan pi pana sike[½], jan musi[½]

pizza mulapisu[2], pan sike[½], pan[½], sike pan[½]

place ma[4], ma anu tomo[½], pana[½]

placement lon[2], pana[1], ma[1], nasin pana[½], nasin awen[½], ma pana[½]

plain pona[2], supa[1], nasa ala[½]

plan nasin[2], pali[2], nasin pali[1], lipu lawa[½], wile[½]

plane tomo tawa kon[3], tomo tawa sewi[1]

planet ma sike[2], mun[1], mun tawa[½]

planning pali e nasin kama[½], lawa pi pali kama[½], isipin[½], toki[½], pali e nasin[½], sona pali[½], pali nasin pi tenpo kama$^{1/2}$, pali$^{1/2}$, lawa$^{1/2}$, pali pali$^{1/2}$

plant kasi^5

plastic kiwen^2, kiwen ko$^{1/2}$, kiwen pi pali jan$^{1/2}$, ko pi ken ale$^{1/2}$

plate supa moku^3, sike moku^1, ilo moku^1

platform supa^5

platypus soweli nasa^1, sutopatikuna^1, soweli pi nena waso$^{1/2}$, soweli pi uta waso$^{1/2}$, kala$^{1/2}$, soweli nasa pi sike mama pi telo mama$^{1/2}$, soweli waso$^{1/2}$

play musi^5, kepeken$^{1/2}$

player jan musi^5

playoffs musi^2, musi utala nanpa pini$^{1/2}$, utala musi$^{1/2}$

plea toki wile^3, wile^2, toki anpa^1, toki wile wawa$^{1/2}$, toki alasa pilin$^{1/2}$

plead toki wile^2, wile^1, toki^1, toki pi wile mute$^{1/2}$, toki e wile$^{1/2}$

pleasant pona^4, suwi^1

please pona^2, o^1, sina wile la$^{1/2}$, mi wile e ni$^{1/2}$

pleased pilin pona^5

pleasure pilin pona^4, pona$^{1/2}$, suwi$^{1/2}$

plenty mute^5

plot nasin^1, ma^1, toki ike pi wile ike$^{1/2}$, kon pi toki musi$^{1/2}$, nasin musi$^{1/2}$

plus en^3, pana^1

pocket poki len^2, poki^2, poki poka$^{1/2}$

poem toki musi^2, toki musi lili^1, lipu musi$^{1/2}$

poet jan pi toki musi^2, jan sitelen^1, jan pi musi toki^1, jan pi kalama toki musi$^{1/2}$, jan pali pi toki musi$^{1/2}$

poetry toki musi^3, sitelen musi^1

point sike lili^1, lili^1, pana e luka$^{1/2}$, pana e palisa luka$^{1/2}$, kiki$^{1/2}$

pole palisa^4

police jan pi awen lawa^1, jan lawa^1, jan utala pi ma tomo$^{1/2}$, soweli$^{1/2}$, jan lawa wawa$^{1/2}$, jan awen utala$^{1/2}$, jan lawa utala$^{1/2}$

policy lawa^3, nasin^2, nasin lawa^1

political nasin jan^2, nasin lawa^1, ma lawa$^{1/2}$, lawa ma$^{1/2}$, pi nasin jan$^{1/2}$, pi kulupu lawa$^{1/2}$, nasin jan la$^{1/2}$, lawa$^{1/2}$, nasin lawa la$^{1/2}$

politically pi nasin lawa^1, lawa^1, nasin lawa la$^{1/2}$

politician jan lawa^3, jan pi nasin lawa^1, jan ike$^{1/2}$, jan pi toki ike$^{1/2}$, jan pi kulupu lawa$^{1/2}$, jan pi toki kulupu$^{1/2}$

politics nasin lawa^2, nasin jan^1

poll lipu pi wile sona^1, kalama kulupu$^{1/2}$, wile kulupu$^{1/2}$, wile sona pi pilin kulupu$^{1/2}$, wile sona pi wile jan$^{1/2}$, wile sona kulupu$^{1/2}$, sona pi wile mute$^{1/2}$, wile sona$^{1/2}$

pollution jaki ma^2, jaki^2, jaki suli^1, kon jaki$^{1/2}$, jaki pali$^{1/2}$

polyhedron leko^2, ijo pi sinpin mute$^{1/2}$, selo$^{1/2}$, ijo$^{1/2}$, kiwen musi$^{1/2}$, kiwen pi sinpin mute$^{1/2}$

pond telo^3, telo lili^1, telo pi ma kasi$^{1/2}$, telo suli$^{1/2}$

pool telo^3, poki telo suli^1, lupa telo^1, telo musi$^{1/2}$

poor pi mani lili^2, mani lili^2, jo ala e mani$^{1/2}$, jo e mani pi mute lili$^{1/2}$, mani ala$^{1/2}$

poorly ike^3, pona ala$^{1/2}$, ike la$^{1/2}$

pop mu^2, kalama^1, pakala^1, kalama pakala^1, telo pi kon mute$^{1/2}$, telo suwi$^{1/2}$

Pope jan lawa sewi^1, jan lawa pi nasin sewi Katolika$^{1/2}$, jan suli$^{1/2}$

popular pona tawa jan mute^2, jan mute li sona e ona$^{1/2}$, suli$^{1/2}$, suli lon kulupu$^{1/2}$, jan mute li olin e ona$^{1/2}$, pona tawa kulupu$^{1/2}$, musi tawa jan mute$^{1/2}$, lon sona pi jan mute$^{1/2}$

popularity pona tawa jan mute^2, pona kulupu^1, suli$^{1/2}$, pona lon sona kulupu$^{1/2}$, mute pi jan pona$^{1/2}$, wile pi jan mute$^{1/2}$, suli kulupu$^{1/2}$

population kulupu jan^2, jan ale^1, mute jan^1, kulupu$^{1/2}$, jan mute$^{1/2}$, nanpa jan$^{1/2}$

porch sinpin tomo^1, tomo open lon sinpin tomo$^{1/2}$, supa lon sinpin tomo$^{1/2}$, supa pi kama pona$^{1/2}$, supa selo$^{1/2}$, poka tomo pi telo ala$^{1/2}$, supa pi sinpin tomo$^{1/2}$

pork moku soweli^1, soweli^1

port ma pi tomo tawa telo^1, tomo pi tomo tawa telo^1, supa telo^1

portfolio poki lipu^1, lipu^1, lipu pali^1, kulupu sitelen$^{1/2}$, kulupu lipu$^{1/2}$

portion kipisi^2, wan^2, lili^1, mute$^{1/2}$

portrait sitelen^3, sitelen jan^2, sitelen sinpin$^{1/2}$, sitelen pi lawa jan$^{1/2}$

portray sitelen^3

pose sijelo^2, sitelen sijelo^1, awen$^{1/2}$, nasin sijelo$^{1/2}$

position lon^3, ma^1, poka$^{1/2}$, nasin sijelo$^{1/2}$, ma sijelo$^{1/2}$

positive pona^4, pilin pona^1, pona a$^{1/2}$

possess jo^5, lawa$^{1/2}$

possession jo^4, ijo^1

possibility ken^4, ken lon^1, wan pi nasin mute$^{1/2}$

possible ken^5, ken lon^1

possibly ken^3, ken la^3

post pana^2, toki^1, palisa^1, tomo pi jan pali$^{1/2}$

poster lipu^2, sitelen^2, lipu sitelen^1, sitelen sinpin$^{1/2}$, sitelen lon sinpin$^{1/2}$

pot poki^4, poki kasi^1, kasi nasa$^{1/2}$, poki moku$^{1/2}$, poki pi pali moku$^{1/2}$

potato kili ma^2, kili^1, kili pan$^{1/2}$

potential ken^5

pound utala^1, mani^1, unpa^1, tomo soweli$^{1/2}$, mute$^{1/2}$

pour pana^2, pana telo^1, pana e telo$^{1/2}$

poverty mani ala^2, weka mani$^{1/2}$, mani lili$^{1/2}$, jo lili$^{1/2}$, jo ala e mani$^{1/2}$

powder ko^4

power wawa^5

powerful wawa^5, wawa mute$^{1/2}$

practical pali^1, pona^1, ken pali$^{1/2}$, pi pali pona$^{1/2}$, pona kepeken$^{1/2}$

practically pali la^2, lon la^2, pona^1, sama$^{1/2}$, tenpo mute la$^{1/2}$

practice pali^2, pali sona^1, kepeken lon tenpo mute$^{1/2}$, pona e pali$^{1/2}$, pali lon tenpo mute tawa kama pona$^{1/2}$

practitioner jan pali^3, jan sona^1

praise toki sewi^2, toki pona^1, toki e pona ijo$^{1/2}$, toki e pona$^{1/2}$

pray toki tawa sewi^3, toki sewi^2, anpa$^{1/2}$, wile$^{1/2}$

prayer toki tawa sewi^2, toki sewi^2, toki tawa jan sewi^1, toki kon^1

preach toki^2, toki sewi^2, toki lon nasin sewi$^{1/2}$, toki pilin$^{1/2}$, toki wawa$^{1/2}$, toki lawa$^{1/2}$

precious suwi[1], mani[1], pona[1], sama mani mute[½], sike lili pi wawa nasa pi lawa jan[½]

precise pona[1], lon[1], sona mute[½], pi nanpa mute[½], kepeken wan mute[½]

precisely lon[2], pi nanpa mute[½], pona[½], lon mute[½], kepeken kon wan taso[½]

predict pilin[1], alasa sona pi tenpo kama[½], sona kama[½], toki e ijo kama[½], pilin e tenpo kama[½], sona e tenpo kama[½]

prediction toki pi tenpo kama[2], sona pi tenpo kama[1]

prefer wile[4], pona mute[1], nanpa wan[½], pona nanpa wan tawa mi[½]

preference wile[4], pona tawa[1], pilin wile[½]

pregnancy kama mama[1], tenpo mama[1], jan li jo e jan lili lon insa ona[½], jan lili li lon insa meli[½]

pregnant kama mama[2], jo e jan lili lon insa[1], jo insa e jan lili[1]

premise kon[1], sona anpa[½], toki pini[½], kon nanpa wan[½], nasin open[½], waleja[½], toki nanpa wan[½], tan[½], ma poka[½]

premium pona[1], pona mute[½], wawa[½], pona mani[½], mani namako[½], suli[½], mani[½], wile mani[½], mani mute[½]

preparation pali open[1], pali[1], kama ken[½], pali pini[½], pali lon tenpo pini[½], pali pi ijo kama[½]

prepare pali[2], kama ken[1], pali tawa ijo kama[½], pali lon tenpo pini[½]

prescription lipu misikeke[2]

presence lon[5]

present tenpo ni[2], pana[2], lon[1], pana pona[1], poki pana[½]

presentation toki tawa kulupu[½], pana sona[½], sitelen sona[½], sitelen mute[½], toki pi pana sona[½], sitelen pi pana sona[½], pana lukin[½], pana toki[½]

preserve awen[5], awen e[½]

presidency lawa^1, tenpo pi jan lawa$^{1/2}$, nasin pi jan lawa ma$^{1/2}$

president jan lawa^4, jan lawa ma$^{1/2}$

presidential pi jan lawa^2, jan lawa^1, lawa^1, pi jan lawa ma$^{1/2}$

press luka e^1, lipu sin$^{1/2}$, kulupu pali pi lipu sitelen$^{1/2}$, kulupu sitelen$^{1/2}$

pressure wawa^2, pilin suli$^{1/2}$, wawa ike lon selo$^{1/2}$, wile pi jan mute$^{1/2}$, pilin ike tan wile pali$^{1/2}$

presumably ken la^2, pilin la^1, mi pilin e ni^1, pilin mi la$^{1/2}$, lukin la$^{1/2}$

pretend powe^2, pali e ijo sama$^{1/2}$, musi$^{1/2}$

pretty pona lukin^4

prevent pake^2, pini^1, tenpo pini la pini$^{1/2}$, awen tan$^{1/2}$, ken ala e$^{1/2}$

prevention awen^1, weka e ken$^{1/2}$, weka pi ken pakala$^{1/2}$, pake$^{1/2}$

previous pini^2, ijo monsi$^{1/2}$, tenpo pini la$^{1/2}$, ijo pini$^{1/2}$, ijo pini wan$^{1/2}$, monsi$^{1/2}$

previously tenpo pini la^3, tenpo pini^1, lon tenpo pini$^{1/2}$

price mani^2, mani wile^2, nanpa mani$^{1/2}$

pride pilin wawa^2, pilin sewi^1, pilin pona^1, pilin suli^1, pilin pi pali pona$^{1/2}$

priest jan lawa pi nasin sewi^2, jan pi sona sewi^2, jan pi nasin sewi^2, jan sewi^1, jan lawa sewi$^{1/2}$

primarily suli la^1, nanpa wan la^1, nanpa wan$^{1/2}$, suli$^{1/2}$

primary nanpa wan^3, wan^2

prime nanpa wan^1, pona^1, nanpa pi kipisi ala^1

prince jan lawa lili^2, jan lawa^2

princess meli lawa lili^2, jan lawa^1, meli lawa$^{1/2}$

principal jan lawa^2, jan lawa pi tomo sona^2, lawa^2, nanpa wan^1

principle lawa^1, kon^1, nasin^1

print sitelen^1, pali e sitelen$^{1/2}$, pali e lipu$^{1/2}$

prior pi tenpo pini^2, tenpo pini^1, pini^1

priority wile nanpa wan^2, ijo suli^1, ijo nanpa wan^1, suli^1, wile suli$^{1/2}$, pali suli$^{1/2}$

prison tomo awen^2, tomo awen pi jan ike^1, tomo ike^1, poki pi jan ike$^{1/2}$, tomo pi tawa ala^{½}, tomo poki^{½}, poki^{½}, poki jan awen^{½}

prisoner jan poki^{2}, jan pi pali ike^{½}, jan lon poki^{½}, jan pi tomo awen^{½}, jan pi ken ala^{½}, jan pi poki awen^{½}

privacy len^{4}

private len^{2}, jan ala li sona^{½}, pi mi taso^{½}, sona pi jan wan taso^{½}

privilege ken^{2}, wawa^{½}

prize ijo pona^{1}, mani^{½}, ijo tan pali pona^{½}, mani suli^{½}, ijo tawa jan nanpa wan^{½}, ijo pona pi jan nanpa wan^{½}, ijo pona tan nanpa wan lon utala^{½}

pro jan sona^{1}, pona^{1}, jan pali^{½}

probability ken^{3}, nanpa ken^{½}

probably ken mute^{1}, ken^{1}, ken suli la^{1}

problem ike^{4}, pakala^{1}, ijo ike^{1}

procedure pali^{2}, nasin^{2}, nasin pali^{2}

proceed tawa^{2}, awen pali^{2}, pali^{1}, awen tawa^{½}

proceedings pali^{2}, kama^{½}, nasin^{½}, tawa^{½}

process nasin^{3}, pali^{2}, nasin pali^{1}

processing pali^{3}, kepeken^{½}, ante^{½}, ilo li pali^{½}, kama sona^{½}

procyonid kijetesantakalu^{3}, soweli^{2}, soweli pi linja monsi sike^{½}

produce pali^{5}, kili^{½}

producer jan pali^{4}, jan pali lawa^{½}

product ijo^{2}, ijo pali^{1}, ijo esun^{1}, kili^{1}

production pali^{5}

productive pali mute^{2}, pali^{2}

productivity pali pona^{2}, wawa pali^{1}, suli pali^{1}, nasin pi pali mute^{½}, ken pali^{½}, ken pi pali mute^{½}, nanpa pali^{½}, mute pali^{½}, pali^{½}

profession pali^{3}, pali jan^{1}

professional pali^{1}, pi pali pona^{½}, jan sona^{½}, jan pali^{½}, nasin pali^{½}, pali taso^{½}, pi ken pona^{½}

professor jan sona^{2}, jan pi pana sona^{2}, jan pi sona mute^{1}

profile lipu jan^{2}, lipu^{1}, jan^{½}, selo^{½}, sitelen^{½}, sitelen jan^{½}

profit mani^{2}, kama jo e mani^{1}, mani sin^{1}, mani namako^{1}

profound suli^2, sona wawa^½, sona suli^½, pi kon suli^½, sona a^½

program ilo^1, toki ilo^1, pali^1

programming toki ilo^2, sitelen ilo^1, pali ilo^½, pali e toki ilo^½

progress tawa^2, tawa pona^½, tawa sinpin^½, pali pona^½, kama pona^½, pona^½

prohibit weka lawa^1, wile ala^1, ken ala^½, pali e ni: jan li ken ala^½, toki e ni: jan li ken ala^½

project pali^4, pali kulupu^½, pali suli^½

projection sitelen suno^1, sitelen^1, pana^1, awen^1, sitelen lon sinpin kepeken suno^½, sitelen pi tenpo kama^½

prominent suli^4

promise wile^1, toki^1, toki pi pali kama^½

promising pona^1, ken^1, awen^1, pi ken pona^½, pana e wile^½

promote sewi^1, toki pona^1, wawa e^½, toki e pona ijo^½

promotion kama sewi^½, toki pona^½, pana^½, kama suli^½, kama lawa^½, pana pi pali suli^½, pana sewi^½, ante pona^½

prompt pana e toki tawa jan^½, pana lili^½, pana isipin lili^½, tenpo lili^½, open lipu^½

pronoun nimi lili jan^2, nimi^1, nimi jan^1, nimi lili^1

proof lon^1, sona lon^1, ijo pi pana sona^½, sona^½

propaganda toki powe^½, toki ike pi kulupu lawa^½

proper pona^4

properly pona^2, kepeken nasin pona^½, nasin pona^½

property ijo jo^2, ijo mi^1, tomo^½, ijo^½

prophet jan pi toki sewi^1, jan sewi^½, jan sona^½, jan pi sona sewi^½, jan pi sona suli^½

proportion suli^1, kipisi^1, lili^1

proposal toki^3, wile^1, toki olin^½

propose pana e wile^1, pana^1, wile^1

proposed wile^2, toki^2, pana^1, pi toki wile^½

proposition toki^2, toki wile^½

prosecution jan pi toki utala lawa^½, jan utala^½, toki pi pali ike^½, alasa^½, kulupu utala^½, pali lawa tawa ike jan^½

prosecutor jan lawa^1, jan pi toki ike^1

prospect ken^2, ken pi tenpo kama$^{1/2}$, ken kama$^{1/2}$, tenpo kama$^{1/2}$, ijo pi ken kama$^{1/2}$

protect awen^4, selo^1, awen e$^{1/2}$

protection awen^3, selo^1, ilo awen$^{1/2}$, len kiwen awen$^{1/2}$

protective awen^3, pi wile awen$^{1/2}$, nasin awen$^{1/2}$

protein moku wawa^1, ijo sama soweli$^{1/2}$, ijo sijelo$^{1/2}$, soweli$^{1/2}$, moku soweli$^{1/2}$, moku pi sijelo wawa$^{1/2}$

protest toki utala^1, toki pi wile ante tawa kulupu$^{1/2}$, toki suli pi jan mute$^{1/2}$, pana pi pilin ike tawa lawa$^{1/2}$

protester jan pi wile ante^2, jan pi toki utala$^{1/2}$, jan pi toki suli$^{1/2}$, jan toki pi utala lawa$^{1/2}$, jan pi utala toki$^{1/2}$, jan li utala e lawa ike$^{1/2}$, jan pi toki ike tawa lawa$^{1/2}$, jan utala pi wile ante$^{1/2}$

protocol nasin^2, nasin pali^1, nasin lawa$^{1/2}$, lipu$^{1/2}$

proud pilin wawa^2, pilin suli^1, pilin pona^1, pilin sewi^1, pilin pona tan pali$^{1/2}$

prove pana e sona$^{1/2}$, toki e lon$^{1/2}$

provide pana^4

provider jan pana^5, ijo pana$^{1/2}$

province ma^4, ma lili^1, kipisi ma$^{1/2}$

provision pana^2, moku^1, mani$^{1/2}$, wile$^{1/2}$

psychoactive nasa^2, nasa lawa^1, misikeke$^{1/2}$, pi ante lawa$^{1/2}$

psychological lawa^2, pilin^1, insa lawa$^{1/2}$

psychologist jan pi sona lawa^2, jan pi pona lawa^1, jan pilin^1, jan pi sona pilin$^{1/2}$

psychology nasin sona lawa^1, sona pi lawa jan^1, sona pi toki insa^1, sona pi insa lawa$^{1/2}$, sona lawa$^{1/2}$, sona kon$^{1/2}$, insa lawa$^{1/2}$

public kulupu^2, pi jan ali^1, pi jan ale$^{1/2}$

publication lipu^3, pana^2

publicly kulupu^2, lon kulupu^2, tawa jan ale$^{1/2}$, kulupu la$^{1/2}$

publish pana^2, pana e lipu$^{1/2}$, pana tawa jan ale$^{1/2}$

publisher kulupu pi pali lipu^1, jan pi esun lipu^1, kulupu pana$^{1/2}$, kulupu pi esun lipu$^{1/2}$, jan li pali e lipu$^{1/2}$, jan pi pana lipu$^{1/2}$, jan pana$^{1/2}$

publishing pana^3, pana lipu^2, pana e lipu tawa jan ale$^{1/2}$

pull tawa^1, tawa e ijo tawa mi^1, kama jo$^{1/2}$

pulse kalama pilin$^{1/2}$, wawa$^{1/2}$, kalama tenpo$^{1/2}$, kalama insa$^{1/2}$, kalama pi telo loje$^{1/2}$

pump ilo telo^2, ilo li tawa e telo$^{1/2}$, ilo pi tawa telo$^{1/2}$, ilo kon$^{1/2}$, ilo tawa telo$^{1/2}$

punch utala^2, utala luka^1, pakala luka^1

punish pana ike^2, pana e ike^1, pali ike tawa$^{1/2}$, pana e pilin ike tawa jan ike$^{1/2}$, ike jasima$^{1/2}$, pali e ike tawa$^{1/2}$, pali e pakala tawa$^{1/2}$

punishment ike tan ike^2, ike lawa$^{1/2}$, ike pana$^{1/2}$, ike tan lawa$^{1/2}$

purchase esun^4, kama jo lon esun$^{1/2}$

pure jaki ala^2, taso^1, pona^1, jo ala e ijo ante$^{1/2}$

purple loje laso^3, unu^2, laso loje^1

purpose tan^2, wile^1, pini nasin^1

purr mu^5, kalama soweli$^{1/2}$

purse poki mani^2, poki^2, poki len$^{1/2}$

pursue alasa^4

pursuit alasa^4, tawa^1

push tawa^3, tawa e^2, pana wawa$^{1/2}$, pilin e$^{1/2}$

put pana^5

puzzle musi sona^1, musi kipisi$^{1/2}$, musi sitelen$^{1/2}$, musi$^{1/2}$

qualify pona^2, ken^1

quality pona^4, pona ala pona$^{1/2}$

quantity mute^4, nanpa^2

quarter lili^2, kipisi pi tu tu$^{1/2}$, kipisi tu tu$^{1/2}$, kipisi$^{1/2}$, mani lili$^{1/2}$

queen jan lawa^2, meli lawa^2, jan lawa meli^1

quest alasa^2, pali suli^1, nasin^1

question wile sona^3, toki pi wile sona^1

questionnaire lipu pi wile sona^2, lipu pi alasa sona^1

quick kepeken tenpo lili^3, wawa^1, tawa wawa^1, tenpo lili$^{1/2}$, pi tenpo lili$^{1/2}$

quickly kepeken tenpo lili^2, wawa^2, tenpo lili^1, lon tenpo lili^1

quiet kalama ala^4, kalama lili^2, pi kalama lili$^{1/2}$

quietly kalama ala^2, kepeken kalama ala^2, kalama lili^1, kepeken kalama lili^1

quit pini^3, weka^1, pini kepeken$^{1/2}$, tawa$^{1/2}$

quite mute^2, a^2, kin^1

quote toki^2, toki sama^1

rabbit soweli pi kute suli^2, soweli^2, soweli kute^1, soweli suwi$^{1/2}$, soweli suwi pi kute suli$^{1/2}$, soweli pi kute palisa$^{1/2}$, misa$^{1/2}$

race utala tawa^1, utala pi tawa wawa^1, kulupu$^{1/2}$, kule selo$^{1/2}$

racial pi kule jan^1, kule selo$^{1/2}$, kulupu jan$^{1/2}$, pi selo jan$^{1/2}$, kule jan la$^{1/2}$, kulupu$^{1/2}$, poki jan$^{1/2}$, kule jan$^{1/2}$, kulupu pi ante lukin$^{1/2}$, kepeken nasin pi kule selo$^{1/2}$

racism ike tawa jan pi selo ante^1

racist ike tawa jan ante^1, ike tawa jan pi kulupu ante$^{1/2}$, ike tawa jan pi selo ante$^{1/2}$, jan ike tawa jan pi selo ante$^{1/2}$, jan ike$^{1/2}$

radiation suno^1, kon ike^1, wawa$^{1/2}$, wawa suno$^{1/2}$, kon tan ijo lili$^{1/2}$, kon suno$^{1/2}$

radical ante mute$^{1/2}$

radio ilo kalama^4, ilo pi kalama weka$^{1/2}$, ilo pi kalama kon$^{1/2}$, ilo toki$^{1/2}$

rage pilin utala^3, pilin ike^1, pilin utala ike$^{1/2}$, pilin utala suli$^{1/2}$, pilin ike wawa$^{1/2}$

rail nasin kiwen^1, palisa$^{1/2}$, palisa pi tomo tawa suli$^{1/2}$, nasin pi tomo tawa palisa$^{1/2}$

railroad nasin^1, nasin pi tomo tawa linja^1, nasin palisa^1

rain telo sewi^3, telo tan sewi^2, telo$^{1/2}$

rainbow sike kule^1, sike kule sewi^1, kule sewi^1

raise sewi^3, suli e$^{1/2}$, mama e$^{1/2}$, awen$^{1/2}$, kama sewi tan anpa$^{1/2}$, kama sewi$^{1/2}$, mani sin$^{1/2}$, mani mute$^{1/2}$

rally kulupu^2, kulupu pali$^{1/2}$, kulupu wawa$^{1/2}$, toki tawa jan mute$^{1/2}$, toki kulupu$^{1/2}$

ranch ma mani^1

random nasa^1, ken^1, tenpo kama la sona ala$^{1/2}$, jan li ken ala sona e pali ona$^{1/2}$, ken nasa$^{1/2}$, nasa ken$^{1/2}$, nasin ale$^{1/2}$, kepeken nasin ala$^{1/2}$

range kulupu nanpa^1, ma^1, suli^1

rank nanpa^3, pona anu ike$^{1/2}$, sewi$^{1/2}$

ranking nanpa^3, lipu nasin pi pona jan$^{1/2}$, sewi$^{1/2}$, pona kepeken nanpa$^{1/2}$, nasin nanpa$^{1/2}$, nanpa jan$^{1/2}$

ransom mani[1], mi pana e
mani tawa jan ike la jan pona
li ken tawa sin$^{1/2}$, mani tawa
jan ike$^{1/2}$, mani anu moli$^{1/2}$

rapid wawa[3], tenpo lili[1],
kepeken tenpo lili$^{1/2}$

rapidly wawa[2], kepeken tenpo
lili[1], lon tenpo lili$^{1/2}$, tenpo lili$^{1/2}$

rare nasa[1], lon lili[1], tenpo
mute ala$^{1/2}$, lon tenpo lili
taso$^{1/2}$, pi mute lili$^{1/2}$, pi mute
ala$^{1/2}$

rarely tenpo lili[1], tenpo lili la[1],
tenpo mute ala$^{1/2}$

rat soweli lili[2], soweli[2], soweli
jaki$^{1/2}$, misa$^{1/2}$

rate nanpa[1], mute tawa[1],
mute[1], pana e nanpa$^{1/2}$

rather ante la[1], ante[1], pilin
ante$^{1/2}$

rating nanpa[3]

ratio nanpa kipisi[1], nanpa[1]

rational sona[2], nasin sona[1],
sona pona[1], isipin pona$^{1/2}$

raw lete[3], seli ala[1]

ray linja suno[2], linja[2]

reach luka[2], kama lon[1], luka
e$^{1/2}$, suli$^{1/2}$, ken pilin$^{1/2}$, tawa
pilin$^{1/2}$, kama$^{1/2}$, tawa$^{1/2}$, kama
tawa$^{1/2}$

react pali tan[1], pilin$^{1/2}$

reaction pilin[2]

read lukin[2], lukin e sitelen[1],
lukin e lipu[1], lukin e sitelen
toki$^{1/2}$

reader jan lukin[3], jan pi lukin
sitelen[2], jan pi lukin lipu[1], jan
pi moku lipu$^{1/2}$, jan lukin lipu$^{1/2}$,
jan sitelen$^{1/2}$

reading lukin[2], lukin sitelen[2],
lukin e lipu[1], lukin e sitelen[1]

ready ken pali[1], pona[1], ken lon
tenpo ni$^{1/2}$, ken open$^{1/2}$, ken$^{1/2}$,
tenpo ni li pona$^{1/2}$, lon$^{1/2}$

real lon[5]

realistic sama lon[2], lon[1], ken$^{1/2}$

reality lon[4], lon ale[1], ijo lon$^{1/2}$,
ma lon$^{1/2}$

realize kama sona[5]

really a[2], lon la[1], mute[1], lon[1]

realm ma[5]

reason tan[5], nasin sona$^{1/2}$,
sona$^{1/2}$

reasonable pona^2, sona pona^{½}, kepeken nasin pona^{½}, lawa pona^{½}, kepeken sona^{½}, sona^{½}, kepeken nasin lawa pona^{½}, nasa ala^{½}

rebel utala^1, jan li kute ala e nasin lawa^{½}, utala e lawa^{½}, wile utala^{½}, jan utala^{½}, jan pi utala lawa^{½}, wile ante^{½}, jan utala pi wile ante^{½}

rebuild pali sin^4, pali^1, pali lon tenpo nanpa tu^{½}

recall awen sona^2, sona^1, pilin sin^{½}, sona e ijo pi tenpo pini^{½}, kama e^{½}, sitelen insa e tenpo pini^{½}

receive kama jo^5

receiver jan pi kama jo^4, ilo pi kama jo^{½}

recent tenpo pini lili^2, sin^2

recently lon tenpo pini lili^2, tenpo pini lili la^1, tenpo pini lili^1, tenpo pini poka^1, tenpo pini poka la^{½}, tenpo ni^{½}, tenpo lili pini la^{½}

reception kama jo^2, tomo pi kama pona^{½}

recession tenpo pi esun ike^1, lili^1, tenpo pi esun ala^{½}, tenpo pi esun lili^{½}, kama lili mani^{½}

recipe lipu moku^2, nasin moku^{½}, lipu pi pali moku^{½}, lipu pi nasin pali moku^{½}

recipient jan pi kama jo^4

recognition sona^3, kama sona^{½}

recognize sona^3, sona sin^1, kama sona^{½}

recommend toki pona^2, toki e pona^1, pana e sona^{½}, pana sona pi ijo pona^{½}, toki pi ijo pona^{½}, toki e ni: ni li pona^{½}

recommendation toki pi pona ijo^1, toki pona^1, toki e pona^{½}, toki pi ijo pona^{½}, wile^{½}, ijo pona^{½}, pana toki^{½}

record sitelen^2, lipu^1, awen^{½}, kama jo e kalama^{½}, sike kalama^{½}

recording sitelen kalama^2, lipu kalama^1, awen kalama^1

recover kama pona^3, kama pona sin^1, pona^1, pilin pona sin^{½}, jo sin^{½}

recovery kama pona^3, kama pona sin^2

recruit jan sin^{½}, jan pali sin^{½}, kama e^{½}, jan utala^{½}, alasa e jan^{½}, kama jo e jan pali sin^{½}, kama lon kulupu^{½}

red loje^5, loje seli^{½}

reduce lili^5, kama lili^½

reduction lili^4, kama lili^2, ko^½

refer toki^4, toki e^1, toki lon^½

reference lipu sona^1, toki^1, toki tan^½, nimi tan^½, lipu tan^½, sona^½

reference toki^1, toki pi toki ante^½, kepeken^½, jan pona^½, nimi nasin^½, lipu sona^½, lipu^½, nasin^½

reflect jasima^3

reform ante pona^1, ante^1, pona^1

refugee jan kama tan utala^½, jan li tawa ma ante^½

refuse wile ala^2, toki e ni: ala^½, toki pi wile ala^½, toki e wile ala^½, kute ala^½, kama ala jo^½

regard (v) lukin^2, pilin^1, sona^½

regarding la^2, lon^2, lukin^1, tawa^½

regardless taso^2, awen la^½

regime lawa^2, kulupu lawa^1, lawa ike^1, moku lawa^½, lawa wawa^½, lawa ma wawa^½, lawa pi wawa ike^½

region ma^4

regional ma lili^2, pi ma lili^2, ma^1, pi ma wan^½

register lipu^2, sitelen e^1, ilo mani^½, poki pi nimi jan mute^½, kama lon^½

registration sitelen^1, sitelen e nimi lon lipu^½, lipu pi jan sin^½, pana e nimi tawa^½, lipu jan^½

regret pilin ike^2, wile weka e pali pini^½, pilin ike tan tenpo pini^½, pilin ike tan pali pini^½, apeja^½

regular nasin^2, nasa ala^2, pi tenpo ale^1, meso^½, jan kama pi tenpo mute^½

regularly tenpo mute^2, pi tenpo mute^1, tenpo mute la^1, lon tenpo mute^½

regulate lawa^3

regulation lawa^2, nasin lawa^½, lipu lawa^½

regulatory lawa^4

reinforce wawa^4, kiwen^1

reject weka^2, ala^1, wile ala^1

relate sama^2, pilin sama^2, poka^1

related sama^2, pi mama sama^½, jo e ijo sama^½, poka^½

relation sama^2, linja^1, jan pi kulupu mama mi^½, kulupu^½

relationship kulupu^2, kulupu olin^1

relative jan pi kulupu mama[1], jan sama[½]

relatively la[1], mute[1], meso[1], tawa mi[½], lili[½]

relax lape[1], pali ala[1], lape lili[½]

release pana[2], weka[1], open[1]

relevant suli[2], lon[½], pona sona[½], suli lon toki ni[½]

reliability pona[2], awen pona[½], pona pi tenpo ale[½], ken pona[½], pali pona[½], sama lon tenpo ale[½], wawa[½], wawa awen[½], pona awen[½]

reliable pona awen[2], pona lon tenpo mute[1], pali pona[1], ken mute[½], awen pona[½], pona lon tenpo ale[½]

relief pilin pona[2], pilin pona sin[½], pilin pi ante pona[½], pilin pona tan pali ala[½], pini pi tenpo ike[½], pilin pona tan weka ike[½]

relieve pona[2], weka e ike[1], lape[1], pona e[1]

religion nasin sewi[4], sona sewi[½], nasin kon[½]

religious pi nasin sewi[2], sewi[2], nasin sewi[2]

reluctant wile ala[3], wile lili taso[½], ken la mi wile[½], wile lili[½], wawa ala[½], pi wile ala[½]

rely kepeken[2], wile[1], ijo ni li lon ala la mi ken ala pali e ijo[½], pali kepeken[½], sona e ni: mi wile e ona la ona li kama[½]

remain awen[5]

remaining awen[3], lon[1]

remark toki[3], toki lili[½], sona lili[½], toki namako[½], toki lon ijo[½]

remarkable suli[2], pona a[1], pona mute[½], o lukin[½]

remember awen sona[2], sona[2], awen[1]

remember awen sona[3], sona[2], sona pi tenpo pini[½], sona li kama sin[½]

remind pana sin e sona[2], sin e sona[½], pana sin e sona awen pini[½], awen sona[½], pana e sona pini[½], pana e sona[½]

reminder ijo li pana e sona pi tenpo pini[½], awen sona[½], ilo pi sin sona[½], toki pi awen sona[½], toki sin tan tenpo pini[½], ijo pi pana sona[½], pana sona[½]

remote weka[2], lon weka[½]

removal weka[5]

remove weka[5], weka e[½]

render sitelen[2], pali[1], pana[1]

rent mani tomo^{3}, esun$^{\frac{1}{2}}$, mani tawa jan lawa$^{\frac{1}{2}}$, jan li pana e mani la jan li ken kepeken e ni$^{\frac{1}{2}}$, esun pi tenpo mun$^{\frac{1}{2}}$

rep jan kulupu^{1}, jan toki^{1}, jan pali$^{\frac{1}{2}}$, tenpo$^{\frac{1}{2}}$

repair pona^{3}, pona e^{1}, pali pona^{1}

repeat sin^{2}, pali sama^{1}, tenpo sin$^{\frac{1}{2}}$

repeatedly lon tenpo mute^{2}, tenpo mute^{1}, mute^{1}, tenpo mute la$^{\frac{1}{2}}$

replace ante^{3}

replacement ijo ante^{1}, ijo sin^{1}, ante^{1}

reply toki^{2}, toki sin^{1}, toki jasima$^{\frac{1}{2}}$, kute toki$^{\frac{1}{2}}$

report toki^{3}, lipu^{1}, pana e sona$^{\frac{1}{2}}$

reportedly toki la^{2}, jan li toki e ni^{1}, jan ante la$^{\frac{1}{2}}$, toki jan la$^{\frac{1}{2}}$

reporter jan toki^{3}, jan pi pana sona$^{\frac{1}{2}}$, jan toki pi ijo sin$^{\frac{1}{2}}$

reporting toki^{3}, pana toki^{1}, pana e lipu$^{\frac{1}{2}}$, pana e sona$^{\frac{1}{2}}$, toki pi sona sin$^{\frac{1}{2}}$

represent sama^{1}, sitelen^{1}, jasima$^{\frac{1}{2}}$, toki tan jan ante$^{\frac{1}{2}}$, toki anu pali e wile pi jan mute$^{\frac{1}{2}}$

representation sitelen^{3}, wan tan kulupu$^{\frac{1}{2}}$

representative jan toki^{2}, jan sinpin$^{\frac{1}{2}}$, jan pi toki kulupu$^{\frac{1}{2}}$, jan pali$^{\frac{1}{2}}$

reptile akesi^{5}

republic ma jan^{2}, kulupu lawa^{1}, ma$^{\frac{1}{2}}$

reputation pilin pi jan ante^{1}, pilin kulupu$^{\frac{1}{2}}$, nimi$^{\frac{1}{2}}$, pona jan lon kulupu$^{\frac{1}{2}}$

request wile^{3}, toki wile^{1}, toki e wile$^{\frac{1}{2}}$

require wile^{5}

required wile^{4}, ijo wile^{1}, o kepeken$^{\frac{1}{2}}$, jan o pali e ni$^{\frac{1}{2}}$, suli$^{\frac{1}{2}}$

requirement wile^{4}, wile suli^{1}, ijo wile$^{\frac{1}{2}}$

rescue awen^{2}, awen e$^{\frac{1}{2}}$, kama pona e$^{\frac{1}{2}}$, kama awen e$^{\frac{1}{2}}$

research alasa sona^{2}, kama sona^{2}, pali sona^{1}, alasa e sona$^{\frac{1}{2}}$, wile sona$^{\frac{1}{2}}$, pali pi kama sona$^{\frac{1}{2}}$

researcher jan pi alasa sona^{3}, jan pi kama sona^{2}, jan lukin sona$^{\frac{1}{2}}$

resemble sama^{2}

reservation awen^{2}, ma awen^{1}, lipu pi wile tawa$^{\frac{1}{2}}$, sitelen tenpo$^{1/2}$, tenpo kama$^{1/2}$, ma pi jan nanpa wan lon ma$^{1/2}$, awen open tawa jan wan$^{1/2}$

reserve awen^3

residence tomo^4

resident jan lon^2, jan tomo^2, jan awen$^{1/2}$, jan$^{1/2}$, jan ma$^{1/2}$

residential tomo^3, pi tomo jan^1

resign weka^2, tawa^1, wile pini$^{1/2}$, wile ala utala$^{1/2}$

resist utala^2, awen^1, awen utala$^{1/2}$, li wile ala li pali ala$^{1/2}$

resistance utala^1, wile ala^1, utala pi wile ante$^{1/2}$, wawa ante$^{1/2}$, awen$^{1/2}$, kulupu awen$^{1/2}$, pake$^{1/2}$, wawa pi wile ala$^{1/2}$

resolution pini^2, wile^1, pini pona$^{1/2}$, kama pona$^{1/2}$, suli anu lili$^{1/2}$, kama pini$^{1/2}$, toki wawa$^{1/2}$

resolve pona^2, pona e^1

resort ma pona^1, tomo$^{1/2}$, ma musi$^{1/2}$, ma pi pali ala$^{1/2}$, kepeken$^{1/2}$

resource ijo^2, mani^2, ijo kepeken$^{1/2}$, ilo$^{1/2}$, ijo tan pali jan$^{1/2}$, ijo pi ma ale$^{1/2}$, ijo pali$^{1/2}$

respect pilin pona^1, pana pona^1, olin^1, jan li olin e pilin pi jan ante e wile pi jan ante$^{1/2}$, kute$^{1/2}$

respectively kin^1

respond toki^3, toki ante^1

respondent jan toki^2, jan pi pana sona$^{1/2}$, jan pana$^{1/2}$

response toki^2, toki ante$^{1/2}$, toki sin$^{1/2}$

responsibility wile^1, lawa pali$^{1/2}$, lawa$^{1/2}$, lawa pona$^{1/2}$, sona pi pali suli$^{1/2}$

responsible tan^1, lawa$^{1/2}$, lawa pona$^{1/2}$, ken pali pona$^{1/2}$, ale li tan mi$^{1/2}$

rest lape^3, lape lili^2, ijo awen$^{1/2}$, awen$^{1/2}$

restaurant tomo moku^4, tomo moku esun^1, esun moku$^{1/2}$

restore sin$^{1/2}$, pona$^{1/2}$, pona e$^{1/2}$, sin e$^{1/2}$, kama jo sin$^{1/2}$

restrict lili^1, pake^1, lili e ken$^{1/2}$

restriction ken ala^2, ijo pake$^{1/2}$, weka ken$^{1/2}$, pake$^{1/2}$, tan lawa la jan li ken ala pali e ijo$^{1/2}$

result pini^2, kama^1

resume pali sin^2, lipu pi pali ale$^{1/2}$, lipu pi pali pini$^{1/2}$

retail esun^3, esun lili$^{1/2}$

retailer jan esun^3, tomo esun$^{1/2}$, esun pi ijo lili$^{1/2}$, esun$^{1/2}$

retain awen^4, awen jo$^{1/2}$

retire pini pali^3, pali ala$^{1/2}$, kama pali ala$^{1/2}$, jan majuna li pini pali$^{1/2}$

retired pali ala^2, jan majuna li pali ala$^{1/2}$

retirement pini pali^2, tenpo pi pini pali^2, pali pini^1, tenpo pi pali ala^1, pali ala$^{1/2}$, pake e pali$^{1/2}$, jan majuna li pali ala$^{1/2}$

retrieve kama jo^2, kama jo sin^2, alasa^1, lanpan^1

return kama sin^2, kama^2, pana$^{1/2}$, kama sama$^{1/2}$

reveal weka e len^2, weka e len tan$^{1/2}$, pana e lukin$^{1/2}$, pana tawa lukin$^{1/2}$, pana lukin$^{1/2}$

revelation sona sin^2, kama sona^1, kama sona wawa$^{1/2}$, sona sewi$^{1/2}$, toki sewi$^{1/2}$, sona li kama$^{1/2}$

revenge utala sama^1, utala jasima^1, utala^1

revenue mani^2, mani kama^2, kama mani^1, mani li kama$^{1/2}$

reverse jasima^2, ante^1, tawa monsi^1, monsi lon sinpin$^{1/2}$, sinpin monsi$^{1/2}$, insa selo$^{1/2}$, nasin ante$^{1/2}$, sinpin la monsi$^{1/2}$, ante e poka$^{1/2}$

review lukin sin^2

revolution tenpo pi ante suli wawa$^{1/2}$, kama pi nasin sin$^{1/2}$, tawa sike$^{1/2}$, utala pi pona jan$^{1/2}$, utala pi nasin wawa$^{1/2}$, sike tawa$^{1/2}$, kamalawala$^{1/2}$, ante suli$^{1/2}$, pali ante$^{1/2}$, pakala lawa$^{1/2}$, anpa e kulupu lawa$^{1/2}$, nasin sin$^{1/2}$, utala$^{1/2}$

reward pana^1, mani$^{1/2}$, pana e pona tan pali pona jan$^{1/2}$, ijo tan pali pona$^{1/2}$, ijo pona tan pona$^{1/2}$, mani pi pali pona$^{1/2}$, ijo pona tan pali pona$^{1/2}$, pana mani$^{1/2}$

rhetoric toki^1, nasin toki^1, nasin pi ken toki$^{1/2}$, toki wawa$^{1/2}$, toki sona$^{1/2}$, nasin pi toki lawa ante$^{1/2}$

rhythm tawa pi kalama musi$^{1/2}$, kalama musi$^{1/2}$, nasin pi kalama musi$^{1/2}$, tenpo pi kalama musi$^{1/2}$, kalama noka$^{1/2}$, nasin tenpo pi kalama musi$^{1/2}$, nena pi kalama musi$^{1/2}$, musi tenpo$^{1/2}$

ribbit mu^5, mu mu$^{1/2}$

rice pan^3, pan walo^1

rich mani mute^2, pi mani mute^1, jo e mani mute^1, jo mute^1, jo e mani$^{1/2}$

rid weka^5

ride tawa kepeken[1], tawa lon[1], tawa[1], kepeken[½], tawa lon monsi[½], tawa lon sewi[½], kepeken ilo tawa[½]

rider jan tawa[2], jan lon soweli[½], jan lon soweli tawa[½], jan pi soweli tawa[½], jan pi tomo tawa[½]

ridge nena[2], nena linja[1]

ridiculous nasa[2], musi[1], nasa a[1], a ike[½], ike musi[½], nasa nasa[½]

rifle ilo utala[2], ilo alasa[1], ilo moli[½], palisa moli[½], ilo palisa moli pi sike utala lili[½], ilo utala wawa[½]

right (not left) luka wawa[½], poka pini[½], teje[½], nasin ni[½]

right (not wrong) pona[3], lon[3]

ring sike[2], sike lupa[1], sike luka[1], kalama[½], namako sike[½]

riot utala[2], utala suli[½], kulupu utala pi lawa ala[½], kamalawala lili[½], kulupu utala[½], utala kulupu[½], kulupu jan utala[½]

rip pakala[2], kipisi[2], pakala e len[½]

rise sewi[2], kama sewi[2], kama suli[1]

risk ken ike[3], ken pakala[1]

ritual pali sewi[2], nasin[2]

rival jan utala[3], jan ike[1], jan utala jasima[½], jan ante[½]

river nasin telo[2], linja telo[2]

road nasin[5]

rob kama jo ike[2], lanpan[1], lanpan ike[½]

robot ilo[3], jan ilo[1], ilo pi sijelo jan[½], ilo sama jan[½]

rock kiwen[5]

rod palisa[5]

rogue ike[1], lawa ala[1], ike tawa lawa[½], jan nasa pi kulupu ala[½], jan ike[½], jan ike tawa kulupu lawa[½]

role pali[2], poki jan[½], kulupu la mi[½], nasin pali[½], nasin jan[½]

roll tawa sike[3], sike[1]

rolling tawa sama sike[2], tawa sike[2], sike[2]

Roman pi ma Loma[1], jan Loma[1]

romance olin[4]

romantic olin[3], pilin olin[2], nasin olin[½]

roof sewi tomo[1], supa sewi[1], supa tomo[½], supa sewi tomo[½], tomo sewi[½]

rookie jan sin[4], jan pi sona lili[1], jan pali sin[½]

room tomo^5, kon$^{1/2}$, tomo lili$^{1/2}$, tomo lon insa tomo$^{1/2}$

root tan^1, noka kasi^1, anpa kasi$^{1/2}$, linja kasi pi anpa ma$^{1/2}$

rope linja^5, linja wawa$^{1/2}$

rose kasi loje^2, kasi suwi^1, kasi olin^1, kasi kule^1, kasi kule loje$^{1/2}$, kasi lili loje$^{1/2}$

rough pi nena mute$^{1/2}$, wawa$^{1/2}$, pi selo kiwen$^{1/2}$, pakala lili$^{1/2}$, pi selo kiwen nena$^{1/2}$, pi selo suwi ala$^{1/2}$, sama kiwen$^{1/2}$, suwi ala$^{1/2}$, kepeken wawa ike$^{1/2}$, pini ala$^{1/2}$

roughly ken la^1, poka^1, kepeken wawa ike$^{1/2}$, sama$^{1/2}$, wawa$^{1/2}$, lon poka$^{1/2}$

round sike^5

route nasin^4, nasin tawa pi tomo tawa$^{1/2}$

routine nasin^2, nasin pi tenpo mute^1, nasin sike$^{1/2}$, pali pi tenpo ale$^{1/2}$, nasin pi tenpo ale$^{1/2}$, nasin tenpo$^{1/2}$, pali sama$^{1/2}$, nasin pali$^{1/2}$

row linja^2, linja kulupu$^{1/2}$, kulupu linja$^{1/2}$

royal pi jan lawa^2, pi kulupu lawa^1, lawa$^{1/2}$, jan lawa$^{1/2}$

rub tawa luka^2, luka^1, pilin^1, luka e$^{1/2}$, pilin e selo$^{1/2}$

ruin pakala^4, tomo pakala^1, kama ike$^{1/2}$

rule lawa^3, nasin lawa^1

ruling lawa^4, toki lawa$^{1/2}$

rumour toki pi jan mute^1, toki powe$^{1/2}$, toki pi lon ala$^{1/2}$, toki jan$^{1/2}$, toki taso$^{1/2}$, kon toki$^{1/2}$

run tawa wawa^3, tawa^1

runner jan tawa^2, jan pi tawa wawa^1, jan pi tawa noka^1, jan pi tawa noka wawa^1

running tawa wawa^3, tawa^1, tawa pi tenpo lili$^{1/2}$

rural ma^2, ma kasi^1, ma pi tomo ala^1

rush tawa wawa^2, pali wawa$^{1/2}$, wile suli$^{1/2}$, pali lon tenpo lili$^{1/2}$, pi tenpo lili$^{1/2}$, pali pi tenpo lili$^{1/2}$

Russian Losi^2, toki Losi^2, jan Losi^1, pi ma Losi$^{1/2}$

sack poki len^3, poki^2

sacred sewi^4

sacrifice pana^1, weka tan pona^1, moli sewi^1, moli$^{1/2}$

sad pilin ike^4

sadly ike la^3, lon pilin ike^1, pilin ike$^{1/2}$

safe awen^3, poki kiwen$^{1/2}$

safely awen^2, pona^1, lon nasin awen$^{1/2}$, pi nasin awen$^{1/2}$

safety awen^2, pona^1, awen pona$^{\frac{1}{2}}$, pona awen$^{\frac{1}{2}}$, nasin pi pakala ala$^{\frac{1}{2}}$, tomo pi pakala ala$^{\frac{1}{2}}$

sail len kon^1, tawa lon telo^1, len^1, len pi tomo tawa telo$^{\frac{1}{2}}$

saint jan sewi^3, jan pi pona sewi$^{\frac{1}{2}}$, jan pi suli sewi$^{\frac{1}{2}}$, jan tan sewi$^{\frac{1}{2}}$, jan pi nasin sewi$^{\frac{1}{2}}$

sake pona^1, tan^1, telo nasa^1, telo nasa pan$^{\frac{1}{2}}$, telo nasa pi pan walo$^{\frac{1}{2}}$

salad moku kasi^2, kasi^1

salary mani^2, mani tan pali^1, mani pali^1, mani kama$^{\frac{1}{2}}$

sale esun^3, tenpo esun$^{\frac{1}{2}}$, lili mani$^{\frac{1}{2}}$, kama mani lili$^{\frac{1}{2}}$

sales esun^4

salmon kala^4, kala loje^1

salt namako^2, ko^1

sample ijo lili^1, kipisi^1, wan^1, ijo lili tan ijo suli$^{\frac{1}{2}}$

sanction ken^1, lawa^1, utala esun$^{\frac{1}{2}}$

sand ko^2, ko kiwen^1, ko ma$^{\frac{1}{2}}$

sandwich moku pi pan tu^2, pan soweli$^{\frac{1}{2}}$

satellite mun^1, mun ilo$^{\frac{1}{2}}$

satisfaction pilin pona^4

satisfy pona^1, pana e pilin pona^1, pona tawa$^{\frac{1}{2}}$, pona e$^{\frac{1}{2}}$, pona e pilin$^{\frac{1}{2}}$

Saturday tenpo suno pi pali ala^2, tenpo sewi$^{\frac{1}{2}}$, tenpo suno$^{\frac{1}{2}}$, tenpo suno nanpa wan pi tenpo pali ala$^{\frac{1}{2}}$, tenpo suno nanpa luka wan$^{\frac{1}{2}}$, tenpo suno nanpa luka tu$^{\frac{1}{2}}$, tenpo suno nanpa wan pi pali ala$^{\frac{1}{2}}$

sauce ko moku^2, telo namako^2, ko^1, telo^1

save awen^4

saving awen^2, mani$^{\frac{1}{2}}$, mani awen$^{\frac{1}{2}}$

say toki^5

scale suli^2, suli anu lili$^{\frac{1}{2}}$, ilo pi suli ijo$^{\frac{1}{2}}$, tawa sewi$^{\frac{1}{2}}$, ilo pi nanpa suli$^{\frac{1}{2}}$, selo kala$^{\frac{1}{2}}$

scan lukin^4, sitelen$^{\frac{1}{2}}$, lukin pona$^{\frac{1}{2}}$, lukin sona$^{\frac{1}{2}}$, lukin ilo$^{\frac{1}{2}}$

scandal ike^1, ijo ike^1, pali jaki$^{\frac{1}{2}}$

scare monsuta^2, pana e pilin ike^1, monsuta tawa$^{\frac{1}{2}}$, pilin monsuta e$^{\frac{1}{2}}$

scared pilin ike^2, pilin monsuta^2

scary monsuta^3, ike$^{\frac{1}{2}}$

scatter weka^1, tawa ma ale$^{\frac{1}{2}}$, pana tawa nasin mute$^{\frac{1}{2}}$, pana tawa ma suli^{½}, pana pi nasin mute^{½}, suli e^{½}

scenario tenpo^{3}

scene tenpo^{1}, ma^{1}, sitelen^{1}, sitelen tawa^{½}, sitelen pi tenpo ni^{½}, tenpo wan tan sitelen tawa^{½}

schedule lipu tenpo^{2}, nasin tenpo^{2}, sitelen pali^{½}, lipu pi tenpo kama^{½}, lipu pi tenpo pali^{½}, tenpo e^{½}, sitelen tenpo^{½}

scheme nasin pali^{1}, nasin^{1}, wile^{1}, nasin pali ike^{½}

scholar jan sona^{5}, jan pi alasa sona^{½}, jan sona lipu^{½}

scholarship mani sona^{1}, mani pi kama sona^{½}, nasin sona^{½}, mani tawa jan pi kama sona^{½}

school tomo sona^{3}, tomo pi kama sona^{2}, tomo pi pana sona^{1}

science sona^{2}, nasin sona^{1}, nasin pi kama sona^{½}

scientific nasin sona^{2}, sona^{2}, pi nasin sona^{2}

scientist jan sona^{3}, jan pi nasin sona^{1}

scope suli^{1}, lukin^{½}, ilo lukin^{½}, wile^{½}, insa^{½}

score nanpa^{3}, nanpa musi^{1}

scout jan lukin^{2}, jan alasa^{1}, lukin^{1}, jan tawa nanpa wan^{½}, jan lili lukin^{½}, jan lukin pi kulupu ante^{½}, jan alasa len^{½}

scratch pakala lili^{2}, kiwen luka^{½}, pakala e selo^{½}, pakala linja lili^{½}, pakala selo^{½}, pakala linja^{½}

scream kalama wawa^{1}, kalama ike^{1}, kalama uta suli^{1}, kalama^{1}, a^{½}

screen ilo sitelen^{½}, sinpin suno^{½}, lipu^{½}, lipu lukin^{½}, sinpin ilo suno^{½}, lipu wawa^{½}, lipu suno^{½}

screw pakala^{½}, palisa kiwen pi awen poka^{½}, palisa pi tawa sike^{½}, sike^{½}, sike e^{½}, tawa sike e ilo wan^{½}, ilo wan palisa lili^{½}, palisa pi sike tawa pi insa lupa^{½}, palisa awen lili^{½}, ilo lili sike pi kama wan^{½}

script sitelen^{2}, lipu toki^{1}, lipu^{1}, nasin sitelen^{1}

scripture lipu sewi^{2}, sitelen pi nasin sewi^{1}, toki sewi^{1}

sculpture kiwen musi², sitelen kiwen¹, musi kiwen¹, kiwen½, sitelen sijelo½, jan kiwen½

sea creature kala⁵, soweli pi telo suli½, kala nasa½

sea telo suli⁴

seal soweli kala², soweli½, ko pi open ala½, pini½

search alasa⁴

season tenpo², tenpo pi ante ma½

seat supa monsi³, supa²

seaweed kasi telo⁴, kasi lon telo½, linja kasi telo½, kasi tan telo suli½

second (2nd) nanpa tu⁵

second (unit of time) tenpo lili³, tenpo oko½, tenpo lili lili½

secondary nanpa tu³

secret sona len²

secretary jan pali², jan sitelen¹, jan lawa½, jan sitelen pi tomo pali½

section kipisi³, wan¹, poki½, lipu lili½, wan tan kulupu½, ijo wan½

sector ma², kipisi²

secular sewi ala², nasin sewi ala², pi nasin sewi ala¹, nasin pi sewi ala½

secure awen⁴, wawa½

security awen³

see lukin⁵

seed sike lili mama½, sike mama½, sike mama kasi½, kiwen mama kasi½, sike kasi½

seek alasa³, lukin², wile jo½, lukin jo½

seem sama², lukin la½

seemingly lukin la²

segment kipisi³, wan²

seize lanpan³, kama jo wawa², alasa¹, jo¹, kama jo kepeken wawa½, kama jo½

select wile², anu²

selection anu², wile², ken jo½

self mi², sijelo², sama¹, kon jan½, jan½

sell esun³, pana¹, pana esun¹, pana lon esun½

semisolid ko⁵

senate kulupu lawa^3, kulupu lawa pi jan majuna$^{1/2}$, kulupu pi jan lawa$^{1/2}$

senator jan lawa^3

send pana^4

senior jan suli^2, majuna^2, suli^1

sense pilin^4, sona^1

sensitive pilin mute^2, pi pilin mute^1, pilin^1, pilin wawa^1

sensitivity pilin mute^1, pilin^1, ken pilin^1, pi ken pakala$^{1/2}$, pilin wawa$^{1/2}$, suli pilin$^{1/2}$, mute ante pilin$^{1/2}$

sensor ilo lukin^2, ilo pilin^1, ilo kute$^{1/2}$

sentence toki^2, kulupu nimi^1, linja nimi^1, linja toki^1, nimi mute$^{1/2}$

sentient sona^1, ken pilin^1, pilin^1, lon^1, ken toki insa$^{1/2}$, isipin$^{1/2}$, ken sona$^{1/2}$, jo e sona$^{1/2}$

sentiment pilin^5, pilin pi tenpo pini$^{1/2}$

separate ante^2, weka^2, kipisi^2, tu^1

separation weka^2, kipisi^2, tu$^{1/2}$, tu weka$^{1/2}$

September tenpo mun nanpa luka tu tu^1, kama lete$^{1/2}$, tenpo pi kama lete$^{1/2}$, tenpo mun pi lete lili$^{1/2}$, tenpo open pi tomo

sona$^{1/2}$, mun open pi tenpo pan$^{1/2}$

sequence kulupu^2, linja^2, linja nanpa^1, kulupu nanpa$^{1/2}$

sergeant jan lawa utala^2, jan utala^2, jan lawa^1, jan lawa meso$^{1/2}$, jan utala pi lawa lili$^{1/2}$

series linja^1, kulupu pi sitelen tawa$^{1/2}$, kulupu lipu$^{1/2}$

serious musi ala^2, suli^1

seriously musi ala^3

servant jan pali^2, jan anpa pali^1

serve pana^2, pali^2, pali tawa^1, pana e pali^1

server jan pana$^{1/2}$, jan pi pana moku$^{1/2}$, jan pana moku$^{1/2}$, ilo$^{1/2}$, ilo pana lon kulupu ilo$^{1/2}$, kulupu$^{1/2}$, kulupu sona pi ilo sona$^{1/2}$, tomo toki$^{1/2}$, ma lon ilo sona$^{1/2}$

service pali^3, pana pali$^{1/2}$, pona$^{1/2}$, pali tawa jan ante$^{1/2}$, pana e pona$^{1/2}$, pali pona$^{1/2}$

serving pana^2, moku wan$^{1/2}$, wan moku$^{1/2}$, pana e pali$^{1/2}$, pali tawa$^{1/2}$

session tenpo^4, tenpo pali^1, tenpo kulupu$^{1/2}$

set kulupu^3, pana^2

setting ma^2, kama kiwen$^{1/2}$, ante$^{1/2}$

settle awen^2, tomo^1, kama lon^1, kama awen$^{1/2}$, pini pi utala toki$^{1/2}$, awen lon$^{1/2}$, kama awen lon ma$^{1/2}$, kama pona$^{1/2}$

settlement ma tomo^2, ma jan^1, wile sama$^{1/2}$

seven luka tu^3, mute^1, likujo$^{1/2}$

seventh nanpa luka tu^3, nanpa mute^2

several mute^5

severe suli^3, wawa^2, ike mute^1

sex unpa^5

sexual unpa^5

sexually unpa^5, nasin unpa$^{1/2}$

sexy pona unpa^1, pona lukin$^{1/2}$, unpa lukin$^{1/2}$

shade pimeja^3, kon pimeja$^{1/2}$, pimeja pona$^{1/2}$, kule$^{1/2}$, toki pi kon ike$^{1/2}$

shadow pimeja^3, pimeja pi suno weka$^{1/2}$, kon pimeja$^{1/2}$, ijo sama pimeja$^{1/2}$, pimeja lon ma li sama selo sijelo ona$^{1/2}$

shake tawa wawa^2, tawa^1, tawa e$^{1/2}$, tawa sama jan lete$^{1/2}$, tawa lili$^{1/2}$, tawa mute e$^{1/2}$

shall o^3, wile^2, tenpo kama la$^{1/2}$

shallow lili^3, anpa li lili$^{1/2}$, anpa lili$^{1/2}$, lupa lili$^{1/2}$

shaman jan sewi^1, jan lawa kon$^{1/2}$, jan pi nasin sewi$^{1/2}$, jan pi pali sewi$^{1/2}$, jan pi toki sewi$^{1/2}$, jan pi sona mute$^{1/2}$, jan pi kon meso$^{1/2}$, jan sona$^{1/2}$, jan pi sona kon$^{1/2}$, jan wawa$^{1/2}$

shame apeja^2, pilin ike^2

shape selo^3, sijelo^2

share pana^3, pana e ijo tawa kulupu$^{1/2}$, tu e ijo$^{1/2}$, pana e kipisi$^{1/2}$, jo sama$^{1/2}$

shared pana^2, ijo kulupu$^{1/2}$, kulupu$^{1/2}$, pi jan mute$^{1/2}$

shark kala alasa², kala wawa¹, kala suli½, kala wawa pi moku jan½, kala monsuta½, kala wawa½, kala suli monsuta½, kala alasa pi kiwen uta mute½, kala suli wawa½

sharp kipisi¹, ken kipisi¹, kiki¹

she ona⁴, ona meli¹

sheep soweli len³, soweli¹, mani len½, mani½, soweli pi linja len½

sheer suli², taso², lili¹, wawa½

sheet lipu⁴, len¹, len pi supa lape½

shelf supa⁴, supa sinpin¹

shell selo kiwen³, selo²

shelter tomo⁴, awen½, tomo lili½

sheriff jan lawa³, jan utala½

shield ilo awen², awen¹, sinpin utala¹, selo½, kiwen awen½, ilo pi awen sijelo½, ilo pake½

shift ante², tawa lili¹, ante nasin½, tawa ante½, kama lon ante½, tenpo pali½

shine suno³, pana e suno¹

ship tomo tawa telo³, tomo telo¹

shirt len³, len sijelo², len sijelo sewi¹

shit ko jaki², jaki², pakala¹

shock monsuta¹, wawa½, utala e pilin½

shoe len noka⁴, len noka anpa½

shoot pana wawa e sike utala½, pana wawa e ilo utala tawa½, pana wawa½, utala½

shooting moli¹, pana wawa e sike lili moli½, pana wawa kepeken ilo½, pana wawa½, utala moli½, pali pi sitelen tawa½, utala½, kepeken ilo moli½, pana e sike moli½

shop tomo esun³, esun³

shopping esun⁵

shore poka telo¹, selo ma¹, selo telo½

short-term tenpo lili², pi tenpo lili¹

short lili⁵, lili linja½

shortage lili², mute lili¹, kama lili¹

shortly tenpo lili^2, lon tenpo poka$^{1/2}$, tenpo lili la$^{1/2}$, lili la$^{1/2}$, tenpo kama lili la$^{1/2}$, lon tenpo kama lili$^{1/2}$, tenpo kama lili$^{1/2}$

shot telo nasa lili^2, palisa misikeke$^{1/2}$, misikeke pi palisa kipisi$^{1/2}$, utala$^{1/2}$, kalama pi ilo moli$^{1/2}$, poki lili pi telo nasa$^{1/2}$, open pi ilo moli$^{1/2}$, ken$^{1/2}$

should wile^3, o^2

shout toki wawa^2, toki suli^1, mu wawa$^{1/2}$, kalama wawa$^{1/2}$

shove tawa wawa^1, tawa utala^1, pana^1, luka^1, pana wawa$^{1/2}$, utala$^{1/2}$, luka tawa$^{1/2}$, tawa insa$^{1/2}$

show pana lukin^2, pana^2, musi^1, pana e lukin^1, toki e ni: o lukin$^{1/2}$

shower telo^2, tomo telo^1, telo pi weka jaki$^{1/2}$, ilo telo$^{1/2}$, telo e sijelo$^{1/2}$, pana e telo tan sewi$^{1/2}$

shrug tawa sijelo pi sona ala$^{1/2}$, tawa luka pi sona ala$^{1/2}$, tawa sijelo pi pilin ala$^{1/2}$, tawa sewi lili pi sewi luka$^{1/2}$, a$^{1/2}$, mi sona ala a$^{1/2}$, sona ala$^{1/2}$

shut pini^5, pake$^{1/2}$, weka e lupa$^{1/2}$

shuttle tomo tawa^3

shy toki lili$^{1/2}$, pilin apeja lili lon kulupu$^{1/2}$, pilin monsuta tawa jan sin$^{1/2}$, jan ante li nasa tawa jan ni$^{1/2}$, pi oko anpa$^{1/2}$, wile toki ala$^{1/2}$, monsuta lili$^{1/2}$, lukin ala$^{1/2}$

sibling jan sama^4, pata$^{1/2}$, jan pi mama sama$^{1/2}$, jan sama tan kulupu mama$^{1/2}$

sick pilin jaki^2, jaki^1, sijelo li pilin ike$^{1/2}$

side poka^5

sidebar poka^2

sidewalk nasin noka^1, nasin pi tawa noka^1, nasin lili^1, nasin jan lon poka pi nasin suli$^{1/2}$, nasin noka lon poka nasin pi tomo tawa$^{1/2}$

sigh a^2, pana e kon^1, mu pi pilin lape$^{1/2}$

sight lukin^5, oko$^{1/2}$

sign lipu^3, sitelen^2, sinpin$^{1/2}$, lipu kiwen$^{1/2}$

signal toki^1, sitelen^1, pana^1, pana sona$^{1/2}$, kalama$^{1/2}$

signature sitelen nimi^2, sitelen jan^1, sitelen pi nimi jan$^{1/2}$, sitelen$^{1/2}$, nimi jan$^{1/2}$, sitelen pi jan wan$^{1/2}$

significance suli^4

significant suli^5

significantly suli^4

silence kalama ala^4

silence kalama ala^5, toki ala$^{1/2}$

silent kalama ala^5, pi kalama ala^1

silk len^2, len suwi^1, len pipi$^{1/2}$, len tan pipi$^{1/2}$, len tan linja pipi$^{1/2}$, len suwi tan pipi$^{1/2}$

silly nasa^3, musi^2

silver kiwen^2, kiwen mani walo^1

similar sama^5

similarly sama^4, sama la^2

simple pona^4, pali lili^1, lili$^{1/2}$

simply pona^4, kepeken nimi lili$^{1/2}$

simultaneously tenpo sama^2, lon tenpo sama^2, tenpo sama la^1, tenpo wan la$^{1/2}$

sin pali ike^3, ike^1, pali pi ike mute$^{1/2}$, nasin ike$^{1/2}$

since tan^2, la^1

sing kalama musi^2, kalama musi uta^1, kalama e$^{1/2}$, toki musi$^{1/2}$, kalama uta musi$^{1/2}$, toki e kalama musi$^{1/2}$

singer jan pi kalama musi^2, jan pi toki musi^2, jan musi pi kalama uta$^{1/2}$, jan pi kalama pona$^{1/2}$, jan toki pi kalama musi$^{1/2}$, jan kalama musi$^{1/2}$, jan kalama$^{1/2}$, jan pi kalama uta$^{1/2}$, jan pi kalama musi uta$^{1/2}$

single wan^4, wan taso^1, jan pi olin ala$^{1/2}$, taso$^{1/2}$, jo ala e jan olin$^{1/2}$

sink poki telo^2, ilo telo^1, anpa$^{1/2}$

sir mije^2, jan^1, mije pona$^{1/2}$, mije suli$^{1/2}$, jan suli$^{1/2}$, jan mije$^{1/2}$

sister meli sama^2, jan sama^2, jan sama meli^1, meli pi mama sama$^{1/2}$

sit awen^1, anpa^1, awen lon monsi^1, lon monsi^1, anpa e monsi^1

site ma^3, lipu^1, ma pali^1

situation tenpo^2, waleja$^{1/2}$

six mute^2, luka wan^2, tu tu tu^2

sixth nanpa luka wan^3, nanpa mute^1

size suli^4, suli anu lili$^{1/2}$, nanpa suli$^{1/2}$

ski palisa noka tawa$^{1/2}$, palisa tawa$^{1/2}$, tawa musi lon ko lete$^{1/2}$, palisa tawa pi ko lete$^{1/2}$

skill sona^2, ken pali^1, ken^1, sona pali$^{1/2}$

skin selo^5

skip weka^2, tawa musi^2, pali ala^1, ante e$^{1/2}$

skirt len noka^2, len meli$^{1/2}$, len$^{1/2}$, len anpa$^{1/2}$, len pi anpa open$^{1/2}$, len noka meli$^{1/2}$, len noka lili$^{1/2}$

skull kiwen lawa^2, lawa^2, kiwen insa lawa^1, kiwen sijelo lawa^1

sky sewi^4, kon sewi^2

slam pini wawa^2, luka utala$^{1/2}$, tawa anpa wawa$^{1/2}$, tawa wawa$^{1/2}$, utala$^{1/2}$

slang toki nasa^1, pu ala$^{1/2}$, toki musi pi kulupu lili$^{1/2}$

slap utala luka^1, luka^1, luka utala$^{1/2}$, utala$^{1/2}$, luka wawa$^{1/2}$, utala kepeken supa luka$^{1/2}$, utala lili luka$^{1/2}$, utala pi luka open$^{1/2}$, luka e$^{1/2}$

sleep lape^5

sleeve len luka^1, pini pi len luka$^{1/2}$, len pi palisa luka$^{1/2}$, len luka lupa$^{1/2}$, lupa len$^{1/2}$

slice kipisi^4, wan^2, lipu$^{1/2}$, kipisi lili$^{1/2}$

slide tawa^2, tawa lon anpa$^{1/2}$, tawa lon supa$^{1/2}$

slight lili^5

slightly lili^4, meso$^{1/2}$

slip pakala^2, tawa ike^1, tawa anpa^1, tawa pi wile ala^1, tawa pakala^1, lipu lili$^{1/2}$, lipu$^{1/2}$

slope poka nena$^{1/2}$, nena$^{1/2}$, ma pi sewi ante$^{1/2}$, nasin tawa anpa$^{1/2}$, nasin anpa$^{1/2}$, supa tawa sewi$^{1/2}$, supa sewi$^{1/2}$, nasin nasa$^{1/2}$

slow kepeken tenpo suli^1, kepeken tenpo mute^1, wawa ala^1, tawa lili^1

slowly kepeken tenpo mute^2, wawa ala^1, kepeken wawa lili^1, tawa lili^1

small lili^5

smart sona^2, sona mute^1

smartphone ilo toki^1, ilo sona luka^1, ilo toki sona^1, ilo nanpa lili^1

smell kon^2, pilin nena^1, pilin e kon^1, nena e kon$^{1/2}$, pilin kepeken nena lawa$^{1/2}$

smile uta pi pilin pona^1, pona uta^1, sinpin pona^1, uta pona^1

smoke kon pimeja^2, kon seli^2, kon^1, kon jaki$^{1/2}$, kon ike$^{1/2}$, kon pimeja tan seli$^{1/2}$

smooth ko^1, suwi^1, nena ala^1, selo pona$^{1/2}$, selo suwi$^{1/2}$

snack moku lili^4, moku^2, moku pi tenpo lili$^{1/2}$, moku namako$^{1/2}$

snake akesi linja^4, akesi$^{1/2}$, akesi pi noka ala$^{1/2}$

snap pakala^3, kalama$^{1/2}$, kalama luka$^{1/2}$, kalama kipisi kepeken luka$^{1/2}$, kalama pi palisa luka$^{1/2}$

sneak tawa kepeken kalama ala^1, tawa pi kalama lili^1, tawa pi kalama ala^1, tawa lili^1

snow ko lete^2, ko walo$^{1/2}$, ko walo lete$^{1/2}$, ko lete walo$^{1/2}$

so-called nimi^2, pi nimi^1, jan li toki e ni$^{1/2}$, ken lon ala$^{1/2}$, sona mi la$^{1/2}$

so ni la^2, la^1, a^1

soap ko pi weka jaki^2, kiwen ko pi weka jaki$^{1/2}$, ko pi pona len$^{1/2}$, telo pi weka jaki$^{1/2}$, ko pi jaki ala$^{1/2}$, leko pi weka jaki$^{1/2}$, ilo pona$^{1/2}$

soccer musi sike noka^1, musi sike^1, musi pi sike noka^1, musi pi sike walo pimeja$^{1/2}$

social kulupu^2, toki^2, jan^1, nasin kulupu$^{1/2}$, toki jan$^{1/2}$, wile toki$^{1/2}$

socially kulupu^3

society kulupu^4, kulupu suli^1

sock len noka^4, len noka anpa$^{1/2}$, len pi anpa noka$^{1/2}$, len noka pi awen seli$^{1/2}$

soda telo kon suwi^2, telo pi sike kon lili^1, telo pi utala uta$^{1/2}$, telo suwi namako$^{1/2}$, ko pi pona len$^{1/2}$, telo pi kon lili$^{1/2}$

sodium namako^1

soft suwi^2, kiwen ala^2, ko^1

softly kalama lili^1, kepeken wawa lili^1, suwi^1, ko^1, pi kalama suwi$^{1/2}$, wawa ala$^{1/2}$, lili la$^{1/2}$, nasin ko$^{1/2}$

software ilo^3, ilo kon$^{1/2}$, lipu pali pi ilo sona$^{1/2}$

soil ma^4, ko ma^2

solar suno^5

soldier jan utala^5

sole taso^3, wan taso^1, wan$^{1/2}$, pi wan taso$^{1/2}$, anpa noka$^{1/2}$

solely taso^5

solid kiwen^5

solo wan^2, taso^1, kalama musi pi jan wan$^{1/2}$, tenpo kalama pi jan wan$^{1/2}$, wan taso$^{1/2}$

solution nasin pona^3, pona^1, kama pona$^{1/2}$, pini pona$^{1/2}$

solve pona^2, pali^1, pini^1, kama sona$^{1/2}$

somebody jan^3, jan wan^2

someday lon tenpo wan^1, lon tenpo suno wan$^{1/2}$

somehow kepeken nasin$^{1/2}$, mi sona ala e tan$^{1/2}$, tan ni: mi sona ala$^{1/2}$, ken$^{1/2}$, tan seme$^{1/2}$, lon nasin$^{1/2}$, nasin wan la$^{1/2}$

something ijo^5
sometime lon tenpo^1
sometimes tenpo la^1, tenpo^1, lon tenpo^1, tenpo mute^1, tenpo ale ala$^{1/2}$, lon tenpo lili$^{1/2}$, tenpo pi mute ala$^{1/2}$, lon tenpo meso$^{1/2}$, tenpo pi mute lili la$^{1/2}$, tenpo mute ala la$^{1/2}$
somewhat lili^3, meso^1
somewhere lon ma^2, lon ma wan^1, lon wan^1, lon ma pi sona ala$^{1/2}$, ma pi sona ala$^{1/2}$, lon seme$^{1/2}$, lon ijo$^{1/2}$, lon$^{1/2}$, ma$^{1/2}$
son jan lili^2, mije lili^1, jan lili mije^1
song kalama musi^3
soon tenpo kama lili^2, tenpo lili^1, lon tenpo kama lili^1, tenpo poka^1, kama$^{1/2}$, tenpo kama$^{1/2}$
sophisticated sona mute$^{1/2}$, suli$^{1/2}$, pi ijo mute$^{1/2}$, sewi$^{1/2}$, sona$^{1/2}$
I'm sorry mi pakala^4, ike mi^1, mi pilin ike tan pakala$^{1/2}$
sort nasin^1, pona^1, kulupu^1
soul kon^5
sound kalama^5
soup moku telo^3, telo moku^1
source tan^4, mama^1, ijo pana$^{1/2}$

south nasin seli$^{1/2}$, nasin anpa pi lipu ma$^{1/2}$
southeast nasin ni^1
southern ma seli^2, pi ma seli^1, lon nasin seli^1
southwest nasin ni$^{1/2}$, tawa seli tawa pini suno$^{1/2}$, nasin seli pi weka suno$^{1/2}$, nasin seli pi suno anpa$^{1/2}$
space kon$^{1/2}$, sewi pimeja$^{1/2}$, kon mun$^{1/2}$, ete mun$^{1/2}$
spamming toki ike mute^1, pana e jaki mute$^{1/2}$, pana pi sitelen jaki mute$^{1/2}$, toki jaki$^{1/2}$, toki ike$^{1/2}$
Spanish toki Epanja^2, Epanja^1, toki Epanjo^1, tan ma Epanja$^{1/2}$, Epanjo$^{1/2}$, pi ma Epanja$^{1/2}$
spare namako^2, awen^1
spark seli lili^2, open^1, suno lili^1
speak another language in a Toki Pona only environment kokosila^3, toki ike^2, kepeken toki ante lon ma pi toki pona$^{1/2}$, toki e toki ante lon tomo pi toki pona taso$^{1/2}$
speak toki^5
speaker jan toki^5, ilo kalama^1

special namako^2, mute ala^1,
sewi$^{1/2}$, suli$^{1/2}$, ante pona$^{1/2}$,
sama ala$^{1/2}$

specialist jan sona^3, jan pi
sona mute$^{1/2}$, jan sona pi nasin
wan$^{1/2}$

specialize sona mute^1, sona pi
nasin wan$^{1/2}$

species kulupu^1, kulupu
soweli^1, poki soweli^1, kule
soweli^1, kulupu pi soweli
sama$^{1/2}$, soweli$^{1/2}$, poki$^{1/2}$

specific taso^2, wan^1, ni^1,
nanpa mute$^{1/2}$, pi sona mute$^{1/2}$,
sona namako$^{1/2}$, lili la$^{1/2}$

specifically ni^2, taso^1, ni la^1, ni
taso$^{1/2}$, lukin wawa$^{1/2}$

specify toki^2, toki namako$^{1/2}$,
nimi e$^{1/2}$, toki pi sona mute$^{1/2}$,
pana sona$^{1/2}$, toki pi kon wan
taso$^{1/2}$

spectacular epiku^1, pona^1,
pona suli^1, pona mute$^{1/2}$, pona
mute a$^{1/2}$, wawa$^{1/2}$, musi
mute$^{1/2}$, wawa musi$^{1/2}$, wawa
pona$^{1/2}$

spectrum kule^2, ken mute^1,
kulupu kule$^{1/2}$, nasin mute$^{1/2}$,
ijo mute$^{1/2}$

speculation pilin^2, toki ken^1,
toki pi tenpo ken$^{1/2}$, lukin
sona$^{1/2}$, pilin pi tenpo kama$^{1/2}$

speech toki^5

speed tawa tawa^2, tawa^2,
wawa^1

spell wawa nasa^1, toki wawa^1,
toki pi wawa nasa$^{1/2}$, wawa
sewi$^{1/2}$

spend pana^2, esun^2, pana e
mani^1, pana mani^1

spending pana mani^2,
kepeken mani^1, esun^1, pana e
mani$^{1/2}$, weka e mani$^{1/2}$, pana$^{1/2}$

sphere sike^5, sike sike^1

spice namako^5

spider pipi^3, pipi pi noka
mute$^{1/2}$

spiky kiki^2, ken kipisi^1, pi palisa
pakala$^{1/2}$, pi palisa utala
mute$^{1/2}$, kepeken palisa
utala$^{1/2}$, nena lili mute$^{1/2}$, selo
ike$^{1/2}$, nena pakala$^{1/2}$

spill weka e telo^1, pakala telo$^{1/2}$,
telo li tawa supa noka$^{1/2}$

spin tawa sike^3, sike^2, tawa lon
sike$^{1/2}$

spirit kon^5, kon sewi$^{1/2}$

spiritual sewi^3, kon^2, nasin
kon$^{1/2}$, pilin kon$^{1/2}$, nasin sewi$^{1/2}$

spit telo uta^4, pana e telo uta$^{1/2}$

spite pilin utala^2, wile pakala^1, wile ike^1, ike^1, wile pali e ike$^{1/2}$

split kipisi^4, tu^2

spokesperson jan toki^5, jan pi toki kulupu$^{1/2}$

sponsor jan pi pana mani^2, jan mani^1, jan pana$^{1/2}$, kulupu pi pana mani$^{1/2}$

sport musi^2, musi sijelo^1, tawa musi^1, musi utala$^{1/2}$, utala musi$^{1/2}$, musi pi tawa sijelo$^{1/2}$

spot sike^2, sike lili^1, ma$^{1/2}$

spouse jan olin^4

spread pana^2, kama suli$^{1/2}$, pana mute$^{1/2}$, tawa nasin mute$^{1/2}$

spring tenpo pi kasi sin^1, tenpo kasi^1, tenpo pi open kasi^1, kiwen tawa$^{1/2}$

spy jan powe^1, jan pi alasa sona$^{1/2}$, jan len$^{1/2}$, jan lukin pi ma ante$^{1/2}$, jan utala pi kama sona$^{1/2}$, jan kon$^{1/2}$, lukin$^{1/2}$, jan pi sinpin len$^{1/2}$, jan oko tan kulupu ante$^{1/2}$, jan lukin len$^{1/2}$

squad kulupu^4, kulupu pona^1, kulupu lili$^{1/2}$

square leko^4

squeeze jo wawa^1, lili^1, ko^1

stability awen^3, nasin awen$^{1/2}$, ijo pi tawa ala$^{1/2}$, wawa$^{1/2}$

stable awen^3, tomo soweli^1, ken ante ala$^{1/2}$

stack kulupu^2

stadium ma musi^1, tomo pi utala musi^1, tomo musi suli$^{1/2}$, ma pi utala musi$^{1/2}$

staff palisa^3, jan pali^2, palisa suli$^{1/2}$, kulupu pali$^{1/2}$

stage supa^2, supa musi^2, supa sewi musi^1, tenpo wan$^{1/2}$

stair leko^2, supa lili tawa noka$^{1/2}$, nasin tawa sewi$^{1/2}$, nasin leko$^{1/2}$, ilo sewi$^{1/2}$, supa lili pi tawa sewi$^{1/2}$, nasin leko sewi$^{1/2}$, nasin kiwen pi kama sewi$^{1/2}$

stake palisa^4, palisa ma$^{1/2}$, mani$^{1/2}$

stamp sitelen^2, ilo sitelen^1, noka e$^{1/2}$, sitelen lili$^{1/2}$, lipu lili sitelen mani$^{1/2}$, sitelen lipu$^{1/2}$, pana e sitelen$^{1/2}$, lipu lili$^{1/2}$, lipu lili mani$^{1/2}$

stance nasin^1, pilin^1, awen^1, awen sijelo$^{1/2}$

stand awen^2, lon noka^1, noka^1

standard nasin pi jan mute^1, nasin^1, pona^1, meso^1, nasin kulupu$^{1/2}$

standing awen^2, lon noka^1, awen noka$^{1/2}$, sewi$^{1/2}$

star mun^2, mun lili^1, mun suno^1

stare lukin^2, lukin wawa^2, awen lukin$^{1/2}$

start open^5, kama$^{1/2}$

starter open^2, ijo open^1, jan open^1, ilo open$^{1/2}$

starting open^4, kama^1, nanpa wan$^{1/2}$, tan$^{1/2}$

state toki^2, sijelo^1, ma$^{1/2}$, nasin$^{1/2}$, kon$^{1/2}$, lon$^{1/2}$

statement toki^5

station tomo^2, tomo pi tomo tawa^1, tomo awen$^{1/2}$

statistical nanpa^3, pi nasin nanpa^1

statistics nanpa^2, sona nanpa^1, nanpa ken$^{1/2}$, sona nanpa ken$^{1/2}$

statue kiwen jan^2, kiwen musi^2, kiwen sitelen$^{1/2}$, kiwen sama$^{1/2}$, kiwen pi sitelen jan$^{1/2}$

status lon^2, pilin^1, tenpo$^{1/2}$

stay awen^5

steady awen^2, pona^1, awen wawa^1

steak moku^1, soweli^1, moku soweli^1

steal lanpan^3, kama jo wawa$^{1/2}$, kama jo ike$^{1/2}$

steam kon telo^2, kon seli^1, kon telo seli$^{1/2}$, kon tan telo seli$^{1/2}$

steel kiwen^3, kiwen wawa suno$^{1/2}$, kiwen wawa$^{1/2}$, kiwen tomo$^{1/2}$, kiwen walo$^{1/2}$, kiwen tan sijelo lili nanpa mute luka wan$^{1/2}$

steep suli^1, sewi^1, sama nena$^{1/2}$, wile e wawa mute$^{1/2}$, nena pi sewi mute$^{1/2}$, sewi mute$^{1/2}$, pana e kon kasi tawa telo$^{1/2}$

stem palisa kasi^2, palisa^1

step noka^1, wan pi tawa noka^1, wan noka^1, leko^1, tawa pi noka wan$^{1/2}$, tawa noka$^{1/2}$, tawa lili$^{1/2}$

stick palisa^5

stiff kiwen^3, palisa^1, wawa^1

still awen^3, tawa ala^1, lon tenpo ni kin$^{1/2}$, lon tenpo ni$^{1/2}$, kalama ala$^{1/2}$

stimulus pilin^2, ijo pi pana pilin$^{1/2}$, pilin$^{1/2}$, pali lili tawa open pali$^{1/2}$, wawa$^{1/2}$, kama pali$^{1/2}$, ijo pi pilin mute$^{1/2}$

stir tawa sike^2, sike e^1, tawa e telo lon sike$^{1/2}$, ko$^{1/2}$

stock ijo^2, mute^1, telo kili$^{1/2}$, awen$^{1/2}$, ijo esun awen$^{1/2}$, kulupu ijo$^{1/2}$, mani$^{1/2}$, ijo esun$^{1/2}$, ijo esun jo$^{1/2}$

stomach insa^3, insa sijelo$^{1/2}$

stone kiwen^5, kiwen sike$^{1/2}$, kiwen ma$^{1/2}$, ewe$^{1/2}$

stop pini^3, pake^2, tawa ala$^{1/2}$, ma pi tawa ala$^{1/2}$

storage poki^3, awen^1, poki awen$^{1/2}$, tomo awen$^{1/2}$

store tomo esun^3, esun^2, awen$^{1/2}$, poki$^{1/2}$

storm kon wawa^2, kon tawa wawa$^{1/2}$, kon suli pi kama telo$^{1/2}$, kon utala$^{1/2}$, kon wawa sewi$^{1/2}$, sewi utala$^{1/2}$, kon sewi utala$^{1/2}$

story toki^3, toki musi^2, toki suli$^{1/2}$, toki pi ijo kama$^{1/2}$, lipu$^{1/2}$, musi toki$^{1/2}$

straight palisa^2, linja^2, sike ala$^{1/2}$, nasa ala$^{1/2}$, sama palisa$^{1/2}$, kule ala$^{1/2}$

strain kepeken wawa mute$^{1/2}$, ike$^{1/2}$, pali wawa ike$^{1/2}$, nasin$^{1/2}$, pali suli ike$^{1/2}$, pilin pi pali suli suli$^{1/2}$, weka e pan tan telo$^{1/2}$, kule$^{1/2}$, pali mute$^{1/2}$, pali ike$^{1/2}$

strange nasa^5, ante$^{1/2}$, kon ante$^{1/2}$

stranger jan sin^2, jan ante^2, jan pi sona ala^1

strategic nasin pona$^{1/2}$, lukin e sitelen suli$^{1/2}$, nasin sona$^{1/2}$, sona utala$^{1/2}$, pi nasin pali$^{1/2}$, nasin pi utala pona$^{1/2}$, kepeken sona$^{1/2}$

strategy nasin^2, isipin$^{1/2}$, nasin pi tenpo kama$^{1/2}$, nasin pali$^{1/2}$, sona pali$^{1/2}$, pali nasin pi tenpo kama$^{1/2}$, nasin utala$^{1/2}$, nasin lawa$^{1/2}$

streak linja^2, jo ala e len$^{1/2}$, tawa pi len ala$^{1/2}$, nanpa pi pali pona$^{1/2}$

stream telo tawa^2, nasin telo^1, pana e sitelen tawa$^{1/2}$, linja telo lili$^{1/2}$, telo$^{1/2}$

streaming jasima^1, pana^1, pana e sitelen tawa$^{1/2}$, pana e sitelen$^{1/2}$

street nasin^4, nasin tomo^1

strength wawa^5

strengthen wawa^4, wawa e^1, pana e wawa$^{1/2}$, kama wawa$^{1/2}$

stress pilin ike^3, pilin pi pali mute ike$^{1/2}$

stretch suli^2, linja^1, suli e^1

strict lawa wawa^1, lawa^1, kiwen^1, lawa ike$^{1/2}$

strike utala^2, pakala^2, pali ala^1

string linja^5

strip weka^2, linja^2, weka e len^2

strive wile^2, pali wawa^2, alasa^1, utala pali$^{1/2}$

stroke pakala lawa[1], luka[½], linja sitelen[½], ike sijelo[½]

strong wawa[5]

strongly wawa[5]

structural tomo[3], sijelo[1], sijelo tomo[½]

structure tomo[3], sijelo[1], nasin[1], selo[½], sijelo insa[½]

struggle utala[3]

student jan pi kama sona[5]

studio tomo pali[4], tomo pi pali musi[1], tomo musi[½], tomo pi jan musi[½], tomo pi tomo wan taso[½]

study (v) kama sona[3]

stuff ijo[5]

stumble tawa pakala[1], pakala[1]

style nasin[2], nasin lukin[½], kule[½]

subject ijo[2], ijo toki[1], ijo pi toki ni[½], sona[½], kama sona e seme[½], waleja[½]

submit pana[4], anpa[½]

subsequent ante[1], monsi[½], poka[½]

subsidy mani[2]

substance ijo[3], ko[2]

substantial suli[4], mute[1], lon[1]

subtle lili[3], kepeken nasin lili[½], kon[½]

suburb selo pi ma tomo[2], ma tomo[2], ma tomo poka[½], poka pi ma tomo[½], ma poka pi ma tomo suli[½]

suburban selo pi ma tomo[1]

succeed pini pona[2], kama[1], pali pona[½], kama pona[½], kama sewi[½], kama pali[½], lon pona[½]

success pona[2], pini pona[1], kama pali[1]

successful pona[3], pali wawa[½], pi pini pali pona[½], pini pona[½], kama pona[½], pi pali pona[½]

successfully pona[3], pini pona[½], kama pali la[½]

such sama[2], ni[1], a[½], sama ni[½], mute[½], kin[½]

suck ike[1], uta[1], insa[1], moku[½]

sudden kepeken tenpo lili[2], wawa[1], kama kepeken tenpo lili[½], lon tenpo lili[½]

suddenly kepeken tenpo lili[2], lon tenpo lili[1], tenpo lili la[1], kepeken tenpo ala[½], tenpo ni[½], sin la[½], wawa[½], tenpo lili[½]

sue utala lawa[2], utala lawa la jan wan li alasa e mani tan jan ante[½], utala lawa mani[½], utala lon tomo lawa[½], utala

lon tomo nasin$^{1/2}$, utala
mani$^{1/2}$, wile e mani tan jan
tan ike$^{1/2}$

suffer pilin ike^3, ike^1, pilin
pakala^1

suffering pilin ike^1, ike^1,
pakala^1, pilin ike mute$^{1/2}$, pilin
pi ike mute$^{1/2}$

sufficient mute pona^3, pona^2,
pi mute pona^1

sugar suwi^3, ko suwi^2,
namako$^{1/2}$

suggest toki^2, toki e pilin$^{1/2}$,
toki pi pana ken$^{1/2}$, toki wile$^{1/2}$

suggestion toki^2, toki wile^1

suit (n) len^2, len mije$^{1/2}$, len
pali$^{1/2}$, len wawa$^{1/2}$

suit (v) pona tawa^4

suite tomo^3

sum en^1, wan^1, nanpa ale$^{1/2}$,
ali$^{1/2}$, nanpa$^{1/2}$

summary toki lili^2, lipu lili$^{1/2}$,
toki lili pi ijo suli$^{1/2}$, toki lili pi
toki mute$^{1/2}$

summer tenpo seli^4

summit sewi nena^2, sewi^2,
lawa nena^1

sun suno^5

Sunday tenpo suno lape$^{1/2}$,
tenpo suno nanpa wan$^{1/2}$,
tenpo suno suno$^{1/2}$

sundial ilo tenpo suno^4

sunlight suno^4

sunset anpa suno^1, lape
suno^1, weka suno^1

super suli^2, pona^1, wawa^1,
mute$^{1/2}$, pona a$^{1/2}$, pona
wawa$^{1/2}$, epiku$^{1/2}$

superior sewi^2, suli^1, wawa$^{1/2}$,
jan lawa$^{1/2}$, pona$^{1/2}$

supervisor jan lawa^5, jan
lukin^1

supply pana^2, ijo jo^1, ijo$^{1/2}$

support awen^1, pana e pona^1,
pana pona^1

supporter jan pona^2, jan pi
pana pona^1, jan pi pana
mani$^{1/2}$, jan pi pana wawa$^{1/2}$,
jan pona pana$^{1/2}$, jan wile$^{1/2}$, jan
pona tawa kulupu$^{1/2}$, jan pi
wile sama$^{1/2}$

supportive pona^3, pana e
pona$^{1/2}$

174

suppose pilin^2, ken pilin^{½}, toki insa pi ken sona ala^{½}, toki^{½}, ken la^{½}, ken^{½}, sona ken^{½}, sona ala sona^{½}

supposed wile^2, nasin pona la^{½}

supposedly toki la^2, toki jan la^1

supreme sewi^3, suli wawa^{½}, sewi a^{½}, pona mute^{½}, wawa ale^{½}, suli mute^{½}

sure sona^2, lon^2, wawa^{½}

surely lon^1, wile la^1, sona^1, sina sona e ni^{½}, sona la^{½}, lon la^{½}

surface selo^3, supa^2

surgeon jan pi pona sijelo^1, jan pi misikeke kipisi^{½}, jan sona pi pona sijelo kepeken kipisi^{½}, jan pi kipisi sijelo^{½}, jan kipisi sijelo^{½}

surgery pona sijelo^1, kipisi misikeke^{½}

surprise pilin pi sona ala^1, pana e mu suli^{½}

surprised sona ala^1, pilin pi sona ala^1, a^{½}, pilin pona tan sona ala kama^{½}, pilin pi sona sin^{½}, sona sin li pakala e sona ona^{½}, pi oko suli^{½}

surprising sona ala^2, monsuta^{½}, sin^{½}, ken lukin ala lon tenpo pini^{½}, pana e pilin wawa tan sona ala^{½}, pini ante^{½}, pana e sona sin^{½}, pilin pi sona ala^{½}

surprisingly sona ala la^1, nasa la^1, sona ala^1, ni li sin tawa mi^{½}, sin nasa^{½}

surround sike^2, lon poka^1, lon poka ale^1, poka^1, tawa lon poka^{½}

surveillance lukin^3, ilo pi lukin ale^{½}, lukin awen^{½}, lukin ike^{½}, oko sona^{½}

survey lipu pi wile sona^2, alasa sona^{½}, lipu^{½}, lipu pi alasa sona^{½}, lukin e pilin jan^{½}, wile sona^{½}

survival awen^2, awen lon^2, moli ala^1

survive moli ala^2, awen^1, awen lon^1, kama moli ala^{½}

survivor jan pi moli ala^2, jan awen^2, jan wawa^{½}

suspect pilin^1, jan pi ken ike^{½}, jan ike ken^{½}, jan ni li ken jan ike^{½}

suspend awen^2, pini^1, weka^1, jo kepeken linja^{½}, anpa tan sewi^{½}, pini pi tenpo lili^{½}

suspicion pilin^2, sona lili^½, pilin e ni: jan li ike^½, toki insa ni: ona li pali e ijo^½, pilin e ijo ike^½

suspicious nasa^2, ike lukin^2, pi ken ike^½, ken ike lon jan^½, powe^½, nasa ike^½, powe lukin^½

sustain awen^5, mama^½, pana e pona^½

sustainable ken awen^1, pona tawa ma^1, awen^½, pona^½, pona tawa tenpo kama^½, laso^½

swallow moku^4

swear toki pakala^2, toki ike^2, toki wawa^1, nimi jaki^½, toki e lon^½

sweat telo selo^3, telo sijelo^2, pana e telo tan selo^½, telo lon selo^½

sweep weka^2, weka e jaki^1, pona e supa anpa kepeken ilo palisa pi kasi linja mute^½, weka e jaki anpa kepeken ilo^½, weka e ko^½

sweet suwi^5

sweetheart jan olin^3, jan suwi^1, olin^1

swim tawa telo^3, tawa lon telo^2, tawa kala^½

swing tawa^1, linja musi^½, tawa sike^½, tawa sinpin tawa monsi^½, supa tawa musi^½, supa monsi li tawa li kama^½, ilo tawa musi^½

switch ante^3, ilo^1

sword ilo utala^2, palisa utala^2, ilo kipisi^1

syllable kipisi nimi^2, nimi lili^2, kulupu kalama pi tenpo wan^½

symbol sitelen^5

sympathy pilin sama^3, pona^1

symptom nasin jaki^½, selo pi kon jaki^½

syndrome ike sijelo^½

system nasin^3, kulupu^1, ilo^1

t-shirt len^2, len sijelo^2

tab nena lipu^1, poki^1

table supa^5, supa moku^½, supa noka^½

tablespoon ilo moku^2, ilo moku lili^1, ilo lili^1

tablet supa^2, ilo sona lipu^1

tackle utala^2, anpa e^1, pali^1, ilo alasa kala^½, sijelo e^½, tawa anpa e^½

tactic nasin^3, nasin utala^1, nasin pi utala lili^½, nasin alasa^½

tag lipu^2, nimi^½, lipu lili^½, lipu nimi^½

tail linja monsi^3, palisa monsi$^{1/2}$

take kama jo^4, lanpan^1

tale toki^3, toki musi^1, toki sewi$^{1/2}$, toki suli$^{1/2}$, toki kama$^{1/2}$

talent ken^1, pali pona^1, ken pali pona$^{1/2}$, kon pali$^{1/2}$

talented ken mute^1, sona^1

talk toki^5

tall suli^4, palisa$^{1/2}$, suli palisa$^{1/2}$, suli sewi$^{1/2}$

tank tomo tawa utala^2, poki^2, poki telo^1

tap luka^2, luka lili^2, pilin^1, ilo telo^1, palisa telo$^{1/2}$

tape linja^1, len linja$^{1/2}$, lipu linja ko pi kama awen$^{1/2}$, lipu linja$^{1/2}$, len$^{1/2}$, lipu pi ko awen$^{1/2}$, lipu$^{1/2}$, lipu ko$^{1/2}$, linja pi kama wan$^{1/2}$

target ijo alasa^1, wile^1, pini^1, sike alasa$^{1/2}$, sike wile$^{1/2}$, tawa$^{1/2}$

task pali^5

taste pilin uta^3, pilin moku^1, moku lili tan ni: wile sona kepeken uta$^{1/2}$, pilin$^{1/2}$, uta e$^{1/2}$

tattoo sitelen selo^3, sitelen sijelo^2

tax mani tawa kulupu lawa^1, mani^1, mani kulupu$^{1/2}$

taxpayer jan pi pana mani^2, jan li pana e mani tawa kulupu lawa$^{1/2}$, jan li pana e mani tawa kulupu lawa ma$^{1/2}$

tea telo kasi^3, telo kasi seli^1, telo seli^1, telo seli pi kasi wawa$^{1/2}$, telo namako$^{1/2}$

teach pana sona^4, pana e sona^2

teacher jan pi pana sona^3, jan sona^1

teaching pana sona^3, pana e sona^1

teal laso^4

team kulupu^3, kulupu pali^1, kulupu pali pona$^{1/2}$, kulupu pi pali sama$^{1/2}$

teammate jan kulupu^2, jan pi kulupu sama^1, jan pona^1, jan sama$^{1/2}$

tear telo oko^2, pakala^1, telo lili oko$^{1/2}$, kama tu$^{1/2}$, kipisi$^{1/2}$

teaspoon ilo moku lili^2, mute lili sama ilo moku lili$^{1/2}$, ilo moku$^{1/2}$, poki lili$^{1/2}$, ilo moku pi telo kasi$^{1/2}$, ilo pi telo wawa$^{1/2}$, nanpa lili$^{1/2}$

tech ilo^3

technical ilo^3, sona mute$^{1/2}$, pi ilo nanpa$^{1/2}$, nasin sona$^{1/2}$, nasin ilo$^{1/2}$

technically lon la^2, lipu la$^{1/2}$, toki ilo la$^{1/2}$

technique nasin^4, nasin pali^1

technological ilo^3

technology ilo^2, nasin ilo^1, ilo ale$^{1/2}$

teddy bear soweli len^1, soweli suwi^1, soweli^1, ijo olin pi sijelo soweli$^{1/2}$, soweli ko$^{1/2}$, soweli kapesi suwi$^{1/2}$, soweli lili suwi$^{1/2}$, soweli ko musi$^{1/2}$

teen jan pi kama suli^1, jan suli lili^1

teenage pi kama suli^1, suli lili^1

teenager jan pi kama suli^3, jan suli lili$^{1/2}$

telephone ilo toki^5

telescope ilo pi lukin mun^2, ilo pi lukin weka^1, ilo lukin^1, ilo pi lukin sewi^1

television ilo pi sitelen tawa^3, sitelen tawa$^{1/2}$

tell toki^5

temperature seli^2, nanpa seli^2, mute seli^1, lete anu seli$^{1/2}$, seli anu lete$^{1/2}$

temple tomo sewi^4, tomo kon$^{1/2}$, tomo pi nasin sewi$^{1/2}$, tomo olin$^{1/2}$

temporary tenpo lili^2, pi tenpo lili^1, lon tenpo lili$^{1/2}$

ten luka luka^2, mute^2

tend tenpo mute la^3, awen e$^{1/2}$

tendency nasin^2, wile^1, pali pi tenpo mute$^{1/2}$, tenpo mute la$^{1/2}$, nasin pi tenpo mute$^{1/2}$

tender suwi^2, wawa ala^1, kiwen ala^1, ko^1

tennis musi sike^2, musi pi sike lili jelo$^{1/2}$

tension pilin utala$^{1/2}$, pilin ike tan pali suli$^{1/2}$, wawa insa$^{1/2}$, supa kiwen$^{1/2}$, ike$^{1/2}$, wawa awen$^{1/2}$, pilin ike$^{1/2}$

tent tomo len^4, tomo lili$^{1/2}$

term nimi^3, tenpo^1

terrible ike^4, ike mute^2, ike a^1

terrific pona^2, pona mute^2

territory ma^5

terror monsuta^2, ijo ike suli$^{1/2}$, pilin ike wawa$^{1/2}$, pilin monsuta$^{1/2}$, pilin ike$^{1/2}$, ike$^{1/2}$, pilin pi wawa ala$^{1/2}$

terrorism utala monsuta^1, utala ike^1

terrorist jan ike^1, jan monsuta$^{1/2}$, jan utala$^{1/2}$, jan pi utala ike$^{1/2}$

test wile sona^1, lipu sona$^{1/2}$, lipu pi alasa sona$^{1/2}$

testify toki^3, toki e lon^2, toki lon^1, pana e toki$^{1/2}$, pana toki$^{1/2}$, toki pi tenpo pini$^{1/2}$

testimony toki lon^2, toki^1, toki lukin^1, toki suli^1, lipu pi sona jan$^{1/2}$, jan li toki e ni$^{1/2}$

testing pali pi kama sona^1, pali^1, alasa$^{1/2}$, alasa pona$^{1/2}$, alasa e sona$^{1/2}$, pali pi wile sona$^{1/2}$, utala sona$^{1/2}$, lukin kepeken$^{1/2}$

Texas ma Teka^2, ma Tesa^2, ma Tekasa$^{1/2}$

text sitelen^2, sitelen toki^2, toki lipu$^{1/2}$, lipu$^{1/2}$

than la^2, tawa^1

thanks sina pona^2, pona^2, pona tawa sina^1, pona a^1

Thanksgiving tenpo suno pi pana pona^1, tenpo waso$^{1/2}$

that ni^5, ona^1

theatre tomo musi^3, musi^1, musi powe$^{1/2}$

theft jo ike^2, lanpan ike^1, kama jo ike$^{1/2}$, lanpan$^{1/2}$

their ona^5, pi ona mute$^{1/2}$

them ona^5, ona mute$^{1/2}$

theme nasin^2, waleja$^{1/2}$, kon$^{1/2}$

themselves ona^3, ona sama^2, ona mute sama^1

then la^1, ni la^1, tenpo ni la^1

theology sona sewi^2, nasin sewi^1, sona pi nasin sewi^1

theoretical nasin sona^1, sona la^1, ken la$^{1/2}$, lon sona taso$^{1/2}$, sona lipu$^{1/2}$, lon lawa taso$^{1/2}$, kon$^{1/2}$, lon ala$^{1/2}$, lon lawa$^{1/2}$, ken$^{1/2}$

theory sona^1, nasin^1, isipin^1, sona ken$^{1/2}$, mi sona ala e ni: sona ni li lon anu lon ala$^{1/2}$, nasin sona$^{1/2}$, pilin mi la kon ona li ni$^{1/2}$

therapist jan pi pona lawa^2, jan pi toki misikeke^2, jan pi toki pona^1, jan kute$^{1/2}$, jan misikeke$^{1/2}$, jan pi pona pilin$^{1/2}$, jan pi misikeke lawa$^{1/2}$

therapy pana pona^1, pona lawa^1, misikeke$^{1/2}$, toki misikeke$^{1/2}$, toki pona$^{1/2}$, toki pilin$^{1/2}$

there lon ni^4, ni^2

thereby ni la^2, la^2, tan ni la^2, tan ni^1, kepeken nasin ni la$^{1/2}$

therefore tan ni^2, ni la^2, la^1, tan^1

these ni^5, ni mute^1

they ona^4, ona mute$^{1/2}$

thick suli^4, ko$^{1/2}$, pi selo suli$^{1/2}$

thief jan pi kama jo ike^2, jan lanpan^1

thin lili^3, sama linja^1, selo lili$^{1/2}$, sama lipu$^{1/2}$

thing ijo[5]

think isipin[2], pilin[2], toki insa[1], sona[1], toki lawa[½], toki pi insa lawa[½]

thinking toki insa[3], pilin[2], kepeken lawa[½]

third nanpa tu wan[4], nanpa mute[1]

thirty mute[2], mute luka luka[2], luka luka luka luka luka luka[1]

this ni[5]

thoroughly ale[2], mute[1], wawa[½]

those ni[4]

though taso[4]

thought pilin[2], toki insa[2], isipin[½]

thousand mute[3], mute a[½]

thread linja[4], linja len[1]

threat toki utala[2]

threaten toki ike[1], toki utala[1], toki pi utala kama[1], toki e utala ken[½], toki moli[½], toki pi wile ike[½], toki pi pana ike[½], pali wile ala la jan li kama e ike[½]

three tu wan[3], mute[1], tuli[½], san[½]

threshold selo[1], pini[1], pini ante[1], open lupa[½], supa lupa[½]

thrive kama pona[1], suli[1], awen pona[½], wawa[½], moli ala[½], lon pona[½], pona[½], kama jo e pona mute[½], awen lon pona[½]

throat insa uta[1], anpa lawa[1], monsi uta[½], lupa pi monsi uta[½], lupa insa uta[½]

throne supa lawa[1], supa monsi pi jan lawa[½], supa monsi lawa[½]

through tawa insa[2], lon[1], lon insa[1], kepeken[1], tawa[1]

throughout lon ale[1], lon tenpo ale[1], lon ijo ale[½]

throw pana wawa[2], pana[1], weka wawa[½], weka[½]

thumb palisa luka[1], palisa luka pali[1], luka[1], palisa luka ni[½], palisa lili luka[½], palisa lili luka wawa[½]

Thursday tenpo suno[2], tenpo suno ni[½], tenpo suno nanpa tu tu pi tenpo esun[½]

thus ni la[4], tan ni la[½], nasin ni la[½], la[½]

ticket lipu[5], lipu pi ken kama[½]

tide tawa telo[1], nasin telo suli[1], tawa telo pi tawa mun[½], telo pi lawa mun[½], telo sewi[½], sewi telo[½]

tie wan^1, len linja^1, wawa sama$^{1/2}$, pini meso$^{1/2}$, sama$^{1/2}$, kama wan$^{1/2}$, len pi anpa lawa$^{1/2}$, linja$^{1/2}$

tiger soweli^2, soweli alasa^1, soweli alasa suli^1, soweli wawa$^{1/2}$, soweli utala pi linja jelo pimeja$^{1/2}$, soweli pi linja jelo pimeja$^{1/2}$

tight lili^2

till tawa^2, poki mani^1, tawa tenpo^1, pali ma$^{1/2}$, tenpo li pini ala la$^{1/2}$, pali lupa$^{1/2}$

time tenpo^5

timing tenpo^4

tiny lili^3, lili mute^2, lili a$^{1/2}$

tip pini^1, mani lili^1, mani namako$^{1/2}$, sona lili$^{1/2}$, pana$^{1/2}$

tire sike tawa^1, sike pi tomo tawa^1, sike pimeja$^{1/2}$, selo pi sike tawa$^{1/2}$

tired wile lape^2, pilin lape^2, wawa ala$^{1/2}$

tissue lipu^1, len$^{1/2}$, len nena$^{1/2}$, lipu pi tomo telo$^{1/2}$, lipu pi weka telo$^{1/2}$, ko sijelo$^{1/2}$, lipu pi weka jaki$^{1/2}$

title nimi^3, nimi suli^1, nimi lawa^1, nimi lipu$^{1/2}$, nimi open$^{1/2}$

to tawa^5

tobacco kasi jaki^2, kasi nasa^1, kasi ike$^{1/2}$, kasi seli$^{1/2}$, kasi pi kon nasa$^{1/2}$, kasi pi kon seli$^{1/2}$, ko kapesi seli$^{1/2}$

today tenpo suno ni^4, tenpo ni^2, suno ni^1

toe nena noka^2, palisa lili noka^2, noka lili^2

together wan^2, kulupu^1, kan^1, lon poka^1, lon kulupu^1

toilet tomo telo^1, ilo jaki^1, ilo pi weka jaki^1, poki jaki^1, lupa jaki^1, supa monsi jaki$^{1/2}$, poki pi telo jaki$^{1/2}$, lupa pi jaki sijelo$^{1/2}$

Tok Pisin toki Topisin^2, toki Pisin^2

Toki Pona speaker jan pi toki pona^3

Tokiponido toki sama pi toki pona^1, toki pona ante^1, toki sin tan toki pona$^{1/2}$, lili pi toki pona$^{1/2}$, kili pi toki pona$^{1/2}$

tolerate ken lon$^{1/2}$, utala ala$^{1/2}$, pilin e ni: ijo li pona$^{1/2}$, jaki li lon taso jan li awen$^{1/2}$, ken$^{1/2}$, ken e$^{1/2}$, ken pona tawa$^{1/2}$, pali ala$^{1/2}$, awen weka$^{1/2}$, lukin ala$^{1/2}$

toll mani nasin^2, mani^2

tomato kili loje^2, kili^2, kili loje sike$^{1/2}$, pomotolo$^{1/2}$

tomorrow tenpo suno kama⁴, suno kama¹

tone kalama³, kule kalama½, kule toki½, pilin½

tongue palisa uta¹, linja uta¹

tonight tenpo pimeja ni³

too much mute ike⁴

too kin⁴, mute¹, sama½, mute ike½

tool ilo⁵

tooth kiwen uta⁵, walo uta½

toothpaste ko pi kiwen uta¹, ko pona pi kiwen uta¹, ko pi pona uta¹, ko uta¹, misikeke uta½

top sewi⁴, lawa½

topic ijo toki², kon toki¹, ijo suli¹, toki¹, sona¹, waleja½

torso sijelo⁴, sinpin¹

toss pana², pana sewi½, luka½, pana weka½, pana tawa kon½

total ale³, ali¹

totally ale², mute¹, ali¹, a½

touch luka², pilin², luka e², selo e½, lon poka½

touchdown kama anpa¹

tough wawa², kiwen², pali suli½, ike½

tour tawa lukin¹, tawa¹, tawa pi kama sona½, tawa sike½, tawa ma½

tourist jan tawa², jan lukin¹, jan tan ma ante¹

tournament utala², utala musi suli¹, musi utala½, utala musi½, utala musi kulupu½

toward tawa⁵

towards tawa⁵

towel len pi weka telo³, len¹, ilo pi weka telo¹, len li weka e telo½

tower tomo suli³, tomo palisa²

town ma tomo³, kulupu tomo¹, ma tomo lili¹, kulupu tomo lili½

toxic jaki³, ike², moli¹, ike tawa sijelo½, pi pana moli½

toy ilo musi⁴, ijo musi¹

trace linja¹, nasin¹, kon pi tenpo pini½, sitelen e selo½, sitelen sama½, lili½, ijo awen½

track nasin³, linja tawa½

trade esun⁵

trading esun^5

tradition nasin^2, nasin majuna^1, nasin pi tenpo pini^1, nasin kulupu$^{\frac{1}{2}}$, nasin pi tenpo mute$^{\frac{1}{2}}$

traditional nasin pi tenpo pini^2, nasin pini$^{\frac{1}{2}}$, nasin$^{\frac{1}{2}}$, pi nasin jan$^{\frac{1}{2}}$, pi nasin majuna$^{\frac{1}{2}}$, nasin pi tenpo suli$^{\frac{1}{2}}$, majuna$^{\frac{1}{2}}$, sin ala$^{\frac{1}{2}}$

traditionally nasin la^1, nasin pi tenpo pini la$^{\frac{1}{2}}$, nasin pi tenpo pini$^{\frac{1}{2}}$, tenpo pini mute la$^{\frac{1}{2}}$, nasin suli$^{\frac{1}{2}}$, nasin majuna$^{\frac{1}{2}}$, nasin pi tenpo mute$^{\frac{1}{2}}$

traffic mute pi tomo tawa^2, tomo tawa mute^1

tragedy tenpo ike^1, ike suli^1, ike^1, tenpo pi pakala suli$^{\frac{1}{2}}$

tragic ike^3, pi pilin ike$^{\frac{1}{2}}$, ike pi telo oko$^{\frac{1}{2}}$, nasin ike$^{\frac{1}{2}}$, ike mute a$^{\frac{1}{2}}$, pi ike mute$^{\frac{1}{2}}$

trail nasin^4, nasin tawa$^{\frac{1}{2}}$, nasin lon kulupu kasi$^{\frac{1}{2}}$

trailer sitelen tawa lili^1, tomo tawa^1, tomo tawa poka$^{\frac{1}{2}}$, poki monsi tawa$^{\frac{1}{2}}$, poki tawa$^{\frac{1}{2}}$

train tomo tawa linja^2, tomo tawa^2, tomo tawa suli^1, pali lon tenpo mute$^{\frac{1}{2}}$

trainer jan pi pana sona^1, len noka^1, jan sona pi pali sijelo$^{\frac{1}{2}}$

training kama wawa^1, pali^1, tenpo pi pali sona$^{\frac{1}{2}}$, pali sona$^{\frac{1}{2}}$, kama ken$^{\frac{1}{2}}$, kama sona$^{\frac{1}{2}}$, pana ken$^{\frac{1}{2}}$

trait ijo^2, nasin^1, ijo jan^1, nasin lili jan$^{\frac{1}{2}}$, kule$^{\frac{1}{2}}$, selo$^{\frac{1}{2}}$, wan$^{\frac{1}{2}}$

transaction esun^4, pana mani^2, pana^1

transfer pana^4, tawa^2

transform ante^3, kama$^{\frac{1}{2}}$, ante e selo$^{\frac{1}{2}}$, ante suli$^{\frac{1}{2}}$, selo ante$^{\frac{1}{2}}$

transformation ante^4, kama ante^1

transgender man mije tonsi^2, mije^1, jan mije tonsi^1, jan pi kama mije^1

transgender person tonsi^3, jan tonsi^2

transgender woman meli tonsi^2, meli^2

transit tawa^4, pana$^{\frac{1}{2}}$, nasin tawa$^{\frac{1}{2}}$

transition ante^2, kama ante^2, tawa^1, kama^1, tenpo pi kama ante$^{\frac{1}{2}}$

translate ante e toki^2, toki ante^2

translation ante toki^2, toki ante^2, lipu lon toki ante$^{1/2}$, ante e toki$^{1/2}$

transmission pana^2, toki^1

transport tawa^3, nasin tawa^2, tomo tawa$^{1/2}$, tawa e$^{1/2}$

transportation tawa^3, nasin tawa$^{1/2}$, ilo tawa$^{1/2}$, tomo tawa$^{1/2}$, pali tawa$^{1/2}$

trap ilo alasa^1, powe^1, poki$^{1/2}$, ilo lanpan$^{1/2}$, ilo awen$^{1/2}$

trash jaki^5

trauma pakala^1, ike^1, pilin pakala$^{1/2}$, pilin ike suli$^{1/2}$, pakala pilin$^{1/2}$

travel tawa^4, tawa ma ante^2

traveller jan tawa^5

treasure mani^4, mani mute$^{1/2}$, poki mani$^{1/2}$, mani len$^{1/2}$

treasury tomo mani^2, poki mani^1

treat suwi^2, moku suwi^1, moku pona^1, moku namako$^{1/2}$, pana pona$^{1/2}$

treatment pona^2, pali pi sijelo pona^1, misikeke^1, pali^1, nasin pi pona sijelo$^{1/2}$

treaty lipu lawa^1, lipu pi pilin sama^1, toki pi utala ala$^{1/2}$, lipu pi utala ala$^{1/2}$, lipu lawa pi ma

tu$^{1/2}$, lipu wile$^{1/2}$, lipu$^{1/2}$, lipu lawa pi wile sama$^{1/2}$

tree kasi suli^3, kasi^2

tremendous suli^3, suli mute a^1, suli mute^1

trend nasin^1, nasin tenpo^1, ijo sin$^{1/2}$, jan mute li pali e ni$^{1/2}$, nasin kulupu$^{1/2}$, nasin musi pi tenpo ni$^{1/2}$

trial lukin kepeken$^{1/2}$, kulupu lawa$^{1/2}$, alasa sona$^{1/2}$, lukin$^{1/2}$, tenpo lawa$^{1/2}$, wile sona$^{1/2}$, tenpo anu$^{1/2}$

tribal kulupu^4, kulupu alasa$^{1/2}$, sama kulupu$^{1/2}$, nasin pi kulupu lili$^{1/2}$

tribe kulupu^5, kulupu lili$^{1/2}$

trick powe^2, musi^1

trigger kama^2, open^1, ilo pi kama pali$^{1/2}$, ni li ken pana e pilin ike$^{1/2}$, kama pi pilin ike$^{1/2}$, nena pali$^{1/2}$, ilo open$^{1/2}$, ilo pana utala$^{1/2}$

trillion mute^2, mute mute mute^1, ale^1, mute a$^{1/2}$

trip tawa^3, tawa musi$^{1/2}$, tawa sike$^{1/2}$, tawa pakala$^{1/2}$

trolling toki ike^1, utala^1

troop jan utala^2, kulupu utala^2, kulupu pi jan utala^1, kulupu jan$^{1/2}$, kulupu$^{1/2}$

tropical ma seli^2, pi ma seli^1, seli^1

trouble ike^3, pakala^2

truck tomo tawa suli^2, tomo tawa^2

true lon^5, sona pona$^{\frac12}$, pona$^{\frac12}$

truly lon^3, lon la^2

trunk poki^2, sijelo kasi$^{\frac12}$, sijelo pi kasi kiwen$^{\frac12}$, nena linja$^{\frac12}$, linja soweli$^{\frac12}$, palisa kasi$^{\frac12}$, poki pi tomo tawa$^{\frac12}$, poki monsi pi tomo tawa$^{\frac12}$

trust pilin pi jan pona^1, pilin pona^1, pona tawa$^{\frac12}$, sona pi pona jan$^{\frac12}$, sona pi ken jan$^{\frac12}$, pilin mi la sina pakala ala e mi$^{\frac12}$, olin$^{\frac12}$, pilin pi pona jan$^{\frac12}$, pilin ni: toki ona li pona$^{\frac12}$

truth lon^4, toki lon^1, sona pona$^{\frac12}$

try lukin^2, alasa^2, wile^1

tube palisa lupa^2

tuck len$^{\frac12}$, poki lili$^{\frac12}$, pana lon insa$^{\frac12}$, anpa$^{\frac12}$, pana$^{\frac12}$, pana insa$^{\frac12}$, awen lon insa$^{\frac12}$, pana anpa$^{\frac12}$

Tuesday tenpo suno^1, tenpo suno nanpa tu pi tenpo esun$^{\frac12}$, tenpo suno nanpa tu$^{\frac12}$, tenpo suno pali nanpa tu$^{\frac12}$, tenpo suno ni$^{\frac12}$

tumour nena insa^1, nena jaki$^{\frac12}$, nena ike$^{\frac12}$

tune kalama musi^2, kalama^1, musi kute$^{\frac12}$, musi$^{\frac12}$, alasa e nanpa pona$^{\frac12}$

tunnel lupa suli^1, lupa ma^1, nasin lupa^1, lupa nasin^1, lupa^1, nasin anpa$^{\frac12}$

turkey waso^2, waso pi kalama mute$^{\frac12}$, waso nasa$^{\frac12}$, waso suli$^{\frac12}$, waso pi anpa lawa loje$^{\frac12}$, waso pimeja pi selo anpa uta$^{\frac12}$

turn tawa sike^2, tawa poka^1, tawa^1, nasin ante$^{\frac12}$, tawa leko$^{\frac12}$, sinpin li tawa nasin ante$^{\frac12}$

turtle akesi kiwen^3, akesi tomo^1, akesi pi selo kiwen^1, akesi pi tomo monsi$^{\frac12}$

TV ilo pi sitelen tawa^2, ilo sitelen^1, poki pi sitelen tawa^1, ilo lukin^1

twelve luka luka tu^3, mute^2

twenty mute^3

twice tu^3, tenpo tu^1, tenpo tu la$^{\frac12}$

twin jan sama^3, jan sama tu^1, jan sama sama$^{\frac12}$, jan tu$^{\frac12}$, jan jasima$^{\frac12}$

twist tawa sike^2, sike^2, ante e$^{\frac12}$

Twitter lipu Tuwita[1]

two tu[5]

type sitelen[1], kule[1], nasin^{½}, ijo^{½}, nasin ijo^{½}, selo^{½}, sama^{½}, toki kepeken ilo sona^{½}

typical nasin[1], pona[1], meso^{½}, sama ijo ale^{½}, sama ijo mute^{½}, lon tenpo mute^{½}

typically tenpo mute la[4], tenpo mute[1]

ugly ike lukin[3], jaki^{½}, jaki lukin^{½}, suwi ala^{½}

uh-huh a[2], a a[1], lon[1], n[1]

uh a[4]

ultimate nanpa wan[1], wawa nanpa wan^{½}, suli^{½}, wawa pini^{½}, pona a^{½}, sewi^{½}, suli pini^{½}

ultimately pini la[3], lon pini[1], pini[1]

um a[3], n[3]

unable ken ala[5]

unbelievable nasa[1]

uncertainty sona ala[3], sona meso[1]

uncle jan sama mama[2], mama sama[1], jan pi kulupu mama sama^{½}, mama sama mije^{½}

unclear sona ala[2], nasa[1], len[1], jaki[1], ike[1]

uncomfortable pilin ike[3], pilin nasa ike^{½}

uncover weka e len[2], kama sona[1], weka e len tan^{½}, open^{½}

undefinable pi nimi ala[2]

under lon anpa[3], anpa[2]

undergo pali[2], kama[2], pilin[1], kama jo^{½}, jo^{½}

underlying anpa[2], lon anpa[1], tan[1], kon anpa^{½}

undermine anpa[1], ike[1], lili e^{½}, wawa ala^{½}

understand sona[5], lanpan e sona^{½}

understanding sona[5], kama sona^{½}

undertake pali[2], kama pali[1], pali e ijo suli^{½}

underwear len insa[2], len[2], len monsi^{½}, len unpa^{½}

unemployment pali ala[4]

unexpected sona ala[1], pi sona ala^{½}

unfair ike[2], sama ala[2]

unfold open[2], supa[1], kama suli[1], suli e^{½}

unfortunate ike[3], ike a[1]

unfortunately ike la[3], ike a^{½}

unidentified pi sona ala[2], sona ala[2], ijo pi nimi ala^{½}

uniform len sama^2, len^1, nasin wan taso$^{1/2}$, len kulupu$^{1/2}$, len pali$^{1/2}$

union wan^3, kulupu pali^1, kulupu^1, kulupu wan^1, kulupu pi jan pali$^{1/2}$, kama wan$^{1/2}$

unique wan^1, wan taso^1, ante$^{1/2}$

unit wan^3, ijo wan$^{1/2}$

unite wan^4, wan e^1, kama wan$^{1/2}$

United States ma Mewika^4, ma Juwese^1

united wan^5

unity wan^5, nasin wan$^{1/2}$

universal ale^3, pi ijo ale$^{1/2}$, lon ale$^{1/2}$, pi lon ale$^{1/2}$, sama ale$^{1/2}$

universe ale^3, ali^2

university tomo sona suli^2, tomo sona^2, tomo sona sewi$^{1/2}$, tomo pi sona sewi$^{1/2}$, tomo pi kama sona$^{1/2}$

unknown sona ala^3, pi sona ala^2

unless ala la^1, taso^1

unlike sama ala^3, ante^2, ike$^{1/2}$

unlikely ken lili^2, ken lili lili$^{1/2}$, ken la ala$^{1/2}$, nasa$^{1/2}$, ken la ona li kama ala$^{1/2}$, ken la kama ala$^{1/2}$, ken lili taso$^{1/2}$, ken mute la ni li lon ala$^{1/2}$

unprecedented sin^2

until tawa^2, tawa tenpo^1

unusual nasa^5, ante$^{1/2}$, sama ala$^{1/2}$

upcoming kama^4, pi tenpo kama$^{1/2}$, tenpo kama$^{1/2}$

update sin^1, ante^1, ijo sin^1, kama sin$^{1/2}$, pana e sin$^{1/2}$

upon lon^3

upper sewi^5

upset pilin ike^5

upstairs lon sewi^2, sewi^2, sewi tomo$^{1/2}$, tomo lon sewi pi leko noka$^{1/2}$, lon sewi tomo$^{1/2}$, lon tomo sewi$^{1/2}$, sewi leko$^{1/2}$

urban pi ma tomo^2, ma tomo^2, tomo^2, lon ma tomo^1

urge wile^2, pilin wawa^1, wile wawa^1

us mi mute^3, mi^3

use kepeken^5

used kepeken^2, pali pini^1, pi tenpo pini$^{1/2}$, pini$^{1/2}$, kama kepeken$^{1/2}$

useful pona^2, pona pali^1, ken pali^1, jo e kepeken mute$^{1/2}$

useless pali ala^2, ike^1, ken pali ala^1

user jan kepeken^5

usual nasa ala^2, tenpo mute la^1, meso^1, nasin^1, sama^1, pi tenpo mute$^{1/2}$, tenpo mute$^{1/2}$

usually tenpo mute la^3, tenpo mute^1, nasin la$^{1/2}$

utility ilo^2, ken kepeken^1, pali^1, kepeken^1, pona kepeken$^{1/2}$, pona ilo$^{1/2}$, pona$^{1/2}$

utilize kepeken^4

uvula nena pi monsi uta^1, monsi uta^1, nena lili pi monsi uta$^{1/2}$

vacation tenpo pi pali ala^4, tenpo weka musi$^{1/2}$, tenpo musi$^{1/2}$, suno pi pali ala$^{1/2}$, tawa weka pi pali ala$^{1/2}$, tawa pi pali ala$^{1/2}$

vaccine misikeke^1, ilo kiki pi telo pi pona sijelo$^{1/2}$, telo pi pona sijelo$^{1/2}$, telo pi awen sijelo$^{1/2}$

Valentine's Day tenpo suno olin^3, tenpo olin^2, tenpo ike$^{1/2}$

valid pona^4, lon^1, kepeken nasin pona$^{1/2}$

validity pona^3, lon^2

valley ma anpa^1, lupa suli^1, poka pi nena suli$^{1/2}$

valuable mani^3, mani mute^2, pona^1, pi mani mute$^{1/2}$

value mani^2, pona^1, suli$^{1/2}$, nanpa mani$^{1/2}$

vampire jan moku pi telo loje^1, monsuta li moku e telo loje$^{1/2}$

van tomo tawa^3, tomo tawa leko^1, tomo suli tawa$^{1/2}$, tomo tawa suli$^{1/2}$, tomo$^{1/2}$

vanish weka^3, tawa weka^1, kama lon ala$^{1/2}$, kama kon$^{1/2}$

variable ken ante^2, nanpa pi ken ante$^{1/2}$, pi ken ante$^{1/2}$

variation ante^3, ken ante$^{1/2}$, nasin ante$^{1/2}$

variety ante mute^1, nasin mute$^{1/2}$, ijo ante mute$^{1/2}$, ante kule$^{1/2}$, mute$^{1/2}$, jo e nasin mute$^{1/2}$, kule mute$^{1/2}$, nasin toki$^{1/2}$

various mute^4

vary ante^4, mute^1, ken ante^1

vast suli^4

vegetable kili^5

vehicle tomo tawa^4, ilo tawa^2

vendor jan esun^4

venture alasa^1, nasin^1, esun sin$^{1/2}$, ken pakala$^{1/2}$, tawa suli$^{1/2}$, pali$^{1/2}$, tawa$^{1/2}$

venue tomo^2, ma^2, tomo pi kalama musi$^{1/2}$

verb nimi pali^5

verbal toki^3, toki uta^1, nimi^1, uta^1, pi nimi pali$^{1/2}$

verdict toki pini^1, pilin pini^1, toki sona tan alasa lon$^{1/2}$, toki lon$^{1/2}$, toki wile$^{1/2}$, lon$^{1/2}$, wile pini$^{1/2}$, toki pi nasin lawa$^{1/2}$

verify lukin^1, alasa e lon$^{1/2}$, lukin sona e pona$^{1/2}$, kama sona e pona$^{1/2}$, kama sona lon$^{1/2}$, toki lon$^{1/2}$

verse toki^1, kulupu nimi^1, kipisi lipu$^{1/2}$, linja toki$^{1/2}$, linja nimi$^{1/2}$

version nanpa^2, ante^1

versus utala^4

very mute^5

vessel tomo tawa telo^1, poki^1, tomo tawa^1, sijelo^1

veteran jan pi utala pini^1, jan utala^1, jan utala majuna$^{1/2}$, jan pi pali suli$^{1/2}$

via kepeken^3, lon nasin^1, lon$^{1/2}$, kepeken nasin$^{1/2}$

viable ken^2, ken pali^2, pona^1, ken lon$^{1/2}$, ken pona$^{1/2}$

vibing pilin pona^2, musi^1, lon^1

vice ike^2, nasin ike^1, pali ike^1, jan lawa nanpa tu$^{1/2}$, ilo awen$^{1/2}$

victim jan pakala^2, jan pi kama pakala^2, jan pi pilin ike^1, ike tawa jan ni$^{1/2}$, jan anpa$^{1/2}$, jan pakala tan jan ante$^{1/2}$

victory pona^1, pini pona^1, sewi$^{1/2}$, kama nanpa wan$^{1/2}$, kama sewi$^{1/2}$, kama wawa$^{1/2}$

video sitelen tawa^5, sitelen^1

view lukin^4, oko^1

viewer jan lukin^5, ilo oko$^{1/2}$

village ma tomo^2, ma tomo lili^1, kulupu tomo^1

violate pakala^2, ike e$^{1/2}$, ike$^{1/2}$, pali ike$^{1/2}$, pakala lawa$^{1/2}$, pali ike tawa lawa$^{1/2}$, utala$^{1/2}$, pakala e wile$^{1/2}$

violation pakala^1, pakala lawa^1, weka lawa^1, utala e lawa$^{1/2}$

violence utala^4, pakala^1, utala ike$^{1/2}$

violent utala^4, wawa ike$^{1/2}$, wawa utala$^{1/2}$

virtual kon^1, linluwi^1, lon ala^1, ilo^1, lon ilo sona taso$^{1/2}$

virtually kepeken ilo sona^2, lon ma kon$^{1/2}$, lon ala$^{1/2}$, lon linluwi$^{1/2}$, lon ilo$^{1/2}$, mute$^{1/2}$

virtue pona^4, nasin pona^1

virus jaki^2, kon jaki^1, monsuta lili$^{1/2}$, jaki ilo$^{1/2}$, jaki pi kama ante mute$^{1/2}$, pipi lili$^{1/2}$

visible ken lukin^3, lukin^2

vision lukin^3, oko^2, nasin oko$^{1/2}$

visit kama^2, tawa^2, tawa lukin$^{1/2}$

visitor jan kama^4, jan lukin^1, jan sin$^{1/2}$, jan li awen lon tenpo lili$^{1/2}$

visual lukin^4, oko^1, sitelen^1, pi ken lukin$^{1/2}$

vital suli^3, wawa mute$^{1/2}$, wile suli$^{1/2}$, wile tawa moli ala$^{1/2}$, suli mute$^{1/2}$, wawa$^{1/2}$

vitamin ijo pi sijelo pona$^{1/2}$, moku$^{1/2}$, moku lili pona pi wile sijelo$^{1/2}$, ijo lili pi pona sijelo$^{1/2}$, misikeke pona$^{1/2}$, moku pona$^{1/2}$, kon pona lon insa moku$^{1/2}$

vocal toki^2, uta^1, kalama^1

voice kalama uta^2, kalama jan^1, kalama^1, kule mu$^{1/2}$

volume suli^2, mute telo^1, wawa kalama$^{1/2}$

volunteer jan pali pi mani ala^1, jan wile^1, jan pali$^{1/2}$, jan pi wile pali$^{1/2}$, pali tan wile$^{1/2}$

vote pana e wile^2, wile^1

voter jan pi pana wile^2, jan wile^1

voting wile^1, pana e pilin$^{1/2}$, pana e wile$^{1/2}$

vowel kalama open^2, kalama pi uta open^1

vulnerable wawa ala^2, ken pakala^1, awen ala^1, ken kama ike^1

wage mani^3, mani pali^2

wagon tomo tawa^3, poki tawa^1, ilo tawa$^{1/2}$

wait awen^5

wake lape li pini^1, kama tan lape^1, pini lape^1, pini e lape$^{1/2}$, telo tawa$^{1/2}$

walk tawa^3, tawa noka^1, tawa kepeken noka^1

walking tawa^3, tawa noka^2, tawa kepeken noka^1

wall sinpin^3, pake^1, selo tomo^1

wander tawa^2, tawa pi nasin ala$^{1/2}$

want wile^5

wanting to create new words samu^2, wile pali e nimi sin$^{1/2}$

war utala^3, utala suli^2, utala suli ike$^{1/2}$

warm seli^4, seli lili^2

warming seli^3, kama seli^2

warn toki pi ike kama[2], toki e ni: ike li ken kama[½], toki e ike ken[½]

warning toki pi ike kama[1], toki pi kama ike[½], toki pi tenpo ike kama[½], sona pi ijo ike[½], ken ike[½], toki wawa[½], toki pi ijo ike[½]

warrant lipu lawa[1], ken[1], wile[1], lipu pi alasa jan[½], lipu pi ken lukin[½], lipu ken[½]

warrior jan utala[5]

wash telo[3], weka e jaki[1], telo e[½], weka e jaki tan[½]

waste jaki[3], kepeken ala[1], weka ike[1]

watch lukin[4], ilo tenpo[1]

water telo[5]

wave nena telo[2], tawa telo[1], tawa e luka[½]

way nasin[5]

we mi mute[3], mi[2], mi ale[½]

weak wawa ala[4], wawa lili[1]

weakness wawa ala[3], ike[1], ijo pi ken pakala[½], ijo pi wawa lili[½]

wealth mani[4], jo mani[1], mute mani[½], mani mute[½]

wealthy mani mute[2], mani[2], pi mani mute[1], jo e mani mute[1]

weapon ilo utala[4], ilo moli[1], ilo pakala[1]

wear len[3], kepeken len[1], jo[1], kepeken[½]

weather sewi[2], kon en sewi[½], kon li seli anu lete[½], kule sewi[½], kon ali[½]

web linja mute[1], linja alasa pipi[½], len pipi[½], sike linja pipi[½], linluwi[½], kulupu pi ilo sona[½], kulupu linja[½], len pipi[½], len linja[½]

website lipu[3], lipu linluwi[½], lipu kon[½], lipu pi ilo sona[½]

wedding tenpo pi kama wan[½], kulupu pona pi kama wan[½], wan olin[½], tenpo sewi ni: jan olin tu li kama wan[½]

Wednesday tenpo suno nanpa tu wan[1], tenpo suno nanpa tu wan lon tenpo esun[½], tenpo suno[½]

weed kasi nasa[2], kasi ike[1], kasi pipi[1], kasi[½]

week tenpo esun[4]

weekend tenpo pi pali ala[2], pini pi tenpo esun[½], tenpo suno lape[½], tenpo suno pi pali ala[½]

weekly lon tenpo esun ale[2], tenpo esun ale[1], pi tenpo esun wan$^{1/2}$, tenpo esun ale la$^{1/2}$

weigh lukin e suli^2, kama sona e suli^2, kama sona e suli pi wawa anpa$^{1/2}$

weight suli^4, mute suli$^{1/2}$, nanpa suli$^{1/2}$

weird nasa^5

welcome (interj) kama pona^3, o kama pona^3

welcome (you're welcome) sina pona^2, sina pona kin^1, pona^1, sina kin$^{1/2}$

welfare pona^2, pilin pona$^{1/2}$, mani tawa lon$^{1/2}$, pali pona tawa jan ale$^{1/2}$, kulupu pi pana pona$^{1/2}$, pana pona tawa jan$^{1/2}$, pona lon$^{1/2}$, pana kulupu$^{1/2}$

well-being pilin pona^3, pona^2

well pona^4, lupa telo^1, pilin pona$^{1/2}$, taso$^{1/2}$

west tawa suno pini$^{1/2}$, nasin pi suno pini$^{1/2}$, poka pi suno pini$^{1/2}$, lon poka pi moli suno$^{1/2}$, nasin ni$^{1/2}$, lon pini suno$^{1/2}$, nasin pi suno tawa$^{1/2}$

Western ma pi suno tawa^1, tan ma pi pini suno^1, tan ma Elopa$^{1/2}$, ma pi anpa suno$^{1/2}$

wet telo^4, jo e telo^1

whale kala suli^4

what seme^5

whatever ale li pona^1, ijo^1, ijo ale^1, ale li sama$^{1/2}$

wheat pan^4

wheel sike^4, sike tawa^2

when tenpo seme^3, lon tenpo seme^2, la^1, lon tenpo$^{1/2}$

whenever lon tenpo ale^1, tenpo ale^1, tenpo ale la$^{1/2}$

where lon seme^4, ma seme^1

whereas taso^3, ante la^2, ante ni la$^{1/2}$

wherever ma ale^1, lon ma^1, ma ali$^{1/2}$, lon ali$^{1/2}$, lon wile ona$^{1/2}$, lon ma wan anu ma ante$^{1/2}$, lon ale$^{1/2}$, lon seme$^{1/2}$

whether anu^3, ni ala ni^1

which seme^4, ni^1

while la^3, lon tenpo$^{1/2}$, tenpo ni la$^{1/2}$, lon tenpo sama$^{1/2}$, tenpo sama ni la$^{1/2}$, tenpo sama la$^{1/2}$

whip linja utala^2, linja^1, ilo pakala linja^1

whisper toki kepeken wawa lili^2, toki pi kalama lili^2, toki kepeken kalama lili^1, toki kon$^{1/2}$, toki uta lili$^{1/2}$

white walo^5

who jan seme^5, jan ni$^{1/2}$

whoa a^4, wa^2, suli a$^{1/2}$

whoever jan^2, jan seme^1, jan ale^1

whole wan^2, ale^2, ali^1

whom jan seme^4, e jan seme$^{1/2}$

whose pi jan seme^2, jan seme^2, seme$^{1/2}$, ijo pi jan seme$^{1/2}$, jan seme li jo$^{1/2}$

why tan seme^4, tan seme la^1

wide suli^4

widely suli^2, mute^1, tawa jan mute$^{1/2}$, lon ale$^{1/2}$, suli la$^{1/2}$

widespread lon ma mute^1, suli^1

wife jan olin^3, meli^2, jan meli$^{1/2}$

wild nasa^3, ma pi jan ala$^{1/2}$

wilderness ma pi jan ala^2, ma^2, ma kasi^1, ma pi soweli suli$^{1/2}$, ma soweli$^{1/2}$, ma pi lawa ala$^{1/2}$, ma pi soweli nasa$^{1/2}$, ma pi tomo ala$^{1/2}$

wildlife soweli^2, soweli ma^1, soweli ale$^{1/2}$

will wile^5, tenpo kama la^1

willing wile^5

willingness wile^4, pilin wile$^{1/2}$, wile pona$^{1/2}$

win kama nanpa wan^1, sewi^1, pini pona^1, kama wawa$^{1/2}$

wind kon tawa^4, kon^1

window lupa^3, lupa lukin^2, lupa tomo lukin$^{1/2}$

wine telo nasa^2, telo nasa loje^1, telo nasa kili^1

wing luka waso^4, luka pi tawa sewi$^{1/2}$, luka kon$^{1/2}$

winner jan wawa^1, jan nanpa wan^1, jan sewi^1, jan pi pini pona^1

winter tenpo lete^5

wipe weka^2, len e^1, telo$^{1/2}$, weka e jaki kepeken len$^{1/2}$

wire linja^2, linja wawa^2, linja kiwen^2

wisdom sona^4, sona pona^1, nasin sona$^{1/2}$

wise sona^3, pi sona suli$^{1/2}$, sona mute$^{1/2}$

wish wile^5

witch jan pi wawa nasa^2, meli pi wawa nasa$^{1/2}$, jan pi kon wawa$^{1/2}$, jan sona$^{1/2}$, jan nasa$^{1/2}$, jan usawi$^{1/2}$, meli nasa$^{1/2}$

with lon poka^2, kepeken^1, kan^1, poka^1

withdraw weka^2, kama jo^1, tawa monsi$^{1/2}$, tawa$^{1/2}$

within lon insa^3, insa^2, lon insa pi^1

without weka^2, kepeken ala^1, kan ala^1, jo ala^1, ala^1

witness jan lukin^4, jan oko^1, lukin^1

wolf soweli^2, soweli alasa$^{1/2}$, soweli mun$^{1/2}$, soweli wawa$^{1/2}$

woman meli^4, jan meli^1

wonder wile sona^2, pilin^1, pilin pi wile sona$^{1/2}$, ijo pi pona mute$^{1/2}$

wonderful pona^2, pona mute^2, pona a^2, epiku$^{1/2}$, suwi mute$^{1/2}$

wood kiwen kasi^3, kasi kiwen^1, kasi^1

wooden kiwen kasi^3, kasi kiwen^1, kasi^1

woof mu^5

word nimi^5

(word reserved for future use by Sonja Lang) ju

(word reserved for future use by Sonja Lang) lu

(word reserved for future use by Sonja Lang) nu

(word reserved for future use by Sonja Lang) su

(word reserved for future use by Sonja Lang) u

work pali^5

worker jan pali^5, pipi pali$^{1/2}$

working pali^5

workout pali sijelo^3, tawa sijelo$^{1/2}$, pali tan pona sijelo$^{1/2}$, pali pi pona sijelo$^{1/2}$, pali wawa$^{1/2}$, tawa wawa$^{1/2}$

workshop tomo pali^3, tomo ilo$^{1/2}$, kulupu pi kama sona$^{1/2}$, tenpo pi kama sona en pali$^{1/2}$, kulupu pali$^{1/2}$

world ma^3, ma ale^2, ma sike^1, ma ali$^{1/2}$

worldwide ma ale^3, lon ma ale^2, lon ma ali^1, ma ale la$^{1/2}$

worried pilin ike^2, pilin monsuta^1, pilin monsuta lili$^{1/2}$

worry pilin monsuta^1, pilin ike^1, pilin ike tawa tenpo kama$^{1/2}$, pilin ike tan ike ken$^{1/2}$, pilin ike tan sona ala$^{1/2}$, pilin ike tan ijo kama$^{1/2}$

worth mani^4, sama mani$^{1/2}$, pona$^{1/2}$

worthy pona^2, suli^1, ken^1, ken kama jo$^{1/2}$

would wile^2, ken^1

wound pakala sijelo^2, pakala^2, pakala selo^1

wow a^4, wa^1, wawa a$^{1/2}$, mu$^{1/2}$, pona a$^{1/2}$, pona mute a$^{1/2}$

wrap len^2, poki^2, selo$^{1/2}$, len e$^{1/2}$, selo e$^{1/2}$, sike e$^{1/2}$, kama selo$^{1/2}$

wrist luka^3, sike luka^1

write sitelen^4, sitelen e^1, pali lipu$^{1/2}$

writer jan sitelen^3, jan pi pali lipu$^{1/2}$, jan pali lipu$^{1/2}$, jan lipu$^{1/2}$, jan pi sitelen toki$^{1/2}$, jan toki$^{1/2}$

writing sitelen^4, sitelen toki^1, lipu^1

written sitelen^4, lipu$^{1/2}$, lon sitelen$^{1/2}$, pi sitelen toki$^{1/2}$

wrong ike^3, lon ala^2, sona ike^1, pona ala$^{1/2}$, nasin ike$^{1/2}$

yard ma^2, ma lili lon poka tomo^1, ma lili$^{1/2}$, ma kili tomo$^{1/2}$, ma lon poka tomo$^{1/2}$, noka suli$^{1/2}$

yeah lon^4, a^1, pona$^{1/2}$, lon a$^{1/2}$

year tenpo sike^3, sike suno^1, tenpo sike suno$^{1/2}$

yearn wile^4, wile mute^1, pilin pi olin weka$^{1/2}$, pilin wile$^{1/2}$

yell toki wawa^1, toki pi kalama suli$^{1/2}$, kalama wawa$^{1/2}$, mu wawa$^{1/2}$, toki utala$^{1/2}$, toki kepeken kalama suli$^{1/2}$, kalama uta$^{1/2}$

yellow jelo^5

yep lon^5, lon a$^{1/2}$

yes lon^4

yesterday tenpo suno pini^3, suno pini^2, tenpo suno pini la^1, tenpo pini^1, tenpo suno poka pini$^{1/2}$

yet taso^3, lon tenpo ni$^{1/2}$, tawa tenpo ni$^{1/2}$, tenpo ni la$^{1/2}$, tenpo tawa tenpo ni la$^{1/2}$

yield pana^3, awen^1, anpa$^{1/2}$

you sina^5

young lili^4, sin^2, jan lili$^{1/2}$, jan pi tenpo lili$^{1/2}$

your sina^5

yours sina^5, ijo sina$^{1/2}$

yourself sina^4, sina sama^2

youth jan lili^2, tenpo pi jan lili^1, tenpo pi kama suli^1, jan sin$^{1/2}$

zero ala^5

zone ma^4, poka^1, tomo^1

Toki Pona–English

a

excl ah^5, oh^5, ha^5, ooh^4, gosh^4, uh^4, whoa^4, wow^4, um^3, huh^3

(more)
uh-huh^2, quite^2, gasp^2, sigh^2, really^2, hmm^2, mm-hmm^2, heck^1, especially^1, so^1, yeah^1, cheer^1, emphasis^1, absolutely^1, mmm$^{1/2}$, hey$^{1/2}$, such$^{1/2}$, actually$^{1/2}$, incredibly$^{1/2}$, extraordinary$^{1/2}$, totally$^{1/2}$, okay$^{1/2}$, shrug$^{1/2}$, fuck$^{1/2}$, damn$^{1/2}$, anyway$^{1/2}$, goodness$^{1/2}$, goddamn$^{1/2}$, surprised$^{1/2}$, scream$^{1/2}$

a a uh-huh^1
a a a laughter^1, chuckle^1, laugh^1
a a a pan French$^{1/2}$
a ike ridiculous$^{1/2}$
a pona mm-hmm$^{1/2}$
akesi reptile^5, frog^3, snake$^{1/2}$
akesi ike monster$^{1/2}$
akesi kiwen turtle^3
akesi linja snake^4
akesi pi noka ala snake$^{1/2}$
akesi pi selo kiwen turtle^1
akesi pi tomo monsi turtle$^{1/2}$
akesi seli dragon^3
akesi sewi dragon$^{1/2}$
akesi suli dragon$^{1/2}$
akesi suli pi pana seli dragon$^{1/2}$
akesi suwi frog$^{1/2}$
akesi telo frog$^{1/2}$
akesi tomo turtle^1
akesi wawa dragon$^{1/2}$

ala

adv not^5
n none^5, nothing^5
num,adj zero^5, no^5

(more)
neither^3, nor^2, hardly^2, deny^1, off^1, absence^1, reject^1, without^1, barely$^{1/2}$, false$^{1/2}$, negative$^{1/2}$

ala e delete$^{1/2}$
ala e ken forbid$^{1/2}$
ala kin nor^1, neither^1
ala la unless^1, else$^{1/2}$
ala li lawa e ona independent$^{1/2}$
ala li lon insa empty^1
Alan Irish$^{1/2}$
Alapi Arab^1

alasa

 vt hunt^5, search (for)^4, pursue^4, gather^4, seek^3, explore^3, chase^2, locate^2, collect^2, catch^2, find^2, aim (for)^2

 n hunting^5, pursuit^4, chase^2, quest^2

 pv try^2, aim to^2

(more)
exploration^1, attempt^1, follow^1, strive^1, venture^1, retrieve^1, investigate^1, capture^1, seize^1, found$^{1/2}$, prosecution$^{1/2}$, testing$^{1/2}$, extract$^{1/2}$, patrol$^{1/2}$, experimental$^{1/2}$

alasa e jan recruit$^{1/2}$
alasa e kala fishing^1

alasa e kon evaluation$^{1/2}$
alasa e lon verify$^{1/2}$
alasa e nanpa calculate^1
alasa e nanpa pona tune$^{1/2}$
alasa e nasin pona
 negotiate$^{1/2}$
alasa e pakala inspection$^{1/2}$
alasa e sona investigate^2, interpret^1, investigation$^{1/2}$, testing$^{1/2}$, evaluate$^{1/2}$, research$^{1/2}$
alasa e sona kepeken wawa sewi divination$^{1/2}$
alasa e soweli hunting$^{1/2}$
alasa e tan justify$^{1/2}$
alasa kala fishing^3
alasa kepeken nasin sona
 analyze$^{1/2}$
alasa kiwen mining^1
alasa ma exploration$^{1/2}$
alasa musi adventure$^{1/2}$
alasa olin court$^{1/2}$
alasa pona testing$^{1/2}$
alasa sona research^2, analysis$^{1/2}$, survey$^{1/2}$, investigation$^{1/2}$, trial$^{1/2}$
alasa sona e pakala
 diagnose$^{1/2}$
alasa sona pi tenpo kama
 predict$^{1/2}$
alasa suli adventure$^{1/2}$
alasa unpa cruise$^{1/2}$

alasa utala patrol$^{1/2}$
ale
    adj every^4, all^4, entire^4,
      universal^3, total^3,
      comprehensive^3
    n everything^4, all^4, total^3,
      universe^3, life^1
    adv completely^3, entirely^3,
      altogether^3
    num hundred^2

    (more)
    full^2, totally^2, each^2, fully^2,
    any^2, thoroughly^2, absolute^2,
    general^2, countless^2,
    complete^2, whole^2, creation^1,
    trillion^1, million^1, anything^1,
    existence$^{1/2}$, nature$^{1/2}$,
    lifetime$^{1/2}$, billion$^{1/2}$

ale ala partially^1, almost^1
ale jan humanity$^{1/2}$
ale la overall^4, generally^2,
    altogether^2, entirely$^{1/2}$, fully$^{1/2}$,
    completely$^{1/2}$
ale li lon kulupu altogether$^{1/2}$
ale li pona whatever^1, peace$^{1/2}$,
    content$^{1/2}$, alright$^{1/2}$
ale li sama whatever$^{1/2}$
ale li tan mi responsible$^{1/2}$
ale ni li ken including$^{1/2}$
ale pi pali jan ala nature$^{1/2}$

ale tan kulupu mama pini
    legacy$^{1/2}$
ali all^2, entire^2, universe^2,
    every^1, whole^1, completely^1,
    fully^1, totally^1, total^1, any$^{1/2}$,
    sum$^{1/2}$, everything$^{1/2}$,
    altogether$^{1/2}$
ali jan lifetime$^{1/2}$
ali lon poka environment$^{1/2}$
Anku Korean^1

anpa
    adv down^5
    n bottom^4, area below^3,
      area beneath^3, area under^2,
      floor^2
    (see also **lon anpa***)*
    adj bottom^4, lower^4
    vt lower^4, defeat^3
    (see also **anpa e***)*
    vi bow^2, fall^2
    (see also **tawa anpa, kama anpa***)*

    (more)
    underlying^2, basis^1, descend^1,
    foundation^1, decline^1,
    undermine^1, dominate^1, lay^1,
    landing^1, sit^1, drop^1, bury^1,
    base^1, depth^1, tuck$^{1/2}$, loss$^{1/2}$,
    casual$^{1/2}$, yield$^{1/2}$, ground$^{1/2}$,
    sink$^{1/2}$, submit$^{1/2}$, pray$^{1/2}$

anpa e defeat[2], overcome[2], tackle[1], dominate[1], beat[½], lower[½]

anpa e kulupu lawa revolution[½]

anpa e monsi sit[1]

anpa e ona lon insa ma bury[½]

anpa kasi root[½]

anpa lawa neck[2], chin[1], throat[1], jaw[½]

anpa li lili shallow[½]

anpa lili shallow[½]

anpa luka armpit[2]

anpa mute deeply[½]

anpa noka sole[½]

anpa pi noka soweli pad[½]

anpa pi palisa luka armpit[1]

anpa sewi bounce[1]

anpa sinpin chin[½]

anpa suli deep[1]

anpa suno sunset[1]

anpa tan sewi suspend[½]

anpa tomo basement[½]

anpa uta jaw[1], chin[½]

anpa wawa fall[1], foundation[½]

ante

adj other[5], different[5], alternative[4], distinct[4], another[3], else[3]

vt alter[5], modify[5], change[4], convert[4], edit[4], transform[3], switch[3], replace[3]
(see also **ante e***)*

n change[4], edit[4], difference[4], transformation[4], variation[3], distinction[3], contrast[3], switch[3], conversion[3], adjustment[3]

adv differently[4], else[3]
(see also **ante la***)*

vi vary[4]
(see also **kama ante***)*

(more)
affect[2], adapt[2], distinguish[2], adjust[2], amendment[2], transition[2], opposed[2], unlike[2], separate[2], counterpart[2], diversity[2], adaptation[2], shift[2], dynamic[2], impact[2], diverse[2], evolution[1], rather[1], opposition[1], opposite[1], reverse[1], aside[1], developing[1], exception[1], reform[1], version[1], bend[1], oppose[1], replacement[1], intervention[1], subsequent[1], update[1], against[1], influence[1], depend[1], setting[½], unique[½], exchange[½], processing[½], strange[½], unusual[½]

ante ala consistent^2
ante ala tan jan organic$^{1/2}$
ante e affect^1, influence^1,
  modify$^{1/2}$, convert$^{1/2}$, skip$^{1/2}$,
  twist$^{1/2}$
ante e lipu edit$^{1/2}$
ante e nasin intervention$^{1/2}$
ante e pilin persuade^1,
  convince^1
ante e poka flip$^{1/2}$, reverse$^{1/2}$
ante e selo transform$^{1/2}$
ante e selo kiwen carve$^{1/2}$
ante e sijelo arrange$^{1/2}$
ante e toki translate^2,
  translation$^{1/2}$
ante e wile persuade$^{1/2}$
ante ike manipulate$^{1/2}$,
  discrimination$^{1/2}$
ante kule variety$^{1/2}$
ante la otherwise^4, instead^2,
  anyway^2, whereas^2, else^2,
  moreover^1, besides^1, rather^1,
  differently^1, although$^{1/2}$
ante lili adjust^1, patch$^{1/2}$,
  adjustment$^{1/2}$
ante lon tenpo ale dynamic$^{1/2}$
ante mute diverse^2,
  diversity^2, variety^1, radical$^{1/2}$,
  contrast$^{1/2}$
ante nasin shift$^{1/2}$
ante ni la whereas$^{1/2}$

ante pona reform^1,
  adaptation^1, adapt^1, adjust^1,
  special$^{1/2}$, lucky$^{1/2}$, promotion$^{1/2}$
ante sitelen edit$^{1/2}$
ante suli transform$^{1/2}$,
  revolution$^{1/2}$
ante tawa nasin ante
  adaptation$^{1/2}$
ante toki translation^2
anu or^5, whether^3, choice^3,
  selection^2, either^2, select^2,
  decide^2, decision^2, choose^2,
  opt^2, option^1, else$^{1/2}$
anu e elect^1
anu ijo ala nor^1
anu ijo ante etc$^{1/2}$
anu ijo sama ni etc$^{1/2}$
apeja shame^2, embarrassed^2,
  guilt^1, guilty^1, blame$^{1/2}$,
  regret$^{1/2}$
Apika African^1
Asija Asian^1

awen
  vi wait^5, stay^5, remain^5,
    endure^4, continue^4
  n wait^5, stay^5, protection^3,
    stability^3, security^3,
    defence^3
  vt preserve^5, sustain^5,
    retain^4, defend^4, secure^4,

save^4, protect^4, keep^4,
reserve^3, maintain^3
adj continued^4, continuing^4,
remaining^3, continuous^3,
safe^3, stable^3, constant^3,
protective^3, left
(remaining)^3
pv continue^4, keep^4, still^3

(more)
defensive^2, rescue^2,
maintenance^2, stand^2,
standing^2, steady^2, pause^2,
custody^2, safely^2, saving^2,
guard^2, reservation^2,
suspend^2, safety^2, ongoing^2,
hang^2, hesitate^2,
conservation^2, delay^2, fixed^2,
survival^2, settle^2, patient^2,
conservative^2, careful^2,
ensure^2, survive^1, storage^1,
loyal^1, backup^1, occupy^1,
patience^1, archive^1, resist^1,
permanent^1, prevention^1,
commitment^1, spare^1,
consistent^1, shield^1, yield^1,
sit^1, promising^1, living^1,
cope^1, support^1, stance^1,
projection^1, resistance$^{1/2}$,
shelter$^{1/2}$, pose$^{1/2}$,
sustainable$^{1/2}$, arrest$^{1/2}$,

loyalty$^{1/2}$, constantly$^{1/2}$,
commit$^{1/2}$, consistently$^{1/2}$, pin$^{1/2}$,
live$^{1/2}$, care$^{1/2}$, stock$^{1/2}$, store$^{1/2}$,
raise$^{1/2}$, record$^{1/2}$, rest$^{1/2}$

awen ala loose^1, vulnerable^1,
dynamic$^{1/2}$
awen ala la immediately$^{1/2}$
awen e rescue$^{1/2}$, preserve$^{1/2}$,
protect$^{1/2}$, tend$^{1/2}$
awen e jan lili sin adopt$^{1/2}$
awen e ni: jan li pona care$^{1/2}$
awen ike endure$^{1/2}$
awen jo keep^1, retain$^{1/2}$
awen kalama recording^1
awen la nevertheless^1,
regardless$^{1/2}$, constantly$^{1/2}$
awen lawa enforcement^1
awen lili hesitate^1, loose$^{1/2}$
awen lon survival^2, survive^1,
settle$^{1/2}$, live$^{1/2}$
awen lon insa tuck$^{1/2}$
awen lon kon float^1
awen lon kulupu olin
commitment$^{1/2}$
awen lon lipu archive$^{1/2}$
awen lon monsi sit^1
awen lon nasin faithful$^{1/2}$
awen lon poka attach$^{1/2}$
awen lon pona thrive$^{1/2}$

awen lon tenpo ale
  permanent$^{1/2}$
awen lon tenpo suli long-
  term$^{1/2}$
awen lukin attention$^{1/2}$, stare$^{1/2}$
awen mani banking^{1}
awen mani ala non-profit$^{1/2}$
awen noka standing$^{1/2}$
awen olin faithful$^{1/2}$
awen open tawa jan wan
  reservation$^{1/2}$
awen pali proceed^{2}, actively$^{1/2}$,
  continue$^{1/2}$
awen pi wile pona
  accountability$^{1/2}$
awen pilin pona cope$^{1/2}$
awen poka lean$^{1/2}$
awen pona maintain^{1}, cope^{1},
  safety$^{1/2}$, reliable$^{1/2}$, thrive$^{1/2}$,
  reliability$^{1/2}$
awen sama balance^{1}
awen sewi float^{1}
awen sijelo stance$^{1/2}$
awen sona remember^{3},
  recall^{2}, memory^{2}, memorial$^{1/2}$,
  remind$^{1/2}$, reminder$^{1/2}$
awen tan prevent$^{1/2}$
awen tan ike endure$^{1/2}$
awen tawa continuous$^{1/2}$,
  proceed$^{1/2}$
awen toki insist^{1}

awen tomo parking^{1}
awen utala defensive$^{1/2}$,
  resist$^{1/2}$
awen wawa steady^{1}
awen weka tolerate$^{1/2}$,
  absence$^{1/2}$
awen wile insist$^{1/2}$
e jan seme whom$^{1/2}$
e sama etc$^{1/2}$
e sama e sama etc$^{1/2}$
Elopa European^{1}
en plus^{3}, and^{3}, add^{2}, addition^{2},
  sum^{1}
en ante etc^{1}
en ijo ante etc$^{1/2}$
en la also^{1}
Epanja Spanish^{1}
Epanjo Spanish$^{1/2}$
epiku epic^{3}, awesome^{2},
  amazing^{2}, spectacular^{1},
  super$^{1/2}$, fantastic$^{1/2}$,
  wonderful$^{1/2}$, cool$^{1/2}$
epiku a incredible$^{1/2}$

esun
  n trading^{5}, shopping^{5}, deal^{4},
  commerce^{4}, purchase^{4},
  sales^{4}, transaction^{4},
  market^{4}, sale^{3}, exchange^{3},
  business^{3}, shop^{3}

vt trade^5, purchase^4, buy^4,
market^4, exchange^3, sell^3
(see also **tenpo esun***)*

(more)
retail^3, commercial^2, store^2,
financial^2, enterprise^2,
franchise^2, economy^2,
spend^2, marketing^1,
corporate^1, economic^1, pay^1,
company^1, spending^1,
banking$^{1/2}$, retailer$^{1/2}$,
monetary$^{1/2}$, outlet$^{1/2}$, rent$^{1/2}$,
commission$^{1/2}$

esun ala non-profit^2
esun e kepeken charter$^{1/2}$
esun e pali sitelen
commission$^{1/2}$
esun ike pi weka mani
fraud$^{1/2}$
esun lili retail$^{1/2}$
esun mani banking$^{1/2}$
esun moku restaurant$^{1/2}$
**esun ona li pakala ike tan
mani ala li ken ala esun
lon tenpo kama**
bankruptcy$^{1/2}$
esun pi awen mani banking$^{1/2}$
esun pi ijo lili retailer$^{1/2}$
esun pi telo seli café$^{1/2}$
esun pi tenpo mun rent$^{1/2}$

esun sama franchise$^{1/2}$
esun sin venture$^{1/2}$
esun soweli farm$^{1/2}$
esun suli mall^1, commercial$^{1/2}$
ete exceed^1, beyond^1
ete mun space$^{1/2}$
ewe stone$^{1/2}$

ijo
   n thing^5, object^5, stuff^5,
item^5, something^5, entity^5,
phenomenon^4, material^4,
matter^4, substance^3,
anything^3

(more)
element^2, asset^2, being^2,
chemical^2, subject^2, product^2,
stock^2, example^2, trait^2,
resource^2, commodity^1,
factor^1, component^1,
instance^1, context^1, aspect^1,
estate^1, whatever^1,
parameter^1, option^1, chunk^1,
possession^1, ingredient$^{1/2}$,
incident$^{1/2}$, polyhedron$^{1/2}$,
concept$^{1/2}$, type$^{1/2}$, file$^{1/2}$,
feature$^{1/2}$, content$^{1/2}$, supply$^{1/2}$,
model$^{1/2}$, characteristic$^{1/2}$,
property$^{1/2}$, affair$^{1/2}$,
compound$^{1/2}$

ijo ala nothing[1]
ijo ala li ken lukin e ijo ni
  invisible entity[½]
ijo alasa target[1], objective[½]
ijo ale whatever[1], anything[1],
  creation[½], everything[½]
ijo ali everything[½]
ijo ante replacement[1],
  instead[½], clause[½],
  adaptation[½], etc[½],
  difference[½], alternative[½]
ijo ante li lon etc[½]
ijo ante mute variety[½]
ijo awen legacy[½], trace[½], rest[½]
ijo esun commodity[3],
  product[1], stock[½]
ijo esun awen stock[½]
ijo esun jo stock[½]
ijo ijo feature[½]
ijo ike issue[1], flaw[1], problem[1],
  scandal[1], incident[½],
  controversy[½]
ijo ike a emergency[½]
ijo ike suli terror[½]
ijo insa part[1], material[½]
ijo jan trait[1]
ijo jasima compensation[½]
ijo jo property[2], supply[1], load[½]
ijo kama next[2],
  consequence[½], event[½],
  phenomenon[½]

ijo ken option[½]
ijo kepeken resource[½]
ijo kin addition[½]
ijo kipisi chunk[1]
ijo kiwen hard object[2],
  burden[½], fundamental[½]
ijo kon invisible entity[2],
  mystery[½], molecule[½]
ijo kulupu shared[½]
ijo lawa feature[½]
**ijo li pana e sona pi tenpo
  pini** reminder[½]
ijo li pana e wile incentive[½]
ijo li pona anu ike
  assessment[½]
ijo lili detail[2], particle[2],
  molecule[1], sample[1], feature[½],
  piece[½], characteristic[½], bit[½],
  chip[½], dot[½], aspect[½]
ijo lili a molecule[½]
ijo lili ike bacteria[½]
ijo lili pi pona sijelo vitamin[½],
  medication[½]
ijo lili pi sona mute detail[½]
ijo lili sama example[½]
ijo lili tan ijo suli sample[½]
ijo lili unpa DNA[½]
ijo lipu formal[½]
ijo lon fact[2], organism[2],
  reality[½], creature[½]
ijo lon insa lawa concept[½]

ijo lon luka handful[½]
ijo lukin exhibition[½], model[½], exhibit[½], installation[½]
ijo mama heritage[½], gene[½]
ijo mani asset[1]
ijo mi property[1], mine[1]
ijo monsi previous[½]
ijo musi toy[1]
ijo mute spectrum[½], bunch[½], compound[½]
ijo mute li lon insa mixed[½]
ijo mute li wan combination[½]
ijo mute pi kama wan compound[½]
ijo nanpa luka wan carbon[½]
ijo nanpa tu latter[½]
ijo nanpa wan priority[1]
ijo nasa mystery[½]
ijo ni anu ijo ante either[½]
ijo ni li lon ala la mi ken ala pali e ijo rely[½]
ijo olin pi sijelo soweli teddy bear[½]
ijo open starter[1]
ijo pake obstacle[1], restriction[½]
ijo pali product[1], agent[½], capital[½], resource[½]
ijo pan carbohydrate[½]
ijo pana gift[3], provider[½], contribution[½], source[½], offering[½]

ijo pana kepeken mani ala donation[½]
ijo pana pi pini pona award[½]
ijo pana sewi offering[½]
ijo pi awen sona memorial[½]
ijo pi insa lawa idea[½]
ijo pi jan seme whose[½]
ijo pi kama pona correction[½]
ijo pi ken kama prospect[½]
ijo pi ken pakala weakness[½]
ijo pi ma ale resource[½]
ijo pi mani lili cheap[1]
ijo pi mi mute ours[½]
ijo pi nasin lon attribute[½]
ijo pi nimi ala unidentified[½]
ijo pi pana lukin indicator[½]
ijo pi pana pilin stimulus[½]
ijo pi pana sona indicator[1], example[1], reminder[½], model[½], proof[½], indication[½]
ijo pi pana sona pi tenpo pini memorial[½]
ijo pi pana wile incentive[½]
ijo pi pilin mute stimulus[½]
ijo pi pona mute wonder[½]
ijo pi pona sijelo medicine[1]
ijo pi sijelo pona vitamin[½]
ijo pi sinpin mute polyhedron[½]
ijo pi sona ala mystery[1]
ijo pi tawa ala stability[½]

ijo pi tenpo pini history[½]
ijo pi toki ni subject[½]
ijo pi wawa lili weakness[½]
ijo pimeja carbon[1]
ijo pini previous[½]
ijo pini wan previous[½]
ijo pona prize[1], merit[1], award[1], asset[1], medal[1], cure[½], advantage[½], recommendation[½]
ijo pona pi jan nanpa wan prize[½]
ijo pona tan mama legacy[½]
ijo pona tan nanpa wan lon utala prize[½]
ijo pona tan pali pona reward[½]
ijo pona tan pona reward[½]
ijo sama equivalent[1], model[½], counterpart[½]
ijo sama ijo example[½]
ijo sama mute pattern[½]
ijo sama pimeja shadow[½]
ijo sama soweli protein[½]
ijo sewi miracle[1]
ijo sijelo flesh[½], protein[½]
ijo sin news[2], invention[2], innovation[1], replacement[1], update[1], discovery[1], extension[½], trend[½]
ijo sina yours[½]

ijo sona evidence[1], concept[½], notion[½]
ijo suli priority[1], topic[1], burden[½]
ijo suli ike burden[½]
ijo suli li tawa anpa gravity[½]
ijo suli lon sijelo lili density[½]
ijo tan implication[½], consequence[½]
ijo tan jan moli heritage[½]
ijo tan mama heritage[½]
ijo tan ni consequence[½]
ijo tan pali jan resource[½]
ijo tan pali pona reward[½], prize[½]
ijo tawa jan nanpa wan prize[½]
ijo toki topic[2], context[1], subject[1], notion[½]
ijo tu ni li ken ala lon tenpo sama paradox[½]
ijo wan unit[½], mix[½], section[½]
ijo wan pi ijo mute compound[½]
ijo wan tan ale anything[1]
ijo wile required[1], necessity[½], requirement[½]

ike
adj bad[5], harsh[5], mean[4], evil[4], negative[4], horrible[4], terrible[4], unfortunate[3],

offensive[3], awful[3], tragic[3], cruel[3], wrong[3], inappropriate[3]

adv badly[5], poorly[3]
(see also **ike la***)*

n evil[4], problem[4], trouble[3], issue[3], complexity[3]

(more)
unfair[2], awkward[2], complicated[2], vice[2], hostile[2], difficulty[2], nasty[2], corrupt[2], corruption[2], danger[2], hard (difficult)[2], complex[2], challenging[2], harm[2], cursed[2], toxic[2], difficult[2], chaos[2], disorder[2], error[2], weakness[1], dangerous[1], flaw[1], bitter[1], disturbing[1], abuse[1], suck[1], pain[1], suffering[1], infamous[1], scandal[1], suffer[1], penalty[1], demon[1], useless[1], sin[1], harassment[1], tragedy[1], disgusting[1], rogue[1], undermine[1], guilty[1], spite[1], trauma[1], disaster[1], crisis[1], unclear[1], brutal[1], tension[½], violate[½], strain[½], scary[½], detailed[½], terror[½], depression[½], challenge[½], liability[½], bother[½], betray[½], heck[½], involved[½], burden[½], crap[½], tough[½], unlike[½], overwhelming[½], hatred[½]

ike a unfortunate[1], terrible[1], horrible[1], awful[½], unfortunately[½], bitch[½], goddamn[½]

ike a ni li ike mute a panic[½]

ike ala innocent[2]

ike awen chronic[½]

ike e offend[1], violate[½]

ike jasima punish[½]

ike ken danger[1]

ike la unfortunately[3], sadly[3], poorly[½], badly[½]

ike lawa headache[2], illegal[1], punishment[½]

ike li ken kama dangerous[½]

ike lili awkward[½]

ike lon tenpo ni inappropriate[½]

ike lon uta bitter[½]

ike lukin ugly[3], suspicious[2]

ike mi I'm sorry[1]

ike musi ridiculous[½]

ike mute awful[2], horrible[2], terrible[2], severe[1], evil[½], nasty[½]

ike mute a tragic[½]

ike mute tawa hate[1]

ike pali difficulty[½]

ike pana punishment$^{1/2}$

ike pi telo loje diabetes$^{1/2}$

ike pi telo oko tragic$^{1/2}$

ike sijelo illness^2, cancer^1, injury^1, infection^1, syndrome$^{1/2}$, stroke$^{1/2}$, disorder$^{1/2}$

ike suli disaster^1, tragedy^1, emergency$^{1/2}$

ike suwi diabetes^1

ike tan ike punishment^2, penalty$^{1/2}$

ike tan lawa punishment$^{1/2}$

ike tawa bother$^{1/2}$, critical$^{1/2}$, oppose$^{1/2}$

ike tawa jan ante racist^1, discrimination$^{1/2}$

ike tawa jan mute infamous^1

ike tawa jan ni victim$^{1/2}$

ike tawa jan pi kulupu ante racist$^{1/2}$

ike tawa jan pi selo ante racism^1, racist$^{1/2}$

ike tawa lawa illegal^1, rogue$^{1/2}$

ike tawa pilin jan offensive$^{1/2}$

ike tawa sijelo toxic$^{1/2}$

Ilan Iranian^2

ilo

n tool^5, device^5, equipment^5, machine^5, app^4, hardware^4, robot^3, gear^3, tech^3, mechanism^3, software^3

adj technological^3, mechanical^3, technical^3

(more)

utility^2, instrument^2, application^2, technology^2, computer^2, industrial^1, program^1, virtual^1, switch^1, drill^1, system^1, hook^1, implement^1, facility^1, artificial$^{1/2}$, iPad$^{1/2}$, kit$^{1/2}$, engine$^{1/2}$, server$^{1/2}$, resource$^{1/2}$, handle$^{1/2}$, pan$^{1/2}$

ilo alasa bow^2, trap^1, rifle^1, hook$^{1/2}$

ilo alasa kala tackle$^{1/2}$

ilo ale inventory$^{1/2}$, technology$^{1/2}$

ilo awen anchor[2], shield[2], pin[1], lock[½], vice[½], protection[½], trap[½], clip[½]
ilo awen pi tomo tawa telo anchor[½]
ilo esun cart[½]
ilo insa pi telo loje heart[½]
ilo jaki toilet[1]
ilo jan android[1]
ilo jasima mirror[2]
ilo jo carrier[1], hook[½]

ilo kalama radio[4], bell[3], horn[2], instrument[2], drum[2], alarm[1], piano[1], guitar[1], speaker[1]
ilo kalama lawa headphones[1]
ilo kalama linja guitar[2]
ilo kalama pi nena mute piano[1]
ilo kalama selo drum[½]
ilo kalama sike selo drum[½]
ilo kiki nail[½]
ilo kiki pi telo pi pona sijelo vaccine[½]
ilo kipisi knife[4], blade[1], sword[1]
ilo kiwen ni: ilo li moku e selo pi ilo ante li selo e ilo die[½]
ilo kon fan[1], software[½], pump[½], pipe[½]
ilo kule brush[½]
ilo kute headphones[2], sensor[½]
ilo kute lawa headphones[½]
ilo lanpan trap[½]

ilo lape pillow^{1}
ilo len needle$^{1/2}$
ilo li pali processing$^{1/2}$
ilo li tawa e telo pump$^{1/2}$
ilo lili tablespoon^{1}, mechanism$^{1/2}$
ilo lili pi lipu awen pin$^{1/2}$
ilo lili sike pi kama wan screw$^{1/2}$
ilo linja brush^{1}
ilo linja pi kalama musi guitar^{1}
ilo lipu iPad$^{1/2}$
ilo luka mouse$^{1/2}$, handle$^{1/2}$
ilo lukin sensor^{2}, lens^{2}, mirror^{1}, telescope^{1}, TV^{1}, monitor$^{1/2}$, display$^{1/2}$, scope$^{1/2}$
ilo lupa drill^{2}
ilo lupa kalama horn$^{1/2}$
ilo mani register$^{1/2}$
ilo misikeke pipe$^{1/2}$
ilo moku fork^{5}, tablespoon^{2}, plate^{1}, pan^{1}, knife^{1}, dish$^{1/2}$, teaspoon$^{1/2}$
ilo moku lili teaspoon^{2}, tablespoon^{1}
ilo moku palisa fork$^{1/2}$
ilo moku pi telo kasi teaspoon$^{1/2}$
ilo moli gun^{2}, weapon^{1}, rifle$^{1/2}$, bullet$^{1/2}$, bomb$^{1/2}$

ilo moli kalama gun$^{1/2}$
ilo mu horn$^{1/2}$
ilo musi toy^{4}
ilo musi pi jan lili doll^{1}
ilo musi sama jan doll^{1}
ilo mute gear$^{1/2}$, kit$^{1/2}$
ilo nanpa counter^{2}, computer^{1}, hardware$^{1/2}$
ilo nanpa lili smartphone^{1}, laptop$^{1/2}$
ilo nasa drug^{1}
ilo oko lens^{2}, viewer$^{1/2}$
ilo open key^{4}, starter$^{1/2}$, trigger$^{1/2}$
ilo open lupa key$^{1/2}$
ilo pakala bomb^{1}, weapon^{1}, drill$^{1/2}$
ilo pakala linja whip^{1}
ilo pakala wawa bomb$^{1/2}$
ilo pake fence$^{1/2}$, filter$^{1/2}$, shield$^{1/2}$
ilo pali engine^{1}, framework$^{1/2}$
ilo palisa moli pi sike utala lili rifle$^{1/2}$
ilo pan mill$^{1/2}$
ilo pana arrow^{1}, outlet$^{1/2}$
ilo pana lon kulupu ilo server$^{1/2}$
ilo pana utala trigger$^{1/2}$
ilo pi alasa kala hook$^{1/2}$
ilo pi awen lawa helmet$^{1/2}$
ilo pi awen lupa lock$^{1/2}$

ilo pi awen poki lock$^{1/2}$

ilo pi awen sijelo shield$^{1/2}$

ilo pi kalama kon radio$^{1/2}$

ilo pi kalama musi
instrument^2, piano^1, guitar$^{1/2}$

ilo pi kalama weka radio$^{1/2}$

ilo pi kama jo receiver$^{1/2}$,
hook$^{1/2}$

ilo pi kama pali trigger$^{1/2}$

ilo pi kama sewi elevator$^{1/2}$

ilo pi kasi nasa pipe$^{1/2}$

ilo pi kon tawa fan^1

**ilo pi linja kiwen pi weka
jaki** brush$^{1/2}$

ilo pi lukin ale surveillance$^{1/2}$

ilo pi lukin mun telescope^2

ilo pi lukin sewi telescope^1

ilo pi lukin weka telescope^1

ilo pi nanpa suli scale$^{1/2}$

ilo pi pakala suli bomb$^{1/2}$

ilo pi pana sona indicator$^{1/2}$

ilo pi pona sijelo medication$^{1/2}$

ilo pi seli moku pan$^{1/2}$

ilo pi sijelo jan robot$^{1/2}$

ilo pi sike tu bike$^{1/2}$

ilo pi sin sona reminder$^{1/2}$

ilo pi sitelen awen pen$^{1/2}$

ilo pi sitelen sama mirror$^{1/2}$

ilo pi sitelen soweli
computer$^{1/2}$

ilo pi sitelen tawa television^3,
TV^2

ilo pi sitelen telo brush$^{1/2}$

ilo pi sona nanpa metre$^{1/2}$

ilo pi suli ijo scale$^{1/2}$

ilo pi tawa kon fan^1

ilo pi tawa sewi lift$^{1/2}$

ilo pi tawa sewi anpa
elevator$^{1/2}$

ilo pi tawa telo pump$^{1/2}$

ilo pi telo wawa teaspoon$^{1/2}$

ilo pi tomo tawa motor$^{1/2}$

ilo pi weka jaki toilet^1

ilo pi weka telo towel^1, drain$^{1/2}$

ilo pilin sensor^1, nerve$^{1/2}$

ilo pona soap$^{1/2}$

ilo sama jan robot$^{1/2}$

ilo seli oven^1, match^1, candle$^{1/2}$

ilo sewi stair$^{1/2}$

ilo sike kiwen gear$^{1/2}$

ilo sike pi kalama musi
drum$^{1/2}$

ilo Siko Discord^2

ilo sin invention^1, innovation^1,
innovative$^{1/2}$

ilo sitelen pen^4, camera^3,
marker^2, stamp^1, TV^1,
monitor$^{1/2}$, screen$^{1/2}$, brush$^{1/2}$

ilo sitelen palisa pen^2

ilo sona computer^3, laptop^1,
  operating system^1, Internet$^{1/2}$,
  indicator$^{1/2}$, evidence$^{1/2}$
ilo sona lili laptop^1, chip$^{1/2}$
ilo sona lipu tablet^1, iPad$^{1/2}$
ilo sona luka smartphone^1
ilo sona pi selo sama jan
  android$^{1/2}$
ilo sona pi sijelo jan android$^{1/2}$
ilo sona poki laptop$^{1/2}$
ilo sona supa laptop^1
ilo suli industrial$^{1/2}$
ilo suli pi kalama musi
  piano^1
ilo suno lamp^4
ilo supa pi seli moku pan$^{1/2}$
ilo tawa motor^3, vehicle^2,
  engine^2, bike^2, bicycle^2,
  cart$^{1/2}$, transportation$^{1/2}$, craft$^{1/2}$,
  wagon$^{1/2}$, car$^{1/2}$
ilo tawa lon tomo suli
  elevator$^{1/2}$
ilo tawa musi swing$^{1/2}$
ilo tawa nanpa tu tu lon
  mun loje curiosity$^{1/2}$
ilo tawa pi monsi poki
  pickup$^{1/2}$
ilo tawa pi sike tu bicycle^2,
  bike^1
ilo tawa pi tomo tawa
  engine$^{1/2}$
ilo tawa seli jet^1

ilo tawa telo pump$^{1/2}$
ilo telo pump^2, sink^1, tap^1,
  shower$^{1/2}$
ilo tenpo clock^5, calendar^1,
  watch^1
ilo tenpo suno sundial^4
ilo toki telephone^5, phone^5,
  smartphone^1, radio$^{1/2}$
ilo toki sona smartphone^1
ilo tu knife^1
ilo utala weapon^4, gun^2,
  sword^2, rifle^2, blade^1, club$^{1/2}$,
  bomb$^{1/2}$
ilo utala suli missile$^{1/2}$
ilo utala wawa rifle$^{1/2}$
ilo wan palisa lili screw$^{1/2}$
ilo wawa electronic^1, motor^1

insa
  adj inner^5, internal^5,
    interior^5, central^3
  n interior^5, centre^5, guts^4,
    core^4, inside^3, middle^3,
    belly^3, stomach^3, internal
    organ^2
    (see also **lon insa, tawa insa***)*
  vt insert^2
    (see also **insa e***)*

  (more)
  within^2, between^2, amid^2,
  content^2, into^2, liver^1,

intermediate[1], suck[1], absorb[1], among[1], medium[1], including[1], installation[1], flesh[½], involved[½], midst[½], in[½], average[½], scope[½]

insa ala external[2], outside[2], out[½]

insa ale li jo full[½]

insa e integrate[1]

insa jan guts[1]

insa kon lung[2]

insa la deeply[½]

insa lawa brain[2], mental[1], psychology[½], psychological[½]

insa luka armpit[1]

insa noka knee[1]

insa pi kon lili nuclear[½]

insa pi ma tomo downtown[3]

insa pi nasin tu intermediate[½]

insa pi tenpo pimeja midnight[2]

insa pi tenpo suno noon[1]

insa pi weka pi telo nasa liver[½]

insa pilin heart[1]

insa selo reverse[½]

insa sijelo internal organ[1], chest (anatomy)[½], stomach[½]

insa sijelo kon lung[½]

insa sijelo pi weka jaki liver[½]

insa suli central[½]

insa tomo interior[½]

insa uta throat[1]

insa wawa muscle[1]

Isale Israeli[1]

isipin think[2], consciousness[1], imagination[1], theory[1], concentration[½], planning[½], considering[½], concept[½], notion[½], strategy[½], thought[½], idea[½], judgement[½], concentrate[½], focus[½], deem[½], interpret[½], interpretation[½], conceive[½], hypothesis[½], consideration[½], sentient[½], logic[½], consider[½]
*(see also **pilin**, **toki insa**, **sona**)*

isipin mute focus[½]

isipin pona insight[½], rational[½]

isipin wan concentrate[½]

Italija Italian[2]

jaki
  adj dirty[5], gross[5], disgusting[4], nasty[4], toxic[3]
  n trash[5], garbage[5], mess[5], junk[4], bacteria[4], waste[3], crap[3], infection[3], disease[2], shit[2], virus[2], pollution[2], bullshit[2]
  vt dirty[5]

(more)

illness[1], chaos[1],
inappropriate[1], sick[1],
unclear[1], brutal[1], fever[½],
harsh[½], ugly[½], dirt[½],
offensive[½], cancer[½],
corruption[½]

jaki ala clean[4], pure[2]
jaki ilo virus[½]
jaki insa pi kama suli
  cancer[½]
jaki lawa corrupt[½]
jaki li lon taso jan li awen
  tolerate[½]
jaki lukin ugly[½]
jaki ma pollution[2], mud[½]
jaki mute disgusting[½]
jaki pali pollution[½]
jaki pi kama ante mute
  virus[½]
jaki pi suwi sijelo ike
  diabetes[½]
jaki seli fever[1]
jaki sijelo illness[2], disease[2],
  infection[1], disorder[½]
jaki sijelo tan suwi mute
  diabetes[½]
jaki suli pollution[1]
jaki wawa cancer[½]

jan
  n person[5], human[5], people[5],
  anybody[4], anyone[3],
  character[3], somebody[3],
  being[3], *Hominidae*[2]

(more)

dude[4], guy[3], individual[2],
citizen[2], whoever[2], civilian[2],
participant[2], personal[2],
humanity[1], adolescent[1],
ma'am[1], civil[1], sir[1], social[1],
figure[1], cast[1], elf[1], fellow[1],
member[1], follower[½],
artificial[½], self[½], resident[½],
profile[½], civic[½], lady[½],
account[½], non-binary
person[½], monkey[½], friend[½]

jan a babe[½]
jan ala nobody[5], natural[1]
jan ala li sona private[½]
jan Alan Irish[½]
jan Alapi Arab[2]
jan alasa hunter[5], collector[2],
  scout[1], candidate[1]
jan alasa len scout[½]
jan alasa pi jan ike
  inspector[½]
jan alasa pi pakala sitelen
  editor[½]
jan alasa pi sona len agent[½]

jan alasa telo ike pirate$^{1/2}$

jan ale everybody^5, everyone^4, humanity^3, population^1, whoever^1, anyone^1, anybody$^{1/2}$

jan ale li ken sona obviously$^{1/2}$

jan ale li lawa democratic$^{1/2}$

jan ale li lukin obvious$^{1/2}$

jan ale li sama equity$^{1/2}$

jan ale li sona obvious$^{1/2}$, clearly$^{1/2}$, openly$^{1/2}$

jan ale li sona e jan ni celebrity$^{1/2}$

jan ale li sona e ni obviously$^{1/2}$

jan ale lon tomo household$^{1/2}$

jan ali everyone^1

jan Anku Korean$^{1/2}$

jan anpa humble person^2, loser^2, follower$^{1/2}$, employee$^{1/2}$, victim$^{1/2}$, Muslim$^{1/2}$

jan anpa pali servant^1

jan ante stranger^2, opponent^1, competitor^1, guest^1, rival$^{1/2}$

jan ante la reportedly$^{1/2}$

jan ante li nasa tawa jan ni shy$^{1/2}$

jan ante li pana e mani tawa mi lon tenpo pini la mi wile pana e mani ni tawa jan ni debt$^{1/2}$

jan Apika African$^{1/2}$

jan awen defender^3, guard^3, defendant^3, guardian^2, survivor^2, resident$^{1/2}$

jan awen pi lipu lawa attorney$^{1/2}$

jan awen utala police$^{1/2}$

jan Elopa European^1

jan esun vendor^4, businessperson^4, retailer^3, customer^3, consumer^3, dealer^2, entrepreneur^2, clerk^2, buyer^2, client^1, employee$^{1/2}$, investor$^{1/2}$

jan esun pi pana pali employer$^{1/2}$

jan ike offender^4, asshole^3, enemy^3, bitch^2, terrorist^1, monster^1, rival^1, criminal^1, politician$^{1/2}$, demon$^{1/2}$, rogue$^{1/2}$, manager$^{1/2}$, racist$^{1/2}$

jan ike ken suspect$^{1/2}$

jan ike li lawa corruption$^{1/2}$

jan ike tawa jan pi selo ante racist$^{1/2}$

jan ike tawa kulupu lawa rogue$^{1/2}$

jan ike tawa lawa criminal^1

jan Ilakija Iraqi^1

jan Ilan Iranian^1

jan ilo android^2, mechanic^2, robot^1, engineer^1, operator^1

jan insa inmate$^{1/2}$
jan Isale Israeli^2
jan jaki asshole$^{1/2}$
jan jasima twin$^{1/2}$
jan Jejusin Jewish$^{1/2}$
jan jo owner^3, carrier^2,
   hostage$^{1/2}$
jan Juke British$^{1/2}$
jan kalama musician^1,
   singer$^{1/2}$
jan kalama musi singer$^{1/2}$
jan kalama pi wile ante
   activist$^{1/2}$
jan kalamARR pirate$^{1/2}$
jan kama visitor^4, immigrant^1,
   guest^1
jan kama ma immigrant$^{1/2}$
jan kama pi ma ante
   immigrant^1
jan kama pi tenpo mute
   regular$^{1/2}$
jan kama tan utala refugee$^{1/2}$
jan kan companion$^{1/2}$
jan Kanata Canadian^2
jan kasi farmer^2
jan ken candidate^2, nominee^2
jan kepeken user^5, operator^1,
   consumer^1
jan kipisi sijelo surgeon$^{1/2}$
jan kiwen android$^{1/2}$,
   sculpture$^{1/2}$

jan kon invisible entity$^{1/2}$, elf$^{1/2}$,
   spy$^{1/2}$
jan kule LGBTQ+^{1}, painter^1,
   artist^1
jan kulupu member^3,
   teammate^2, rep^1,
   coordinator^1
jan kute listener^5, audience^3,
   follower$^{1/2}$, therapist$^{1/2}$
jan lanpan pirate^2, thief^1
jan lanpan telo pirate$^{1/2}$
jan lawa boss^5,
   administrator^5, leader^5,
   supervisor^5, commander^5,
   chief^5, manager^5, captain^5,
   chairman^4, master^4,
   director^4, president^4,
   governor^4, minister^4, officer^3,
   emperor^3, congressman^3,
   senator^3, king^3, employer^3,
   sheriff^3, coordinator^3,
   mayor^3, politician^3,
   lawmaker^3, colonel^2, queen^2,
   CEO^2, commissioner^2, Lord^2,
   lieutenant^2, prince^2, deputy^2,
   executive^2, principal^2,
   owner^2, host^2, operator^1,
   jury^1, presidential^1, coach^1,
   police^1, driver^1, princess^1,
   authority^1, sergeant^1, judge^1,
   prosecutor^1, contractor^1,

instructor[½], royal[½], superior[½], secretary[½], guide[½], official[½]

jan lawa esun CEO[1]

jan lawa kon shaman[½]

jan lawa kulupu CEO[1], executive[½]

jan lawa lili prince[2]

jan lawa lipu editor[1]

jan lawa lon tenpo kulupu chairman[½]

jan lawa ma president[½], Lord[½]

jan lawa meli queen[1]

jan lawa meso sergeant[½]

jan lawa musi coach[½]

jan lawa nanpa tu deputy[1], vice[½]

jan lawa pali employer[½]

jan lawa pi kulupu esun CEO[1]

jan lawa pi kulupu ma emperor[½]

jan lawa pi kulupu mani CEO[½]

jan lawa pi kulupu utala lieutenant[½]

jan lawa pi ma lili governor[½]

jan lawa pi ma tomo mayor[2]

jan lawa pi nasin sewi priest[2], bishop[1], pastor[½]

jan lawa pi nasin sewi Katolika Pope[½]

jan lawa pi sitelen tawa director[½]

jan lawa pi tawa sijelo coach[½]

jan lawa pi tomo sona principal[2]

jan lawa pi tomo tawa driver[2]

jan lawa pi tomo tawa kon pilot[2]

jan lawa pi tomo tawa telo captain[½]

jan lawa sewi Pope[1], pastor[½], king[½], priest[½], emperor[½]

jan lawa sona attorney[½]

jan lawa suli emperor[½]

jan lawa utala sergeant[2], colonel[1], general[1], opposition[½], police[½], lieutenant[½]

jan lawa wawa police[½]

jan len doll[1], spy[½]

jan li awen lon tenpo lili visitor[½]

jan li jo e jan lili lon insa ona pregnancy[½]

jan li kama jo e pona client[½]

jan li ken ala lukin hide[½]

jan li ken ala pini e ni inevitable[½]

jan li ken ala sona e pali ona random$^{1/2}$

jan li ken sona clear$^{1/2}$, indication$^{1/2}$

jan li ken sona lili taso e ijo pali la ona li lukin e ona li wawa e sona ona check$^{1/2}$

jan li kute ala e nasin lawa rebel$^{1/2}$

jan li lukin e ijo li wile sona e ale inspection$^{1/2}$

jan li olin e pilin pi jan ante e wile pi jan ante respect$^{1/2}$

jan li pali e ijo ike li kama jo e ike tan jan lawa penalty$^{1/2}$

jan li pali e lipu publisher$^{1/2}$

jan li pali e ona artificial$^{1/2}$

jan li pana e mani la jan li ken kepeken e ni rent$^{1/2}$

jan li pana e mani tawa kulupu lawa taxpayer$^{1/2}$

jan li pana e mani tawa kulupu lawa ma taxpayer$^{1/2}$

jan li pana e mani tawa kulupu li wile kama jo e mani mute lon tenpo kama investor$^{1/2}$

jan li pilin mute tan ni meaningful$^{1/2}$

jan li sona e ijo sin disclosure$^{1/2}$

jan li sona e ona tan ike infamous$^{1/2}$

jan li tawa lon linja pi poka sinpin bishop$^{1/2}$

jan li tawa ma ante refugee$^{1/2}$

jan li toki e ni alleged^1, reportedly^1, so-called$^{1/2}$, testimony$^{1/2}$, allegedly$^{1/2}$

jan li utala e lawa ike protester$^{1/2}$

jan li wile e ni client$^{1/2}$

jan li wile sewi e ijo la ona li kepeken e wawa mute heavy$^{1/2}$

jan lili child^3, baby^3, youth^2, infant^2, son^2, daughter^2, boy^2, kid^1, minor^1, babe$^{1/2}$, girl$^{1/2}$, junior$^{1/2}$, young$^{1/2}$, elf$^{1/2}$

jan lili li ken ala minor$^{1/2}$

jan lili li lon insa meli pregnancy$^{1/2}$

jan lili lili infant^2, baby^1

jan lili lukin scout$^{1/2}$

jan lili meli daughter^1, girl$^{1/2}$

jan lili mije son^1, boy^1

jan lili olin babe$^{1/2}$

jan lili powe doll$^{1/2}$

jan lili sin babe$^{1/2}$, baby$^{1/2}$, infant$^{1/2}$

jan lili suli adolescent^1

jan lipu clerk^1, columnist^1, writer$^{1/2}$, journalist$^{1/2}$

jan Loma Roman^1

jan lon resident^2

jan lon poka companion$^{1/2}$
jan lon poki inmate$^{1/2}$,
    prisoner$^{1/2}$
jan lon soweli rider$^{1/2}$
jan lon soweli tawa rider$^{1/2}$
jan lon tomo awen inmate$^{1/2}$
jan lon tomo tawa
    passenger$^{1/2}$
jan Losi Russian^{1}

jan lukin viewer^{5}, observer^{5},
    witness^{4}, inspector^{3}, reader^{3},
    scout^{2}, analyst^{2}, audience^{2},
    supervisor^{1}, visitor^{1},
    investigator^{1}, tourist^{1}
jan lukin len spy$^{1/2}$
jan lukin lipu reader$^{1/2}$
jan lukin pi kulupu ante
    scout$^{1/2}$
jan lukin pi ma ante spy$^{1/2}$
jan lukin sona researcher$^{1/2}$
jan lukin wawa inspector$^{1/2}$

jan ma citizen^{3}, farmer^{1}, civil$^{1/2}$,
    resident$^{1/2}$
jan ma pi tenpo ale native$^{1/2}$
jan majuna elder^{1}, ancestor$^{1/2}$,
    elderly$^{1/2}$
jan majuna li jo e ijo la ona li
    pana e ona tawa jan lili
    ona lon tenpo pini legacy$^{1/2}$
jan majuna li pali ala
    retired$^{1/2}$, retirement$^{1/2}$
jan majuna li pini pali retire$^{1/2}$
jan mani banker^{4}, investor^{2},
    cowboy^{1}, economist^{1},
    sponsor^{1}, client$^{1/2}$
jan mani pana investor$^{1/2}$
jan meli girl^{1}, woman^{1}, lady^{1},
    wife$^{1/2}$
jan meli lili daughter$^{1/2}$
jan meli pi tonsi ala
    cisgender woman^{1}
jan meli sama mama aunt$^{1/2}$
jan Mesiko Mexican^{1}
jan mije guy^{1}, gentleman^{1},
    man$^{1/2}$, sir$^{1/2}$
jan mije pona gentleman^{1}
jan mije tonsi transgender
    man^{1}
jan misikeke physician^{2},
    doctor^{2}, nurse^{2}, doc^{1},
    therapist$^{1/2}$
jan moku eater^{4}, chef^{3},
    consumer^{2}

jan moku pi telo loje
  vampire[1]
jan moli dead person[5], killer[3]
jan monsi believer[½]
jan monsuta terrorist[½]

jan mun astronomer[2], alien[1]
jan musi player[5], performer[3],
  actor[3], artist[2], actress[2],
  pitcher[½], designer[½], dancer[½]
jan musi pi kalama uta
  singer[½]
jan musi pi sitelen tawa
  actress[½], actor[½]
jan mute crowd[2], few (a few
  people)[2], majority[½],
  population[½], people[½]
jan mute li olin e ona
  popular[½], charismatic[½]
jan mute li pali e ni trend[½]
**jan mute li pilin e ni: jan ni o
  pali e ijo pona**
  accountability[½]

**jan mute li pilin e ni: nasin ni
  li pona** negotiate[½]
jan mute li sona e jan ni
  celebrity[½]
jan mute li sona e ona
  famous[1], popular[½]
jan nanpa wan winner[1],
  champion[½]
jan nasa witch[½], elf[½]
jan nasa pi kulupu ala
  rogue[½]
jan nasin believer[1], follower[½],
  guide[½]
jan ni who[½]
**jan ni li kama jo e ijo pona
  kepeken utala tan tomo
  tawa telo ante** pirate[½]
jan ni li ken jan ike suspect[½]
jan ni li pali e lawa kulupu
  lawmaker[½]
jan ni li pilin wawa tawa ijo
  believer[½]
**jan ni pi utala lawa: jan ante
  li open utala tawa jan ni**
  defendant[½]
jan Nijon Japanese[1]
jan o pali e ni required[½]
jan oko witness[1], inspector[½]
jan oko tan kulupu ante
  spy[½]

jan olin lover[5], spouse[4],
sweetheart[3], beloved[3], wife[3],
darling[2], husband[2], mate[2],
boyfriend[2], babe[1], partner[1],
girlfriend[1], crush[1], fan[1],
dear[1], couple[½]

jan olin tu couple[1]

jan open founder[2],
originator[1], starter[1]

jan open pi ilo toki caller[½]

jan pakala victim[2], offender[1],
criminal[1]

jan pakala tan jan ante
victim[½]

jan pali worker[5], maker[5],
employee[5], producer[4],
developer[4], participant[3],
practitioner[3], manufacturer[3],
personnel[3], creator[3],
contractor[3], agent[2],
contributor[2], servant[2], staff[2],
operator[2], assistant[2],
designer[2], secretary[2],
engineer[2], clerk[1], performer[1],
originator[1], coordinator[1],
businessperson[1], artist[1],
deputy[½], professional[½],
volunteer[½], activist[½], aide[½],
crew[½], rep[½], pro[½],
representative[½], associate[½]

jan pali kulupu coordinator[½]

jan pali lawa officer[1],
producer[½], manager[½]

jan pali lili assistant[½]

jan pali lipu writer[½]

jan pali ma farmer[½]

jan pali musi designer[½],
artist[½]

jan pali nanpa wan founder[½]

jan pali pi ante kulupu
activist[½]

jan pali pi ijo sin developer[½]

jan pali pi kalama musi
musician[1]

jan pali pi lipu toki
columnist[½]

jan pali pi mani ala
volunteer[1]

jan pali pi nasin lawa
attorney[½]

jan pali pi nasin sewi pastor[½]

jan pali pi pana pona aide[½]

jan pali pi toki musi poet[½]

jan pali pi tomo tawa mechanic^{½}

jan pali poka assistant^{1}, colleague^{½}

jan pali sama colleague^{1}

jan pali sin rookie^{½}, recruit^{½}

jan pali sitelen photographer^{½}

jan pana provider^{5}, donor^{5}, dealer^{3}, contributor^{2}, pitcher^{1}, host^{½}, server^{½}, publisher^{½}, respondent^{½}, investor^{½}, sponsor^{½}

jan pana esun dealer^{½}

jan pana lawa lawmaker^{½}

jan pana moku server^{½}

jan pana pi ilo nasa dealer^{½}

jan pi alasa ike inspector^{½}

jan pi alasa mani telo pirate^{½}

jan pi alasa pakala critic^{½}

jan pi alasa sona researcher^{3}, detective^{3}, investigator^{2}, spy^{½}, analyst^{½}, scholar^{½}

jan pi alasa soweli hunter^{½}

jan pi ante lipu editor^{½}

jan pi awen ike hostage^{1}

jan pi awen insa inmate^{½}

jan pi awen lawa cop^{2}, police^{1}, officer^{½}, attorney^{½}

jan pi awen mani investor^{½}

jan pi awen soweli cowboy^{1}, pastor^{½}

jan pi esun lipu publisher^{1}

jan pi esun sin entrepreneur^{1}

jan pi ilo nanpa developer^{½}

jan pi ilo sitelen photographer^{½}

jan pi ilo sona developer^{½}

jan pi kalama musi musician^{3}, singer^{2}

jan pi kalama musi uta singer^{½}

jan pi kalama pona singer^{½}

jan pi kalama toki musi poet^{½}

jan pi kalama uta singer^{½}

jan pi kama awen collector^{½}

jan pi kama jo receiver^{4}, recipient^{4}, collector^{2}, buyer^{1}, client^{½}

jan pi kama jo ike thief^{2}, pirate^{½}

jan pi kama jo mani dependent^{½}

jan pi kama lanpan hostage^{½}

jan pi kama mije transgender man^{1}

jan pi kama pakala victim^{2}

jan pi kama sona learner^{5}, student^{5}, researcher^{2}, investigator^{1}

jan pi kama suli teenager[3], adolescent[2], teen[1]

jan pi ken ala prisoner[½]

jan pi ken ike suspect[½]

jan pi ken tawa ala hostage[½]

jan pi kipisi sijelo surgeon[½]

jan pi kon meso shaman[½]

jan pi kon wawa witch[½]

jan pi kulupu Alapija Arab[½]

jan pi kulupu lawa politician[½]

jan pi kulupu lili minority[1]

jan pi kulupu mama relative[1]

jan pi kulupu mama mi relation[½]

jan pi kulupu mama sama uncle[½]

jan pi kulupu sama teammate[1]

jan pi kulupu sona counsellor[½]

jan pi kulupu Tosi German[½]

jan pi lanpan mani pirate[½]

jan pi lawa ma Lord[½]

jan pi lawa mute emperor[½]

jan pi lawa soweli cowboy[1]

jan pi lawa toki attorney[½]

jan pi lawa wawa emperor[½]

jan pi linja mama ancestor[½]

jan pi lipu lawa attorney[½]

jan pi lukin lawa inspector[½]

jan pi lukin lipu reader[1]

jan pi lukin mun astronomer[1]

jan pi lukin mute celebrity[1]

jan pi lukin pona inspector[½]

jan pi lukin sitelen reader[2]

jan pi ma Alapi Arab[½]

jan pi ma Anku Korean[½]

jan pi ma ante immigrant[1]

jan pi ma Apika African[½]

jan pi ma Elopa European[½]

jan pi ma Ilaki Iraqi[1]

jan pi ma Isale Israeli[1]

jan pi ma Kanata Canadian[2]

jan pi ma Mewika American[2]

jan pi ma mute li wile ante e ijo suli movement[½]

jan pi ma Nijon Japanese[½]

jan pi ma Palata Indian[½]

jan pi ma Pilasin Palestinian[1]

jan pi ma sin immigrant[½]

jan pi ma tomo citizen[½]

jan pi mama mama sama cousin[1]

jan pi mama sama brother[½], sibling[½]

jan pi misikeke kipisi surgeon[½]

jan pi misikeke lawa therapist[½]

jan pi moku lipu reader[½]

jan pi moli ala survivor[2]

jan pi mun ante alien[½]

jan pi musi sijelo athlete[1/2]
jan pi musi tawa dancer[1]
jan pi musi toki poet[1]
jan pi mute ala few (a few people)[1/2], minority[1/2]
jan pi mute lili few (a few people)[3]
jan pi nasin Isilan Muslim[1/2]
jan pi nasin Jesu Christian[1]
jan pi nasin Jesuwa Christian[1/2]
jan pi nasin Kito Christian[1/2]
jan pi nasin kulupu lawyer[1/2]
jan pi nasin lawa politician[1], lawyer[1], attorney[1/2]
jan pi nasin pona counsellor[1/2]
jan pi nasin sewi priest[2], saint[1/2], shaman[1/2], pastor[1/2]
jan pi nasin sewi Isalan Muslim[1/2]
jan pi nasin sewi Kolisu Christian[1/2]
jan pi nasin sewi ni believer[1/2]
jan pi nasin sewi Silami Muslim[1/2]
jan pi nasin Silami Muslim[1/2]
jan pi nasin sona scientist[1]
jan pi nasin tomo architect[1/2]
jan pi nimi suli celebrity[1/2]
jan pi olin ala single[1/2]
jan pi olin kule lesbian[1/2], gay[1/2]

jan pi pali ike convict[1], guilty[1], fraud[1/2], offender[1/2], prisoner[1/2], criminal[1/2]
jan pi pali ilo mechanic[1/2]
jan pi pali kasi farmer[1/2]
jan pi pali lawa lawmaker[2]
jan pi pali lipu author[1], writer[1/2]
jan pi pali ma farmer[1/2]
jan pi pali moku chef[1]
jan pi pali moli killer[1/2]
jan pi pali musi artist[1], actress[1], performer[1/2]
jan pi pali pana assistant[1/2]
jan pi pali sama colleague[2], partner[1/2], associate[1/2]
jan pi pali selo designer[1/2]
jan pi pali sewi shaman[1/2]
jan pi pali sitelen photographer[1/2], columnist[1/2], artist[1/2]
jan pi pali sona pini graduate[1/2]
jan pi pali suli veteran[1/2]
jan pi pali tomo architect[2]
jan pi pana lipu publisher[1/2]
jan pi pana mani taxpayer[2], investor[2], sponsor[2], client[1], buyer[1], employer[1/2], commissioner[1/2], supporter[1/2], customer[1/2]

jan pi pana moku server[½]
jan pi pana moli killer[½]
jan pi pana musi performer[1]
jan pi pana nasin instructor[½]
jan pi pana pali employer[1]
jan pi pana pona supporter[1],
aide[½]
jan pi pana sike pitcher[½]
jan pi pana sona educator[4],
instructor[3], teacher[3],
mentor[3], professor[2],
adviser[1], trainer[1],
respondent[½], coach[½],
reporter[½]
jan pi pana tomo host[½]
jan pi pana wawa supporter[½]
jan pi pana wile voter[2]
jan pi pilin ike victim[1]
jan pi pilin jaki patient[½]
jan pi pilin ni believer[½]
jan pi pilin sewi believer[½]
jan pi pini ike loser[1]
jan pi pini pona winner[1]
jan pi poka ante opponent[½]
jan pi poka utala ante
enemy[½]
jan pi poki awen prisoner[½]
jan pi pona ilo mechanic[½]
jan pi pona lawa therapist[2],
psychologist[1]
jan pi pona lipu designer[½]

jan pi pona mute buddy[½]
jan pi pona pilin therapist[½]
jan pi pona sewi saint[½]
jan pi pona sijelo doctor[2],
nurse[2], physician[2], surgeon[1],
doc[½]
jan pi seli moku chef[½]
jan pi sijelo tawa musi
dancer[½]
jan pi sijelo tonsi intersex
person[½]
jan pi sijelo wawa athlete[½]
jan pi sin ala elder[½]
jan pi sinpin len spy[½]
jan pi sitelen sin designer[½]
jan pi sitelen suno
photographer[½]
jan pi sitelen tawa actress[1],
actor[1]
jan pi sitelen tawa musi
actor[½]
jan pi sitelen toki editor[½],
writer[½]
jan pi sona ala stranger[1]
jan pi sona esun economist[3]
jan pi sona ilo engineer[½],
mechanic[½]
jan pi sona kon shaman[½]
jan pi sona lawa lawyer[2],
attorney[2], psychologist[2]
jan pi sona lili rookie[1]

jan pi sona majuna historian[1]

jan pi sona mani economist[1]

jan pi sona mun astronomer[2]

jan pi sona mute expert[2], genius[1], professor[1], shaman[½], specialist[½]

jan pi sona nasin authority[½], guide[½]

jan pi sona pilin psychologist[½]

jan pi sona sewi priest[2], prophet[½]

jan pi sona sijelo doctor[2]

jan pi sona suli master[½], prophet[½]

jan pi sona tomo architect[1]

jan pi soweli tawa rider[½]

jan pi suli sewi saint[½]

jan pi tawa musi dancer[4], athlete[½]

jan pi tawa noka runner[1]

jan pi tawa noka wawa runner[1]

jan pi tawa sama follower[½]

jan pi tawa sijelo athlete[1]

jan pi tawa sijelo musi dancer[½]

jan pi tawa wawa runner[1]

jan pi tenpo insa adolescent[½]

jan pi tenpo lili child[½], young[½]

jan pi toki ike critic[1], prosecutor[1], liar[1], politician[½]

jan pi toki ike tawa lawa protester[½]

jan pi toki ilo developer[½]

jan pi toki insa critic[½], intellectual[½]

jan pi toki kulupu politician[½], spokesperson[½], representative[½]

jan pi toki lon ala liar[1]

jan pi toki misikeke therapist[2], counsellor[½]

jan pi toki musi poet[2], singer[2], actress[½], actor[½]

jan pi toki pilin counsellor[½]

jan pi toki pona Toki Pona speaker[3], counsellor[1], therapist[1]

jan pi toki powe liar[2]

jan pi toki sewi prophet[1], shaman[½]

jan pi toki suli protester[½]

jan pi toki utala protester[½]

jan pi toki utala lawa prosecution[½]

jan pi tomo ala homeless[½]

jan pi tomo awen prisoner[½]

jan pi tomo kala mate[½]

jan pi tomo mani banker[1]
jan pi tomo poka neighbour[2]
jan pi tomo sama
household[½]
jan pi tomo sewi pastor[½]
jan pi tomo tawa driver[1],
passenger[½], rider[½]
jan pi utala ala civilian[1]
jan pi utala ike terrorist[½]
jan pi utala lawa cop[1], rebel[½]
jan pi utala musi athlete[½]
jan pi utala pini veteran[1]
jan pi utala pona champion[½]
jan pi utala sama
competitor[½]
jan pi utala telo marine[½]
jan pi utala toki protester[½],
lawyer[½]
jan pi utala toki lawa
lawyer[½]
jan pi wawa nasa witch[2]
jan pi wile ante activist[2],
protester[2]
jan pi wile ante ala
conservative[½]
jan pi wile esun client[½]
jan pi wile lawa candidate[1]
jan pi wile pali volunteer[½]
jan pi wile sama supporter[½],
ally[½]
jan pi wile toki caller[1]

jan pi wile unpa ala asexual[2]
jan pilin believer[1],
psychologist[1], critic[½]
jan Pilisin Palestinian[1]
jan pini ancestor[1]
jan poka companion[4],
neighbour[3], partner[3], ally[2],
associate[1], fellow[1], peer[1],
colleague[½], counterpart[½],
passenger[½]
jan poka pi jan pi pona sijelo
nurse[½]
jan poka pona ally[½]
jan poka utala ally[½]
jan poki hostage[2], prisoner[2],
inmate[1]

jan pona pal[5], friend[5], buddy[5],
ally[3], mate[3], supporter[2],
coach[2], fellow[1], gentleman[1],
counsellor[1], colleague[1],
aide[1], teammate[1], assistant[1],

230

guest[1], darling[1], contact[½],
reference[½], dude[½]

jan pona esun partner[½]

jan pona li kama guest[½]

jan pona pana supporter[½]

jan pona poka buddy[½]

jan pona tawa kulupu
supporter[½], ally[½]

jan powe liar[1], spy[1],
character[1]

jan powe musi actor[½]

jan sama peer[4], sibling[4],
brother[3], twin[3], sister[2],
cousin[2], fellow[1], relative[½],
Hominidae[½], colleague[½],
partner[½], ally[½], associate[½],
teammate[½], dude[½]

jan sama mama aunt[2], uncle[2]

jan sama meli sister[1]

jan sama mije brother[1]

jan sama pi kulupu mama
cousin[½]

jan sama sama twin[½]

jan sama tan kulupu mama
sibling[½]

jan sama tu twin[1]

jan seme who[5], whom[4],
whose[2], whoever[1], identity[½]

jan seme li jo whose[½]

jan seme li lon attendance[½]

jan sewi saint[3], God[2], bishop[1],
shaman[1], angel[1], winner[1],
priest[1], Lord[1], prophet[½]

jan sewi pi oko mute angel[½]

jan sin newcomer[5], freshman[4],
rookie[4], stranger[2], infant[2],
baby[2], guest[2], child[½], babe[½],
youth[½], initiate[½], recruit[½],
visitor[½]

jan sin lon ma ni immigrant[½]

jan sin lon tomo sona
freshman[½]

jan sin pi tomo sona
freshman[½]

jan sin tan ma ante
immigrant[½]

jan sinpin guard[½],
representative[½]

jan sinpin kulupu
ambassador[½]

jan sitelen painter[4], author[3],
writer[3], columnist[2],
designer[2], artist[2],
photographer[1], secretary[1],
poet[1], reader[½]

jan sitelen pi lipu tenpo
columnist[½]

jan sitelen pi sona sin
journalist[½]

jan sitelen pi tomo pali
secretary[½]

jan sitelen toki author[½]

jan sona scholar[5], scientist[3], specialist[3], expert[3], intellectual[3], professor[2], adviser[2], consultant[2], educator[2], analyst[2], mentor[2], teacher[1], genius[1], practitioner[1], pro[1], believer[1], instructor[½], master[½], shaman[½], academic[½], prophet[½], elder[½], coach[½], professional[½], witch[½], graduate[½]

jan sona ilo engineer[½]

jan sona lipu scholar[½]

jan sona mun astronomer[1]

jan sona pi jan sewi pastor[1]

jan sona pi nasin lawa lawyer[½]

jan sona pi nasin wan specialist[½]

jan sona pi pali sijelo trainer[½]

jan sona pi pona sijelo kepeken kipisi surgeon[½]

jan sona pi tenpo pini historian[3]

jan Sonko Chinese[½]

jan suli adult[5], senior[2], elder[2], celebrity[1], famous[1], major[½], giant[½], captain[½], sir[½], Pope[½]

jan suli lili teen[1], teenager[½]

jan suli lon kulupu celebrity[1]

jan suli mani investor[½]

jan suli pona champion[1]

jan supa patient[½]

jan suwi sweetheart[1]

jan tan native[½]

jan tan ma ante immigrant[1], tourist[1]

jan tan ma Mewika American[½]

jan tan sewi saint[½]

jan tan tomo ante guest[½]

jan taso individual[1]

jan tawa traveller[5], passenger[2], rider[2], runner[2], tourist[2], driver[1], pilot[1]

jan tawa nanpa wan scout[½]

jan toki spokesperson[5], speaker[5], narrator[4], caller[4], correspondent[3], reporter[3], respondent[2], representative[2], ambassador[1], counsellor[1], rep[1], agent[½], consultant[½], columnist[½], author[½], writer[½]

jan toki kulupu ambassador[½]

jan toki lawa instructor[½], attorney[½]

jan toki pi ijo sin reporter[½]

jan toki pi ilo toki caller[½]

jan toki pi kalama musi singer[½]

jan toki pi utala lawa protester^{½}

jan toki pona counsellor^{½}

jan tomo resident^2

jan tonsi non-binary person^2, transgender person^2, gender non-conforming person^2, intersex person^1

jan Tosi German^{½}

jan tu couple^1, twin^{½}

jan unpa lover^{½}

jan usawi witch^{½}

jan utala warrior^5, soldier^5, fighter^5, competitor^4, opponent^3, rival^3, troop^2, sergeant^2, veteran^1, military^1, enemy^1, officer^{½}, prosecution^{½}, terrorist^{½}, activist^{½}, recruit^{½}, rebel^{½}, sheriff^{½}

jan utala ike tawa mi enemy^{½}

jan utala jasima rival^{½}

jan utala lawa colonel^1, commander^{½}

jan utala li kama invasion^{½}

jan utala li tawa ma ante invade^{½}

jan utala majuna veteran^{½}

jan utala nanpa wan champion^{½}

jan utala pi kama sona spy^{½}

jan utala pi lawa lili sergeant^{½}

jan utala pi ma tomo police^{½}

jan utala pi poka ante opponent^{½}

jan utala pi telo suli pirate^{½}

jan utala pi wile ante protester^{½}, rebel^{½}

jan utala tan kulupu ante opponent^{½}

jan utala telo navy^1, marine^{½}

jan wan individual^2, somebody^2, anyone^1

jan waso angel^1

jan wawa hero^2, athlete^2, winner^1, elite^1, survivor^{½}, shaman^{½}

jan wawa awen guard^{½}

jan wawa pona hero^{½}

jan wile nominee^2, volunteer^1, commissioner^1, voter^1, candidate^{½}, supporter^{½}, believer^{½}

jasima reflect^3, opposite^2, reverse^2, counterpart^1, flip^1, mutual^1, copy^1, streaming^1, mirror^1, contrast^{½}, represent^{½}

jasima pi ilo sona backup^{½}

jelo yellow[5], golden[2], highlight[½]
jelo mani golden[1]

jo
  vt have[5], possess[5], carry[5], contain[4], own[4], hold[4], include[3], consist of[3], comprise[3]
  n possession[4], ownership[4]

  (more)
  grasp[2], equip[2], bring[2], grip[2], including[2], pickup[1], hug[1], wear[1], belong[1], custody[1], attribute[1], capture[1], catch[1], seize[1], embrace[½], access[½], undergo[½], gain[½], coverage[½], constitute[½]

jo ala lack[3], empty[2], without[1], exclude[½]
jo ala e ijo ante pure[½]
jo ala e jan olin single[½]
jo ala e len naked[1], streak[½]
jo ala e mani poor[½], bankruptcy[½], poverty[½]
jo ala e telo dry[½]
jo ala e tomo homeless[1]
jo ala e tomo lape homeless[½]
jo awen keep[1]
jo e ijo lili mute detailed[½]

jo e ijo mute comprehensive[½], complicated[½]
jo e ijo sama related[½]
jo e ilo moli armed[1]
jo e ilo utala armed[3]
jo e jan lili lon insa pregnant[1]
jo e jan olin married[1]
jo e kepeken mute useful[½]
jo e kon brave[½]
jo e kon suli meaningful[½]
jo e len decent[½]
jo e len ala naked[½]
jo e len mute modest[½]
jo e mama born[½]
jo e mani afford[1], rich[½]
jo e mani ala bankruptcy[½]
jo e mani mute rich[1], wealthy[1]
jo e mani pi mute lili poor[½]
jo e nasin mute variety[½]
jo e sona intelligent[½], sentient[½]
jo e telo wet[1]
jo e tomo ala homeless[1]
jo e wawa insa endure[½]
jo ike theft[2], burden[½]
jo insa e jan lili pregnant[1]
jo kepeken linja suspend[½]
jo lili poverty[½]
jo lon tenpo lili borrow[1]
jo ma citizenship[1]

jo mani wealth[1]
jo mute rich[1], full[½]
jo pi tenpo lili loan[1], borrow[1]
jo sama share[½]
jo sin recover[½]
jo tan pali merit[½]
jo wawa squeeze[1]
jo wawa ala loose[½]
ju (word reserved for future use by Sonja Lang)
Juke British[½]
kala fish[5], sea creature[5], salmon[4], manatee[1], platypus[½]
kala alasa shark[2]
kala alasa pi kiwen uta mute shark[½]
kala loje salmon[1]
kala lon insa kiwen fossil[½]
kala monsuta shark[½]
kala nasa sea creature[½]
kala pi pimeja walo penguin[½]
kala soweli manatee[½]
kala suli whale[4], manatee[1], shark[½]
kala suli monsuta shark[½]
kala suli wawa shark[½]
kala wawa shark[2]
kala wawa pi moku jan shark[½]

kalama
n sound[5], noise[4], tone[3]

(more)
bang[2], pop[1], knock[1], tune[1], voice[1], vocal[1], boom[1], scream[1], alarm[½], snap[½], announce[½], music[½], call[½], signal[½], ring[½]

kalama ala silence[5], silent[5], quiet[4], quietly[2], still[½]
kalama e play[½], sing[½], knock[½]
kalama ike noise[1], scream[1]
kalama ilo click[½]
kalama ilo lili click[½]
kalama insa pulse[½]
kalama jaki noise[½]
kalama jan voice[1]
kalama jasima echo[1]
kalama kipisi kepeken luka snap[½]
kalama kule music[½]
kalama kulupu poll[½]
kalama lili quiet[2], softly[1], quietly[1], click[1]
kalama lili pi pilin musi chuckle[1]
kalama lili tan ni: jan li pilin e ilo nanpa click[½]
kalama luka knock[2], snap[½]

kalama musi music^4, song^3, tune^2, sing^2, jazz^2, musical^2, opera^1, concert^1, chuckle^1, laugh^1, rhythm$^{1/2}$, composition$^{1/2}$

kalama musi pi jan wan solo$^{1/2}$

kalama musi pi selo ala jazz$^{1/2}$

kalama musi pona harmony^1

kalama musi uta sing^1

kalama noka rhythm$^{1/2}$

kalama open vowel^2

kalama pakala pop^1, alarm$^{1/2}$, boom$^{1/2}$

kalama pi ilo moli shot$^{1/2}$

kalama pi kama sin echo$^{1/2}$

kalama pi kon uta gasp$^{1/2}$

kalama pi kon wawa gasp$^{1/2}$

kalama pi palisa luka snap$^{1/2}$

kalama pi pilin musi laugh$^{1/2}$

kalama pi seli suli boom$^{1/2}$

kalama pi telo loje pulse$^{1/2}$

kalama pi uta open vowel^1

kalama pilin pulse$^{1/2}$

kalama pona cheer^2

kalama sin echo^1

kalama soweli purr$^{1/2}$, animal vocalization$^{1/2}$, neigh$^{1/2}$

kalama suli loud^2, bang^1, alarm$^{1/2}$, boom$^{1/2}$

kalama suwi music$^{1/2}$

kalama tan musi chuckle^1, laugh$^{1/2}$

kalama tenpo pulse$^{1/2}$

kalama toki accent^1, call$^{1/2}$

kalama uta voice^2, yell$^{1/2}$

kalama uta kon pi pilin ike gasp$^{1/2}$

kalama uta musi laughter$^{1/2}$, sing$^{1/2}$

kalama uta pi kon wawa gasp$^{1/2}$

kalama uta pi pilin ike cry$^{1/2}$

kalama uta pi pilin musi laugh$^{1/2}$

kalama uta suli scream^1

kalama wawa bang^1, scream^1, loud$^{1/2}$, yell$^{1/2}$, shout$^{1/2}$, boom$^{1/2}$

kalama wawa pi pilin musi cheer$^{1/2}$

kalama wawa tan pilin pona cheer$^{1/2}$

kama
adj coming^5, upcoming^4, emerging^4, next^2
vi come^5, arrive^5, emerge^4, happen^4, occur^3
n coming^5, arrival^5
pv become^4, succeed in^1
vt induce^2, trigger^2, cause^2,

invite[1]

(see also **kama e***)*

(more)
developmental[2], arise[2], visit[2], phenomenon[2], event[2], undergo[2], return[2], inevitable[2], effect[1], outcome[1], derive[1], incident[1], appear[1], approach[1], compel[1], attend[1], impact[1], starting[1], enter[1], transition[1], result[1], develop[1], ensure[1], birth[½], transform[½], following[½], due[½], destiny[½], proceedings[½], start[½], born[½], soon[½], reach[½], episode[½], intervention[½], extract[½], entrance[½], future[½], ahead[½]

kama a inevitable[½]
kama ala miss[1]
kama ala jo refuse[½], loss[½]
kama anpa touchdown[1], fall[1], lose[1], drop[1], descend[½], fail[½]
kama ante evolve[3], transition[2], transformation[1], adaptation[1], change[1], conversion[1], evolution[½], convert[½], adjustment[½]
kama ante kepeken tenpo gradually[½]

kama ante pona evolve[½]
kama ante soweli tawa ken pi moli ala adaptation[½]
kama awen settle[½]
kama awen e rescue[½]
kama awen e jan lili weka adoption[½]
kama awen lon ma settle[½]
kama e import[1], cause[1], invite[1], induce[1], conceive[1], derive[½], earn[½], attract[½], involve[½], recall[½], recruit[½]
kama e pilin ike offend[½]
kama e wile inspire[1]
kama ike corrupt[½], fail[½], failure[½], ruin[½], corruption[½]
kama insa enter[2], admission[1], entry[1]
kama isipin evaluation[½]
kama jan conception[½], immigration[½]
kama jan olin marry[½]
kama jan sona graduate[½]
kama jasima consequence[½]
kama jo receive[5], acquire[4], acquisition[4], obtain[4], get[4], take[4], gain[3], download[3], pickup[3], collect[3], reception[2], retrieve[2], earn[2], import[2], adopt[2], accept[2], inherit[2], grab[2], capture[2], catch[2], find[2],

hire[1], withdraw[1], borrow[1],
attract[1], derive[½], extract[½],
loan[½], absorb[½], found[½],
gather[½], arrest[½], undergo[½],
pull[½], claim[½], seize[½]
kama jo e jan lili sin
adoption[½]
kama jo e jan pali hire[2],
employ[½]
kama jo e jan pali sin
recruit[½]
kama jo e kalama record[½]
kama jo e kulupu collect[½]
**kama jo e lipu pi toki sona
jan** graduate[½]
kama jo e lipu sona
graduate[½]
kama jo e mani profit[1], earn[½]
kama jo e mani lon tenpo lili
loan[1]
kama jo e pilin sama
compromise[½]
kama jo e pona mute thrive[½]
kama jo ike rob[2], theft[½],
steal[½]
kama jo kepeken wawa
seize[½]
kama jo lon esun purchase[½],
buy[½]
kama jo ma pi kulupu utala
invasion[½]

kama jo pi jan lawa sin
election[½]
kama jo pi jan lili custody[½]
kama jo pona achievement[½]
kama jo sama compensation[½]
kama jo sama jan pona
earn[½]
kama jo sin retrieve[2], restore[½]
kama jo tan derive[½]
kama jo tan jan moli inherit[½]
kama jo tan kulupu mama
inherit[½]
kama jo tan ma ante import[1]
kama jo tan mama inherit[2]
kama jo tan moli mama
inherit[½]
kama jo tan pali earn[½]
kama jo tan pali pini earn[½]
kama jo tan tenpo pini
inherit[½]
kama jo wawa seize[2], steal[½]
kama jo wawa e kon gasp[½]
kama ken prepare[1],
preparation[½], training[½]
kama kepeken used[½]
kama kepeken tenpo lili
sudden[½]
kama kipisi tan ma ante
independence[½]
kama kiwen setting[½]
kama kiwen lete freeze[1]

kama kon fade[1], vanish[½], disappear[½]

kama kule ala fade[½]

kama kulupu engagement[½], involvement[½], integration[½], meet[½], incorporate[½]

kama kulupu olin marry[½]

kama lawa enact[1], promotion[½]

kama lete September[½]

kama lete kiwen freeze[½]

kama lete mute freeze[½]

kama lili decrease[3], reduction[2], shortage[1], decline[1], fewer[½], diminish[½], reduce[½]

kama lili mani recession[½]

kama lon enroll[3], born[2], birth[1], establish[1], appear[1], reach[1], settle[1], encounter[1], arrive[1], formation[1], derive[½], approach[½], implication[½], occur[½], arise[½], register[½]

kama lon ala vanish[½]

kama lon ante shift[½]

kama lon insa enter[1]

kama lon insa kulupu integration[½]

kama lon kulupu enroll[1], join[1], recruit[½]

kama lon ma landing[1], immigration[1], born[½]

kama lon meso compromise[½]

kama lon poka encounter[1], following[½], approach[½], join[½], meet[½]

kama lon sewi mount[½]

kama lon sinpin meet[½]

kama lon tenpo ike late[1]

kama lukin finding[1], detect[1], discover[1], notice[1], found[½], find[½]

kama lukin ante distract[½]

kama lukin wawa concentration[½]

kama mama pregnant[2], adopt[2], adoption[2], pregnancy[1], birth[½], conceive[½]

kama mama pi jan lili ante adoption[½]

kama mama sin adoption[½]

kama mama tawa adopt[½]

kama mani revenue[1]

kama mani lili sale[½]

kama moli dying[2], die[½]

kama moli ala survive[½]

kama mute increasingly[1], increasing[½], increase[½]

kama nanpa wan win[1], victory[½]

kama pali achieve^1,
overcome^1, undertake^1,
accomplish^1, success^1,
execution$^{1/2}$, succeed$^{1/2}$,
achievement$^{1/2}$,
implementation$^{1/2}$, execute$^{1/2}$,
inspiration$^{1/2}$, stimulus$^{1/2}$,
accomplishment$^{1/2}$, cope$^{1/2}$

kama pali ala retire$^{1/2}$

kama pali la successfully$^{1/2}$

kama pana given$^{1/2}$

kama pi kon pona
inspiration$^{1/2}$

kama pi kulupu utala ante
invasion$^{1/2}$

kama pi len ala disclosure$^{1/2}$

kama pi nasin sin revolution$^{1/2}$

kama pi pilin ike trigger$^{1/2}$

kama pi telo suli flood$^{1/2}$

kama pilin detect$^{1/2}$

kama pilin pona forgive$^{1/2}$

kama pilin sama consensus$^{1/2}$

kama pilin sona convinced$^{1/2}$

kama pimeja fade$^{1/2}$

kama pini resolution$^{1/2}$,
cancel$^{1/2}$

kama poka bring^1

kama pona recovery^3,
welcome (interj)^3, recover^3,
improvement^2, improved^2,
improve^2, better^2,
correction^2, thrive^1, benefit^1,
heal^1, succeed$^{1/2}$, developing$^{1/2}$,
progress$^{1/2}$, solution$^{1/2}$,
resolution$^{1/2}$, luck$^{1/2}$, settle$^{1/2}$,
greet$^{1/2}$, cope$^{1/2}$, successful$^{1/2}$,
fortune$^{1/2}$

kama pona e rescue$^{1/2}$,
initiate$^{1/2}$

kama pona sin recovery^2,
recover^1

kama sama connect$^{1/2}$, return$^{1/2}$

kama seli warming^2

kama seli kon boil$^{1/2}$

kama selo wrap$^{1/2}$

kama sewi rise^2, succeed$^{1/2}$,
promotion$^{1/2}$, arise$^{1/2}$, raise$^{1/2}$,
victory$^{1/2}$

kama sewi tan anpa raise$^{1/2}$

kama sin return^2, back (i.e. as
before or returned)^1, born$^{1/2}$,
update$^{1/2}$

kama sona learning^5, realize^5,
learn^5, study (v)^3, discover^3,
determine^2, education^2,
discovery^2, meet^2,
educational^2, research^2,
evaluate^2, conclude^1,
revelation^1, uncover^1,
interpret^1, investigate^1,
explore^1, encounter^1,
calculate^1, examine$^{1/2}$, derive$^{1/2}$,

diagnose$^{1/2}$, recognize$^{1/2}$, exploration$^{1/2}$, acknowledge$^{1/2}$, course$^{1/2}$, evaluation$^{1/2}$, solve$^{1/2}$, analysis$^{1/2}$, developing$^{1/2}$, training$^{1/2}$, recognition$^{1/2}$, insight$^{1/2}$, investigation$^{1/2}$, detect$^{1/2}$, analyze$^{1/2}$, understanding$^{1/2}$, conceive$^{1/2}$, processing$^{1/2}$, convinced$^{1/2}$, accept$^{1/2}$

kama sona e ike sijelo diagnose$^{1/2}$

kama sona e jan ale census$^{1/2}$

kama sona e ni: ijo li pona anu ike assess$^{1/2}$

kama sona e ni: seme li ike diagnose$^{1/2}$

kama sona e pakala diagnose$^{1/2}$

kama sona e pona verify$^{1/2}$, evaluate$^{1/2}$

kama sona e seme subject$^{1/2}$

kama sona e suli weigh^{2}, measure$^{1/2}$

kama sona e suli pi wawa anpa weigh$^{1/2}$

kama sona lon verify$^{1/2}$

kama sona ma exploration$^{1/2}$

kama sona nasa divination$^{1/2}$

kama sona nasin analysis$^{1/2}$

kama sona pi ijo kama divination$^{1/2}$

kama sona pi ma sin exploration$^{1/2}$

kama sona pi nanpa jan census$^{1/2}$

kama sona pi suli ijo measurement$^{1/2}$

kama sona sijelo diagnose$^{1/2}$

kama sona suli investigation$^{1/2}$

kama sona tan sewi divination$^{1/2}$

kama sona wawa revelation$^{1/2}$

kama suli growing^{4}, increasing^{4}, grow^{4}, growth^{4}, expansion^{3}, increased^{3}, increase^{3}, inflation^{3}, developing^{2}, expand^{2}, development^{2}, rise^{1}, increasingly^{1}, extend^{1}, unfold^{1}, develop^{1}, extended$^{1/2}$, extension$^{1/2}$, developmental$^{1/2}$, promotion$^{1/2}$, boom$^{1/2}$, spread$^{1/2}$

kama suli kon inflation$^{1/2}$

kama suno dawn$^{1/2}$

kama supa lay$^{1/2}$

kama tan derive$^{1/2}$, native$^{1/2}$, emerge$^{1/2}$

kama tan lape wake^{1}

kama tan mama birth$^{1/2}$

kama tan pali pini consequence$^{1/2}$

kama tawa passing[1], approach[1], following[½], reach[½]

kama telo melt[3]

kama telo suli flood[1]

kama telo tan seli melt[½]

kama toki admit[½]

kama toki sama negotiate[½]

kama tu tear[½]

kama tu olin marriage[½]

kama utala invasion[2]

kama walo fade[1]

kama wan isolate[2], marry[1], integration[1], join[1], combine[1], marriage[½], assembly[½], connect[½], integrate[½], mix[½], combination[½], click[½], assemble[½], union[½], married[½], tie[½], unite[½]

kama wan olin marry[1], engagement[½]

kama wan pi ijo mute combination[½]

kama wan pi ijo tu joint[½]

kama wawa training[1], strengthen[½], impact[½], concentrate[½], win[½], charge[½], victory[½]

kama weka fade[½], disappear[½]

kama wile decide[1], motivate[1], decision[½]

kamalawala revolution[½]

kamalawala lili riot[½]

kan alongside[1], together[1], with[1], associated[½], involved[½], amid[½]
*(see also **lon poka**)*

kan ala without[1]

kan e involve[½]

Kanata Canadian[1]

Kanse French[1]

kapesi brown[2], grey[½]

kasi
 n plant[5], bush[4], herb[2], tree[2]

 (more)
 grass[1], salad[1], flower[1], agricultural[1], organic[1], pine[1], wooden[1], wood[1], leaf[1], log[½], weed[½], palm[½]

kasi anpa grass[1], fungus[½]

kasi en soko en pipi en soweli life[½]

kasi en soweli ecosystem[½]

kasi ike weed[1], tobacco[½]

kasi jaki tobacco[2]

kasi kiwen wooden[1], wood[1]

kasi kiwen lete pine[½]

kasi kiwen pi ma lete pine[½]

kasi kule flower[3], rose[1]
kasi kule loje rose[½]
kasi lili grass[1]
kasi lili loje rose[½]
kasi linja anpa grass[½]
kasi loje rose[2]
kasi lon telo seaweed[½]
kasi ma grass[1]
kasi misikeke marijuana[½]
kasi moku herb[½]
kasi mute forest[½]
kasi namako herb[½]
kasi nasa marijuana[4], weed[2], tobacco[1], fungus[½], pot[½]
kasi nasa laso marijuana[½]
kasi olin rose[1]
kasi pi kon nasa tobacco[½]
kasi pi kon seli tobacco[½]
kasi pi wile suno ala fungus[½]
kasi pipi weed[1]
kasi pona medicine[1], herb[½]
kasi seli tobacco[½]

kasi suli tree[3], oak[2], pine[2]
kasi suli kiki pine[½]
kasi suli pi kili kiwen oak[1]
kasi suli pi lipu linja pine[½]
kasi suwi rose[1]
kasi tan telo suli seaweed[½]
kasi telo seaweed[4]
ke alright[½]

ken
> *pv* able to[5], may[5], could[5], can[4]
> *adj* able[5], potential[5], capable[5], possible[5], eligible[4], available[3]
> *n* potential[5], ability[5], capability[5], possibility[4], permission[4], likelihood[3], chance[3], probability[3], opportunity[3], odds[3]
> *adv* maybe[3], possibly[3]
> *(see also* **ken la***)*
> *vt* enable[2], allow[2], permit[2]
> *(see also* **ken e***)*

(more)
potentially[2], perhaps[2], liberty[2], option[2], viable[2], might[2], privilege[2], likely[2], prospect[2], freedom[2], faculty[2], authorize[1], talent[1], consent[1], sanction[1], accept[1], qualify[1],

probably^{1}, worthy^{1}, skill^{1},
luck^{1}, would^{1}, alleged^{1},
capacity^{1}, warrant^{1}, invite^{1},
promising^{1}, independence^{1},
considerable^{1}, random^{1},
attempt^{1}, depend^{1}, tolerate$^{1/2}$,
ready$^{1/2}$, liability$^{1/2}$, approval$^{1/2}$,
feature$^{1/2}$, passing$^{1/2}$, dare$^{1/2}$,
free$^{1/2}$, availability$^{1/2}$, suppose$^{1/2}$,
theoretical$^{1/2}$, licence$^{1/2}$,
realistic$^{1/2}$, estimated$^{1/2}$,
apparent$^{1/2}$, shot$^{1/2}$, example$^{1/2}$,
somehow$^{1/2}$

ken ala unable^{5}, impossible^{4},
disabled^{3}, restriction^{2},
constraint^{2}, disability^{2}, deny^{1},
limitation^{1}, illegal^{1}, prohibit$^{1/2}$,
paradox$^{1/2}$
ken ala e forbid$^{1/2}$, prevent$^{1/2}$
ken ala jo ala e ni essential$^{1/2}$,
necessary$^{1/2}$
ken ala jo e jaki immune$^{1/2}$
ken ala kama ike immune$^{1/2}$
ken ala kama pakala
immune$^{1/2}$
ken ala lon ala essential$^{1/2}$,
inevitable$^{1/2}$
ken ala lukin blind^{1}
ken ala pakala guarantee$^{1/2}$

ken ala pilin pona
depressed$^{1/2}$
ken ala poki e namako full$^{1/2}$
ken ale freedom^{1}, liberty$^{1/2}$
ken ante variable^{2}, flexibility^{2},
dynamic^{1}, disability^{1},
influence^{1}, vary^{1}, variation$^{1/2}$,
flexible$^{1/2}$, margin$^{1/2}$,
alternative$^{1/2}$
ken ante ala stable$^{1/2}$
ken awen patience^{1},
sustainable^{1}, patient^{1},
integrity^{1}
ken e allow^{2}, let^{2}, authorize^{1},
enable^{1}, tolerate$^{1/2}$, assure$^{1/2}$
ken e lukin demonstration$^{1/2}$
ken esun afford^{2}, affordable^{2},
offer$^{1/2}$
ken ike risk^{3}, dangerous^{1},
danger^{1}, liability$^{1/2}$, warning$^{1/2}$
ken ike lon jan suspicious$^{1/2}$
ken ike tan ike
accountability$^{1/2}$
ken ike tan pali ike
accountability$^{1/2}$
ken ilo feature$^{1/2}$
ken jo capacity^{2}, selection$^{1/2}$,
accessible$^{1/2}$
ken kama availability$^{1/2}$,
prospect$^{1/2}$, likelihood$^{1/2}$,
acceptance$^{1/2}$

ken kama ike vulnerable^{1}
ken kama jo deserve^{½}, worthy^{½}, accessible^{½}
ken kama lon insa fit^{½}
ken kepeken accessible^{2}, utility^{1}, access^{½}
ken kepeken lipu literacy^{½}
ken kipisi sharp^{1}, spiky^{1}
ken kipisi tu even^{½}
ken ko flexibility^{½}
ken la potentially^{3}, perhaps^{3}, maybe^{3}, possibly^{3}, might^{2}, presumably^{2}, roughly^{1}, suppose^{½}, theoretical^{½}, apparently^{½}, could^{½}
ken la ala unlikely^{½}
ken la jan ni li pali e ijo ike defendant^{½}
ken la kama ala unlikely^{½}
ken la mi wile reluctant^{½}
ken la ona li kama ala unlikely^{½}
ken lawa jurisdiction^{1}, leadership^{1}, agency^{½}
ken len fit^{½}
ken lili unlikely^{2}
ken lili lili unlikely^{½}
ken lili taso unlikely^{½}
ken linja flexible^{½}, flexibility^{½}

ken lon access^{1}, possibility^{1}, possible^{1}, tolerate^{½}, viable^{½}, fit^{½}
ken lon ala so-called^{½}
ken lon kulupu acceptance^{½}
ken lon tenpo ni ready^{½}
ken lukin visible^{3}, clear^{1}, apparent^{1}, expect^{½}
ken lukin ala blind^{1}
ken lukin ala lon tenpo pini surprising^{½}
ken lukin e sitelen literacy^{½}
ken lukin suli la explicitly^{½}
ken mama conception^{½}
ken moli mortality^{3}, deadly^{2}, dangerous^{½}
ken musi creativity^{½}
ken mute talented^{1}, probably^{1}, spectrum^{1}, freely^{1}, likely^{½}, extensive^{½}, reliable^{½}, gifted^{½}, diversity^{½}
ken mute la likely^{½}
ken mute la ni li lon ala unlikely^{½}
ken nasa random^{½}
ken olin match^{½}
ken open ready^{½}
ken pakala dangerous^{2}, delicate^{1}, risk^{1}, liability^{1}, vulnerable^{1}, venture^{½}

ken pali viable^2, ready^1, functional^1, skill^1, useful^1, practical$^{1/2}$, liberty$^{1/2}$, availability$^{1/2}$, productivity$^{1/2}$, ability$^{1/2}$, energy$^{1/2}$

ken pali ala useless^1

ken pali e ijo sin creativity$^{1/2}$

ken pali mute gifted$^{1/2}$

ken pali pona responsible$^{1/2}$, talent$^{1/2}$

ken pi kama jaki ala immune$^{1/2}$

ken pi kipisi tu even$^{1/2}$

ken pi lukin lipu literacy$^{1/2}$

ken pi pali mute productivity$^{1/2}$

ken pi pali sin ijo copyright$^{1/2}$

ken pi tenpo kama prospect$^{1/2}$

ken pilin sensitivity^1, sentient^1, suppose$^{1/2}$, reach$^{1/2}$

ken pini limited^1

ken pona luck^1, lucky$^{1/2}$, fortune$^{1/2}$, viable$^{1/2}$, reliability$^{1/2}$, acceptable$^{1/2}$

ken pona tawa tolerate$^{1/2}$

ken sama equity$^{1/2}$

ken sitelen literacy$^{1/2}$

ken sona intelligence^1, clearly$^{1/2}$, sentient$^{1/2}$

ken suli likelihood$^{1/2}$

ken suli la probably^1

ken tawa mobile^3, availability$^{1/2}$, flexible$^{1/2}$, loose$^{1/2}$, flexibility$^{1/2}$

ken toki consciousness$^{1/2}$

ken toki insa sentient$^{1/2}$

ken unpa tan jan ante consent$^{1/2}$

ken utala competitive$^{1/2}$, controversial$^{1/2}$

kepeken
prep,vt use^5, with^1

(more)
utilize^4, via^3, employ^3, used^2, operate^2, interact^2, equip^2, rely^2, implement^1, involve^1, engagement^1, involvement^1, apply^1, utility^1, through^1, application$^{1/2}$, mount$^{1/2}$, consumption$^{1/2}$, wear$^{1/2}$, involved$^{1/2}$, ride$^{1/2}$, handle$^{1/2}$, reference$^{1/2}$, play$^{1/2}$, processing$^{1/2}$, function$^{1/2}$, resort$^{1/2}$, consume$^{1/2}$

kepeken ala without^1, waste^1, omit$^{1/2}$

kepeken ala lawa jan automatic$^{1/2}$

kepeken e tenpo lili hurry$^{1/2}$

kepeken ijo lili mute
detailed[1/2]

kepeken ijo pi jan ante lon ken ona borrow[1/2]

kepeken ike exploit[1], addiction[1/2], abuse[1/2]

kepeken ilo luka click[1/2]

kepeken ilo moli shooting[1/2]

kepeken ilo sona virtually[2], electronic[1/2]

kepeken ilo tawa ride[1/2]

kepeken jan ala automatically[1]

kepeken kalama ala quietly[2]

kepeken kalama lili quietly[1]

kepeken kon open pi len ala frankly[1/2]

kepeken kon wan taso precisely[1/2]

kepeken lawa thinking[1/2]

kepeken len wear[1]

kepeken len ala bare[1/2]

kepeken linja lili directly[1/2]

kepeken lon tenpo mute practice[1/2]

kepeken luka click[1/2]

kepeken luka suwi gently[1/2]

kepeken mani spending[1]

kepeken nasin somehow[1/2], via[1/2], follow[1/2]

kepeken nasin ala random[1/2]

kepeken nasin ante differently[1/2]

kepeken nasin lawa pona reasonable[1/2]

kepeken nasin lili directly[1/2], subtle[1/2], direct[1/2]

kepeken nasin ni comply[1/2]

kepeken nasin ni la thereby[1/2]

kepeken nasin pi kule selo racial[1/2]

kepeken nasin pona properly[1/2], reasonable[1/2], directly[1/2], effectively[1/2], valid[1/2], fair[1/2]

kepeken nasin sama equally[1/2]

kepeken nasin seme how[1]

kepeken nasin sijelo physically[1/2]

kepeken nasin taso directly[1/2]

kepeken nasin wile pi jan ante comply[1/2]

kepeken nimi lili simply[1/2]

kepeken olin gently[1/2]

kepeken pakala ala careful[1/2]

kepeken pali lili easily[2], ease[1/2]

kepeken pali mute challenging[1], advanced[1/2]

kepeken pali sama equally[1/2]

kepeken palisa utala spiky[1/2]

kepeken pilin emotional[1/2]

kepeken pilin ala clinical$^{1/2}$
kepeken pilin mute
 dramatically$^{1/2}$
kepeken pilin sama
 compassion$^{1/2}$
kepeken poka ala directly$^{1/2}$
kepeken pona careful$^{1/2}$,
 effectively$^{1/2}$
kepeken seme how^{2}
kepeken sona clever$^{1/2}$,
 reasonable$^{1/2}$, strategic$^{1/2}$
kepeken telo seli boil$^{1/2}$
kepeken tenpo hesitate$^{1/2}$
kepeken tenpo ala instant^{2},
 instantly^{1}, suddenly$^{1/2}$
kepeken tenpo lili quick^{3},
 quickly^{2}, sudden^{2}, suddenly^{2},
 briefly^{2}, fast^{1}, rapidly^{1}, brief^{1},
 hurry^{1}, faster^{1}, immediate^{1},
 efficiency$^{1/2}$, efficient$^{1/2}$, rapid$^{1/2}$
kepeken tenpo lili pona
 efficient$^{1/2}$
kepeken tenpo mute
 slowly^{2}, slow^{1}, carefully$^{1/2}$
kepeken tenpo suli slow^{1},
 gradually^{1}, careful$^{1/2}$
**kepeken toki ante lon ma pi
 toki pona** speak another
 language in a Toki Pona only
 environment$^{1/2}$
kepeken toki mute detailed$^{1/2}$

kepeken tomo mani
 banking$^{1/2}$
kepeken wan mute precise$^{1/2}$
kepeken wawa firmly^{1}
kepeken wawa ala ease$^{1/2}$
kepeken wawa ike roughly$^{1/2}$,
 rough$^{1/2}$
kepeken wawa lili softly^{1},
 slowly^{1}, lightly^{1}, easily$^{1/2}$,
 effectively$^{1/2}$, gently$^{1/2}$
kepeken wawa mute strain$^{1/2}$
kepeken wawa nasa
 magical$^{1/2}$
kese LGBTQ+$^{1/2}$

kijetesantakalu procyonid^{3},
 Musteloidea^{2}
kiki spiky^{2}, sharp^{1}, angle$^{1/2}$,
 point$^{1/2}$
kiki lili pin$^{1/2}$

kili

n fruit[5], vegetable[5], apple[5], kumquat[3]

(more)
fungus[2], bean[2], nut[2], onion[2], tomato[2], orange[2], olive[1], potato[1], product[1], mushroom[1], garlic$^{1/2}$, pepper$^{1/2}$, peanut$^{1/2}$, produce$^{1/2}$, output$^{1/2}$

kili jaki olive$^{1/2}$
kili jelo lemon[2]
kili jelo ike lemon$^{1/2}$
kili jelo pi suwi ala lemon$^{1/2}$
kili jelo pi telo uta lemon$^{1/2}$
kili jelo sike lemon[1]
kili kiwen nut[2], peanut[1]
kili kiwen lili peanut[1], nut$^{1/2}$
kili laso olive[1]
kili laso lili olive[1]
kili lili bean[1], olive$^{1/2}$
kili loje tomato[2], apple[1]
kili loje jelo orange[1]
kili loje sike tomato$^{1/2}$
kili ma potato[2]
kili namako garlic[1]
kili pan potato$^{1/2}$
kili pi pali ike penalty$^{1/2}$
kili pi selo kiwen peanut$^{1/2}$

kili pi selo mute onion$^{1/2}$
kili pi sike tu peanut$^{1/2}$
kili pi telo lukin onion$^{1/2}$
kili pi telo oko onion$^{1/2}$
kili pi toki pona Tokiponido$^{1/2}$
kili pi uta kiki lemon$^{1/2}$
kili seli pepper$^{1/2}$
kili sike jelo lemon$^{1/2}$
kili sike loje apple$^{1/2}$
kili soko mushroom$^{1/2}$
kili suwi fruit$^{1/2}$, orange$^{1/2}$, kumquat$^{1/2}$
kili walo mushroom$^{1/2}$

kin

adj,adv also[4], too[4]

(more)
indeed[2], especially[2], even[2], additional[2], additionally[1], certainly[1], respectively[1], furthermore[1], quite[1], particularly[1], certain$^{1/2}$, such$^{1/2}$

kin la moreover[3], additionally[1], furthermore[1], especially$^{1/2}$, and$^{1/2}$

kipisi

vt split[4], slice[4], cut[3], divide[3], chop[3]
n division[4], slice[4], segment[3],

section^3, portion^2, piece^2, part^2

(more)
rip^2, half^2, clip^2, separation^2, chunk^2, carve^2, separate^2, percentage^2, sector^2, fraction^2, component^2, percent^1, proportion^1, sharp^1, partial^1, element^1, sample^1, factor$^{1/2}$, quarter$^{1/2}$, aspect$^{1/2}$, department$^{1/2}$, chapter$^{1/2}$, tear$^{1/2}$

kipisi e insa sitelen crop$^{1/2}$
kipisi esun department$^{1/2}$
kipisi kon aspect$^{1/2}$
kipisi kulupu division$^{1/2}$
kipisi lili slice$^{1/2}$
kipisi lipu chapter^2, clause$^{1/2}$, paragraph$^{1/2}$, verse$^{1/2}$
kipisi lon uta chew$^{1/2}$
kipisi ma province$^{1/2}$
kipisi misikeke surgery$^{1/2}$
kipisi nanpa fraction^1
kipisi nasin halfway$^{1/2}$
kipisi nimi syllable^2
kipisi olin divorce$^{1/2}$
kipisi pi kulupu nimi clause$^{1/2}$
kipisi pi ma tomo district$^{1/2}$, neighbourhood$^{1/2}$

kipisi pi sitelen tawa clip$^{1/2}$
kipisi pi tu tu quarter$^{1/2}$
kipisi sike curve^1
kipisi toki clause$^{1/2}$, paragraph$^{1/2}$
kipisi tu half^1
kipisi tu tu quarter$^{1/2}$

kiwen
n solid^5, rock^5, stone^5, hard object^4, concrete^3, metal^3, steel^3, iron^3
adj solid^5, firm^3, stiff^3

(more)
silver^2, plastic^2, tough^2, brick^1, diamond^1, carbon^1, block^1, bullet^1, reinforce^1, obstacle^1, strict^1, crystal^1, freeze$^{1/2}$, sculpture$^{1/2}$, chunk$^{1/2}$

kiwen ala soft^2, tender^1, flexible$^{1/2}$
kiwen anpa sinpin chin$^{1/2}$, jaw$^{1/2}$
kiwen awen shield$^{1/2}$
kiwen ike lead$^{1/2}$
kiwen ilo metal^1, iron$^{1/2}$
kiwen insa bone$^{1/2}$, core$^{1/2}$, density$^{1/2}$
kiwen insa lawa skull^1
kiwen insa sijelo bone$^{1/2}$

kiwen jan statue^2, bone$^{1/2}$
kiwen jelo gold^2
kiwen kasi wood^3, wooden^3
kiwen ko plastic$^{1/2}$
kiwen ko pi weka jaki soap$^{1/2}$
kiwen laso diamond$^{1/2}$
kiwen lawa skull^2
kiwen lawa pi jan lawa
  crown$^{1/2}$
kiwen leko brick$^{1/2}$
kiwen lete frozen^2, ice$^{1/2}$
kiwen lili chip$^{1/2}$
kiwen lili moli bullet$^{1/2}$
kiwen lili pi tawa wawa
  bullet$^{1/2}$
kiwen lili utala bullet$^{1/2}$
kiwen lon insa sijelo bone$^{1/2}$
kiwen luka nail^1, scratch$^{1/2}$
kiwen lukin glass$^{1/2}$
kiwen ma stone$^{1/2}$
kiwen mama kasi seed$^{1/2}$
kiwen mani diamond^2, gold^2,
  jewellery^1, coin$^{1/2}$
kiwen mani jelo gold^2,
  golden$^{1/2}$
kiwen mani walo silver^1
kiwen moli grave$^{1/2}$, bullet$^{1/2}$
kiwen musi sculpture^2,
  statue^2, polyhedron$^{1/2}$
kiwen namako crystal$^{1/2}$,
  jewellery$^{1/2}$

kiwen ni: ona li tawa e seli e
  wawa linja metal$^{1/2}$
kiwen noka heel$^{1/2}$
kiwen palisa nail^1
kiwen pi anpa uta jaw$^{1/2}$
kiwen pi ilo moli bullet$^{1/2}$
kiwen pi jasima suno metal$^{1/2}$
kiwen pi ken lukin glass^1
kiwen pi ken lukin insa
  glass$^{1/2}$
kiwen pi ken pakala crystal$^{1/2}$
kiwen pi ko loje brick$^{1/2}$
kiwen pi lukin insa crystal$^{1/2}$
kiwen pi pali jan plastic$^{1/2}$
kiwen pi pali pona medal$^{1/2}$
kiwen pi palisa luka nail$^{1/2}$
kiwen pi sinpin mute
  polyhedron$^{1/2}$
kiwen pi sitelen jan statue$^{1/2}$
kiwen pi soweli moli fossil^1,
  bone$^{1/2}$
kiwen pi soweli pi majuna
  mute fossil$^{1/2}$
kiwen pi suli tenpo
  memorial$^{1/2}$
kiwen pi tenpo suli
  monument$^{1/2}$
kiwen pi walo pimeja
  concrete$^{1/2}$
kiwen pimeja coal^1, carbon^1
kiwen pimeja seli coal^1
kiwen pimeja wawa coal$^{1/2}$

kiwen pini nail$^{1/2}$

kiwen sama statue$^{1/2}$, monument$^{1/2}$

kiwen seli coal$^{1/2}$, chemical$^{1/2}$

kiwen sewi mountain$^{1/2}$

kiwen sijelo bone^2

kiwen sijelo lawa skull^1

kiwen sike stone$^{1/2}$

kiwen sitelen statue$^{1/2}$

kiwen sitelen pi jan moli memorial$^{1/2}$

kiwen sona hardware$^{1/2}$, monument$^{1/2}$

kiwen suli burden$^{1/2}$, monument$^{1/2}$

kiwen suno diamond^1, crystal^1, metal$^{1/2}$, jewellery$^{1/2}$

kiwen suwi candy$^{1/2}$

kiwen tan sijelo lili nanpa mute luka wan steel$^{1/2}$

kiwen tawa spring$^{1/2}$

kiwen telo ice$^{1/2}$

kiwen tomo concrete$^{1/2}$, steel$^{1/2}$

kiwen uta tooth^5

kiwen walo iron^1, concrete$^{1/2}$, steel$^{1/2}$, crystal$^{1/2}$

kiwen walo insa bone$^{1/2}$

kiwen wawa iron^1, coal^1, medal^1, metal$^{1/2}$, steel$^{1/2}$, diamond$^{1/2}$

kiwen wawa laso diamond$^{1/2}$

kiwen wawa suno steel$^{1/2}$

ko

n goo^5, semisolid^5, powder^4, paste^4, clay^3, sand^2, dust^2, substance^2, cream^2, dough^2, mud^2

adj semisolid^5

(more)
smooth^1, soft^1, softly^1, salt^1, chemical^1, make-up^1, squeeze^1, tender^1, flexible^1, mixture^1, sauce^1, pad$^{1/2}$, blend$^{1/2}$, cholesterol$^{1/2}$, reduction$^{1/2}$, thick$^{1/2}$, mixed$^{1/2}$, stir$^{1/2}$, flexibility$^{1/2}$, dirt$^{1/2}$, pitch$^{1/2}$, butter$^{1/2}$, material$^{1/2}$, gas$^{1/2}$

ko ala firm$^{1/2}$

ko e chew$^{1/2}$

ko insa cholesterol^1

ko insa ike cancer$^{1/2}$

ko insa pi pakala pilin cholesterol$^{1/2}$

ko insa sijelo hormone$^{1/2}$

ko jaki shit^2, dust^1, dirt^1, dump$^{1/2}$, crap$^{1/2}$

ko jelo butter^1, cheese^1

ko jelo moku butter$^{1/2}$

ko jelo pi telo mama butter$^{1/2}$

ko kapesi seli tobacco$^{1/2}$

ko kiwen sand[1]
ko kon dust[1]
ko kule paint[1]
ko kule sinpin make-up[½]
ko lawa brain[½]
ko lete snow[2]
ko lete walo snow[½]
ko lili cholesterol[½]
ko loje tawa soweli flesh[½]
ko ma mud[2], soil[2], dirt[2], clay[1], sand[½]
ko ma pi pali poki clay[½]
ko mama cheese[½]
ko mani butter[½]
ko moku sauce[2], butter[1], fat[½]
ko mute mixture[½]
ko pali clay[½]
ko pan flour[4], dough[2]
ko pan walo flour[½]
ko pi ante sijelo hormone[½]
ko pi jaki ala soap[½]
ko pi ken ale plastic[½]
ko pi kiwen uta toothpaste[1]
ko pi kule sinpin make-up[½]
ko pi open ala seal[½]
ko pi pona len soda[½], soap[½]
ko pi pona uta toothpaste[1]
ko pi seli moli ashes[1]
ko pi seli pini ashes[½]
ko pi telo mama butter[½]

ko pi telo mama soweli cheese[½]
ko pi telo walo cheese[½]
ko pi telo walo soweli cream[½]
ko pi weka jaki soap[2]
ko pimeja ashes[2], carbon[½]
ko pona pi kiwen uta toothpaste[1]
ko seli ashes[2], fuel[1], candle[½], oil[½]
ko sewi cloud[2]
ko sijelo tissue[½]
ko sijelo jaki cancer[½]
ko sitelen paint[½]
ko soweli flesh[½], meat[½]
ko suwi sugar[2], honey[2]
ko suwi pipi honey[½]
ko tan seli ashes[1]
ko tan telo mama soweli butter[½]
ko uta toothpaste[1]
ko walo snow[½], cream[½], cloud[½]
ko walo lete snow[½]
ko walo sewi cloud[½]
ko wawa muscle[1]
kokosila speak another language in a Toki Pona only environment[3]

kon

n soul^{5}, air^{5}, spirit^{5}, gas^{5}, essence^{4}, atmosphere^{4}, oxygen^{3}, breath^{3}, meaning^{3}, intangible^{3}, invisible entity^{3}, breathing^{3}, definition^{2}, breeze^{2}, smell^{2}, identity^{2}, climate^{2}

adj intangible^{3}, abstract^{2}, spiritual^{2}

(more)
life^{1}, wind^{1}, attribute^{1}, blow^{1}, gender^{1}, hidden^{1}, characteristic^{1}, moral^{1}, virtual^{1}, premise^{1}, smoke^{1}, principle^{1}, mean (v)$^{\frac{1}{2}}$, magical$^{\frac{1}{2}}$, mysterious$^{\frac{1}{2}}$, ghost$^{\frac{1}{2}}$, concept$^{\frac{1}{2}}$, invisible$^{\frac{1}{2}}$, conscience$^{\frac{1}{2}}$, theme$^{\frac{1}{2}}$, consciousness$^{\frac{1}{2}}$, characterize$^{\frac{1}{2}}$, context$^{\frac{1}{2}}$, inspiration$^{\frac{1}{2}}$, theoretical$^{\frac{1}{2}}$, draft$^{\frac{1}{2}}$, state$^{\frac{1}{2}}$, subtle$^{\frac{1}{2}}$, space$^{\frac{1}{2}}$, room$^{\frac{1}{2}}$, heaven$^{\frac{1}{2}}$, element$^{\frac{1}{2}}$, notion$^{\frac{1}{2}}$

kon ale pi ma ale atmosphere$^{\frac{1}{2}}$

kon ali weather$^{\frac{1}{2}}$

kon anpa underlying$^{\frac{1}{2}}$

kon ante strange$^{\frac{1}{2}}$

kon en sewi weather$^{\frac{1}{2}}$

kon ike radiation^{1}, devil$^{\frac{1}{2}}$, demon$^{\frac{1}{2}}$, smoke$^{\frac{1}{2}}$, emission$^{\frac{1}{2}}$, cursed$^{\frac{1}{2}}$, infection$^{\frac{1}{2}}$

kon jaki virus^{1}, disease^{1}, pollution$^{\frac{1}{2}}$, bacteria$^{\frac{1}{2}}$, smoke$^{\frac{1}{2}}$, cancer$^{\frac{1}{2}}$, illness$^{\frac{1}{2}}$

kon jan ghost^{1}, personality^{1}, identity$^{\frac{1}{2}}$, self$^{\frac{1}{2}}$, character$^{\frac{1}{2}}$

kon ko cloud^{1}

kon la essentially$^{\frac{1}{2}}$

kon lawa attention$^{\frac{1}{2}}$, Lord$^{\frac{1}{2}}$, mind$^{\frac{1}{2}}$

kon li lon meaningful$^{\frac{1}{2}}$

kon li seli anu lete weather$^{\frac{1}{2}}$

kon lili molecule$^{\frac{1}{2}}$

kon lon telo loje cholesterol$^{\frac{1}{2}}$

kon ma climate^{1}, atmosphere$^{\frac{1}{2}}$, elf$^{\frac{1}{2}}$

kon mama gene$^{\frac{1}{2}}$, DNA$^{\frac{1}{2}}$

kon moli ghost^{2}

kon mun alien$^{\frac{1}{2}}$, space$^{\frac{1}{2}}$

kon nanpa wan premise$^{\frac{1}{2}}$

kon nimi definition^{1}

kon nimi taso literally$^{\frac{1}{2}}$

kon olin intimate$^{\frac{1}{2}}$

kon pakala cursed$^{\frac{1}{2}}$

kon pali talent$^{\frac{1}{2}}$

kon pi ilo sona operating system$^{1/2}$

kon pi jan moli ghost$^{1/2}$

kon pi pakala mute hurricane$^{1/2}$

kon pi tenpo pini trace$^{1/2}$

kon pi toki musi plot$^{1/2}$

kon pi wawa mute hurricane$^{1/2}$

kon pilin mood$^{1/2}$

kon pimeja smoke^2, shadow$^{1/2}$, shade$^{1/2}$

kon pimeja tan seli smoke$^{1/2}$

kon pona oxygen^1, conscience$^{1/2}$, angel$^{1/2}$, inspiration$^{1/2}$

kon pona lon insa moku vitamin$^{1/2}$

kon sama harmony$^{1/2}$

kon seli smoke^2, steam^1

kon sewi sky^2, spirit$^{1/2}$

kon sewi utala storm$^{1/2}$

kon sijelo oxygen$^{1/2}$, hormone$^{1/2}$

kon sona consciousness$^{1/2}$

kon suli meaningful$^{1/2}$, atmosphere$^{1/2}$

kon suli pi kama telo storm$^{1/2}$

kon suli pi pakala mute hurricane$^{1/2}$

kon suno radiation$^{1/2}$

kon tan ijo lili radiation$^{1/2}$

kon tan telo seli steam$^{1/2}$

kon tawa wind^4, breeze^2

kon tawa anpa gravity$^{1/2}$

kon tawa pi suli mute hurricane$^{1/2}$

kon tawa suli ike hurricane$^{1/2}$

kon tawa wawa storm$^{1/2}$

kon telo steam^2, cloud$^{1/2}$

kon telo seli steam$^{1/2}$

kon telo walo cloud$^{1/2}$

kon toki topic^1, rumour$^{1/2}$, narrative$^{1/2}$

kon uta breath^1

kon utala hurricane$^{1/2}$, storm$^{1/2}$

kon utala suli hurricane$^{1/2}$

kon walo cloud$^{1/2}$

kon walo sewi cloud$^{1/2}$

kon wawa storm^2, courage$^{1/2}$, hurricane$^{1/2}$, force$^{1/2}$, blast$^{1/2}$

kon wawa ike hurricane$^{1/2}$

kon wawa pi tawa sike hurricane$^{1/2}$

kon wawa sewi storm$^{\frac{1}{2}}$

ku interact with *Toki Pona Dictionary* [this book!]

kule

n colour^5, paint^2, spectrum^2, type^1, attribute^1

vt colour^5, paint^2

adj diverse^2, LGBTQ+^{2}, gay^2, lesbian^2

(more)
strain$^{\frac{1}{2}}$, style$^{\frac{1}{2}}$, trait$^{\frac{1}{2}}$, characterize$^{\frac{1}{2}}$, make-up$^{\frac{1}{2}}$, emphasis$^{\frac{1}{2}}$, genre$^{\frac{1}{2}}$, shade$^{\frac{1}{2}}$, diversity$^{\frac{1}{2}}$, aspect$^{\frac{1}{2}}$

kule ala clear^1, straight$^{\frac{1}{2}}$

kule jan racial$^{\frac{1}{2}}$

kule jan la racial$^{\frac{1}{2}}$

kule kalama tone$^{\frac{1}{2}}$

kule kon gender^1

kule ma brown^1

kule mani currency$^{\frac{1}{2}}$

kule moku flavour$^{\frac{1}{2}}$

kule mu voice$^{\frac{1}{2}}$

kule mute variety$^{\frac{1}{2}}$, mixed$^{\frac{1}{2}}$

kule mute li lon detailed$^{\frac{1}{2}}$

kule pi kiwen jelo golden$^{\frac{1}{2}}$

kule selo racial$^{\frac{1}{2}}$, race$^{\frac{1}{2}}$

kule sewi rainbow^1, weather$^{\frac{1}{2}}$

kule sinpin make-up^2

kule soweli species^1

kule toki tone$^{\frac{1}{2}}$, accent$^{\frac{1}{2}}$

kulijo cool$^{\frac{1}{2}}$

kulupu

n group^5, organization^5, community^5, collective^5, tribe^5, squad^4, bunch^4, cluster^4, league^4, society^4, collection^4, association^4, crew^4, team^3, club^3, coalition^3, set^3, gathering^3, category^3, institution^3, gang^3, assembly^3, meeting^3, pile^3, network^3, crowd^3

adj collective^5, tribal^4, ethnic^2, social^2

adv socially^3, publicly^2
(see also **kulupu la, lon kulupu***)*

vt include^1, arrange^1
(see also **kulupu e***)*

(more)
bureau^2, partnership^2, class^2, array^2, stack^2, affiliation^2, committee^2, public^2, combination^2, sequence^2, pack^2, establishment^2, franchise^2, rally^2, demographic^2, conference^2, company^2, cultural^2, civic^2,

relationship[2], corps[1], genre[1], meet[1], species[1], party[1], system[1], institutional[1], convention[1], civilization[1], culture[1], alliance[1], institute[1], agency[1], together[1], panel[1], compound[1], mutual[1], fleet[1], union[1], family[1], arrangement[1], gather[1], enterprise[1], band[1], corporate[1], sort[1], integration[1], formation[1], bond[½], combined[½], relation[½], population[½], classify[½], joint[½], troop[½], integrate[½], forum[½], civil[½], shared[½], ecosystem[½], involved[½], server[½], connection[½], nation[½], corporation[½], racial[½], cast[½], collect[½], altogether[½], people[½], organize[½], race[½]

kulupu ala isolate[½]
kulupu alasa patrol[½], tribal[½]
kulupu ante opposition[½]
kulupu awen resistance[½], military[½]
kulupu awen olin marriage[½]
kulupu e classify[½], incorporate[½]

kulupu esun company[1], corporation[1], agency[1], business[1], enterprise[1], franchise[½]
kulupu ijo inventory[½], stock[½], collection[½]
kulupu ijo pi pana sona curriculum[½]
kulupu ijo wan compound[½]
kulupu ike conspiracy[1]
kulupu ike li lawa conspiracy[½]
kulupu ilo kit[3], gear[½], Internet[½], mechanism[½], equipment[½]
kulupu jan population[2], demographic[1], gang[1], meeting[½], civilization[½], troop[½], racial[½]
kulupu jan anpa minority[½]
kulupu jan ilo civilization[½]
kulupu jan lawa congress[1]
kulupu jan lili minority[½]
kulupu jan pi sitelen tawa cast[½]
kulupu jan tenpo generation[1]
kulupu jan utala riot[½]
kulupu kalama band[½]
kulupu kalama pi tenpo wan syllable[½]

kulupu kama gathering[1], assembly[½]

kulupu kasi forest[½]

kulupu kule spectrum[½], pattern[½]

kulupu la publicly[½]

kulupu la mi role[½]

kulupu lawa council[4], senate[3], congress[3], administration[3], parliament[2], committee[2], government[2], ministry[1], regime[1], republic[1], jury[1], establishment[½], bureau[½], management[½], commission[½], legislature[½], trial[½]

kulupu lawa ma government[½]

kulupu lawa pi jan majuna senate[½]

kulupu lili minority[1], tribe[½], squad[½]

kulupu linja array[½], row[½], web[½], network[½]

kulupu lipu literature[1], file[½], series[½], portfolio[½]

kulupu lipu pi tenpo pini archive[½]

kulupu lon tomo sama household[½]

kulupu lukin audience[1]

kulupu mama family[3]

kulupu mani corporation[2], enterprise[1], corporate[1]

kulupu mun galaxy[1]

kulupu musi celebration[½], festival[½], band[½], club[½]

kulupu nanpa range[1], sequence[½]

kulupu nasin network[½]

kulupu nimi phrase[2], sentence[1], paragraph[1], verse[1], list[½]

kulupu olin relationship[1], marriage[½], couple[½]

kulupu open foundation[½]

kulupu pali industry[2], manufacturer[2], company[1], agency[1], department[1], union[1], personnel[1], team[1], corporate[1], committee[1], rally[½], commission[½], crew[½], staff[½], workshop[½], firm[½]

kulupu pali pi lipu sitelen press[½]

kulupu pali pona team[½]

kulupu pana charity[2], publisher[½]

kulupu pi alasa lon jury[½]

kulupu pi ante lukin racial[½]

kulupu pi esun lipu publisher[½]

kulupu pi ijo jo collection$^{\frac{1}{2}}$
kulupu pi ijo musi collection$^{\frac{1}{2}}$
kulupu pi ilo sona Internet^{1}, web$^{\frac{1}{2}}$
kulupu pi jan ale humanity^{1}
kulupu pi jan lawa senate$^{\frac{1}{2}}$, management$^{\frac{1}{2}}$, parliament$^{\frac{1}{2}}$
kulupu pi jan musi cast$^{\frac{1}{2}}$
kulupu pi jan pali department$^{\frac{1}{2}}$, union$^{\frac{1}{2}}$
kulupu pi jan pona friendship^{1}
kulupu pi jan sama generation$^{\frac{1}{2}}$
kulupu pi jan utala troop^{1}, army^{1}, corps$^{\frac{1}{2}}$
kulupu pi kalama musi band^{3}, album^{2}
kulupu pi kama sona workshop$^{\frac{1}{2}}$
kulupu pi lawa ala gang$^{\frac{1}{2}}$
kulupu pi lawa ma congress$^{\frac{1}{2}}$
kulupu pi lipu lili deck$^{\frac{1}{2}}$
kulupu pi lipu mute deck$^{\frac{1}{2}}$
kulupu pi mani ala non-profit^{1}
kulupu pi nanpa mute data$^{\frac{1}{2}}$
kulupu pi nasin lawa legislation$^{\frac{1}{2}}$, party$^{\frac{1}{2}}$
kulupu pi nasin sewi church$^{\frac{1}{2}}$, ministry$^{\frac{1}{2}}$

kulupu pi pali ike gang^{1}, conspiracy$^{\frac{1}{2}}$
kulupu pi pali lawa congress^{1}
kulupu pi pali lipu publisher^{1}
kulupu pi pali sama team$^{\frac{1}{2}}$
kulupu pi pali sona institute$^{\frac{1}{2}}$
kulupu pi pana lawa congress$^{\frac{1}{2}}$
kulupu pi pana mani sponsor$^{\frac{1}{2}}$
kulupu pi pana pona charity^{1}, welfare$^{\frac{1}{2}}$
kulupu pi pilin sama alliance$^{\frac{1}{2}}$
kulupu pi sitelen tawa series$^{\frac{1}{2}}$
kulupu pi soweli en kasi ecosystem$^{\frac{1}{2}}$
kulupu pi soweli sama species$^{\frac{1}{2}}$
kulupu pi tenpo pini heritage$^{\frac{1}{2}}$
kulupu pi tenpo sama generation$^{\frac{1}{2}}$
kulupu pi tomo len camp^{1}
kulupu pi tomo sona campus$^{\frac{1}{2}}$
kulupu pi tomo tawa kon airline^{1}
kulupu pi tomo tawa telo fleet^{2}
kulupu pi utala ala alliance$^{\frac{1}{2}}$

kulupu pi utala musi league[1]

kulupu pilin jury[½]

kulupu pona alliance[2], squad[1], harmony[½]

kulupu pona pi kama wan wedding[½]

kulupu sama generation[½], array[½], genre[½]

kulupu sitelen gallery[2], press[½], portfolio[½]

kulupu sona class[2], faculty[1], academy[1], academic[½], council[½]

kulupu sona pi ilo sona server[½]

kulupu soweli species[1], pack[½]

kulupu suli majority[1], society[1], civilization[½], corporation[½]

kulupu suli jan civilization[½]

kulupu suli nimi paragraph[½]

kulupu suli pi tenpo sike century[½]

kulupu suli wawa civilization[½]

kulupu suno galaxy[1]

kulupu tan jan moli funeral[½]

kulupu tawa parade[½]

kulupu tenpo generation[1]

kulupu toki conference[1], forum[½], panel[½], media[½]

kulupu tomo household[2], neighbourhood[2], town[1], village[1], district[½], housing[½]

kulupu tomo lili town[½]

kulupu utala army[4], military[3], corps[2], troop[2], riot[½], prosecution[½]

kulupu utala pi lawa ala riot[½]

kulupu utala pi tomo tawa telo navy[½]

kulupu utala telo navy[3], marine[½]

kulupu wan union[1], alliance[1]

kulupu wan pona alliance[½]

kulupu wawa rally[½]

kulupu wile jury[½]

kuntu laughter[1], chuckle[1], laugh[½], comedy[½]

kute

vt hear[5], listen to[5], comply with[1]

n ear[5], hearing[5]

(more)
compliance[½], detect[½], aware[½], behave[½], respect[½]

kute ala ignore[½], refuse[½]

kute e toki pona pi jan ante consult[½]

kute pona faithful$^{1/2}$

kute toki reply$^{1/2}$

la if^5, while^3, depending^3, regarding^2, than^2, thereby^2, considering^1, as^1, then^1, from the perspective of^1, therefore^1, when^1, per^1, according to^1, so^1, consequence^1, relatively^1, about^1, since^1, depend^1, given$^{1/2}$, although$^{1/2}$, consequently$^{1/2}$, context$^{1/2}$, thus$^{1/2}$

lanpan steal^3, seize^3, grab^2, capture^2, take^1, catch^1, retrieve^1, rob^1, get$^{1/2}$, theft$^{1/2}$, gain$^{1/2}$, claim$^{1/2}$, extract$^{1/2}$

lanpan e sona understand$^{1/2}$

lanpan ike theft^1, rob$^{1/2}$

lape sleep^5, asleep^4, rest^3, lay^2, lie (be in flat position)^2, relax^1, relieve^1, break$^{1/2}$, off$^{1/2}$

lape ala awake^4, conscious^2, consciousness$^{1/2}$

lape ike nightmare$^{1/2}$

lape li pini wake^1

lape lili rest^2, relax$^{1/2}$

lape lon ma camp$^{1/2}$

lape monsuta nightmare$^{1/2}$

lape suno sunset^1

laso blue^5, teal^4, green^3, sustainable$^{1/2}$

laso kasi green^3

laso loje purple^1

laso telo blue^1

lawa

  n head^5, authority^4, control^4, leadership^4, rule^3, law^3, management^3, mind^3, brain^3, policy^3

  vt govern^5, control^4, manage^4, lead^3, enforce^3, oversee^3, conduct^3, regulate^3, administer^3

  *(see also **lawa e**)*

  adj ruling^4, regulatory^4, leading^4, administrative^4, legal^3, judicial^3, official^3

  adv *(see **lawa la**)*

(more)
regulation^2, drive^2, cognitive^2, guide^2, executive^2, mandate^2, administration^2, ownership^2, government^2, command^2, dominate^2, psychological^2, institutional^2, legislation^2, regime^2, main^2, jurisdiction^2, impose^2, skull^2, mental^2, principal^2, politically^1, presidency^1,

own[1], ministry[1], judge[1],
operating[1], presidential[1],
mentally[1], dominant[1], order[1],
custody[1], enforcement[1],
manipulate[1], judgement[1],
moderate[1], legislature[1],
guidance[1], sanction[1], strict[1],
operate[1], assign[1],
parameter[1], principle[1],
legally[1], guideline[1],
determine[1], planning½, top½,
compel½, direct½, royal½,
chin½, domain½,
responsible½, officially½,
mainly½, responsibility½,
political½, organize½,
forehead½, handle½, alpha½,
arrange½, host½, possess½

lawa ala illegal[2], crime[1],
   rogue[1], independence[1],
   independent[1], chaos½
lawa anpa chin½
lawa ante dynamics½
lawa awen constraint½
lawa e command½, control½,
   discipline½
lawa e ona sama
   automatically½, automatic½
lawa e pali oversee½
lawa e tawa guide½

lawa e tomo tawa drive[2],
   driving[1]
lawa esun management½
lawa ike manipulate[1],
   regime[1], strict½, corruption½
lawa ike pi kama jo mani
   corruption½
lawa ilo patent½
lawa jan democratic½
lawa jasima copyright[1]
lawa kasi flower[1]
lawa kulupu democracy[1],
   government½, democratic½
lawa la legally[1], mentally[1]
lawa li pilin ike headache½
lawa lukin oversee½
lawa ma law½, political½
lawa ma wawa regime½
lawa mani economy½
lawa nena summit[1]
lawa pali responsibility½
lawa pana copyright½
lawa pi ijo musi copyright½
lawa pi jan sitelen copyright½
lawa pi ma suli federal½
lawa pi pali kama planning½
lawa pi wawa ike regime½
lawa pona justice[1],
   conscience½, responsible½,
   responsibility½, reasonable½,
   accountability½

lawa sewi ma legislation$^{1/2}$
lawa suli government$^{1/2}$
lawa suli ma government$^{1/2}$
lawa toki grammar^1
lawa wawa strict^1,
  dominant$^{1/2}$, regime$^{1/2}$, focus$^{1/2}$
leko square^4, cube^3, block^3,
  stair^2, brick^2, polyhedron^2,
  corner^1, step^1, format$^{1/2}$,
  angle$^{1/2}$, panel$^{1/2}$, bar$^{1/2}$, base$^{1/2}$,
  grid$^{1/2}$, chunk$^{1/2}$, box$^{1/2}$
leko kiwen tomo brick$^{1/2}$
leko lili icon$^{1/2}$
leko ma acre$^{1/2}$
leko nanpa die$^{1/2}$
leko pi ilo sona app$^{1/2}$
leko pi weka jaki soap$^{1/2}$
leko sitelen paragraph$^{1/2}$
leko suwi pimeja chocolate$^{1/2}$

len
  n clothing^5, cloth^5, clothes^5,
    fabric^5, outfit^4, privacy^4,
    cover^4, dress^3, jacket^3,
    shirt^3
  vt cover^4, dress^3, wear^3,
    hide^2, wrap^2
    (see also **len e**)
  adj private^2, hidden^2

  (more)
  t-shirt^2, blanket^2, cotton^2,
  costume^2, silk^2, suit (n)^2,
  flag^2, coverage^2, canvas^2,
  underwear^2, patch^2, net^2,
  towel^1, coat^1, layer^1,
  uniform^1, curtain^1, sheet^1,
  bra^1, fibre^1, leather^1, sail^1,
  material^1, filter^1, unclear^1,
  tuck$^{1/2}$, tissue$^{1/2}$, skirt$^{1/2}$, array$^{1/2}$,
  tape$^{1/2}$, modest$^{1/2}$, carpet$^{1/2}$,
  cast$^{1/2}$, network$^{1/2}$

len ala naked^3, bare^2, openly^1,
  exposure^1, explicitly^1
len ale li pona casual$^{1/2}$
len anpa carpet^1, skirt$^{1/2}$
len e wipe^1, wrap$^{1/2}$
len insa underwear^2
len jaki laundry^4
len kasi cotton^1
len kiwen awen protection$^{1/2}$
len kon sail^1, flag$^{1/2}$
len kule flag$^{1/2}$
len kulupu uniform$^{1/2}$
len lape blanket^1
len lape lawa pillow^1
len lape sijelo blanket$^{1/2}$
len lawa hat^5, headscarf^5,
  cap^4, crown^1, helmet$^{1/2}$
len lawa awen helmet$^{1/2}$
len lawa kiwen helmet^2
len lawa lawa crown$^{1/2}$

len li weka e telo towel$^{1/2}$
len lili patch^{1}
len linja net^{2}, belt^{1}, tie^{1}, web$^{1/2}$, tape$^{1/2}$
len luka glove^{5}, sleeve^{1}
len luka lupa sleeve$^{1/2}$
len lupa curtain^{2}
len ma flag^{1}
len meli skirt$^{1/2}$, dress$^{1/2}$, bra$^{1/2}$, pad$^{1/2}$
len meli pi pona lukin dress$^{1/2}$
len mije suit (n)$^{1/2}$
len misikeke patch$^{1/2}$
len monsi underwear$^{1/2}$
len musi costume^{2}
len namako jewellery$^{1/2}$
len nena tissue$^{1/2}$
len noka boot^{4}, shoe^{4}, sock^{4}, pants^{3}, jeans^{2}, skirt^{2}, trainer^{1}
len noka anpa sock$^{1/2}$, shoe$^{1/2}$
len noka laso jeans^{2}
len noka lili skirt$^{1/2}$
len noka meli skirt$^{1/2}$
len noka pi awen seli sock$^{1/2}$
len noka suli pants$^{1/2}$
len noka wawa jeans$^{1/2}$
len pali uniform$^{1/2}$, suit (n)$^{1/2}$
len pi anpa lawa tie$^{1/2}$
len pi anpa noka sock$^{1/2}$
len pi anpa open skirt$^{1/2}$
len pi awen lawa helmet$^{1/2}$

len pi mani mute formal$^{1/2}$
len pi nena meli bra^{2}
len pi nena sijelo bra^{1}
len pi nena tu bra$^{1/2}$
len pi palisa luka sleeve$^{1/2}$
len pi palisa noka pants$^{1/2}$
len pi selo soweli leather^{1}
len pi supa anpa carpet^{2}
len pi supa lape sheet$^{1/2}$, blanket$^{1/2}$
len pi supa noka carpet$^{1/2}$
len pi telo loje pi tenpo mun pad$^{1/2}$
len pi tenpo ni fashion$^{1/2}$
len pi tomo tawa telo sail$^{1/2}$
len pi weka jaki filter^{1}
len pi weka telo towel^{3}
len pipi web^{1}, silk$^{1/2}$
len pona mysterious$^{1/2}$
len powe mask$^{1/2}$
len sama uniform^{2}
len seli coat^{2}, blanket^{1}
len selo jacket^{1}
len sijelo t-shirt^{2}, coat^{2}, shirt^{2}, jacket^{1}, outfit^{1}, dress$^{1/2}$
len sijelo sewi shirt^{1}
len sijelo suli jacket$^{1/2}$
len sinpin mask^{3}
len sitelen flag^{1}
len sitelen ma flag$^{1/2}$
len sona Internet$^{1/2}$, network$^{1/2}$

len suli blanket^2, coat^1, dress$^{1/2}$, loose$^{1/2}$

len supa carpet$^{1/2}$

len suwi silk^1, cotton$^{1/2}$

len suwi tan pipi silk$^{1/2}$

len tan linja pipi silk$^{1/2}$

len tan pipi silk$^{1/2}$

len tomo anpa carpet^1

len unpa underwear$^{1/2}$

len uta mask^1

len wawa suit (n)$^{1/2}$

lete cold^5, raw^3, frozen^3, freeze^2, cool^2, ice^2, north$^{1/2}$

lete anu seli temperature$^{1/2}$

lete e freeze$^{1/2}$

lete kiwen frozen^1

lete ma anu seli ma climate$^{1/2}$

lete mute freeze^1

li ante e pali musi li ike e ona change a creative work and unintentionally make it worse$^{1/2}$

li awen li wile expect$^{1/2}$

li kama li jo bring$^{1/2}$

li kama lon kulupu utala li wile pana e pona intervention$^{1/2}$

li ken pona li ken ike experimental$^{1/2}$

li lili li ken pakala delicate$^{1/2}$

li lon li jo e kon being$^{1/2}$

**li pilin e ni: jan li wile e deserve$^{1/2}$

li seli ala li lete ala mild$^{1/2}$

li sewi li kama jo e sike mute juggle$^{1/2}$

li tawa li kama patrol$^{1/2}$

li tawa ma li kama lawa invade$^{1/2}$

li wile ala li pali ala resist$^{1/2}$

likujo gathering$^{1/2}$, seven$^{1/2}$, collection$^{1/2}$

lili

adj little^5, small^5, slight^5, short^5, junior^5, narrow^4, minor^4, brief^4, young^4, fewer^3, tiny^3, minimal^3, shallow^3, thin^3, subtle^3

vt reduce^5, minimize^4, diminish^3, decrease^3
(see also **lili e***)*

adv slightly^4, a bit^4, partly^4, less^3, barely^3, somewhat^3, partially^3, lightly^3, kinda^3
(see also **lili la***)*

n bit^4, reduction^4, particle^2

(more)
inch^3, hardly^2, partial^2, tight^2, mere^2, ounce^2, mild^2, quarter^2, gram^2, shortage^2, dot^2, degree^1, least^1,

recession[1], proportion[1],
basic[1], detail[1], piece[1],
merely[1], modest[1],
elementary[1], minimum[1],
fraction[1], fairly[1], sheer[1],
portion[1], restrict[1], almost[1],
delicate[1], squeeze[1], few[1],
limited[1], lean[1], gently[1],
point[1], component[1], part[1],
metre[½], relatively[½], fine[½],
simple[½], eighth[½], trace[½]

lili a tiny[½]

lili ale minimum[1]

lili e diminish[2], fold[1],
concentrate[½], undermine[½]

lili e ken restrict[½]

lili la shortly[½], softly[½],
merely[½], specific[½]

lili lili minimum[½]

lili lili lili molecule[½]

lili linja short[½]

lili lon sijelo cell[½]

lili mani discount[1], sale[½]

lili mute tiny[2], minimum[½]

lili nanpa wan least[2]

lili pali ease[½]

lili pan grain[½]

lili pi toki pona Tokiponido[½]

lili pona basic[½], elementary[½]

linja

n string[5], cord[5], line[5], rope[5],
thread[4], fibre[3], link[3], cable[3],
connection[2], row[2], streak[2],
ray[2], wire[2], hair[2],
sequence[2], chain[2],
flexibility[2], strip[2]

vt link[3], connect[2]
(see also **linja e***)*

adj straight[2], flexible[2], long[1]

(more)
trace[1], beam[1], list[1], tape[1],
relation[1], belt[1], series[1],
stretch[1], correlation[1], whip[1],
bond[½], bend[½], indicator[½],
angle[½], Internet[½], distance[½],
tie[½], fold[½]

linja alasa net[½]

linja alasa pipi web[½]

linja e arrange[½]

linja e ijo draw[½]

linja ilo cable[½]

linja insa nerve[½]

linja kasi fibre[½]

linja kasi pi anpa ma root[½]

linja kasi telo seaweed[½]

linja kipisi edge[½]

linja kiwen chain[3], wire[2],
cable[1]

linja kon Internet[½]

linja kulupu row[½]
linja lawa hair[3], hierarchy[½]
linja len thread[1], fibre[½]
linja lili fibre[1]
linja lili pi ma Mewika inch[½]
linja lipu band[½]
linja lon poka pi sewi ma horizon[½]
linja lon selo soweli fur[½]
linja mama heritage[1]
linja monsi tail[3]
linja musi swing[½]
linja mute web[1], grid[1]
linja mute alasa net[½]
linja nanpa sequence[1]
linja nimi sentence[1], verse[½]
linja pakala crack[½]
linja pi kama wan tape[½]
linja pi ma en sewi horizon[1]
linja pi sike mute chain[½]
linja pilin nerve[1]
linja poka branch[½]
linja seli tan sewi lightning[½]
linja selo outline[1]
linja sewi horizon[½]
linja sijelo fur[1]
linja sike curve[2]
linja sinpin moustache[2]
linja sitelen stroke[½]
linja sona Internet[½]
linja sona pi insa sijelo DNA[½]

linja soweli fur[2], trunk[½]
linja suli mile[½]
linja suli pi ma Mewika mile[½]
linja suno ray[2], beam[2], laser[2]
linja suno wawa lightning[½], laser[½]
linja tawa track[½]
linja telo river[2]
linja telo lili creek[1], stream[½]
linja toki sentence[1], verse[½]
linja uta moustache[3], tongue[1]
linja utala whip[2]
linja wawa wire[2], cable[2], rope[½], outlet[½]
linja wawa sike circuit[½]
linluwi network[2], Internet[1], virtual[1], web[½], connection[½], digital[½], net[½]
linluwi e connect[½]
linluwi laso ecosystem[½]

lipu

   n paper[5], book[5], ticket[5], document[5], article[5], card[5], page[5], magazine[4], sheet[4], file[4], website[3], essay[3], novel[3], letter (in mail)[3], sign[3], publication[3], flat object[2]
   vt (see **lipu e**)

(more)
certificate[2], doc[2], literature[2], journal[2], blog[2], list[2], pad[2], poster[2], newspaper[2], form[2], tag[2], register[2], database[1], tissue[1], log[1], record[1], canvas[1], site[1], portfolio[1], literary[1], report[1], layer[1], email[1], panel[1], menu[1], profile[1], charter[1], leaf[1], archive[1], writing[1], channel[1], account[1], script[1], pass[½], screen[½], bill[½], written[½], forum[½], tape[½], survey[½], slice[½], treaty[½], text[½], protocol[½], guide[½], chapter[½], notice[½], reference[½], news[½], app[½], act[½], slip[½], story[½], agenda[½]

lipu alasa index[1]
lipu ante edition[½]
lipu awen archive[½]
lipu e crush[½], fold[½]
lipu esun bill[1]
lipu jan profile[2], identification[1], journal[1], account[1], registration[½]
lipu jo patent[½]
lipu kalama recording[1]
lipu kasi leaf[3]

lipu ken licence[2], permit[1], warrant[½]
lipu kiwen sign[½]
lipu ko tape[½]
lipu kon website[½]
lipu kulupu declaration[½], membership[½]
lipu la technically[½]
lipu lawa constitution[3], contract[2], charter[2], law[1], legislature[1], legislation[1], treaty[1], warrant[1], plan[½], regulation[½]
lipu lawa ilo patent[½]
lipu lawa pali contract[½]
lipu lawa pi ma tu treaty[½]
lipu lawa pi nasin pali patent[½]
lipu lawa pi wile sama treaty[½]
lipu leko grid[½]
lipu len canvas[½]
lipu lili note[1], label[1], card[1], magazine[½], tag[½], section[½], slip[½], chapter[½], stamp[½], summary[½]
lipu lili mani stamp[½]
lipu lili sitelen mani stamp[½]
lipu linja tape[½]
lipu linja ko pi kama awen tape[½]

lipu linluwi website$^{1/2}$, blog$^{1/2}$
lipu lon toki ante
  translation$^{1/2}$
lipu lukin film$^{1/2}$, screen$^{1/2}$
lipu ma map^2
lipu mani bill^2, budget^1,
  buck$^{1/2}$
lipu misikeke prescription^2
lipu moku menu^3, recipe^2
lipu musi novel^1, fiction$^{1/2}$,
  poem$^{1/2}$, magazine$^{1/2}$,
  literature$^{1/2}$
lipu musi suli pi ijo lon ala
  novel$^{1/2}$
lipu mute literature^1
lipu nanpa chart$^{1/2}$
lipu nasin map$^{1/2}$
lipu nasin pi pona jan
  ranking$^{1/2}$
lipu nimi dictionary^3, label^1,
  tag$^{1/2}$
lipu pali portfolio^1,
  instructions^1, log$^{1/2}$,
  assignment$^{1/2}$
lipu pali pi ilo sona software$^{1/2}$
lipu pi alasa jan warrant$^{1/2}$
lipu pi alasa sona
  questionnaire^1, survey$^{1/2}$,
  test$^{1/2}$
lipu pi ale jan diary$^{1/2}$
lipu pi ijo kama log$^{1/2}$

lipu pi ijo sin newspaper^1,
  journal$^{1/2}$
lipu pi ijo wile contract$^{1/2}$
lipu pi ilo sin patent$^{1/2}$
lipu pi ilo sona blog$^{1/2}$,
  website$^{1/2}$
lipu pi jan sin registration$^{1/2}$
lipu pi jan wan taso diary$^{1/2}$
lipu pi kama ante petition$^{1/2}$
lipu pi kama lon kulupu
  application$^{1/2}$
lipu pi kama pona invitation$^{1/2}$
lipu pi kama sona exam$^{1/2}$,
  degree$^{1/2}$
lipu pi ken ante draft$^{1/2}$
lipu pi ken kama ticket$^{1/2}$
lipu pi ken lukin warrant$^{1/2}$
lipu pi ko awen tape$^{1/2}$
lipu pi kon nimi dictionary$^{1/2}$
lipu pi leko mute grid$^{1/2}$
lipu pi leko sitelen comics$^{1/2}$
lipu pi lon ala fiction$^{1/2}$
lipu pi mani wile bill$^{1/2}$
lipu pi nasin Jesu Bible$^{1/2}$
lipu pi nasin Jesuwa Bible$^{1/2}$
lipu pi nasin pali moku
  recipe$^{1/2}$
lipu pi nasin sewi Gospel$^{1/2}$
lipu pi nimi ale dictionary^1
lipu pi pali ale resume$^{1/2}$
lipu pi pali kama agenda$^{1/2}$

lipu pi pali moku recipe[½]
lipu pi pali pini resume[½]
lipu pi pali pona certificate[½]
lipu pi pali sona exam[½]
lipu pi pali wile contract[½]
lipu pi pana wile ballot[½]
lipu pi pilin sama treaty[1], contract[½]
lipu pi pini ala draft[1]
lipu pi sitelen tawa film[½]
lipu pi sona jan testimony[½]
lipu pi sona nimi dictionary[1]
lipu pi sona sin newspaper[1]
lipu pi tenpo kama schedule[½]
lipu pi tenpo pali schedule[½]
lipu pi tenpo pini archive[½]
lipu pi tenpo sike calendar[1]
lipu pi tenpo suli chronicle[½]
lipu pi tenpo suno diary[1]
lipu pi tenpo suno ale journal[½], diary[½]
lipu pi toki sama contract[½]
lipu pi tomo sona pini degree[½]
lipu pi tomo telo tissue[½]
lipu pi utala ala treaty[½]
lipu pi utala toki essay[½]
lipu pi weka jaki tissue[½]
lipu pi weka telo tissue[½]
lipu pi wile ante petition[1]
lipu pi wile jan petition[½]
lipu pi wile kama invitation[½]
lipu pi wile kulupu ballot[½]
lipu pi wile mani bill[1]
lipu pi wile pali agenda[½]
lipu pi wile sona survey[2], questionnaire[2], poll[1], form[1], assessment[½]
lipu pi wile tawa reservation[½]
lipu pilin diary[2], blog[½]
lipu powe fiction[½]
lipu sama copy[½]
lipu sewi Gospel[2], scripture[2], Bible[2]
lipu sewi ma constitution[½]
lipu sewi pi nasin Jesu Bible[½]
lipu sewi pi tenpo ale fate[½]
lipu sin newspaper[1], press[½], amendment[½]
lipu sitelen album[2], canvas[1], poster[1], photograph[½]
lipu sona degree[½], curriculum[½], notice[½], test[½], essay[½], reference[½], grid[½], certificate[½], assessment[½]
lipu suli certificate[1], chronicle[½]
lipu suno screen[½]
lipu Tana Bible[½]
lipu tawa mail[1], letter (in mail)[1]

lipu tenpo calendar^3, schedule^2, journal^1, chronicle^1, newspaper^1, agenda$^{1/2}$

lipu toki script^1, letter (in mail)^1, forum$^{1/2}$, chronicle$^{1/2}$, email$^{1/2}$

lipu Tuwita Twitter^1

lipu walo paper$^{1/2}$

lipu wawa screen$^{1/2}$

lipu wile ballot^2, application$^{1/2}$, contract$^{1/2}$, petition$^{1/2}$, treaty$^{1/2}$, agenda$^{1/2}$

loje red^5, pink^1, orange^1

loje jelo orange^2

loje jelo pimeja brown^1

loje laso purple^3

loje seli red$^{1/2}$

loje walo pink^4

loka limb^1

lon

  prep at^5, be located at^5, on^5, upon^3, in^3, occupy^3

  adj existing^5, real^5, actual^5, true^5, living^4, physical^4, genuine^3, alive^3, accurate^3, right (not wrong)^3

  vi exist^5, live^3, attend^3

  n presence^5, existence^5, truth^4, reality^4, position^3, attendance^3, life^2

  excl yep^5, yes^4, yeah^4, exactly^3, indeed^3

  adv truly^3, exactly^3, certainly^3, indeed^3

  (see also **lon la***)*

  vt *(see* **lon e***)*

(more)
definitely^2, legitimate^2, honestly^2, onto^2, location^2, correctly^2, correct^2, validity^2, occur^2, status^2, certain^2, physically^2, precisely^2, placement^2, sure^2, amid^2, availability^2, fact^2, mm-hmm^2, regarding^2, frankly^2, of course^2, absolutely^2, happen^2, about^2, absolute^2, proof^1, surely^1, by^1, given^1, concerning^1, participation^1, actually^1, remaining^1, available^1, local^1, meaning^1, involved^1, confirm^1, left (remaining)^1, accuracy^1, uh-huh^1, evident^1, being^1, realistic^1, vibing^1, through^1, substantial^1, involvement^1, appear^1, along^1, precise^1, valid^1, among^1, really^1, default^1, literally^1, present^1, continuing^1, sentient^1,

ensure^1, explicitly^1, installation^1, via$^{1/2}$, meaningful$^{1/2}$, obvious$^{1/2}$, relevant$^{1/2}$, ready$^{1/2}$, basis$^{1/2}$, awake$^{1/2}$, exact$^{1/2}$, honest$^{1/2}$, indigenous$^{1/2}$, during$^{1/2}$, belong$^{1/2}$, per$^{1/2}$, involve$^{1/2}$, somewhere$^{1/2}$, verdict$^{1/2}$, state$^{1/2}$

lon a of course^2, absolutely^2, exactly$^{1/2}$, indeed$^{1/2}$, yeah$^{1/2}$, yep$^{1/2}$, nod$^{1/2}$

lon ala fake^3, false^3, wrong^2, nowhere^2, missing^1, virtual^1, fiction$^{1/2}$, theoretical$^{1/2}$, virtually$^{1/2}$, absence$^{1/2}$, fantasy$^{1/2}$

lon ale everywhere^3, entirely^1, throughout^1, anywhere^1, reality^1, overall$^{1/2}$, universal$^{1/2}$, wherever$^{1/2}$, widely$^{1/2}$

lon ali wherever$^{1/2}$

lon anpa under^3, beneath^2, below^2, underlying^1

lon ante elsewhere$^{1/2}$

lon e create^1, establish$^{1/2}$, involve$^{1/2}$, assure$^{1/2}$, generate$^{1/2}$, guarantee$^{1/2}$

lon e pona grace$^{1/2}$

lon ijo somewhere$^{1/2}$

lon ijo ale throughout$^{1/2}$

lon ilo virtually$^{1/2}$, online$^{1/2}$

lon ilo sona taso virtual$^{1/2}$

lon insa within^3, in^2, among^2, inside^2, between^2, through^1, amid^1, middle^1

lon insa pi within^1

lon insa pi ma tomo downtown^1

lon insa suli central$^{1/2}$

lon insa tomo ala outdoors^1

lon kipisi halfway$^{1/2}$

lon kipisi nasin halfway$^{1/2}$

lon kulupu membership^2, publicly^2, together^1, belong$^{1/2}$, amid$^{1/2}$

lon kulupu pi ilo sona online$^{1/2}$

lon kulupu sama associated^1

lon la actually^3, honestly^2, technically^2, truly^2, practically^2, essentially^2, really^1, literally^1, frankly^1, definitely^1, correctly^1, effectively^1, basically$^{1/2}$, surely$^{1/2}$

lon lawa mentally^1, cognitive$^{1/2}$, theoretical$^{1/2}$

lon lawa taso theoretical$^{1/2}$

lon lili rare^1

lon linja online$^{1/2}$

lon linja tan sewi hang$^{1/2}$

lon linluwi online^1, virtually$^{1/2}$

lon ma somewhere[2], wherever[1]

lon ma ala nowhere[½]

lon ma ale worldwide[2], anywhere[1], everywhere[½]

lon ma ali worldwide[1], everywhere[½]

lon ma ante elsewhere[3], abroad[3]

lon ma kasi camp[1]

lon ma kon virtually[½]

lon ma lete northern[½]

lon ma mute widespread[1]

lon ma ni here[1]

lon ma pi sona ala somewhere[½]

lon ma seli northern[1]

lon ma tomo urban[1]

lon ma wan somewhere[1]

lon ma wan anu ma ante wherever[½]

lon ma weka abroad[½]

lon meso halfway[½]

lon monsi behind[3], sit[1], beyond[½]

lon mute precisely[½]

lon nasin along[1], via[1], compliance[½], somehow[½]

lon nasin ale anyway[½]

lon nasin ante differently[½]

lon nasin awen safely[½]

lon nasin lawa officially[½]

lon nasin seli southern[1]

lon nasin wan directly[½]

lon ni there[4], here[3], attend[½]

lon ni taso exclusive[½]

lon noka standing[1], stand[1], below[½]

lon pali developing[½], involved[½]

lon pi ijo esun availability[½]

lon pilin ike sadly[1]

lon pini ultimately[1]

lon pini ala halfway[½]

lon pini suno west[½]

lon poka

phras around[4], near[4], alongside[3], nearby[3], close[3], accompany[3], beside[3], along[2], with[2], among[2], approximately[1]

(more)
besides[1], aside[1], nearly[1], barely[1], surround[1], local[1], together[1], closely[½], associated[½], amid[½], touch[½], roughly[½], associate[½]

lon poka ala distant[1]

lon poka ale surround[1]

lon poka ante across^1, beyond$^{1/2}$

lon poka jan ala alone$^{1/2}$

lon poka moli dying$^{1/2}$

lon poka olin intimate$^{1/2}$

lon poka pi ijo tu between^1

lon poka pi moli suno west$^{1/2}$

lon poka pi tomo tu alley$^{1/2}$

lon poka telo coastal^1

lon poka weka opposite$^{1/2}$

lon pona including^1, succeed$^{1/2}$, thrive$^{1/2}$

lon pona lili exact$^{1/2}$

lon selo external$^{1/2}$, outer$^{1/2}$, beyond$^{1/2}$, fit$^{1/2}$

lon seme where^4, somewhere$^{1/2}$, wherever$^{1/2}$

lon sewi above^3, over^3, upstairs^2, elevated^1, on$^{1/2}$

lon sewi telo float^1

lon sewi tomo upstairs$^{1/2}$

lon sike around^1

lon sinpin ahead^3, front$^{1/2}$, against$^{1/2}$, confront$^{1/2}$, forward$^{1/2}$

lon sitelen written$^{1/2}$

lon sona jan known$^{1/2}$

lon sona pi jan mute popular$^{1/2}$

lon sona taso theoretical$^{1/2}$

lon supa on$^{1/2}$

lon supa lape lie (be in flat position)$^{1/2}$

lon telo suli marine$^{1/2}$

lon tenpo during^2, ever^1, sometime^1, occasionally^1, sometimes^1, while$^{1/2}$, when$^{1/2}$

lon tenpo ala never^2

lon tenpo ale always^2, forever^2, whenever^1, permanent^1, chronic^1, full-time^1, throughout^1, eternal^1, anytime$^{1/2}$

lon tenpo esun ale weekly^2

lon tenpo kama eventually^2, later^1

lon tenpo kama lili soon^1, shortly$^{1/2}$

lon tenpo lili briefly^2, quickly^1, instantly^1, suddenly^1, immediately^1, rapidly$^{1/2}$, fast$^{1/2}$, temporary$^{1/2}$, sudden$^{1/2}$, sometimes$^{1/2}$

lon tenpo lili lili instantly$^{1/2}$

lon tenpo lili taso rare$^{1/2}$

lon tenpo meso sometimes$^{1/2}$

lon tenpo monsi late$^{1/2}$

lon tenpo mun ale monthly^1

lon tenpo mute frequently^2, repeatedly^2, often^2, frequent^2, chronic^1, full-time$^{1/2}$, regularly$^{1/2}$, constantly$^{\frac{1}{2}}$, consistently$^{\frac{1}{2}}$, common$^{\frac{1}{2}}$, typical$^{\frac{1}{2}}$

lon tenpo ni immediately^2, anymore^2, immediate^1, current^1, ongoing^1, yet$^{\frac{1}{2}}$, instantly$^{\frac{1}{2}}$, still$^{\frac{1}{2}}$

lon tenpo ni kin still$^{\frac{1}{2}}$

lon tenpo ni la meanwhile$^{\frac{1}{2}}$

lon tenpo open early^1

lon tenpo pi during^1

lon tenpo pi ale ken ever$^{\frac{1}{2}}$

lon tenpo pi mute lili occasional$^{\frac{1}{2}}$

lon tenpo pini ago^2, before^1, historically^1, previously$^{\frac{1}{2}}$

lon tenpo pini lili recently^2

lon tenpo poka shortly$^{\frac{1}{2}}$

lon tenpo sama simultaneously^2, meanwhile^1, instantly^1, contemporary$^{\frac{1}{2}}$, while$^{\frac{1}{2}}$

lon tenpo seme when^2

lon tenpo sike ale annual^2, annually$^{\frac{1}{2}}$

lon tenpo sin again^1

lon tenpo suli long-term^1, full-time$^{\frac{1}{2}}$, gradually$^{\frac{1}{2}}$

lon tenpo suno ale daily^2, everyday^2

lon tenpo suno wan someday$^{\frac{1}{2}}$

lon tenpo wan once^2, someday^1, instantly$^{\frac{1}{2}}$

lon tomo ante elsewhere$^{\frac{1}{2}}$

lon tomo sewi upstairs$^{\frac{1}{2}}$

lon wan somewhere^1

lon weka away^1, remote$^{\frac{1}{2}}$, far$^{\frac{1}{2}}$

lon wile ona wherever$^{\frac{1}{2}}$

Losi Russian^2

lu (word reserved for future use by Sonja Lang)

luka

    n hand^5, arm^4, wrist^3, touch^2

    num five^4

    vt touch^2, tap^2, reach^2

    *(see also **luka e**)*

(more)

palm^2, handful^2, gesture^2, elbow^2, fist^1, rub^1, click^1, thumb^1, slap^1, shove^1, limb^1, finger^1, toss$^{\frac{1}{2}}$, grip$^{\frac{1}{2}}$, catch$^{\frac{1}{2}}$, stroke$^{\frac{1}{2}}$

luka anu noka limb^1

luka e touch^2, grasp^2, grab^1, press^1, carry$^{\frac{1}{2}}$, grip$^{\frac{1}{2}}$, knock$^{\frac{1}{2}}$, feel$^{\frac{1}{2}}$, reach$^{\frac{1}{2}}$, rub$^{\frac{1}{2}}$, handle$^{\frac{1}{2}}$, slap$^{\frac{1}{2}}$, pickup$^{\frac{1}{2}}$, pet$^{\frac{1}{2}}$, hug$^{\frac{1}{2}}$

luka kasi branch$^{\frac{1}{2}}$

luka kiwen fist^2

luka kon wing$^{\frac{1}{2}}$

luka lili tap[2], finger[1]

luka luka ten[2]

luka luka luka fifteen[2]

luka luka luka luka luka luka thirty[1]

luka luka luka luka luka luka luka luka forty$^{1/2}$

luka luka luka luka luka luka luka luka luka luka fifty$^{1/2}$

luka luka luka luka luka luka luka luka luka luka luka luka luka luka luka luka luka luka luka luka hundred$^{1/2}$

luka luka tu dozen[3], twelve[3]

luka luka wan eleven[2]

luka nasa left (not right)$^{1/2}$

luka olin hug[1], embrace$^{1/2}$

luka pi tawa sewi wing$^{1/2}$

luka sike fist$^{1/2}$

luka tawa shove$^{1/2}$

luka toki knock$^{1/2}$

luka tu seven[3]

luka tu tu nine[2]

luka tu wan eight[2]

luka utala slam$^{1/2}$, fist$^{1/2}$, slap$^{1/2}$

luka wan six[2]

luka waso wing[4]

luka wawa fist[1], right (not left)$^{1/2}$, slap$^{1/2}$

lukin

vt see[5], observe[5], look at[5], gaze at[5], check[4], view[4], scan[4], watch[4], examine[3], notice[3], detect[3]

n sight[5], observation[5], gaze[5], view[4], vision[3], inspection[3], attention[3], appearance[3], surveillance[3], examination[3]

adj visual[4]

pv try[2]

adv (see **lukin la**)

(more)

assess[2], stare[2], perceive[2], perception[2], glance[2], impression[2], reading[2], regard (v)[2], visible[2], read[2], apparent[2], eye[2], seek[2], encounter[2], investigation[2], monitor[2], found[2], investigate[2], find[2], aim[2], analysis[1], verify[1], evaluation[1], analyze[1], scout[1], outlook[1], witness[1], regarding[1], patrol[1], compare[1], assessment[1], appear[1], attempt[1], comparison[1], distinguish[1], overlook$^{1/2}$, discover$^{1/2}$, scope$^{1/2}$, evident$^{1/2}$, oversee$^{1/2}$, expect$^{1/2}$, aware$^{1/2}$, evaluate$^{1/2}$, trial$^{1/2}$, spy$^{1/2}$

lukin ala overlook^{3}, blind^{3}, ignore^{2}, invisible^{1}, tolerate$^{1/2}$, shy$^{1/2}$

lukin ale analysis$^{1/2}$

lukin ante comparison^{1}

lukin anu kute perception$^{1/2}$

lukin anu kute anu pilin attention$^{1/2}$, perception$^{1/2}$

lukin awen patrol$^{1/2}$, surveillance$^{1/2}$

lukin e ante compare^{1}

lukin e ante pi ijo tu compare^{1}

lukin e ijo pi tenpo kama anticipate$^{1/2}$

lukin e ike lon tenpo kama afraid$^{1/2}$

lukin e lili carefully$^{1/2}$

lukin e lipu reading^{1}, read^{1}

lukin e pilin jan survey$^{1/2}$

lukin e pona grade$^{1/2}$, evaluate$^{1/2}$, optimistic$^{1/2}$

lukin e sitelen read^{1}, reading^{1}

lukin e sitelen insa imagine$^{1/2}$

lukin e sitelen suli strategic$^{1/2}$

lukin e sitelen toki read$^{1/2}$

lukin e sona evaluate$^{1/2}$

lukin e suli weigh^{2}

lukin e wan concentrate$^{1/2}$, focus$^{1/2}$

lukin ike surveillance$^{1/2}$

lukin ilo scan$^{1/2}$

lukin insa imagine$^{1/2}$, imagination$^{1/2}$, analyze$^{1/2}$, divination$^{1/2}$

lukin jo seek$^{1/2}$

lukin kepeken testing$^{1/2}$, trial$^{1/2}$

lukin la seemingly^{2}, apparently^{2}, clearly^{1}, seem$^{1/2}$, presumably$^{1/2}$

lukin la jan seme li sewi compete$^{1/2}$

lukin la ona li sama look like$^{1/2}$

lukin lawa oversee$^{1/2}$

lukin lili glance^{3}

lukin ma landscape^{1}

lukin musi ma landscape$^{1/2}$

lukin mute examine$^{1/2}$, analyze$^{1/2}$, careful$^{1/2}$

lukin pali attempt^{1}, challenge$^{1/2}$, act$^{1/2}$

lukin pi ijo wan concentration$^{1/2}$

lukin pi lon ala illusion^{1}

lukin pi tenpo kama divination$^{1/2}$

lukin pi wile sona evaluation$^{1/2}$

lukin pona scan$^{1/2}$

lukin sewi admire$^{1/2}$

lukin sin review^{2}, check$^{1/2}$

lukin sitelen reading^{2}

lukin sona exam^1, analyze^1, analysis$^{1/2}$, investigation$^{1/2}$, scan$^{1/2}$, interpretation$^{1/2}$, divination$^{1/2}$, perceive$^{1/2}$, speculation$^{1/2}$

lukin sona e pona verify$^{1/2}$

lukin suli inspection^1, examination^1, examine$^{1/2}$, analysis$^{1/2}$

lukin wawa stare^2, concentrate^1, examine$^{1/2}$, focus$^{1/2}$, specifically$^{1/2}$, gaze$^{1/2}$

lupa

n hole^5, door^5, orifice^4, pit^4, window^3, gate^3, entrance^2, gap^2, opening^2

vt dig^2

(more)
tunnel^1, drain$^{1/2}$, crack$^{1/2}$, cave$^{1/2}$, outlet$^{1/2}$, entry$^{1/2}$

lupa ala closed$^{1/2}$
lupa anpa cave$^{1/2}$
lupa e ma dig^1
lupa insa uta throat$^{1/2}$
lupa jaki toilet^1
lupa kiwen cave$^{1/2}$
lupa len sleeve$^{1/2}$
lupa lili shallow$^{1/2}$, gap$^{1/2}$
lupa linja gap$^{1/2}$, loop$^{1/2}$, crack$^{1/2}$

lupa luka armpit^1
lupa lukin window^2
lupa ma cave^3, pit^2, tunnel^1
lupa moli grave^2
lupa monsi asshole^1
lupa nasin tunnel^1
lupa nena cave$^{1/2}$
lupa open entrance^1, opening$^{1/2}$
lupa pana outlet$^{1/2}$
lupa pi jaki sijelo toilet$^{1/2}$
lupa pi jan moli grave$^{1/2}$
lupa pi monsi uta throat$^{1/2}$
lupa pi pana wawa outlet$^{1/2}$
lupa sijelo orifice^2
lupa suli gate^1, valley^1, tunnel^1, cave$^{1/2}$, deep$^{1/2}$
lupa tawa ma exit$^{1/2}$
lupa telo well^1, pool^1
lupa tomo lukin window$^{1/2}$
lupa weka exit^1, outlet$^{1/2}$

ma

n country^5, territory^5, land^5, realm^5, area^5, field^4, region^4, place^4, soil^4, earth^4, province^4, zone^4, ground^4, nation^4, environment^3, location^3, site^3, world^3, domain^3, nature^3, outdoors^2, outside^2

adj environmental[3], national[3], rural[2]
vt bury[1]

(more)
setting[2], landscape[2], continent[2], habitat[2], dirt[2], sector[2], yard[2], kingdom[2], venue[2], acre[2], wilderness[2], backyard[1], scene[1], position[1], dimension[1], ecosystem[1], regional[1], range[1], placement[1], estate[1], plot[1], naturally[1], lawn[1], address[1], district[½], anywhere[½], republic[½], citizenship[½], spot[½], somewhere[½], state[½]

ma ala nowhere[3]
ma ale worldwide[3], global[2], world[2], everywhere[1], anywhere[1], wherever[1], globe[½]
ma ale la worldwide[½]
ma ali world[½], everywhere[½], wherever[½]
ma Amelika Americas[2]
ma anpa valley[1], ground[1], hell[½]
ma anpa ike hell[½]

ma ante elsewhere[1], foreign[1], abroad[1]
ma anu tomo place[½], location[½]
ma Apika African[2]
ma Asija Asian[1]
ma awen reservation[1]
ma awen pi tomo tawa parking[2]
ma Elata Greece[1]
ma Elena Greece[3], Greek[1]
ma Elopa European[2]
ma esun market[1]
ma jaki dump[1]
ma jan republic[2], settlement[1]
ma jo estate[1]
ma Juwese United States[1]
ma kasi garden[4], park[2], forest[2], wilderness[1], rural[1], farm[1], nature[1], jungle[1]
ma kasi lili park[1]
ma kasi lon monsi tomo backyard[½]
ma kasi suli seli jungle[½]
ma kasi telo jungle[1]
ma kasi tomo lawn[1]
ma kili acre[½], farm[½], garden[½]
ma kili tomo yard[½]
ma ko earth[½]
ma ko seli desert[½]
ma laso park[1]

ma lawa domain[2], kingdom[1], jurisdiction[1], district[½], political[½]

ma lawa suli empire[1]

ma lete northern[½]

ma lili regional[2], province[1], district[1], island[1], patch[1], yard[½]

ma lili lon poka tomo yard[1]

ma lili lon telo suli island[1]

ma lon reality[½]

ma lon ilo sona server[½]

ma lon monsi tomo backyard[2]

ma lon poka sewi horizon[½]

ma lon poka tomo yard[½]

ma lon sike environment[½]

ma lon telo island[1]

ma lukin overlook[½]

ma mama homeland[3]

ma mani ranch[1], farm[½], acre[½]

ma Mewika United States[4]

ma monsi backyard[1]

ma monsuta hell[½]

ma musi stadium[1], arena[½], resort[½], park[½]

ma mute continent[½]

ma ni local[1], here[½]

ma ni li ma ona citizenship[½]

ma Nijon Japan[4]

ma Nipon Japan[2]

ma open field[½]

ma pakala desert[½]

ma pali site[1], facility[1]

ma pan farm[1], agriculture[½], field[½]

ma pana placement[½]

ma pi anpa suno Western[½]

ma pi jan ala wilderness[2], wild[½]

ma pi jan lawa kingdom[1]

ma pi jan lawa wan kingdom[1]

ma pi jan moli grave[½]

ma pi jan mute city[½]

ma pi jan nanpa wan lon ma reservation[½]

ma pi jan sin colony[½]

ma pi kasi lili lawn[1]

ma pi kasi mute jungle[1], forest[1]

ma pi kasi suli forest[2]

ma pi kasi suli mute forest[1]

ma pi lawa ala wilderness[½]

ma pi lon ala fantasy[½]

ma pi pali ala resort[½]

ma pi poka ale environment[½]

ma pi poka telo coast[1]

ma pi sewi ante slope[½]

ma pi sona ala somewhere[½]

ma pi soweli nasa wilderness[½]

ma pi soweli suli wilderness$^{1/2}$
ma pi suno tawa Western^{1}
ma pi tawa ala stop$^{1/2}$
ma pi telo ala desert^{2}
ma pi tomo ala rural^{1},
  wilderness$^{1/2}$
ma pi tomo len camp^{1}
ma pi tomo sona campus^{2}
ma pi tomo tawa kon
  airport^{1}
ma pi tomo tawa telo
  harbour^{2}, port^{1}
ma pi utala musi stadium$^{1/2}$
ma pi weka telo desert$^{1/2}$
ma pini destination^{1}, cliff^{1}
ma poka environment^{2},
  premise$^{1/2}$
ma poka pi ma tomo suli
  suburb$^{1/2}$
ma poka telo beach^{2}, coast^{1}
ma pona resort^{1}, ecosystem$^{1/2}$
ma seli tropical^{2}, southern^{2},
  desert$^{1/2}$, hell$^{1/2}$
ma seli anpa hell$^{1/2}$
ma seli ike hell$^{1/2}$
ma seli pi jan moli hell$^{1/2}$
ma seme where^{1}
ma sewi heaven^{4}, cliff$^{1/2}$
ma sijelo position$^{1/2}$
ma sike planet^{2}, earth^{2},
  world^{1}

ma Siko Discord^{1}
ma sin colony^{1}
ma sona campus^{1}, field$^{1/2}$
ma soweli habitat^{2},
  wilderness$^{1/2}$
ma suli continent^{3}, empire^{1},
  acre$^{1/2}$
ma suli Apika African$^{1/2}$
ma tan ni: sina ken lukin e
  ma mute outlook$^{1/2}$
ma Teka Texas^{2}
ma Tekasa Texas$^{1/2}$
ma telo island^{1}
ma Tesa Texas^{2}
ma toki forum^{1}
ma tomo city^{5}, town^{3}, village^{2},
  settlement^{2}, suburb^{2}, urban^{2},
  neighbourhood^{1}, compound$^{1/2}$
ma tomo lawa capital^{1}
ma tomo lili village^{1}, town^{1}
ma tomo poka suburb$^{1/2}$
ma tomo sin colony^{1}
ma tomo suli capital$^{1/2}$
ma utala arena^{3}
ma wan ecosystem$^{1/2}$
ma weka background$^{1/2}$
majuna elderly^{2}, old^{2}, senior^{2},
  historical^{1}, ancient^{1}, elder^{1},
  legacy^{1}, traditional$^{1/2}$,
  classical$^{1/2}$
majuna mute ancient^{1}

mama

n parent[5], mama[5], mommy[4], mom[4], creator[3], mother[3], originator[3], father[2], daddy[2], founder[2], dad[2]

adj parental[5]

vt foster[3] *(see also* **mama e***)* *(consider also* **mama tawa***)*

(more)
guardian[1], origin[1], generate[1], source[1], establish[½], ancestor[½], sustain[½], manufacturer[½], custody[½]

mama e foster[1], raise[½]
mama e ijo sin invent[½]
mama e jan lili sin foster[½]
mama ijo designer[½]
mama lipu author[½]
mama lon tenpo pini suli ancestor[½]
mama mama grandma[4], grandmother[3], grandfather[2]
mama mama mama ancestor[½]
mama mama meli grandmother[2], grandma[1]
mama mama mije grandfather[2]
mama meli mother[3], mom[2], mommy[1], mama[1]

mama mije dad[4], daddy[3], father[3]
mama mije o daddy[½]
mama pi tenpo pini ancestor[½]
mama pi tenpo pini suli ancestor[½]
mama sama uncle[1], aunt[1]
mama sama meli aunt[½]
mama sama mije uncle[½]
mama weka ancestor[½]

mani

n money[5], cash[5], currency[5], treasure[4], wealth[4], worth[4], cattle[4], dollar[4], funding[3], fiscal[3], wage[3], fee[3], cost[3], large domesticated animal[2]

adj monetary[5], worth[4], financial[4], valuable[3]

(more)
pension[2], fund[2], expense[2], economic[2], salary[2], revenue[2], budget[2], credit[2], price[2], earnings[2], compensation[2], value[2], income[2], subsidy[2], profit[2], toll[2], cow[2], payment[2], wealthy[2], resource[2], pound[1], ransom[1], bid[1], buck[1], medal[1], investment[1], pay[1], tax[1], cent[1], coin[1], equity[1], fortune[1],

asset^{1}, precious^{1}, prize$^{1/2}$,
banking$^{1/2}$, finance$^{1/2}$,
premium$^{1/2}$, stake$^{1/2}$, sheep$^{1/2}$,
saving$^{1/2}$, provision$^{1/2}$, capital$^{1/2}$,
horse$^{1/2}$, insurance$^{1/2}$, grant$^{1/2}$,
stock$^{1/2}$, fine$^{1/2}$, commission$^{1/2}$,
goat$^{1/2}$, reward$^{1/2}$, estate$^{1/2}$,
advance$^{1/2}$, fancy$^{1/2}$, bill$^{1/2}$

mani ala poverty^{2}, free^{1}, non-profit^{1}, poor$^{1/2}$, bankruptcy$^{1/2}$
mani ale economy$^{1/2}$
mani anu moli ransom$^{1/2}$
mani awen saving$^{1/2}$, deposit$^{1/2}$
mani ike corrupt$^{1/2}$
mani kama income^{3}, revenue^{2}, earnings$^{1/2}$, salary$^{1/2}$
mani ken budget$^{1/2}$
mani kiwen coin$^{1/2}$
mani kiwen sike coin$^{1/2}$
mani kulupu tax$^{1/2}$
mani len sheep$^{1/2}$, treasure$^{1/2}$
mani li kama revenue$^{1/2}$
mani li kama lili inflation$^{1/2}$
mani li kama suli inflation$^{1/2}$
mani lili cent^{3}, poor^{2}, affordable^{2}, cheap^{2}, discount^{2}, tip^{1}, poverty$^{1/2}$, dollar$^{1/2}$, coin$^{1/2}$, quarter$^{1/2}$
mani lili kiwen coin$^{1/2}$
mani lili loje pig$^{1/2}$

mani lipu buck$^{1/2}$, cash$^{1/2}$
mani ma currency$^{1/2}$
mani Mewika dollar$^{1/2}$
mani mije bull^{1}
mani mute expensive^{3}, wealthy^{2}, rich^{2}, fortune^{2}, valuable^{2}, premium$^{1/2}$, treasure$^{1/2}$, raise$^{1/2}$, wealth$^{1/2}$
mani namako profit^{1}, bonus^{1}, premium$^{1/2}$, tip$^{1/2}$, interest$^{1/2}$, commission$^{1/2}$
mani nasin toll^{2}
mani pakala insurance$^{1/2}$
mani pali wage^{2}, salary^{1}
mani pana investment^{1}
mani pi jan majuna pension$^{1/2}$
mani pi kama jo earnings^{1}
mani pi kama sona scholarship$^{1/2}$
mani pi ken pana budget$^{1/2}$
mani pi moli ala living$^{1/2}$
mani pi pali pona reward$^{1/2}$
mani pi pini pali pension^{1}
mani pi telo uta llama$^{1/2}$
mani pi tenpo kama credit$^{1/2}$, investment$^{1/2}$
mani pini budget$^{1/2}$
mani sike coin^{1}
mani sin profit^{1}, raise$^{1/2}$
mani sona scholarship^{1}
mani suli prize$^{1/2}$

mani suli pi telo mama cow[½]
mani tan mani awen
   interest[½]
mani tan pakala insurance[½]
mani tan pali salary[1],
   compensation[½]
mani tan pali pona award[½]
mani tawa horse[½]
mani tawa jan ike ransom[½]
mani tawa jan lawa rent[½]
mani tawa jan pi kama sona
   scholarship[½]
mani tawa kulupu lawa tax[1]
mani tawa lon welfare[½]
mani tawa mani mute kama
   investment[½]
mani tomo rent[3], mortgage[1]
mani weka expense[2], debt[1]
mani wile price[2]
meli female[5], lady[4], woman[4],
   girl[3], wife[2], cisgender
   woman[2], transgender
   woman[2], ma'am[2], bride[1],
   miss[½]
meli anu mije anu tonsi
   gender[½]
meli lawa queen[2], princess[½]
meli lawa lili princess[2]
meli li olin e meli lesbian[½]
meli lili daughter[2]
meli mi girlfriend[½]

meli musi actress[2]
meli nasa witch[½]
meli o ma'am[1]
meli olin girlfriend[3], bride[½]
meli olin sin bride[½]
meli pi kama jan tu bride[½]
meli pi kama olin lawa
   bride[½]
meli pi kama wan bride[½]
meli pi kulupu olin bride[½]
meli pi len walo bride[½]
meli pi mama sama sister[½]
meli pi olin meli lesbian[1]
meli pi pona lukin babe[½]
meli pi tonsi ala cisgender
   woman[2]
meli pi wawa nasa witch[½]
meli pona ma'am[1]
meli sama sister[2]
meli tan mama daughter[1]
meli tonsi transgender
   woman[2]
meli wawa ike bitch[½]

meso
   adj average[3], moderate[3],
      medium[3], intermediate[2],
      ordinary[2]

   (more)
   norm[1], usual[1], relatively[1],
   somewhat[1], neutral[1],

adequate[1], standard[1], halfway[1/2], modest[1/2], regular[1/2], decent[1/2], typical[1/2], slightly[1/2], default[1/2], middle[1/2]

meso luka elbow[1/2]
Mewika American[2]
mi me[5], I[5], my[5], mine[4], our[4], myself[3], us[3], self[2], we[2], ours[2], ourselves[2], personal[1], ego[1]
mi ale we[1/2]
mi jo e ni mine[1/2]
mi la personally[4], honestly[1/2]
mi mute we[3], us[3], ourselves[3], ours[2]
mi mute sama ourselves[1]
mi pakala I'm sorry[4], apology[1/2]
mi pana e mani tawa jan ike la jan pona li ken tawa sin ransom[1/2]
mi pilin e ni: mi sona believe[1/2]
mi pilin e ni presumably[1]
mi pilin ike tan pakala I'm sorry[1/2]
mi sama myself[2], ourselves[1/2]
mi sona obviously[1/2]
mi sona ala a shrug[1/2]
mi sona ala e ni: sona ni li lon anu lon ala theory[1/2]
mi sona ala e tan somehow[1/2]

mi taso myself[1/2]
mi tawa bye (said by person leaving)[4], goodbye[1]
mi toki e ni literally[1/2]
mi wile e ni: sina kama invite[1/2]
mi wile e ni hopefully[1/2], please[1/2]
mije male[5], man[5], husband[3], cisgender man[3], sir[2], boyfriend[2], guy[2], gentleman[2], transgender man[1], dude[1], boy[1], his[1]
mije lawa king[2], emperor[1/2]

mije lawa li moli mate[1/2]
mije lawa tan mama king[1/2]
mije li olin e mije gay[1/2]
mije lili boy[2], son[1]
mije olin boyfriend[2], husband[1]
mije pi mama sama brother[1/2]
mije pi olin mije gay[1]

mije pi tonsi ala cisgender man[1]

mije pona gentleman[1], sir[½]

mije sama brother[½]

mije suli sir[½]

mije tonsi transgender man[2]

misa *Glires* or *Eulipotyphla*[1], capybara[½], mouse[½], rabbit[½], rat[½]

misa suli capybara[2]

misikeke medication[3], medicine[3], cure[2], pill[2], medical[2], vaccine[1], drug[1], clinical[1], treatment[1], healthcare[½], psychoactive[½], magic[½], therapy[½], operation[½]

misikeke lili pill[½]

misikeke meli hormone[½]

misikeke nasa marijuana[½]

misikeke pi palisa kipisi shot[½]

misikeke pona vitamin[½]

misikeke uta toothpaste[½]

moku
  n food[5], eating[5], dining[5], consumption[5], meal[5], dinner[3], nutrition[3], drinking[3], groceries[3]
  vt eat[5], consume[5], swallow[4], chew[3], absorb[2], drink[2]
  (see also **moku e***)*

adj dining[5]

(more)
lunch[2], snack[2], diet[1], feed[1], provision[1], steak[1], dish[1], meat[1], breakfast[1], bite[1], vitamin[½], suck[½]

moku ala fast[½]

moku e kon breathing[1], breathe[½], breath[½]

moku e telo drink[1], drinking[1]

moku esun groceries[1]

moku kalama chip[½]

moku kasi salad[2]

moku ko suwi chocolate[½]

moku lawa regime[½]

moku lili snack[4], bite[1], ingredient[½]

moku lili pona pi wile sijelo vitamin[½]

moku lili sike pi pona sijelo pill[½]

moku lili tan ni: wile sona kepeken uta taste[½]

moku namako treat[½], snack[½]

moku nanpa pini dinner[½]

moku nanpa tu lunch[½]

moku nanpa wan breakfast[1]

moku open breakfast[1]

moku pan carbohydrate[½]

moku pi insa suno lunch[½]

moku pi pan tu sandwich[2]
moku pi pona sijelo
    medication[1], medicine[1]
moku pi sijelo wawa
    protein$^{1/2}$
moku pi tenpo lili snack$^{1/2}$
moku pi tenpo pimeja
    dinner[1]
moku pi tenpo suno lunch$^{1/2}$
moku pona delicious[2],
    nutrition[1], treat[1], vitamin$^{1/2}$
moku soweli meat[2], beef[2],
    pork[1], steak[1], flesh$^{1/2}$,
    protein$^{1/2}$
moku suli meal$^{1/2}$

moku suwi dessert[3], candy[2],
    treat[1], chocolate$^{1/2}$, cookie$^{1/2}$
moku tan mani beef$^{1/2}$
moku telo soup[3], drinking[2],
    drink[1]
moku wan serving$^{1/2}$
moku wawa protein[1]

moli
    n killing[5], death[5]
    adj killing[5], dead[5], dying[4],
        deadly[2]
    vi die[4]
    vt kill[4]

(more)
execution[2], mortality[1],
    passing[1], execute[1],
    shooting[1], toxic[1], eliminate$^{1/2}$,
    defeat$^{1/2}$, sacrifice$^{1/2}$

moli ala survive[2], alive[1],
    survival[1], life$^{1/2}$, thrive$^{1/2}$, live$^{1/2}$,
    living$^{1/2}$
moli e kill[2]
moli lon telo drown$^{1/2}$
moli lon telo suli drown$^{1/2}$
moli sewi sacrifice[1]
moli tan kon ala drown$^{1/2}$
moli telo drown[3]
monsi butt[5], back (anatomy)[4],
    ass[4], behind[2], bottom[1],
    previous$^{1/2}$, subsequent$^{1/2}$
monsi lon sinpin reverse$^{1/2}$
monsi noka heel[2]
monsi sewi back (anatomy)$^{1/2}$
monsi sijelo back (anatomy)[1]
monsi sitelen background$^{1/2}$
monsi uta uvula[1], throat$^{1/2}$

monsuta

n fear[3], monster[3], horror[3], terror[2], beast[2], demon[2]

adj scary[3], disturbing[2], afraid[2]

vt scare[2]

*(see also **monsuta tawa, pilin monsuta**)*

(more)
concerning[1], devil[1], shock[1], concern[1], danger[1], ghost[½], surprising[½], creature[½], lion[½]

monsuta lape nightmare[1]
monsuta li moku e telo loje vampire[½]
monsuta lili virus[½], shy[½]
monsuta lon tenpo pimeja nightmare[½]
monsuta tan anpa seli demon[½]
monsuta tawa scare[½]

mu woof[5], meow[5], ribbit[5], animal vocalization[5], purr[5], neigh[5], cock-a-doodle-doo[3], pop[2], gasp[2], bang[1], click[½], laugh[½], wow[½]
mu mu ribbit[½]
mu pi pilin lape sigh[½]
mu pi waso mije cock-a-doodle-doo[½]
mu pona tawa jan utala cheer[½]
mu wawa yell[½], shout[½]
mu-mu-muuu-mu-mu cock-a-doodle-doo[½]
mulapisu pizza[2], pie[½]
mun moon[5], celestial body[4], star[2], planet[1], satellite[1], month[1]
*(see also **tenpo mun**)*
mun ilo satellite[½]
mun li tawa lon sike suno orbit[½]
mun lili star[1]
mun loje Mars (planet)[2]
mun Masi Mars (planet)[½]
mun Masu Mars (planet)[½]
mun nanpa luka luka tu December[½]
mun nanpa tu February[½]
mun open pi tenpo kasi March[½]

mun open pi tenpo pan September[½]

mun pana December[½]

mun pi pini lete February[½]

mun suno star[1]

mun tawa planet[½]

musi

n entertainment[5], fun[5], play[5], game[5], comedy[5], art[3], humour[2]

adj fun[5], funny[5], artistic[3], fascinating[2], interesting[2], creative[2]

v play[5]

(more)
irony[2], enjoy[2], sport[2], playoffs[2], silly[2], celebrate[1], trick[1], composition[1], creativity[1], celebration[1], ridiculous[1], interest[1], performance[1], vibing[1], show[1], festival[1], perform[1], joke[1], media[1], musical[1], hockey[1], chess[1], theatre[1], exciting[½], tune[½], adventure[½], dramatically[½], exhibition[½], opera[½], outlet[½], pretend[½], puzzle[½], experimental[½], board game[½], drama[½]

musi ala boring[3], seriously[3], serious[2], formal[½]

musi e excite[½]

musi e sike tu wan juggle[½]

musi ike dramatic[½]

musi jan doll[1]

musi kalama opera[½]

musi kalama pi tenpo pini opera[½]

musi kipisi puzzle[½]

musi kiwen sculpture[1]

musi kulupu party[1], parade[½], ceremony[½]

musi kute tune[½]

musi la dramatically[½]

musi lawa idea[½], imagination[½]

musi lili episode[½]

musi lipu board game[½]

musi mani bet[½]

musi monsuta horror[½]

musi mute exciting[½], compelling[½], spectacular[½], fascinating[½], amazing[½]

musi namako exciting[½]

musi nanpa wan debut[1]

musi Olinpi Olympics[½]

musi palisa sike baseball[1]

musi pi jan lawa chess[½]

musi pi jan lawa walo pi jan lawa pimeja chess[½]

musi pi kalama musi opera[½]

musi pi kalama uta mute opera[½]

musi pi kama pona celebration[½]

musi pi kiwen walo en kiwen pimeja chess[½]

musi pi lon ala fiction[½]

musi pi palisa en sike baseball[1]

musi pi sike lili jelo tennis[½]

musi pi sike noka football[2], soccer[1]

musi pi sike walo pimeja soccer[½]

musi pi tawa sijelo sport[½]

musi powe theatre[½]

musi sewi ceremony[½]

musi sijelo sport[1], baseball[½]

musi sike tennis[2], soccer[1], baseball[1], football[1], juggle[½]

musi sike noka soccer[1]

musi sike palisa baseball[1]

musi sike poki basketball[½]

musi sitelen puzzle[½]

musi sona puzzle[1]

musi suli opera[½], festival[½]

musi suli pi toki musi opera[½]

musi supa board game[5], chess[1]

musi supa pi jan lawa chess[½]

musi tan sewi celebrate[½]

musi taso casual[½]

musi tawa dancing[1]

musi tawa jan mute popular[½]

musi tenpo rhythm[½]

musi toki story[½]

musi utala contest[1], chess[1], sport[½], tournament[½]

musi utala nanpa pini playoffs[½]

musi utala pi jan lawa chess[½]

musi utala pi sike noka football[½]

musi utala supa chess[½]

musi wawa a fascinating[½]

mute

adj multiple[5], many[5], much[5], plenty of[5], lots of[5], several[5], numerous[4], various[4], most[4]

adv much[5], very[5], most[4]

n plenty[5], lots[5], quantity[4]

num twenty[3]

(more)

fifty[3], thousand[3], nine[3], majority[3], incredibly[3], million[3], fifteen[2], dozen[2], amount[2], twelve[2], eight[2], countless[2], hundred[2], billion[2], greatly[2], frequent[2], highly[2], mostly[2], excessive[2], six[2], exceed[2], thirty[2], quite[2], deeply[2], trillion[2], particularly[2], dose[2], ten[2], increasingly[2], extremely[2], frequency[2], gallon[2], common[2], increased[1], eleven[1], seven[1], repeatedly[1], considerable[1], increase[1], extra[1], anymore[1], extent[1], percentage[1], bunch[1], widely[1], pile[1], forty[1], thoroughly[1], substantial[1], absolute[1], additional[1], relatively[1], fleet[1], four[1], extreme[1], too[1], three[1], really[1], rate[1], stock[1], overwhelming[1], totally[1], vary[1], mass[1], actively[½], largely[½], entirely[½], super[½], heavily[½], variety[½], dramatically[½], virtually[½], five[½], pound[½], such[½], loop[½], portion[½]

mute a countless[½], thousand[½], lots[½], excessive[½], trillion[½]

mute ala special[1], few[½]

mute anpa minimum[½]

mute ante pilin sensitivity[½]

mute ante pona diversity[½]

mute e extension[½]

mute ike too much[4], excessive[2], too[½]

mute jan population[1]

mute ken likelihood[½]

mute kiwen density[½]

mute la largely[2], mostly[½], moreover[½]

mute li kama wan mixture[½]

mute lili handful[2], ounce[1], shortage[1], limited[1], least[½], gram[½]

mute lili sama ilo moku lili teaspoon[½]

mute lon wan concentration[½]

mute luka luka thirty[2]

mute mani budget[1], earnings[½], wealth[½]

mute misikeke dose[1]

mute moli mortality[½]

mute mute forty[2], extremely[2], countless[1], billion[1], numerous[½], extensive[½], overwhelming[½]

mute mute a billion[½]

mute mute luka luka fifty[½]

mute mute mute trillion[1]

mute pali productivity[½]

mute pi jan lon attendance[½]

mute pi jan pona popularity[½]

mute pi ken ala nanpa
  countless$^{1/2}$
mute pi sike suno age$^{1/2}$
mute pi tenpo sike age$^{1/2}$
mute pi tomo tawa traffic^2
mute pona sufficient^3,
  enough^2
mute sama consistently$^{1/2}$
mute seli temperature^1
mute sewi maximum$^{1/2}$
mute suli majority$^{1/2}$, lots$^{1/2}$,
  weight$^{1/2}$
mute tawa rate^1
mute telo volume^1
mute tenpo frequency$^{1/2}$
mute wawa concentration$^{1/2}$
mute weka distance$^{1/2}$
n um^3, mmm^2, hmm^2, mm-
  hmm^1, uh-huh^1
n lon mm-hmm$^{1/2}$

namako
  n spice^5, adornment^3,
    extension^2, bonus^2, salt^2
  adj extra^4, additional^3,
    bonus^2, fancy^2, special^2,
    spare^2

  (more)
  added^1, add^1, pepper^1,
  addition^1, flavour^1, sodium^1,
  herb$^{1/2}$, sugar$^{1/2}$, attach$^{1/2}$

namako e attach$^{1/2}$
namako la moreover$^{1/2}$
namako lukin adornment^1
namako pimeja pepper^2
namako sike ring$^{1/2}$
namako sinpin make-up$^{1/2}$

nanpa
  ptcl -th
  n number^5, score^3, rating^3,
    rank^3, measurement^3,
    ranking^3, quantity^2
  vt count^4, rank^3, calculate^2
    (see also **nanpa e***)*
  adj statistical^3

  (more)
  grade^2, percentage^2, edition^2,
  statistics^2, percent^2, version^2,
  degree^1, rate^1, amount^1,
  odds^1, digital^1, calculation^1,
  issue^1, ratio^1, accounting^1,
  evaluate^1, parameter^1, data$^{1/2}$,
  evaluation$^{1/2}$, sum$^{1/2}$,
  estimate$^{1/2}$, mathematics$^{1/2}$,
  episode$^{1/2}$, order$^{1/2}$, level$^{1/2}$

nanpa ale sum$^{1/2}$
nanpa e measure$^{1/2}$, count$^{1/2}$
nanpa ijo lon poki density$^{1/2}$
nanpa jan census^1,
  population$^{1/2}$, ranking$^{1/2}$

nanpa ken odds^1, statistics$^{1/2}$, likelihood$^{1/2}$, probability$^{1/2}$

nanpa kipisi ratio^1

nanpa lili limited^1, minimum$^{1/2}$, teaspoon$^{1/2}$

nanpa lon ma sama density$^{1/2}$

nanpa luka fifth^3

nanpa luka tu seventh^3

nanpa luka tu wan eighth^2

nanpa luka wan sixth^3

nanpa mani cost^1, price$^{1/2}$, value$^{1/2}$

nanpa moku calorie^1

nanpa moli mortality$^{1/2}$

nanpa monsi final$^{1/2}$

nanpa musi score^1

nanpa mute seventh^2, eighth^2, fourth^2, sixth^1, third^1, fifth^1, specific$^{1/2}$

nanpa ni anu sewi minimum$^{1/2}$

nanpa pali productivity$^{1/2}$

nanpa pi jan ale census^1

nanpa pi jan lon attendance^1

nanpa pi ken ante variable$^{1/2}$

nanpa pi kipisi ala prime^1

nanpa pi linja tu angle$^{1/2}$

nanpa pi pali pona streak$^{1/2}$

nanpa pi sitelen tawa episode$^{1/2}$

nanpa pi wawa moku calorie$^{1/2}$

nanpa pini last^4, final^3, latter^1, limit$^{1/2}$

nanpa poka next^1, estimated$^{1/2}$

nanpa pona grade^2, estimate$^{1/2}$, accuracy$^{1/2}$

nanpa sama equation^1, correlation$^{1/2}$

nanpa seli temperature^2

nanpa sijelo DNA^1

nanpa suli maximum^1, mass^1, weight$^{1/2}$, height$^{1/2}$, size$^{1/2}$

nanpa suno date$^{1/2}$

nanpa telo gallon$^{1/2}$

nanpa tomo address^1

nanpa tu second (2nd)^5, secondary^3, latter$^{1/2}$

nanpa tu tu fourth^4

nanpa tu wan third^4

nanpa wan first^4, original^3, primary^3, main^2, best^2, alpha^2, prime^1, ultimate^1, champion^1, favourite^1, elite^1, initial^1, principal^1, most$^{1/2}$, primarily$^{1/2}$, indigenous$^{1/2}$, mainly$^{1/2}$, starting$^{1/2}$, extremely$^{1/2}$, glory$^{1/2}$, prefer$^{1/2}$, fundamental$^{1/2}$

nanpa wan la primarily^1

nanpa wan lon ma
indigenous$^{1/2}$
nanpa weka negative$^{1/2}$

nasa
adj weird^5, strange^5,
unusual^5, odd^5, drunk^4,
silly^3, wild^3, psychoactive^2
n nonsense^2
vt confuse^2
(see also **nasa e***)*

(more)
ridiculous^2, suspicious^2,
high^1, rare^1, mysterious^1,
random^1, unclear^1,
experimental^1, irony^1,
incredible^1, fantasy^1,
paradox^1, unbelievable^1,
extreme^1, magic^1, disorder^1,
unlikely$^{1/2}$, awkward$^{1/2}$,
abstract$^{1/2}$, confusion$^{1/2}$,
outstanding$^{1/2}$, mystery$^{1/2}$,
chaos$^{1/2}$, extraordinary$^{1/2}$,
funny$^{1/2}$, illusion$^{1/2}$, alien$^{1/2}$,
mad$^{1/2}$

nasa a ridiculous^1
nasa ala normal^2, ordinary^2,
regular^2, usual^2, common^1,
conventional^1, straight$^{1/2}$,
reasonable$^{1/2}$, plain$^{1/2}$, default$^{1/2}$,
average$^{1/2}$
nasa e distract$^{1/2}$, bother$^{1/2}$
nasa e lawa jan confuse$^{1/2}$
nasa ike disturbing$^{1/2}$,
suspicious$^{1/2}$
nasa jaki bitter$^{1/2}$
nasa ken random$^{1/2}$
nasa la surprisingly^1
nasa lawa psychoactive^1
nasa mute incredible$^{1/2}$
nasa nasa ridiculous$^{1/2}$
nasa pi sona ala mysterious^1,
mystery$^{1/2}$
nasa pona extraordinary$^{1/2}$

nasin
n way^5, road^5, doctrine^5,
method^5, path^5, manner^4,
avenue^4, route^4, direction^4,
street^4, orientation^4, trail^4,
mode^4, technique^4, layout^3,
system^3, course^3, process^3,
passage^3, track^3, format^3,
ideology^3, tactic^3, custom^3,
journey^3, aisle^3, lane^3, style^2
adj regular^2, conventional^2
vt *(see* **nasin e***)*
adv *(see* **nasin la***)*

(more)
norm^2, guideline^2,

procedure^2, plan^2, protocol^2,
order^2, channel^2, routine^2,
strategy^2, pattern^2, theme^2,
policy^2, composition^2, angle^2,
tendency^2, tradition^2, ritual^2,
arrange^2, typical^1, genre^1,
formula^1, plot^1,
arrangement^1,
philosophical^1, mission^1,
trend^1, moral^1, highway^1,
lifestyle^1, belief^1,
convention^1, formal^1,
stance^1, culture^1, railroad^1,
venture^1, behavioural^1,
usual^1, trait^1, discipline^1,
framework^1, corridor^1,
operation^1, scheme^1,
criteria^1, behaviour^1,
guidance^1, quest^1, trace^1,
theory^1, structure^1,
narrative^1, sort^1, default^1,
average^1, standard^1,
medium^1, option^1,
formation^1, principle^1,
official^1, instructions^1, type$^{1/2}$,
basis$^{1/2}$, lead$^{1/2}$, notion$^{1/2}$,
strain$^{1/2}$, traditional$^{1/2}$, agent$^{1/2}$,
dynamics$^{1/2}$, institutional$^{1/2}$,
approach$^{1/2}$, career$^{1/2}$, habit$^{1/2}$,
aspect$^{1/2}$, proceedings$^{1/2}$,
establishment$^{1/2}$, design$^{1/2}$,
ceremony$^{1/2}$, characteristic$^{1/2}$,
ordinary$^{1/2}$, kind$^{1/2}$, common$^{1/2}$,
guide$^{1/2}$, nature$^{1/2}$, reference$^{1/2}$,
attribute$^{1/2}$, state$^{1/2}$, function$^{1/2}$

nasin ala chaos^1, neutral$^{1/2}$
nasin alasa tactic$^{1/2}$
nasin ale random$^{1/2}$
nasin anpa Islam$^{1/2}$, slope$^{1/2}$,
tunnel$^{1/2}$
nasin anpa pi lipu ma south$^{1/2}$
nasin ante branch$^{1/2}$,
variation$^{1/2}$, turn$^{1/2}$,
alternative$^{1/2}$, reverse$^{1/2}$
nasin awen conservative^2,
defensive$^{1/2}$, stability$^{1/2}$,
protective$^{1/2}$, consistently$^{1/2}$,
placement$^{1/2}$
nasin awen pi tenpo pini
conservative$^{1/2}$
nasin e enforce^1, discipline$^{1/2}$,
arrange$^{1/2}$, direct$^{1/2}$
nasin esun marketing^1,
accounting^1, aisle^1,
commerce^1, capitalism^1,
economy$^{1/2}$, economics$^{1/2}$
nasin ijo type$^{1/2}$, description$^{1/2}$
nasin ike inappropriate^1,
vice^1, tragic$^{1/2}$, sin$^{1/2}$, wrong$^{1/2}$
nasin ike pi jan wawa
corruption$^{1/2}$

nasin ilo mechanism[2], technology[1], operating system[½], technical[½]

nasin isipin philosophy[1], interpretation[½], ideology[½]

nasin jaki symptom[½]

nasin jan political[2], civilization[1], culture[1], personality[1], politics[1], gender[1], ideology[1], lifestyle[1], ethics[1], custom[½], cultural[½], behaviour[½], role[½]

nasin jan la political[½]

nasin jan lon poka pi nasin suli sidewalk[½]

nasin jan pona civil[½]

nasin kalama pi pilin ike minor[½]

nasin kasi naturally[½]

nasin ken liberal[1]

nasin kepeken application[½]

nasin Kito Christian[½]

nasin kiwen rail[1]

nasin kiwen pi kama sewi stair[½]

nasin ko softly[½], flexibility[½]

nasin kon religion[½], spiritual[½]

nasin kule metaphor[½]

nasin kulupu culture[2], communism[2], cultural[1], communist[1], membership[1], civic[1], custom[½], civilization[½], social[½], conventional[½], standard[½], tradition[½], democracy[½], trend[½]

nasin kulupu pi lawa en anpa hierarchy[½]

nasin la traditionally[1], usually[½]

nasin lawa politics[2], rule[1], political[1], management[1], ideology[1], leadership[1], policy[1], legally[1], guideline[1], strategy[½], law[½], compliance[½], legislation[½], officially[½], institutional[½], mandate[½], protocol[½], regulation[½], discipline[½]

nasin lawa kulupu democracy[1]

nasin lawa la legally[1], politically[½], officially[½], political[½]

nasin lawa ma pi wawa pi jan ale democratic[½]

nasin leko stair[½]

nasin leko sewi stair[½]

nasin len fashion[4]

nasin len pi jan mute fashion[½]

nasin lete north[½]

nasin lili alley[2], lane[1], sidewalk[1], passage[½], path[½], directly[½]

nasin lili jan trait[½]

nasin linja directly[½]

nasin lipu literary[1], genre[1]

nasin lon lifestyle[2], establishment[½]

nasin lon insa tomo hallway[½]

nasin lon kulupu kasi trail[½]

nasin lon sewi telo bridge[½]

nasin lon telo bridge[½]

nasin lukin orientation[½], aspect[½], style[½], perception[½], interpretation[½]

nasin lupa tunnel[1]

nasin ma ecosystem[½], nature[½]

nasin majuna tradition[1], traditionally[½]

nasin mama heritage[1]

nasin mani capitalism[3], economics[2], finance[2], economic[2], economy[1], inflation[½], financial[½], accounting[½], budget[½]

nasin mani pi tenpo kama budget[½]

nasin meso compromise[1]

nasin moku diet[3], recipe[½]

nasin monsi alley[1]

nasin musi humour[½], adventure[½], outlet[½], genre[½], plot[½]

nasin musi pi tenpo ni trend[½]

nasin mute diverse[1], diversity[1], spectrum[½], variety[½], network[½]

nasin nanpa formula[1], mathematics[1], calculation[½], ranking[½]

nasin nasa chaos[½], slope[½], magic[½]

nasin nasin infrastructure[½]

nasin ni southeast[1], northeast[1], northwest[1], north[1], southwest[½], west[½], right (not left)[½]

nasin ni en nasin ante ala la exclusively[½]

nasin ni: kulupu li jo e jan sewi e jan anpa hierarchy[½]

nasin ni la thus[½]
nasin nimi grammar[1]
nasin noka sidewalk[1]
nasin noka lon poka nasin pi tomo tawa sidewalk[½]
nasin oko vision[½]
nasin olin romantic[½], marriage[½], gentle[½]
nasin open premise[½]
nasin pali behaviour[2], procedure[2], technique[1], implementation[1], protocol[1], plan[1], employment[1], process[1], scheme[1], mode[1], strategy[½], formula[½], career[½], professional[½], conduct[½], routine[½], role[½], method[½]
nasin pali ike scheme[½]
nasin pali lon kulupu manner[½]
nasin pali pi ilo sona operating system[½]
nasin pali pi wile sama arrangement[½]
nasin pali pona ethics[½]
nasin palisa railroad[1]
nasin pana distribution[½], placement[½]
nasin Pawa Bahá'í Faith[½]
nasin pi ijo lili modest[½]
nasin pi ijo mute ordinary[½]

nasin pi ilo sona operating system[1]
nasin pi jan lawa legislation[½]
nasin pi jan lawa ma presidency[½]
nasin pi jan ma civil[½], citizenship[½]
nasin pi jan mute conventional[2], mainstream[2], standard[1], norm[½], institutional[½]
nasin pi jan pali communism[½]
nasin pi jan pona friendship[½]
nasin pi jan sama communism[½]
nasin pi jo kulupu communist[1], communism[½]
nasin pi kalama musi rhythm[½]
nasin pi kama lawa election[½]
nasin pi kama sona curriculum[2], science[½], investigation[½], interpretation[½]
nasin pi kama suno east[1]
nasin pi ken toki rhetoric[½]
nasin pi kule mute ala conservative[½]
nasin pi kulupu Jejusi Judaism[½]
nasin pi kulupu lili tribal[½]

nasin pi kulupu suli
mainstream[½]

nasin pi laso ale ecosystem[½]

nasin pi lawa kulupu
democratic[½]

nasin pi ma jan
infrastructure[½]

nasin pi moli ala biology[½],
ecosystem[½]

nasin pi nasa ala norm[½]

nasin pi open suno east[1]

nasin pi pakala ala safety[½]

nasin pi pali kasi agriculture[1]

nasin pi pali mute
productivity[½]

nasin pi pali pona ethics[1],
ethical[½], accountability[½]

nasin pi pali suli industry[½]

nasin pi pali tomo
architecture[½]

nasin pi pana sona
curriculum[2]

nasin pi pilin ante
opposition[½]

nasin pi pilin musi humour[½]

nasin pi pini ala halfway[½]

nasin pi pini utala
intervention[½]

nasin pi pona jan ethics[½]

nasin pi pona sama justice[½]

nasin pi pona sijelo medical[½],
healthcare[½], treatment[½]

nasin pi sewi ala secular[½]

nasin pi sona nanpa
formula[½]

nasin pi suno pini west[½]

nasin pi suno tawa west[½]

nasin pi tawa ala constraint[½]

nasin pi tawa noka sidewalk[1]

nasin pi tawa sijelo physics[½]

nasin pi tawa wawa
highway[1]

nasin pi tenpo ale routine[½]

nasin pi tenpo kama
strategy[½], destiny[½],
arrangement[½]

nasin pi tenpo mute
routine[1], traditionally[½],
tendency[½], tradition[½]

nasin pi tenpo pini
traditional[2], tradition[1],
traditionally[½]

nasin pi tenpo pini la
traditionally[½]

nasin pi tenpo suli
traditional[½]

nasin pi toki lawa ante
rhetoric[½]

nasin pi toki uta accent[½]

nasin pi tomo mani banking[½]

nasin pi tomo tawa linja
railroad[1]

nasin pi tomo tawa palisa
rail$^{1/2}$

nasin pi unpa ante anu pi olin ante LGBTQ+$^{1/2}$

nasin pi utala lili tactic$^{1/2}$

nasin pi utala pona strategic$^{1/2}$

nasin pilin left (not right)^{1}, attitude^{1}, dramatic$^{1/2}$

nasin pimeja alley$^{1/2}$

nasin pini traditional$^{1/2}$

nasin pona solution^{3}, moral^{2}, morality^{2}, virtue^{1}, ethical$^{1/2}$, optimistic$^{1/2}$, advantage$^{1/2}$, properly$^{1/2}$, strategic$^{1/2}$, model$^{1/2}$, equity$^{1/2}$, harmony$^{1/2}$

nasin pona la supposed$^{1/2}$, effectively$^{1/2}$

nasin Puta Buddhism^{2}

nasin sama equality^{2}, correlation^{1}, compliance$^{1/2}$, associated$^{1/2}$, equally$^{1/2}$

nasin sama la likewise$^{1/2}$

nasin Sanatan Tama Hinduism$^{1/2}$

nasin Sanatana Hinduism$^{1/2}$

nasin seli south$^{1/2}$

nasin seli pi suno anpa southwest$^{1/2}$

nasin seli pi weka suno southwest$^{1/2}$

nasin seme how^{2}

nasin seme la how^{1}

nasin sewi religion^{4}, religious^{2}, theology^{1}, faith^{1}, luck$^{1/2}$, bridge$^{1/2}$, magic$^{1/2}$, spiritual$^{1/2}$, ministry$^{1/2}$

nasin sewi ala secular^{2}

nasin sewi Intu Hinduism^{2}

nasin sewi Isilan Islam^{1}, Islamic^{1}

nasin sewi jan folk religion^{1}

nasin sewi Jawe Judaism^{1}

nasin sewi Jesu Christianity$^{1/2}$

nasin sewi Juta Judaism^{1}, Jewish$^{1/2}$

nasin sewi Katolika Catholic^{1}

nasin sewi Kolisu Christianity^{1}

nasin sewi kulupu folk religion^{1}

nasin sewi Pawa Bahá'í Faith$^{1/2}$

nasin sewi pi jan Jesu Christian$^{1/2}$, Christianity$^{1/2}$

nasin sewi pi jan Jesuwa Christian$^{1/2}$

nasin sewi pi lawa ala folk religion$^{1/2}$

nasin sewi pi lipu Peta Hinduism$^{1/2}$

nasin sewi Puta Buddhism^{2}

nasin sewi Tama Hinduism$^{1/2}$

nasin sijelo condition^{2}, pose$^{1/2}$, biological$^{1/2}$, position$^{1/2}$

nasin sike orbit$^{1/2}$, routine$^{1/2}$

nasin sin experimental^{1}, revolution$^{1/2}$

nasin sinpin orientation$^{1/2}$

nasin sitelen font^{2}, calligraphy^{1}, photography^{1}, script^{1}

nasin sitelen lipu layout$^{1/2}$

nasin sona logic^{2}, philosophy^{2}, scientific^{2}, logical^{1}, theoretical^{1}, science^{1}, education^{1}, rational^{1}, wisdom$^{1/2}$, strategic$^{1/2}$, clinical$^{1/2}$, discipline$^{1/2}$, reason$^{1/2}$, technical$^{1/2}$, theory$^{1/2}$, interpretation$^{1/2}$, scholarship$^{1/2}$

nasin sona lawa psychology^{1}

nasin sona nanpa mathematics$^{1/2}$

nasin sona ona li ike li suli complicated$^{1/2}$

nasin sona pi ijo lili chemistry^{1}

nasin sona pi kama ante ko chemistry$^{1/2}$

nasin sona sijelo biology$^{1/2}$

nasin sona suli major$^{1/2}$

nasin suli highway^{2}, avenue$^{1/2}$, traditionally$^{1/2}$, formal$^{1/2}$, mainstream$^{1/2}$

nasin suli ma infrastructure$^{1/2}$

nasin suli pi tomo tawa highway^{1}

nasin Tama Buddhism$^{1/2}$

nasin tawa transport^{2}, transportation$^{1/2}$, transit$^{1/2}$, trail$^{1/2}$, direction$^{1/2}$, outlet$^{1/2}$, momentum$^{1/2}$

nasin tawa anpa gravity$^{1/2}$, slope$^{1/2}$

nasin tawa insa entrance$^{1/2}$

nasin tawa pi tomo tawa route$^{1/2}$

nasin tawa sewi stair$^{1/2}$

nasin telo river^{2}, stream^{1}, flow$^{1/2}$, pipe$^{1/2}$

nasin telo la naturally$^{1/2}$

nasin telo pali channel$^{1/2}$

nasin telo suli tide^{1}

nasin tenpo schedule^{2}, trend^{1}, routine$^{1/2}$

nasin tenpo pi kalama musi rhythm$^{1/2}$

nasin toki accent^{3}, dialect^{2}, grammar^{2}, rhetoric^{1}, variety$^{1/2}$

nasin toki lili dialect$^{1/2}$

nasin toki pi ante lili dialect$^{1/2}$

nasin tomo hallway^{2}, architecture^{1}, infrastructure^{1}, street^{1}, corridor$^{1/2}$

nasin unpa sexually$^{1/2}$

nasin utala tactic[1], strategy[½]
nasin wan unity[½], example[½]
nasin wan la somehow[½]
nasin wan taso uniform[½]
nasin wawa nasa magic[½]
nasin weka exit[1], isolation[½]
nasin wile mission[1], criteria[1]
neja four[½]

nena
  n hill[4], nose[3], ridge[2],
    button[2], peak[2], mountain[2],
    pile[2], breast[1], mount[1], fold[1]

  (more)
  slope[½], elevated[½], curve[½]

nena ala smooth[1]
nena anpa sinpin chin[½]
nena e kon smell[½]
nena ike tumour[½]
nena insa tumour[1]
nena jaki tumour[½]

nena kon nose[1]
nena kute ear[½]
nena lili hill[½]
nena lili mute spiky[½]
nena lili pi monsi uta uvula[½]
nena linja ridge[1], angle[½],
  trunk[½]
nena lipu tab[1]
nena luka elbow[1]
nena ma hill[1], mountain[½]
nena mama breast[2]
nena meli breast[½]
nena noka toe[2], knee[1], heel[½]
nena pakala spiky[½]
nena pali trigger[½]
nena pi anpa uta chin[½]
nena pi ijo mute pile[1]
nena pi kalama musi
  rhythm[½]
nena pi monsi uta uvula[1]
nena pi sewi mute steep[½]
nena pi telo walo breast[½]
nena sijelo breast[½]
nena sinpin nose[2], breast[1]
nena suli mountain[3], mount[½]
nena suli ma mountain[½]
nena telo wave[2]
Netelan Dutch[2]

ni
  adj,n this[5], that[5], these[5],

those[4], which[1]

(more)
particular[2], specifically[2], there[2], it[1], such[1], specific[1], exactly[½], exact[½], here[½], actual[½], certain[½]

ni ala la instead[½]
ni ala ni whether[1]
ni ale la entirely[½]
ni anu ante either[½]
ni la thus[4], so[2], thereby[2], consequently[2], furthermore[2], therefore[2], then[1], hence[1], specifically[1], considering[½], case[½]
ni li ijo suli jan characterize[½]
ni li ike a objection[½]
ni li ken ala pakala e ona immune[½]
ni li ken pana e pilin ike trigger[½]
ni li lili la aside[½]
ni li lon indeed[½]
ni li lon tan ni justify[½]
ni li sin tawa mi surprisingly[½]
ni li tawa jan ni dedicate[½]
ni li toki e ni implication[½]
ni mute these[1]
ni taso specifically[½]
ni tu ala neither[½]

Nijon Japanese[½]

nimi
n word[5], name[5], term[3], title[3]

(more)
lyrics[2], label[2], brand[2], so-called[2], pronoun[1], description[1], cite[1], identity[1], verbal[1], concept[½], mention[½], classify[½], credit[½], tag[½], reputation[½], phrase[½], entry[½], call[½]

nimi ala anonymous[2]
nimi ante adjective[1]
nimi e nominate[½], specify[½]
nimi esun brand[2]
nimi ijo noun[5]
nimi jaki swear[½]
nimi jan pronoun[1], signature[½]
nimi kon content word[3]
nimi kule adjective[1]
nimi lawa title[1]
nimi lili syllable[2], pronoun[1], letter (of alphabet)[1], particle[½]
nimi lili jan pronoun[2]
nimi lili pi kon ala particle[½]
nimi lipu title[½]
nimi mute sentence[½], description[½], phrase[½]
nimi namako adjective[½]

nimi nasin reference[1/2], adjective[1/2]

nimi open password[2], title[1/2]

nimi open kon password[1/2]

nimi open len password[1/2]

nimi open pi sona len password[1/2]

nimi pali verb[5]

nimi pi ante nimi adjective[1/2]

nimi pi ike sijelo diagnosis[1/2]

nimi pi jaki sijelo diagnosis[1/2]

nimi pi lipu linluwi domain[1/2]

nimi pona award[1/2]

nimi sama metaphor[1/2]

nimi sewi blessing[1/2]

nimi sitelen adjective[1/2]

nimi suli headline[2], title[1]

nimi tawa link[1/2]

nimi tomo address[1]

Nipon Japanese[1/2]

noka
n leg[5], foot[4], lap[3], ankle[3], heel[2], knee[2], base[2]
vt kick[3] *(see also noka e)*

(more)
step[1], foundation[1], stand[1], basis[1/2], lower[1/2], below[1/2], beneath[1/2], bottom[1/2], down[1/2]

noka anpa foot[1/2]

noka e kick[1/2], stamp[1/2]

noka insa lap[1/2]

noka kasi root[1]

noka lawa neck[1/2]

noka lili toe[2]

noka lili la gradually[1/2]

noka suli yard[1/2]

noka toma foundation[1/2]

noka utala kick[1]

noka wawa foundation[1/2]

nu (word reserved for future use by Sonja Lang)

o hey[3], shall[3], should[2], ought[2], must[2], please[1], let[1/2], dare[1/2], mandate[1/2], dear[1/2]

o ala avoid[1/2]

o awen pona lon weka sina bye (said by person staying)[1/2]

o jo e deserve[1/2]

o kama invitation[1/2]

o kama pona welcome (interj)[3]

o kepeken required[1/2]

o lanpan ala e ni copyright[1/2]

o lukin remarkable[1/2]

o lukin sin appeal[1/2]

o pake enough[1/2]

o pali ala condemn[1/2]

o pali e ni dare[1/2]

o tawa pona goodbye[2]

oke OK[1/2], alright[1/2], fine[1/2]

oko

 n eye[4], vision[2]

 (more)
 look at[1], visual[1], glance[1],
 view[1], sight[½], perception[½],
 observe[½], detect[½]

oko sona surveillance[½]

olin

 n love[5], romance[4],
   compassion[3], attraction[2],
   passion[2], loyalty[2]
 vt love[5]
 adj loving[5], romantic[3],
   intimate[2], beloved[2]

 (more)
 faithful[1], loyal[1], dear[1],
 mercy[1], passionate[1],
 darling[1], care[1], respect[1],
 appreciation[1], crush[1],
 sweetheart[1], lovely[1], bond[½],
 admire[½], acceptance[½], trust[½],
 embrace[½]

olin lili crush[½]
olin lipu marriage[½]
**olin pakala tan ni: ona li
 pakala e kulupu olin e
 pilin pi jan olin** affair[½]

olin pi toki ala affair[½]
olin uta kiss[1]
olin wawa passionate[½]
ona its[5], her[5], them[5], their[5],
 she[4], him[4], he[4], they[4], it[4],
 his[4], themselves[3], itself[3],
 herself[2], himself[2], that[1]
**ona li pali e ijo ni la ni li
 kama lon mute li kama lon
 kepeken sona ala** habit[½]
**ona li wile e ni: ale li lukin e
 ona** dramatically[½]
ona meli she[1], her[½]
ona mije he[1], him[½]
ona mute them[½], they[½]
ona mute sama themselves[1]
ona sama himself[3], herself[3],
 itself[3], themselves[2]

open

 v open[5], begin[5], start[5],
   initiate[4]
 adj open[5], starting[4]
 pv begin[5], start[5]
 n start[5], beginning[5],
   opening[3]

 (more)
 initial[2], access[2], entry[2],
 engage[2], launch[2], starter[2],
 origin[2], introduction[2],
 unfold[2], spark[1], debut[1],

openly[1], trigger[1], initially[1], enable[1], entrance[1], admit[1], release[1], gate[½], original[½], loose[½], uncover[½], on[½]

open ala closed[1]
open la originally[2], initially[2]
open lipu prompt[½]
open lupa threshold[½]
open nimi initial[1]
open pali enact[½], conception[½]
open pi ilo moli shot[½]
open pi tenpo suno
   morning[1]
open toki greet[½]
open utala engage[½]
open wawa burst[½]

pakala
   adj broken[5], burst[4], hurt[4]
   n destruction[5], mistake[5], damage[5], accident[4], error[4], crash[4], harm[4], fault[3], failure[3], injury[3], flaw[3], crack[3], collapse[3]
   excl damn[4], goddamn[4], heck[4], fuck[3], fucking[3]
   vt ruin[4], destroy[4], hurt[4], injure[4], harm[4], break[4], snap[3]
   vi fail[4], break[4], collapse[3], snap[3]

(more)
trouble[2], rip[2], explode[2], wound[2], crush[2], violate[2], offense[2], strike[2], crap[2], boom[2], slip[2], blast[2], trauma[1], violation[1], corrupt[1], shit[1], hit[1], tear[1], suffering[1], pop[1], stumble[1], miss[1], beat[1], mess[1], offend[1], bullshit[1], violence[1], problem[1], abuse[1], disaster[1], cursed[1], attack[1], disorder[1], interrupt[1], brutal[1], explosion[1], incident[½], asshole[½], screw[½], interfere[½], hell[½], bang[½], bloody[½], confuse[½], chop[½], corruption[½]

pakala a goddamn[½]
pakala ali destroy[½]
pakala e ale destroy[½]
pakala e len rip[½]
pakala e olin betray[½]
pakala e pilin offend[½]
pakala e selo scratch[½]
pakala e wile violate[½]
pakala esun bankruptcy[½]
pakala jan corruption[½]
pakala kalama suli boom[½]

pakala ken danger[1]
pakala lawa violation[1], stroke[1], violate[½], revolution[½], corruption[½]
pakala lili scratch[2], incident[½], rough[½], crack[½], bend[½]
pakala linja scratch[½]
pakala linja lili scratch[½]
pakala lon sijelo painful[½]
pakala luka punch[1]
pakala ma earthquake[2]
pakala ma suli earthquake[½]
pakala pi ijo lili nuclear[½]
pakala pi wile ala accident[1]
pakala pilin offense[1], trauma[½]
pakala seli explosion[2], blast[½]
pakala seli wawa explosion[½]
pakala selo wound[1], gap[½], scratch[½]
pakala sijelo wound[2], injury[2], injure[1]
pakala suli disaster[2], explosion[2], crisis[1], blast[1]
pakala tawa crash[1]
pakala tawa anpa collapse[½]
pakala telo spill[½]
pakala tenpo late[1]
pakala wawa explode[1]
pake prevent[2], stop[2], forbid[1], lock[1], wall[1], interrupt[1], intervention[1], cease[1], limitation[1], restrict[1], deny[1], barrier[1], resistance[½], closed[½], constraint[½], interfere[½], limit[½], prevention[½], block[½], shut[½], restriction[½], cancel[½]
(see also **pini***)*

pake e pali retirement[½]
pake lili break[½]
Palata Indian[1]

pali
   vt do[5], work on[5], construct[5], make[5], produce[5], build[5], create[5], execute[4], craft[4]
   n work[5], activity[5], job[5], production[5], labour[5], action[5], task[5], function[5], occupation[5], project[4], craft[4], manufacturing[4]
   vi work[5], function[5]
   adj working[5], operating[4]

(more)
develop[3], generate[3], assemble[3], compose[3], act[3], profession[3], assignment[3], perform[3], operation[3], creation[3], commit[3], enact[3], service[3], effort[3], implement[3], accomplish[3], operate[3], implementation[3], behaviour[3],

processing^3, behave^3,
career^3, actively^2,
employment^2, practice^2,
development^2, industry^2,
invent^2, execution^2,
procedure^2, functional^2,
role^2, prepare^2,
construction^2, achieve^2,
interact^2, undergo^2,
accomplishment^2,
undertake^2, busy^2,
behavioural^2, industrial^2,
productive^2, plan^2,
manipulate^2, participation^2,
attempt^2, serve^2,
contribution^2, process^2,
involvement^2, proceedings^2,
handle^2, active^2,
preparation^1, mission^1,
interaction^1, participate^1,
composition^1, creativity^1,
training^1, solve^1, render^1,
professional^1,
developmental^1, install^1,
effect^1, testing^1, engage^1,
constitute^1, comply^1,
practical^1, proceed^1, rebuild^1,
cast^1, campaign^1, tackle^1,
utility^1, invention^1, affect^1,
business^1, artificial^1,
conduct^1, treatment^1,

program^1, homework^1,
installation^1, favour^1,
planning$^{1/2}$, developing$^{1/2}$,
assembly$^{1/2}$, compel$^{1/2}$,
venture$^{1/2}$, design$^{1/2}$, involved$^{1/2}$,
dynamic$^{1/2}$, productivity$^{1/2}$,
establish$^{1/2}$

pali ala unemployment^4,
retired^2, useless^2, strike^1,
relax^1, skip^1, tolerate$^{1/2}$,
retire$^{1/2}$, retirement$^{1/2}$,
hesitate$^{1/2}$, off$^{1/2}$
pali ala e ni innocent$^{1/2}$
pali ala lon tenpo lili
hesitate$^{1/2}$
pali ante adjust^1, revolution$^{1/2}$
**pali ante ike tawa jan pi
kulupu ante**
discrimination$^{1/2}$
pali ante tawa kulupu ante
bias$^{1/2}$
pali awen conservation$^{1/2}$
pali e ijo sama pretend$^{1/2}$
pali e ijo suli undertake$^{1/2}$
pali e ike evil$^{1/2}$, cheat$^{1/2}$
pali e ike tawa punish$^{1/2}$
**pali e kalama kepeken luka
lon lupa** knock$^{1/2}$
pali e kalama musi
compose$^{1/2}$

pali e kulupu mani incorporate$^{1/2}$

pali e lawa legislation$^{1/2}$

pali e lawa pi ken ala forbid$^{1/2}$

pali e lipu print$^{1/2}$

pali e lupa dig^{1}

pali e lupa ma dig$^{1/2}$

pali e moku cook^{1}, cooking^{1}

pali e nasin planning$^{1/2}$

pali e nasin kama planning$^{1/2}$

pali e ni: jan li ken ala interfere$^{1/2}$, prohibit$^{1/2}$

pali e pakala tawa punish$^{1/2}$

pali e pona help$^{1/2}$

pali e sitelen print$^{1/2}$, draw$^{1/2}$, illustrate$^{1/2}$

pali e toki ilo programming$^{1/2}$

pali esun marketing$^{1/2}$

pali ike sin^{3}, crime^{3}, cheat^{2}, offense^{2}, betray^{1}, vice^{1}, violate$^{1/2}$, strain$^{1/2}$, harassment$^{1/2}$, burden$^{1/2}$, cruel$^{1/2}$, failure$^{1/2}$, abuse$^{1/2}$

pali ike ala innocent$^{1/2}$

pali ike ala tan ike pi jan ante forgive$^{1/2}$

pali ike tawa punish$^{1/2}$

pali ike tawa kulupu ante discrimination$^{1/2}$

pali ike tawa kulupu lawa crime$^{1/2}$

pali ike tawa lawa violate$^{1/2}$

pali ilo engineering$^{1/2}$, industrial$^{1/2}$, programming$^{1/2}$

pali insa intervention$^{1/2}$

pali jaki scandal$^{1/2}$, corruption$^{1/2}$

pali jan profession^{1}, artificial^{1}

pali kasi agriculture^{1}

pali kepeken rely$^{1/2}$, handle$^{1/2}$

pali kepeken luka craft$^{1/2}$

pali kepeken selo ante act$^{1/2}$

pali kepeken tenpo lili hurry^{1}

pali kepeken wawa labour$^{1/2}$

pali kulupu collaboration^{3}, cooperate^{3}, cooperation^{2}, participate^{1}, interaction^{1}, involvement$^{1/2}$, project$^{1/2}$, campaign$^{1/2}$

pali la practically^{2}

pali lawa enforce^{1}, enforcement$^{1/2}$, accountability$^{1/2}$

pali lawa tawa ike jan prosecution$^{1/2}$

pali lili easily^{1}, easy^{1}, simple^{1}

pali lili tawa open pali stimulus$^{1/2}$

pali lili tawa pali ale contribution$^{1/2}$

pali lipu journalism^{1}, write$^{1/2}$, homework$^{1/2}$

pali lon involved$^{1/2}$

pali lon jan mute
demonstration$^{\frac{1}{2}}$
pali lon kulupu participate$^{\frac{1}{2}}$,
cooperate$^{\frac{1}{2}}$, contribute$^{\frac{1}{2}}$,
participation$^{\frac{1}{2}}$
pali lon lawa compliance$^{\frac{1}{2}}$
pali lon tenpo lili rush$^{\frac{1}{2}}$
pali lon tenpo mute train$^{\frac{1}{2}}$
**pali lon tenpo mute tawa
kama pona** practice$^{\frac{1}{2}}$
pali lon tenpo nanpa tu
rebuild$^{\frac{1}{2}}$
pali lon tenpo pini
preparation$^{\frac{1}{2}}$, prepare$^{\frac{1}{2}}$
pali lupa till$^{\frac{1}{2}}$
pali ma agriculture^{1}, till$^{\frac{1}{2}}$
pali mama creation$^{\frac{1}{2}}$
pali mani employment^{1},
commission^{1}, occupation^{1},
business$^{\frac{1}{2}}$
pali misikeke clinical$^{\frac{1}{2}}$
pali moku cooking^{2}
pali musi performance^{3}, art^{1},
perform^{1}, celebrate$^{\frac{1}{2}}$, craft$^{\frac{1}{2}}$,
compete$^{\frac{1}{2}}$, adventure$^{\frac{1}{2}}$,
magic$^{\frac{1}{2}}$, act$^{\frac{1}{2}}$
pali mute productive^{2}, busy^{2},
difficulty^{1}, hard (difficult)^{1},
strain$^{\frac{1}{2}}$, industrial$^{\frac{1}{2}}$, effort$^{\frac{1}{2}}$,
challenging$^{\frac{1}{2}}$, complicated$^{\frac{1}{2}}$

pali nanpa calculation^{4},
calculate^{1}, equation$^{\frac{1}{2}}$
pali nanpa wan initiative^{1}
pali nasin pi tenpo kama
strategy$^{\frac{1}{2}}$, planning$^{\frac{1}{2}}$
pali open preparation^{1}, draft^{1}
pali pali planning$^{\frac{1}{2}}$
pali pi ijo kama preparation$^{\frac{1}{2}}$
pali pi ijo mute
manufacturing$^{\frac{1}{2}}$
pali pi ike mute sin$^{\frac{1}{2}}$
pali pi jan ala automatic$^{\frac{1}{2}}$
pali pi jan mute
collaboration^{2}
pali pi kama sona
experiment^{3}, testing^{1},
research$^{\frac{1}{2}}$, exercise$^{\frac{1}{2}}$
pali pi kama sona lon tomo
homework$^{\frac{1}{2}}$
pali pi ken nanpa wan
nominate$^{\frac{1}{2}}$
pali pi lawa ala crime^{1}
pali pi lipu esun accounting$^{\frac{1}{2}}$
pali pi pilin suli dare$^{\frac{1}{2}}$
pali pi pona sijelo workout$^{\frac{1}{2}}$
pali pi pona sijelo la medical$^{\frac{1}{2}}$
pali pi sijelo pona treatment^{1}
pali pi sitelen tawa
shooting$^{\frac{1}{2}}$
pali pi tenpo ale habit^{1},
routine$^{\frac{1}{2}}$

pali pi tenpo kulupu pona celebrate[½]

pali pi tenpo lili rush[½]

pali pi tenpo mute habit[1], tendency[½]

pali pi tenpo pini experience[½]

pali pi tomo sona homework[1]

pali pi wile sona testing[½]

pali pini used[1], retirement[1], preparation[½], achievement[½], accomplishment[½]

pali poka cooperation[1]

pali pona accomplishment[2], achievement[2], efficient[2], favour[2], effectively[2], productivity[2], talent[1], functional[1], reliable[1], impress[1], effective[1], repair[1], courtesy[1], celebrate[½], maintenance[½], efficiency[½], succeed[½], clever[½], benefit[½], progress[½], reliability[½], service[½]

pali pona lili favour[½]

pali pona pi ken pona achievement[½]

pali pona tan tenpo pona celebrate[½]

pali pona tawa jan ale welfare[½]

pali pona tawa jan ante helpful[½]

pali powe fraud[½], cheat[½]

pali sama repeat[1], copy[1], routine[½]

pali sewi ritual[2], miracle[1], ministry[½]

pali sijelo workout[3], exercise[3]

pali sijelo wawa exercise[½]

pali sin rebuild[4], resume[2], invent[2], invention[1]

pali sona practice[1], experiment[1], research[1], homework[1], concentration[½], analysis[½], training[½]

pali suli hard (difficult)[2], mission[2], difficult[2], quest[1], burden[1], enterprise[1], accomplish[1], campaign[1], career[½], achievement[½], challenge[½], industry[½], accomplishment[½], difficulty[½], priority[½], challenging[½], project[½], manufacturing[½], tough[½]

pali suli ike strain[½]

pali suli pi ijo sin manufacturing[½]

pali tan react[1]

pali tan insa automatic[½]

pali tan pona sijelo workout[½]

pali tan wile volunteer[½]
pali taso professional[½]
pali tawa objective[1], serve[1], transportation[½], serving[½], dedicate[½]
pali tawa ijo kama prepare[½]
pali tawa jan ante service[½]
pali tawa pana sona demonstration[½]
pali tenpo maintenance[½]
pali tomo construction[2], homework[1], architecture[1]
pali tomo pi kama sona homework[½]
pali tomo pi tomo sona homework[½]
pali utala betray[½]
pali wan assembly[1], feature[½], demonstration[½]
pali wawa strive[2], workout[½], impact[½], successful[½], rush[½]
pali wawa ike strain[½]
pali wile ala la jan li kama e ike threaten[½]
pali wile pi wawa mute burden[½]

palisa
  n stick[5], rod[5], stake[4], pole[4], branch[3], staff[3]

(more)
bar[2], straight[2], beam[1], stem[1], nail[1], needle[1], column[1], horn[1], post[1], arrow[1], bowling pin[1], stiff[1], rail[½], log[½], metre[½], tall[½], club[½], handle[½]

palisa alasa arrow[1]
palisa awen nail[½]
palisa awen lili screw[½]
palisa ike cigarette[1]
palisa kasi stem[2], trunk[½]
palisa kiwen beam[½], nail[½]
palisa kiwen lili needle[½]
palisa kiwen pi awen poka screw[½]
palisa lawa horn[2], neck[1]
palisa lili pin[2], needle[½]
palisa lili awen pin[½]
palisa lili luka thumb[½]
palisa lili luka wawa thumb[½]
palisa lili noka toe[2]
palisa lon anpa lawa neck[½]
palisa luka finger[3], thumb[1], handle[½]
palisa luka ni thumb[½]
palisa luka pali thumb[1]
palisa lupa tube[2], pipe[1]
palisa ma stake[½]
palisa misikeke shot[½]
palisa moli rifle[½]

palisa monsi tail$^{1/2}$

palisa musi bowling pin^2, cue^1, bat$^{1/2}$

palisa noka tawa ski$^{1/2}$

palisa open lupa handle$^{1/2}$

palisa pi kasi jaki cigarette$^{1/2}$

palisa pi kasi nasa joint$^{1/2}$

palisa pi kon jaki cigarette$^{1/2}$

palisa pi kon seli cigarette$^{1/2}$

palisa pi lawa soweli horn$^{1/2}$

palisa pi musi sike bowling pin^1

palisa pi sike tawa pi insa lupa screw$^{1/2}$

palisa pi tawa sike screw$^{1/2}$

palisa pi tawa wawa bat$^{1/2}$

palisa pi tomo tawa suli rail$^{1/2}$

palisa seli candle^1, cigarette^1, match^1

palisa seli suno candle$^{1/2}$

palisa sijelo limb^2

palisa sike pi kasi kiwen log$^{1/2}$

palisa sitelen marker^1

palisa suli staff$^{1/2}$

palisa suno candle^2, laser^2

palisa tawa ski$^{1/2}$

palisa tawa pi ko lete ski$^{1/2}$

palisa telo tap$^{1/2}$

palisa tomo column^1

palisa tu cross$^{1/2}$

palisa uta tongue^1

palisa utala sword^2

pan

n bread^5, grain^5, wheat^4, rice^3, corn^2, carbohydrate^2

(more)
crop^1, pie^1, noodles$^{1/2}$, chip$^{1/2}$, pizza$^{1/2}$

pan anu suwi carbohydrate$^{1/2}$

pan jelo corn^2

pan lili lipu chip$^{1/2}$

pan lili suwi cookie$^{1/2}$

pan linja noodles^3

pan mute more (more rice)^2

pan pi ijo lili jelo mute corn$^{1/2}$

pan sike pizza$^{1/2}$, pie$^{1/2}$

pan sike poki pie$^{1/2}$

pan sike suwi pie$^{1/2}$

pan sin more (more rice)$^{1/2}$

pan soweli sandwich$^{1/2}$
pan suwi cake^4, cookie^2, pie^2
pan suwi lili cookie^1
pan suwi sike cake$^{1/2}$, pie$^{1/2}$
pan walo rice^1

pana
  vt give^5, put^5, deliver^5,
    grant^5, send^4, submit^4,
    provide^4, transfer^4,
    distribute^4, donate^3,
    appoint^3, contribute^3,
    share^3, yield^3, deploy^3,
    assign^3, deposit^3, convey^3
  n delivery^5, distribution^3,
    output^3, publishing^3, yield^3,
    offering^3
  adj given^3

(more)
supply^2, input^2, offer^2, lend^2,
emission^2, pour^2, publish^2,
release^2, provision^2, export^2,
shared^2, gift^2, spend^2, serve^2,
administer^2, donation^2,
attach^2, spread^2, serving^2,
devote^2, contribution^2,
added^2, post^2, transmission^2,
toss^2, apply^2, add^2, bring^2,
present^2, install^2, show^2,
introduce^2, insert^2, dedicate^2,
exhibit^2, set^2, publication^2,
lay^2, cast^2, broadcast^2,
disclose^1, demonstrate^1,
dump^1, loan^1, plus^1, reward^1,
pitch^1, entitle^1, sacrifice^1, fill^1,
throw^1, render^1, proposed^1,
assert^1, sell^1, transaction^1,
placement^1, induce^1,
generate^1, streaming^1,
signal^1, paste^1, shove^1,
assist^1, introduction^1,
projection^1, propose^1,
extend^1, installation^1,
launch^1, tuck$^{1/2}$, transit$^{1/2}$,
pass$^{1/2}$, award$^{1/2}$, impose$^{1/2}$,
place$^{1/2}$, spending$^{1/2}$,
implication$^{1/2}$, hang$^{1/2}$, return$^{1/2}$,
promotion$^{1/2}$, tip$^{1/2}$, arrange$^{1/2}$,
legacy$^{1/2}$, outlet$^{1/2}$,
assignment$^{1/2}$, addition$^{1/2}$

pana ala omit$^{1/2}$
pana anpa tuck$^{1/2}$
pana awen pin$^{1/2}$
pana e ijo lon ijo ante
  involve$^{1/2}$
pana e ijo tawa kulupu
  share$^{1/2}$
pana e ike punish^1, offend$^{1/2}$
pana e ike sewi damn$^{1/2}$
pana e ike tawa jan pona
  betray$^{1/2}$
pana e ilo equip^1

pana e ilo sin install[1/2]

pana e isipin inspiration[1/2]

pana e jaki mute spamming[1/2]

pana e kalama uta musi laugh[1/2]

pana e ken authorize[1], permit[1], let[1/2], entitle[1/2], enable[1/2]

pana e kipisi share[1/2]

pana e kon define[2], breathe[1], blow[1], sigh[1], indicate[1/2], inspire[1/2]

pana e kon kasi tawa telo steep[1/2]

pana e kon musi laugh[1/2]

pana e kon pona encourage[1/2], inspire[1/2]

pana e kon wawa encourage[1/2]

pana e kulupu classify[1/2]

pana e lawa entitle[1]

pana e lipu publish[1/2], reporting[1/2]

pana e lipu tawa jan ale publishing[1/2]

pana e luka point[1/2]

pana e lukin demonstrate[1], show[1], reveal[1/2], expose[1/2], display[1/2]

pana e mani pay[2], donate[2], invest[1], spend[1], fund[1], bet[1], bid[1/2], deposit[1/2], spending[1/2], funding[1/2], charity[1/2]

pana e mani lili tawa ni: ona li pana jasima e mani suli lon pakala insurance[1/2]

pana e mani tawa fund[1/2]

pana e moku feed[2]

pana e mu suli surprise[1/2]

pana e nanpa grade[1/2], rate[1/2], evaluate[1/2]

pana e nasa confuse[1/2]

pana e nasin mandate[1/2], indication[1/2]

pana e nimi nominate[1], entitle[1/2], nomination[1/2]

pana e nimi tawa registration[1/2]

pana e pali employ[1], serve[1], contribute[1], assign[1], help[1/2], serving[1/2], hire[1/2], assignment[1/2]

pana e palisa luka point[1/2]

pana e pilin voting[1/2], impression[1/2], guess[1/2]

pana e pilin ike bother[1], scare[1], disturbing[1/2], harassment[1/2], offensive[1/2]

pana e pilin ike tawa jan ike punish[1/2]

pana e pilin kepeken toki express[1/2]

pana e pilin namako excite[1/2]

pana e pilin nasa confuse[1/2]

pana e pilin pona satisfy[1], impress[1], encouraging[½], exciting[½], bless[½], cheer[½]

pana e pilin suli overwhelming[½]

pana e pilin wawa excite[2], motivate[½]

pana e pilin wawa tan sona ala surprising[½]

pana e pini pi pilin ike forgive[½]

pana e pona aid[1], help[1], support[1], assist[1], encourage[½], maintenance[½], approval[½], sustain[½], helpful[½], supportive[½], service[½]

pana e pona sewi bless[½]

pana e pona tan pali pona jan reward[½]

pana e sike moli shooting[½]

pana e sin update[½]

pana e sinpin ijo tawa insa ona fold[½]

pana e sitelen streaming[½], stamp[½]

pana e sitelen tawa stream[½], streaming[½]

pana e sona educate[3], inform[2], teach[2], instruct[2], indicate[1], consult[1], convince[1], teaching[1], prove[½], express[½], remind[½], explain[½], characterize[½], report[½], recommend[½], clarify[½], reporting[½], convey[½]

pana e sona musi inspiration[½]

pana e sona mute mute exact[½]

pana e sona pini remind[½]

pana e sona sin surprising[½]

pana e suno shine[1]

pana e telo pour[½]

pana e telo loje bleed[3]

pana e telo lon lupa drain[½]

pana e telo oko cry[1]

pana e telo sijelo bleed[1]

pana e telo tan selo sweat[½]

pana e telo tan sewi shower[½]

pana e telo uta spit[½]

pana e toki testify[½]

pana e toki ike condemn[½]

pana e toki insa advise[½]

pana e toki pi wile sona ask[½]

pana e toki tawa jan prompt[½]

pana e tomo accommodate[1]

pana e wawa boost[1], strengthen[½], coach[½], charge[½]

pana e wawa tawa inspire[½]

pana e wile vote[2], encourage[1], persuade[1], inspire[1], motivate[1], propose[1], encouraging$^{1/2}$, voting$^{1/2}$, commission$^{1/2}$, promising$^{1/2}$

pana e wile pali apply$^{1/2}$

pana e wile wawa inspire$^{1/2}$

pana esun sell^{1}, deal$^{1/2}$

pana ijo output$^{1/2}$

pana ike punish^{2}, cruel$^{1/2}$, abuse$^{1/2}$

pana insa tuck$^{1/2}$

pana isipin concentrate$^{1/2}$, focus$^{1/2}$

pana isipin lili prompt$^{1/2}$

pana jaki emission$^{1/2}$

pana ken authorize^{1}, training$^{1/2}$

pana kon broadcast^{1}, clarify$^{1/2}$, convey$^{1/2}$

pana kulupu distribute$^{1/2}$, welfare$^{1/2}$

pana lawa entitle^{1}, appoint$^{1/2}$, impose$^{1/2}$

pana lili prompt$^{1/2}$, conservative$^{1/2}$

pana lipu publishing^{2}

pana lon esun sell$^{1/2}$

pana lon insa insert^{1}, tuck$^{1/2}$, fill$^{1/2}$

pana lon kulupu pona arrange$^{1/2}$

pana lon ma bury^{1}

pana lon poki load$^{1/2}$, pack$^{1/2}$

pana lon poki sama mix$^{1/2}$

pana lon tenpo lili lend^{1}

pana lukin show^{2}, display^{2}, demonstration^{2}, exhibition^{1}, exposure^{1}, exhibit^{1}, attention$^{1/2}$, reveal$^{1/2}$, presentation$^{1/2}$, example$^{1/2}$

pana lukin e nasin guide$^{1/2}$

pana ma pi jan moli funeral$^{1/2}$

pana mani payment^{3}, donation^{3}, invest^{2}, spending^{2}, transaction^{2}, investment^{1}, pay^{1}, endorse^{1}, funding^{1}, spend^{1}, fund$^{1/2}$, expense$^{1/2}$, reward$^{1/2}$

pana mani pona donation$^{1/2}$

pana moku feed^{2}

pana moli deadly^{1}

pana musi exhibition$^{1/2}$

pana mute generous^{2}, spread$^{1/2}$

pana nasin guidance$^{1/2}$

pana nimi nominate$^{1/2}$, introduction$^{1/2}$, nomination$^{1/2}$

pana pali assist^{1}, contribute^{1}, contribution$^{1/2}$, service$^{1/2}$

pana pi kon jaki emission$^{1/2}$

pana pi nasin mute scatter$^{1/2}$

pana pi pali pona award$^{1/2}$

pana pi pali suli promotion$^{1/2}$

pana pi pilin ike tawa lawa
  protest$^{1/2}$
pana pi sitelen jaki mute
  spamming$^{1/2}$
pana pi tenpo lili lend^1, loan$^{1/2}$
pana pini given$^{1/2}$
pana pona assistance^3, help^2,
  aid^2, care^2, bless^1, approve^1,
  enhance^1, donate^1, respect^1,
  therapy^1, support^1, assist^1,
  present^1, mercy^1, grace$^{1/2}$,
  blessing$^{1/2}$, encouraging$^{1/2}$,
  donation$^{1/2}$, treat$^{1/2}$
pana pona sewi bless$^{1/2}$
pana pona tawa jan welfare$^{1/2}$
pana sewi toss$^{1/2}$, promotion$^{1/2}$
pana sin e sona remind^2
pana sin e sona awen pini
  remind$^{1/2}$
pana sona teach^4, teaching^3,
  educate^3, instruct^3, explain^2,
  educational^2, education^2,
  lecture^2, indicate^1,
  disclosure^1, disclose^1,
  consult^1, counsel^1, lesson^1,
  explanation^1, introduce^1,
  advise^1, instructional^1,
  input$^{1/2}$, counselling$^{1/2}$, advice$^{1/2}$,
  reminder$^{1/2}$, presentation$^{1/2}$,
  specify$^{1/2}$, signal$^{1/2}$, feedback$^{1/2}$
pana sona lili hint$^{1/2}$

pana sona pi ijo pona
  recommend$^{1/2}$
pana suli distribution$^{1/2}$
pana tan insa express$^{1/2}$
pana tawa jan ale publish$^{1/2}$
pana tawa jan mute
  distribute$^{1/2}$, distribution$^{1/2}$
pana tawa kon toss$^{1/2}$
pana tawa kulupu
  distribution$^{1/2}$
pana tawa lukin reveal$^{1/2}$
pana tawa ma deploy$^{1/2}$, bury$^{1/2}$
pana tawa ma ante export^2
pana tawa ma suli scatter$^{1/2}$
pana tawa nasin mute
  scatter$^{1/2}$
pana tawa sewi offering$^{1/2}$
pana telo pour^1
pana tenpo loan$^{1/2}$
pana toki reporting^1,
  presentation$^{1/2}$,
  recommendation$^{1/2}$, testify$^{1/2}$
pana tomo accommodate^1
pana wawa throw^2, shoot$^{1/2}$,
  shooting$^{1/2}$, deploy$^{1/2}$, push$^{1/2}$,
  shove$^{1/2}$, pitch$^{1/2}$
pana wawa e ilo utala tawa
  shoot$^{1/2}$
pana wawa e sike lili moli
  shooting$^{1/2}$
pana wawa e sike utala
  shoot$^{1/2}$

pana wawa kepeken ilo shooting[½]
pana weka export[2], toss[½]
pana wile election[1], consent[½]
pana wile pi jan lawa sin election[½]
pata sibling[½], cousin[½]
pata mama aunt[1]
peto cry[½]
pi *(see page 8)*
pi ante lawa psychoactive[½]
pi ijo ale universal[½], comprehensive[½], general[½]
pi ijo ante mute mixed[½]
pi ijo lili minimal[1]
pi ijo lili mute detailed[½]
pi ijo mute general[½], sophisticated[½]
pi ijo suli meaningful[½]
pi ike ala innocent[1]
pi ike mute tragic[½]
pi ilo nanpa technical[½]
pi ilo sona digital[1]
pi jan ale public[½]
pi jan ali public[1]
pi jan ike institutional[½]
pi jan lawa presidential[2], royal[2], judicial[½]
pi jan lawa ma presidential[½]

pi jan mute shared[½], mainstream[½], common[½], conventional[½]
pi jan pona friendly[½]
pi jan seme whose[2]
pi jan wan custom[½], personal[½]
pi jan wan taso personal[½]
pi jo sona cognitive[½]
pi kalama ala silent[1]
pi kalama lili quiet[½]
pi kalama musi musical[2]
pi kalama suwi softly[½]
pi kama ante ala constant[½]
pi kama pona improved[½]
pi kama sona educational[1], instructional[½]
pi kama suli developmental[1], teenage[1], increased[½]
pi kama suno Eastern[1]
pi kama wan combined[½]
pi ken ante variable[½]
pi ken ike suspicious[½]
pi ken lukin visual[½]
pi ken pakala sensitivity[½]
pi ken pona professional[½], promising[½]
pi ken sona ala incredibly[½]
pi ken suli gifted[½]
pi kiwen mani golden[½]
pi kon suli profound[½]

pi kule jan racial^{1}
pi kulupu ala neutral^{½}
pi kulupu Epanja Hispanic^{½}
pi kulupu Juta Jewish^{1}
pi kulupu lawa royal^{1}, political^{½}, judicial^{½}
pi kulupu mama sama biological^{½}
pi kulupu mani corporate^{½}
pi lawa jan democratic^{½}
pi lawa ma federal^{1}
pi len ala naked^{1}, bare^{1}
pi lili ale least^{½}
pi lili mute detailed^{½}
pi lili nanpa wan least^{½}
pi linja wawa electrical^{½}
pi lon ala false^{½}
pi lon ale universal^{½}
pi ma ala nowhere^{½}
pi ma ale international^{2}, global^{2}
pi ma Anku Korean^{2}
pi ma ante foreign^{3}, alien^{1}, colonial^{½}
pi ma Apika African^{1}
pi ma Asija Asian^{½}
pi ma Elena Greek^{1}
pi ma Elopa European^{½}
pi ma Epanja Spanish^{½}
pi ma Ilaki Iraqi^{1}
pi ma Ilan Iranian^{2}

pi ma Isale Israeli^{1}
pi ma Italija Italian^{2}
pi ma Juke British^{½}
pi ma Kanse French^{1}
pi ma kili agricultural^{½}
pi ma lanpan colonial^{½}
pi ma lawa colonial^{½}
pi ma lete northern^{1}
pi ma lili regional^{2}
pi ma lili weka colonial^{½}
pi ma Loma Roman^{1}
pi ma Losi Russian^{½}
pi ma Mewika American^{2}
pi ma mi domestic^{½}
pi ma mute international^{3}
pi ma Netelan Dutch^{1}
pi ma ni local^{1}, indigenous^{1}, native^{½}, domestic^{½}
pi ma Nipon Japanese^{1}
pi ma Palata Indian^{1}
pi ma Piten British^{½}
pi ma pona organic^{½}
pi ma seli tropical^{1}, southern^{1}
pi ma Sonko Chinese^{1}
pi ma tomo urban^{2}
pi ma tomo jaki industrial^{½}
pi ma tomo sin colonial^{½}
pi ma Tosi German^{½}
pi ma wan regional^{½}
pi mama sama related^{½}
pi mani ala free^{1}, non-profit^{½}

pi mani lili cheap^2, poor^2, discount^1, modest$^{1/2}$

pi mani mute expensive^2, rich^1, wealthy^1, valuable$^{1/2}$, fancy$^{1/2}$

pi mi mute ours^2, our^2

pi mi taso personal$^{1/2}$, private$^{1/2}$

pi moli ala organic$^{1/2}$

pi mute ala few^1, rare$^{1/2}$

pi mute ike excessive$^{1/2}$

pi mute lili few^1, fewer$^{1/2}$, rare$^{1/2}$

pi mute mute extremely$^{1/2}$

pi mute pona sufficient^1

pi mute suli numerous$^{1/2}$, dominant$^{1/2}$

pi nanpa lili few^1

pi nanpa mute precisely$^{1/2}$, precise$^{1/2}$

pi nasin awen safely$^{1/2}$

pi nasin isipin philosophical$^{1/2}$

pi nasin jan traditional$^{1/2}$, political$^{1/2}$

pi nasin ken liberal$^{1/2}$

pi nasin kulupu communist$^{1/2}$, cultural$^{1/2}$

pi nasin lawa politically^1, judicial$^{1/2}$

pi nasin lawa kulupu communist$^{1/2}$, democratic$^{1/2}$

pi nasin lili direct$^{1/2}$

pi nasin majuna traditional$^{1/2}$

pi nasin nanpa statistical^1

pi nasin ni en nasin ante ala exclusive$^{1/2}$

pi nasin pali behavioural^1, strategic$^{1/2}$

pi nasin pona ethical$^{1/2}$, naturally$^{1/2}$

pi nasin sewi religious^2

pi nasin sewi ala secular^1

pi nasin sewi Jesu Christian$^{1/2}$

pi nasin sewi Juta Jewish$^{1/2}$

pi nasin sin innovative$^{1/2}$

pi nasin sona scientific^2, philosophical^1, clinical$^{1/2}$

pi nasin toki lipu literary$^{1/2}$

pi nasin utala competitive$^{1/2}$

pi nena mute rough$^{1/2}$

pi nimi so-called^1

pi nimi ala undefinable^2, anonymous^1

pi nimi pali verbal$^{1/2}$

pi oko anpa shy$^{1/2}$

pi oko suli surprised$^{1/2}$

pi olin sama lesbian^1, gay^1

pi ona mute their$^{1/2}$

pi pakala ala carefully$^{1/2}$, perfectly$^{1/2}$, perfect$^{1/2}$

pi pali ike infamous$^{1/2}$, criminal$^{1/2}$

pi pali ike ala innocent^2

pi pali jan behavioural[1], artificial[½]
pi pali jan ala organic[½]
pi pali lili efficient[½]
pi pali ma agricultural[1]
pi pali mute experienced[1], challenging[½]
pi pali pan agricultural[½]
pi pali pona efficient[½], professional[½], successful[½], practical[½]
pi palisa pakala spiky[½]
pi palisa utala mute spiky[½]
pi pana moli toxic[½]
pi pana mute generous[½]
pi pana sona instructional[2], educational[½]
pi pilin ala neutral[½]
pi pilin ante mute controversial[½]
pi pilin ike tragic[½]
pi pilin mute sensitive[1], emotional[½]
pi pini ala endless[2]
pi pini pali pona successful[½]
pi poka telo coastal[1]
pi pona sijelo medical[1]
pi selo jan racial[½]
pi selo kiwen rough[½]
pi selo kiwen nena rough[½]
pi selo suli thick[½]

pi selo suwi ala rough[½]
pi sijelo pona healthy[1]
pi sijelo wawa athletic[½]
pi sike lili lili nuclear[½]
pi sitelen toki written[½]
pi sona ala unidentified[2], unknown[2], mysterious[½], unexpected[½]
pi sona len mysterious[½]
pi sona mute experienced[1], comprehensive[½], specific[½], gifted[½], intellectual[½]
pi sona mute tan tenpo pini experienced[½]
pi sona nasa mysterious[½]
pi sona pali mute experienced[½]
pi sona sin innovative[½]
pi sona suli advanced[½], wise[½]
pi sona wawa advanced[½], brilliant[½]
pi suli mute giant[½]
pi telo ala dry[2]
pi telo loje sijelo bloody[1]
pi telo suli marine[1]
pi tenpo ale eternal[2], chronic[2], regular[1]
pi tenpo ali permanent[½]
pi tenpo esun wan weekly[½]
pi tenpo kama upcoming[½]

pi tenpo lili temporary^1, occasional^1, short-term^1, quick$^{1/2}$, rush$^{1/2}$

pi tenpo mute frequent^1, regularly^1, chronic^1, usual$^{1/2}$, common$^{1/2}$, conventional$^{1/2}$, default$^{1/2}$

pi tenpo ni modern^2, contemporary^2, current^1

pi tenpo open initial$^{1/2}$

pi tenpo pini historical^3, former^2, prior^2, classic^1, ancient^1, historic^1, classical^1, used$^{1/2}$, colonial$^{1/2}$

pi tenpo sama contemporary$^{1/2}$

pi tenpo sike annually$^{1/2}$

pi tenpo suli longtime^1, long-term$^{1/2}$, chronic$^{1/2}$

pi tenpo suli ni contemporary$^{1/2}$

pi tenpo suno ale daily^1, everyday$^{1/2}$

pi tenpo weka ancient$^{1/2}$

pi toki Epanja Hispanic$^{1/2}$

pi toki lon insa pi kulupu tu diplomatic$^{1/2}$

pi toki pona diplomatic$^{1/2}$

pi toki wile proposed$^{1/2}$

pi tomo ala homeless^1

pi tomo jan residential^1

pi tomo misikeke clinical$^{1/2}$

pi tomo sona academic^2

pi tomo suli institutional$^{1/2}$

pi utala ala peaceful^1

pi wan jo communist$^{1/2}$

pi wan taso sole$^{1/2}$

pi wawa ike challenging$^{1/2}$

pi wawa lili gentle$^{1/2}$, gently$^{1/2}$

pi wawa linja electronic^1

pi wawa nasa ike cursed$^{1/2}$

pi wile ala reluctant$^{1/2}$

pi wile awen protective$^{1/2}$

pi wile mama default$^{1/2}$

pi wile mani ala non-profit$^{1/2}$

pi wile mani lili cheap$^{1/2}$

pi wile mute passionate$^{1/2}$

pi wile suli desperately$^{1/2}$

pilin

  n emotion^5, feeling^5, sentiment^5, mood^4, heart^4, attitude^4, opinion^3, notion^3, impression^3, hypothesis^3, thinking^2, assumption^2, thought^2, experience^2

  v feel^5, sense^4, assume^3, perceive^3, deem^3, think^2, believe^2, experience^2

  adv emotionally^4

  adj emotional^4, thinking^2

(more)

speculation[2], suppose[2],
conscience[2], stimulus[2],
reaction[2], suspicion[2], belief[2],
perception[2], idea[2], touch[2],
estimated[2], consider[2],
outlook[2], mentally[2], mental[2],
faith[2], instinct[2], sensitivity[1],
suspect[1], status[1],
psychological[1], conscious[1],
identify[1], rub[1], estimate[1],
predict[1], expectation[1],
imagine[1], regard (v)[1],
judgement[1], undergo[1],
wonder[1], concern[1],
interpretation[1], convinced[1],
stance[1], tap[1], sentient[1],
sensitive[1], react[½], nerve[½],
tone[½], considering[½],
chemistry[½], evaluation[½],
conception[½], consciousness[½],
decision[½], taste[½], interpret[½],
argument[½], atmosphere[½],
consideration[½], drama[½]

pilin a dramatic[½]
pilin ante disagree[3],
objection[1], against[1], rather[½]
pilin ante wawa objection[½]
pilin apeja lili lon kulupu
shy[½]

pilin awen loyal[1], faithful[½],
faith[½], patience[½], loyalty[½]
pilin e pet[½], push[½]
pilin e ijo ike suspicion[½]
pilin e ken moli afraid[½]
pilin e kon smell[1], interpret[½]
pilin e ni: ijo li pona tolerate[½]
pilin e ni: jan li ike suspicion[½]
pilin e ni: jan li pona mute
admire[½]
pilin e ni: ona li ken lon
anticipate[½]
pilin e ni: ona li suli admire[½]
pilin e selo rub[½]
pilin e tenpo kama predict[½]
pilin ike upset[5], sad[4], guilt[3],
uncomfortable[3], suffer[3],
stress[3], frustration[3],
disappointed[3],
disappointment[3], grief[3],
concerned[2], afraid[2], anxiety[2],
depressed[2], scared[2], painful[2],
hatred[2], worried[2],
embarrassed[2], concern[2],
depression[2], regret[2], shame[2],
nervous[1], worry[1], pain[1],
suffering[1], hate[1], illness[1],
anxious[1], rage[1], jealous[1],
fear[1], terror[½], angry[½],
tension[½], awkward[½],
disturbing[½], anger[½], mad[½],

hurt$^{1/2}$, sadly$^{1/2}$, negative$^{1/2}$,
cross$^{1/2}$

pilin ike lawa headache^2

pilin ike lon lawa headache$^{1/2}$

pilin ike mute depressed^1,
suffering$^{1/2}$

**pilin ike ni: tenpo kama ala
la pona li kama**
depressed$^{1/2}$

pilin ike pi pali ike guilt$^{1/2}$

pilin ike seli angry$^{1/2}$

pilin ike suli depression$^{1/2}$,
trauma$^{1/2}$

pilin ike tan ijo kama worry$^{1/2}$

pilin ike tan ijo suli nervous$^{1/2}$

pilin ike tan ike ken worry$^{1/2}$

pilin ike tan moli grief^1, loss$^{1/2}$

**pilin ike tan ni: jan li olin e
jan ante** jealous$^{1/2}$

pilin ike tan pali ike guilt$^{1/2}$,
guilty$^{1/2}$

pilin ike tan pali pini guilty$^{1/2}$,
regret$^{1/2}$

pilin ike tan pali suli
tension$^{1/2}$

pilin ike tan sona ala worry$^{1/2}$,
anxious$^{1/2}$

pilin ike tan tenpo kama
anxiety$^{1/2}$

pilin ike tan tenpo pini
regret$^{1/2}$

pilin ike tan weka miss^1,
grief$^{1/2}$

pilin ike tan wile pali
pressure$^{1/2}$

pilin ike tawa hatred$^{1/2}$

pilin ike tawa tenpo kama
worry$^{1/2}$, anxious$^{1/2}$

pilin ike wawa panic^1,
depressed$^{1/2}$, rage$^{1/2}$, terror$^{1/2}$

pilin insa mental^1,
imagination$^{1/2}$, conceive$^{1/2}$,
instinct$^{1/2}$

pilin jaki sick^2

pilin jaki pona lon uta bitter$^{1/2}$

pilin kama expectation^1,
anticipate^1

pilin kepeken nena lawa
smell$^{1/2}$

pilin kon spiritual$^{1/2}$

pilin kulupu reputation$^{1/2}$

pilin la emotionally^1,
presumably^1

pilin lape tired^2

pilin lawa concept$^{1/2}$

pilin lili dramatic$^{1/2}$

pilin lon consciousness^1,
believe$^{1/2}$, faith$^{1/2}$

pilin meso hesitate$^{1/2}$

pilin mi la personally$^{1/2}$,
presumably$^{1/2}$

pilin mi la kon ona li ni
  theory$^{1/2}$
pilin mi la sina pakala ala e
  mi trust$^{1/2}$
pilin mi li ken ala ante
  firmly$^{1/2}$
pilin moku taste^{1}, hunger$^{1/2}$,
  hungry$^{1/2}$
pilin moli depressed$^{1/2}$
pilin monsuta scared^{2},
  anxiety^{2}, worry^{1}, worried^{1},
  panic^{1}, terror$^{1/2}$, nervous$^{1/2}$,
  afraid$^{1/2}$, horror$^{1/2}$, anxious$^{1/2}$,
  alarm$^{1/2}$
pilin monsuta e scare$^{1/2}$
pilin monsuta lili nervous$^{1/2}$,
  worried$^{1/2}$
pilin monsuta tawa jan sin
  shy$^{1/2}$
pilin musi humour^{1}
pilin mute sensitive^{2},
  emotional^{2}, sensitivity^{1},
  dramatic^{1}
pilin nasa confusion^{3},
  confuse^{1}, awkward$^{1/2}$
pilin nasa e confuse$^{1/2}$
pilin nasa ike uncomfortable$^{1/2}$
pilin nasa tan telo nasa
  drunk$^{1/2}$
pilin nena smell^{1}
pilin ni: toki ona li pona
  trust$^{1/2}$

pilin olin romantic^{2}
pilin pakala painful^{2}, pain^{2},
  suffer^{1}, guilt$^{1/2}$, trauma$^{1/2}$,
  hurt$^{1/2}$
pilin pakala lawa headache$^{1/2}$
pilin pi ante pona relief$^{1/2}$
pilin pi ijo kama expect$^{1/2}$
pilin pi ike mute suffering$^{1/2}$
pilin pi ilo sona chip$^{1/2}$
pilin pi jan ante reputation^{1}
pilin pi jan pona trust^{1}
pilin pi kama pona hope$^{1/2}$
pilin pi ken ike anxious$^{1/2}$
pilin pi lawa jan bias$^{1/2}$
pilin pi lawa pakala
  headache$^{1/2}$
pilin pi len ala embarrassed$^{1/2}$
pilin pi lon ala doubt$^{1/2}$
pilin pi nasin sewi faith$^{1/2}$
pilin pi olin weka yearn$^{1/2}$
pilin pi pali ala boring$^{1/2}$
pilin pi pali ike guilty^{1}
pilin pi pali mute ike stress$^{1/2}$
pilin pi pali pona pride$^{1/2}$
pilin pi pali suli suli strain$^{1/2}$
pilin pi pona jan trust$^{1/2}$
pilin pi pona kama
  optimistic$^{1/2}$, hope$^{1/2}$
pilin pi pona pali conscience$^{1/2}$
pilin pi sona ala confusion^{1},
  confuse^{1}, surprised^{1},

surprise[1], doubt[½],
surprising[½]
pilin pi sona sin surprised[½]
pilin pi sona wawa faith[½]
pilin pi suli ijo care[½]
pilin pi tenpo kama
speculation[½]
pilin pi tenpo pini
sentiment[½]
pilin pi wawa ala terror[½],
nervous[½]
pilin pi wile sona wonder[½]
pilin pi wile utala angry[½]
pilin pi wile weka afraid[½]
pilin pimeja depression[½]
pilin pini verdict[1]
pilin pona glad[5], happy[5],
pleased[5], joy[4], satisfaction[4],
happiness[4], pleasure[4],
comfortable[4], grateful[3],
happily[3], well-being[3], relief[2],
comfort[2], vibing[2],
appreciation[2], optimistic[2],
respect[1], enjoy[1], acceptance[1],
positive[1], approval[1], calm[1],
pride[1], proud[1], trust[1],
eager[½], celebrate[½], content[½],
dignity[½], approve[½],
excitement[½], welfare[½],
enthusiasm[½], laugh[½], well[½]
pilin pona la happily[1]

pilin pona pi ijo kama
enthusiasm[½]
pilin pona sin relief[½],
recover[½]
pilin pona tan enjoy[1],
appreciate[1]
pilin pona tan ijo grateful[½]
pilin pona tan ken hope[½]
pilin pona tan musi joy[½]
**pilin pona tan ni: ijo pona li
kama** lucky[½]
pilin pona tan pali proud[½]
pilin pona tan pali ala relief[½]
pilin pona tan pona jan
grateful[½]
pilin pona tan sona ala kama
surprised[½]
pilin pona tan tenpo kama
excitement[½]
pilin pona tan weka ike
relief[½]
pilin pona tawa admire[2]
pilin pona tawa tenpo kama
eager[½]
pilin pona wawa excited[1]
pilin powe doubt[½], illusion[½],
bias[½]
pilin sama sympathy[3], agree[2],
agreement[2], consensus[2],
relate[2], connection[½],
compassion[½], nod[½],

compromise$^{1/2}$, associate$^{1/2}$, consent$^{1/2}$

pilin sama ala dispute$^{1/2}$

pilin seli angry$^{1/2}$, fever$^{1/2}$

pilin sewi pride^1, proud^1, faith^1, honour^1, glory$^{1/2}$, inspiration$^{1/2}$, inspire$^{1/2}$

pilin sijelo health^1

pilin sin recall$^{1/2}$

pilin sona convinced^1, conviction^1, belief^1, insight$^{1/2}$, assume$^{1/2}$

pilin suli excited^1, proud^1, ego^1, passion^1, pride^1, pressure$^{1/2}$

pilin suli ala neutral$^{1/2}$

pilin tawa exciting$^{1/2}$

pilin tenpo mood$^{1/2}$

pilin uta flavour^3, taste^3

pilin utala angry^3, rage^3, anger^3, mad^3, aggressive^2, spite^2, hatred^1, tension$^{1/2}$, desperately$^{1/2}$, hostile$^{1/2}$

pilin utala ike rage$^{1/2}$

pilin utala suli rage$^{1/2}$

pilin wan taso lonely^1

pilin wawa confident^3, excitement^3, passionate^2, pride^2, passion^2, proud^2, brave^1, enthusiasm^1, courage^1, ego^1, sensitive^1, bold^1, urge^1, sensitivity$^{1/2}$, dramatic$^{1/2}$, glory$^{1/2}$

pilin wawa lon tenpo ike courage$^{1/2}$

pilin wawa tan ijo kama excitement$^{1/2}$

pilin wile deserve$^{1/2}$, willingness$^{1/2}$, preference$^{1/2}$, yearn$^{1/2}$

pimeja darkness^5, dark^5, black^5, shadow^3, shade^3, brown^1, night$^{1/2}$

pimeja lon ma li sama selo sijelo ona shadow$^{1/2}$

pimeja pi suno weka shadow$^{1/2}$

pimeja pona shade$^{1/2}$

pimeja walo grey^2

Pingo car$^{1/2}$

328

pini

> **v** end[5], finish[5], shut[5], cease[4], conclude[4], close[4], quit[3], stop[3], complete[3], cancel[3]
>
> **pv** finish[5], cease[4], quit[3], stop[3]
>
> **n** end[5], ending[4], outcome[4], stop[3]
>
> **adj** shut[5], closed[4], latter[3], final[3], off[3], previous[2], ago[2]
> *(see also* **nanpa pini, pini la***)*

(more)
conclusion[2], result[2], pause[2], interrupt[2], lock[2], over[2], resolution[2], former[2], edge[1], prevent[1], tip[1], solve[1], prior[1], limit[1], target[1], suspend[1], corner[1], goal[1], threshold[1], ultimately[1], fate[1], used[½], interfere[½], seal[½], fill[½], past[½]

pini ala endless[3], eternal[1], rough[½]

pini ante threshold[1], surprising[½]

pini e ijo kama cancel[½]

pini e ike intervention[½]

pini e lape wake[½]

pini e utala compromise[½]

pini ike lose[1]

pini kepeken quit[½]

pini la finally[4], ultimately[3], after[2], conclusion[1]

pini lape wake[1], awake[½]

pini lili pause[1]

pini meso tie[½]

pini nasin purpose[1], limit[½], goal[½]

pini noka foot[½]

pini olin divorce[1]

pini pali retire[3], retirement[2], objective[½]

pini pi len luka sleeve[½]

pini pi ma sewi cliff[½]

pini pi pilin ike forgive[½]

pini pi tenpo esun weekend[½], Friday[½]

pini pi tenpo ike relief[½]

pini pi tenpo lili suspend[½]

pini pi tenpo sike December[½]

pini pi utala toki settle[½]

pini poki cap[½]

pini pona succeed[2], win[1], success[1], victory[1], pass[½], successfully[½], achievement[½], resolution[½], solution[½], successful[½]

pini sewi horizon[½], cap[½]

pini sona forget[½]

pini supa edge[½]

pini tan tomo sona
  graduate[1/2]
pini wawa slam[2]
pipi bug[5], insect[5], spider[3],
  bee[1], bother[1/2]
pipi jelo bee[1/2]
pipi jelo pi ko suwi bee[1/2]
pipi jelo pimeja bee[1]
pipi lili virus[1/2]
pipi pali worker[1/2]
pipi pi ko suwi bee[1/2]
pipi pi noka mute spider[1/2]
pipi pimeja jelo bee[1/2]
pipi suwi bee[1/2]
Piten British[1/2]
po four[1/2]

poka
  n side[5], hip[4], area beside[3]
  (see also **lon poka***)*

  (more)
  aside[3], closely[2], left (not
  right)[2], sidebar[2], alongside[2],
  along[1], intimate[1], nearly[1],
  estimated[1], surround[1],
  around[1], accompany[1],
  roughly[1], zone[1], with[1],
  almost[1], among[1],
  approximately[1], association[1],
  relate[1], related[1/2], position[1/2],
  associated[1/2], subsequent[1/2],
  connect[1/2], amid[1/2]

poka ala apart[1/2]
poka ante opposite[1/2],
  opposition[1/2]
poka e associate[1/2]
poka e jan involve[1/2]
poka la approximately[1],
  closely[1/2], nearly[1/2]
poka lawa cheek[1]
poka lipu margin[1]
poka lipu pi sitelen ala
  margin[1/2]
poka monsi cheek[1/2]
poka mute intimate[1/2]
poka nena slope[1/2]
poka open left (not right)[1]
poka pi luka ike mi left (not
  right)[1/2]
poka pi ma tomo suburb[1/2]
poka pi nena suli valley[1/2]
poka pi sewi noka hip[1]
poka pi suno pini west[1/2]
poka pini right (not left)[1/2]
poka sama estimated[1/2]
poka sinpin cheek[1], corner[1/2]
poka teje conservative[1/2]
poka telo beach[2], shore[1],
  coast[1]
poka tomo pi telo ala porch[1/2]

poka tu li sama balance[½]
poka uta cheek[½]

poki

> *n* container[5], jar[5], box[5],
> package[5], bag[5], basket[4],
> bucket[4], bottle[4], pot[4],
> cabinet[4], storage[3], drawer[3],
> locker[3], case[3], bowl[3]
> *vt* classify[3]

(more)
sack[2], cup[2], pack[2], cage[2],
purse[2], trunk[2], pitcher[2], cell[2],
wrap[2], pocket[2], tank[2],
vessel[1], inventory[1], glass[1],
barrel[1], contain[1],
department[1], gallon[1], tab[1],
arrest[1], can[1], genre[1],
category[1], load[1], carrier[1],
limit[½], pen[½], context[½],
section[½], prison[½], store[½],
closet[½], species[½], trap[½]

poki awen locker[1], storage[½],
cage[½]
poki e ilo equip[½]
poki e jan assign[½]
poki ilo kit[½]
poki jaki toilet[1]
poki jan jail[½], racial[½], role[½]
poki jan awen prison[½]

poki jan pi tawa sewi
elevator[½]
poki kalama drum[1]
poki kasi pot[1]
poki kiwen locker[1], safe[½],
cage[½]
poki kon lung[1]
poki kulupu department[½]
poki len sack[3], closet[2],
pocket[2], bag[1], purse[½],
cabinet[½]
poki lili basket[½], tuck[½],
teaspoon[½]
poki lili pi telo nasa shot[½]
poki lipu envelope[4], portfolio[1],
file[½]
poki luka grip[½]
poki mani purse[2], treasury[1],
till[1], account[1], fund[½],
treasure[½]
poki moku bowl[2], dish[1], pan[½],
pot[½]
poki moku pi kiwen wawa
can[½]
poki moku seli pan[1]
poki moli grave[1]
poki monsi pi tomo tawa
trunk[½]
poki monsi tawa trailer[½]
poki musi genre[½]
poki pali discipline[½]

poki pali e jan appoint$^{1/2}$
poki pana gift$^{1/2}$, present$^{1/2}$
poki pi awen ijo closet$^{1/2}$
poki pi jan ike jail$^{1/2}$, prison$^{1/2}$
poki pi linja kasi basket$^{1/2}$
poki pi nimi jan mute
  register$^{1/2}$
poki pi pali moku pot$^{1/2}$
poki pi palisa mute cage$^{1/2}$
poki pi seli moku pan$^{1/2}$
poki pi sike tawa goal$^{1/2}$
poki pi sitelen tawa TV^{1}
poki pi telo jaki toilet$^{1/2}$
poki pi tomo tawa trunk$^{1/2}$
poki poka pocket$^{1/2}$
poki seli oven^{3}
poki seli moku oven$^{1/2}$
poki sike barrel^{3}, bowl$^{1/2}$, jar$^{1/2}$,
  basket$^{1/2}$
poki sitelen frame$^{1/2}$
poki sona database^{2}, archive$^{1/2}$
poki soweli species^{1}, cage$^{1/2}$
poki suli barrel^{2}
poki suli telo gallon$^{1/2}$
poki tawa cart^{3}, wagon^{1},
  trailer$^{1/2}$
poki telo cup^{3}, pitcher^{2}, sink^{2},
  bottle^{2}, bath^{2}, glass^{1},
  bucket^{1}, tank^{1}, gallon^{1}
poki telo suli pool^{1}, gallon$^{1/2}$
poki wawa battery^{4}

polinpin bowling pin$^{1/2}$
pomotolo tomato$^{1/2}$

pona
  adj good^{5}, appropriate^{5},
  nice^{5}, acceptable^{5}, proper^{4},
  OK^{4}, fine^{4}, valid^{4}, pleasant^{4},
  friendly^{4}, positive^{4}, simple^{4},
  alright^{4}, correct^{3}, cool^{3},
  right (not wrong)^{3}, fixed^{3},
  okay^{3}, kind^{3}, helpful^{3},
  ideal^{3}, peaceful^{3}, ethical^{3},
  fair^{3}, successful^{3}
  excl OK^{4}, alright^{4}, cool^{3},
  okay^{3}, thanks^{2}
  adv simply^{4}, well^{4},
  successfully^{3}
  (see also **pona la***)*
  n quality^{4}, benefit^{4}, virtue^{4},
  advantage^{3}, validity^{3},
  merit^{3}, improvement^{3},
  correction^{3}, grace^{3}

vt correct[3], fix[3], repair[3], improve[3], heal[3]
(see also **pona e***)*

(more)
ease[3], supportive[3], approval[3], awesome[3], adequate[2], effectiveness[2], correctly[2], decent[2], reasonable[2], fairly[2], wonderful[2], terrific[2], properly[2], civil[2], peace[2], plain[2], welfare[2], lovely[2], enhance[2], improved[2], natural[2], resolve[2], well-being[2], easy[2], elementary[2], worthy[2], efficiency[2], mercy[2], effective[2], courtesy[2], beautiful[2], elegant[2], useful[2], justice[2], comfortable[2], perfect[2], reliability[2], please[2], relieve[2], solve[2], basic[2], better[2], honest[2], free[2], success[2], easily[2], morality[2], sufficient[2], excellent[2], qualify[2], fascinating[2], treatment[2], accurate[2], interesting[2], effectively[2], favour[2], aide[2], appeal[2], bonus[2], ready[1], impressive[1], premium[1], minimal[1], cure[1], celebrate[1], obvious[1], aid[1], moral[1], promising[1], prime[1], reform[1], naturally[1], normal[1], lucky[1], harmony[1], safety[1], blessing[1], legitimate[1], compelling[1], approve[1], steady[1], sake[1], super[1], glory[1], accessible[1], satisfy[1], viable[1], solution[1], compassion[1], dear[1], value[1], practical[1], organize[1], perfectly[1], casual[1], spectacular[1], luck[1], goodness[1], patch[1], safely[1], facilitate[1], sympathy[1], carefully[1], victory[1], pure[1], credibility[1], careful[1], fit[1], valuable[1], happiness[1], great[1], gentle[1], integrity[1], precise[1], happily[1], practically[1], generous[1], typical[1], precious[1], fundamental[1], pro[1], comfort[1], enjoy[1], functional[1], standard[1], welcome (you're welcome)[1], sort[1], recover[1], gifted[1], adjust[1], amazing[1], assistance[½], encourage[½], worth[½], eligible[½], faithful[½], clean[½], precisely[½], genuine[½], sustainable[½], advanced[½], superior[½], fortune[½], amendment[½], pleasure[½], efficient[½], hopefully[½], clear[½]

progress$^{1/2}$, thrive$^{1/2}$, apologize$^{1/2}$, yeah$^{1/2}$, accuracy$^{1/2}$, restore$^{1/2}$, utility$^{1/2}$, just$^{1/2}$, health$^{1/2}$, innocent$^{1/2}$, greatly$^{1/2}$, matter (v)$^{1/2}$, arrange$^{1/2}$, service$^{1/2}$, anyway$^{1/2}$, true$^{1/2}$, organic$^{1/2}$

pona a fantastic^{3}, wonderful^{2}, amazing^{1}, thanks^{1}, remarkable^{1}, OK$^{1/2}$, impressive$^{1/2}$, positive$^{1/2}$, super$^{1/2}$, extraordinary$^{1/2}$, incredibly$^{1/2}$, efficient$^{1/2}$, ultimate$^{1/2}$, excite$^{1/2}$, excellent$^{1/2}$, fortunately$^{1/2}$, incredible$^{1/2}$, perfectly$^{1/2}$, perfect$^{1/2}$, wow$^{1/2}$

pona ala poorly$^{1/2}$, wrong$^{1/2}$

pona ala en ike ala neutral$^{1/2}$

pona ala pona quality$^{1/2}$

pona ale perfectly^{1}

pona anu ike judgement$^{1/2}$, rank$^{1/2}$, judge$^{1/2}$

pona awen reliable^{2}, safety$^{1/2}$, reliability$^{1/2}$

pona e fix^{2}, improve^{1}, enhance^{1}, resolve^{1}, repair^{1}, relieve^{1}, cure$^{1/2}$, help$^{1/2}$, adjustment$^{1/2}$, justify$^{1/2}$, satisfy$^{1/2}$, restore$^{1/2}$, facilitate$^{1/2}$, ease$^{1/2}$, heal$^{1/2}$

pona e lawa counselling$^{1/2}$

pona e pakala apologize$^{1/2}$

pona e pali practice$^{1/2}$, facilitate$^{1/2}$

pona e pilin satisfy$^{1/2}$

pona e sijelo exercise$^{1/2}$

pona e sona clarify$^{1/2}$

pona e supa anpa kepeken ilo palisa pi kasi linja mute sweep$^{1/2}$

pona ilo feature$^{1/2}$, utility$^{1/2}$

pona jan friendship^{1}, dignity^{1}

pona jan lon kulupu reputation$^{1/2}$

pona kepeken utility$^{1/2}$, practical$^{1/2}$

pona kepeken nanpa ranking$^{1/2}$

pona kulupu popularity^{1}, harmony^{1}, justice$^{1/2}$, communist$^{1/2}$

pona kulupu la fairly$^{1/2}$

pona la fortunately^{4}, basically^{2}, happily^{1}, hopefully^{1}, clearly^{1}, honestly$^{1/2}$, correctly$^{1/2}$

pona lawa therapy^{1}

pona lili decent^{2}, adequate^{1}, alright$^{1/2}$, okay$^{1/2}$, favour$^{1/2}$

pona lili la ni li pona mute better$^{1/2}$

pona lon welfare$^{1/2}$

pona lon kulupu integration$^{1/2}$
pona lon poka pi ma ante diplomatic$^{1/2}$
pona lon sona kulupu popularity$^{1/2}$
pona lon tenpo ale reliable$^{1/2}$
pona lon tenpo mute reliable^{1}
pona lon tenpo ni coverage$^{1/2}$
pona lukin pretty^{4}, attractive^{3}, beauty^{3}, gorgeous^{2}, beautiful^{2}, handsome^{2}, elegant^{2}, sexy$^{1/2}$, appeal$^{1/2}$
pona ma environmental^{1}
pona mani premium$^{1/2}$
pona moku delicious^{1}, nutrition$^{1/2}$
pona musi clever$^{1/2}$
pona mute excellent^{3}, outstanding^{2}, wonderful^{2}, terrific^{2}, extraordinary^{2}, fantastic^{2}, brilliant^{2}, impressive^{1}, better^{1}, incredible^{1}, amazing^{1}, epic^{1}, perfect^{1}, prefer^{1}, premium$^{1/2}$, spectacular$^{1/2}$, supreme$^{1/2}$, perfectly$^{1/2}$, great$^{1/2}$, lovely$^{1/2}$, helpful$^{1/2}$, best$^{1/2}$, awesome$^{1/2}$, remarkable$^{1/2}$, favourite$^{1/2}$, cool$^{1/2}$

pona mute a excellent^{1}, outstanding$^{1/2}$, spectacular$^{1/2}$, fantastic$^{1/2}$, amazing$^{1/2}$, awesome$^{1/2}$, wow$^{1/2}$
pona mute lon uta delicious$^{1/2}$
pona mute mute best$^{1/2}$
pona nanpa wan favourite^{1}, best$^{1/2}$, perfect$^{1/2}$
pona nanpa wan tawa mi prefer$^{1/2}$
pona nasa incredible$^{1/2}$
pona pali efficiency^{1}, effective^{1}, effectiveness^{1}, helpful^{1}, useful^{1}
pona pi tenpo ale reliability$^{1/2}$
pona pi tenpo pini classic$^{1/2}$
pona sama equity$^{1/2}$, fair$^{1/2}$
pona sama pi jan ale fair$^{1/2}$
pona sewi blessing^{1}
pona sijelo health^{3}, fitness^{2}, heal^{2}, healthcare^{1}, surgery^{1}, fit^{1}, cure$^{1/2}$, clinical$^{1/2}$
pona sona interesting^{1}, fascinating$^{1/2}$, relevant$^{1/2}$
pona suli outstanding^{1}, spectacular^{1}, favourite^{1}, advantage$^{1/2}$, glory$^{1/2}$
pona tan ike compensation$^{1/2}$
pona tan sewi miracle$^{1/2}$
pona tawa suit (v)^{4}, like^{1}, appreciate^{1}, preference^{1},

grace[½], satisfy[½], elegant[½],
attract[½], admire[½], trust[½],
appeal[½]

pona tawa ale fair[½]

pona tawa jan ale justice[½],
fair[½]

pona tawa jan ante helpful[½]

pona tawa jan mute
popular[2], popularity[2],
mainstream[½]

pona tawa kulupu popular[½]

pona tawa lawa legally[1]

pona tawa ma sustainable[1]

pona tawa mi a exciting[½]

pona tawa sina thanks[1]

pona tawa tenpo kama
sustainable[½]

pona tawa uta delicious[½]

pona toki counselling[1]

pona unpa sexy[1]

pona uta smile[1]

pona wawa super[½], fantastic[½]

powe fake[2], pretend[2], trick[2],
false[2], myth[2], lie (saying
untruth)[2], fraud[1], trap[1],
illusion[1], fantasy[1], cheat[1],
bullshit[1], distract[½], fiction[½],
suspicious[½], betray[½], act[½],
paradox[½]

powe ala genuine[1],
legitimate[½], honest[½],
honestly[½], correct[½]

powe lukin suspicious[½]

powe mani fraud[½]

powe oko illusion[½]

pu interact with *Toki Pona: The
Language of Good*[5], officially[2],
official[2], constitution[½]

pu ala slang[½]

pu la officially[½]

pu pi nasin sewi Jesu Bible[½]

sama
adj equal[5], alike[5], similar[5],
equivalent[5], identical[3],
related[2]
prep as[4], like[3], seem[2]
adv similarly[4], equally[3]
(see also **sama la***)*
n equality[3]

(more)
likewise[2], constant[2],
associated[2], relation[2], relate[2],
even[2], copy[2], mutual[2],
equity[2], resemble[2], fellow[2],
balance[2], match[2], such[2],
correlation[2], represent[1],
estimated[1], consistently[1],
usual[1], self[1], connection[1],
consistent[1], counterpart[1],

associate[1], kinda[1], comparison[1], type[½], exact[½], joint[½], constitute[½], metaphor[½], roughly[½], ordinary[½], tie[½], look like[½], too[½], practically[½]

sama ala unlike[3], unfair[2], distinction[½], special[½], unusual[½]
sama ala sama comparison[1]
sama ale identical[1], universal[½]
sama awen backup[2]
sama e poka balance[½]
sama ijo ale typical[½]
sama ijo mute typical[½]
sama jan mute average[½]
sama kalama musi musical[½]
sama kiwen rough[½]
sama kon invisible[1]
sama kulupu tribal[½]
sama la likewise[2], similarly[2], equally[1], meantime[½]
sama lili kinda[1], approximately[1]
sama linja thin[1], flexibility[½]
sama lipu thin[½]
sama lon realistic[2]
sama lon tenpo ale reliability[½]
sama lukin look like[3]

sama mani worth[½]
sama mani mute precious[½]
sama nena steep[½]
sama ni likewise[½], such[½]
sama palisa straight[½]
sama pi tenpo ali consistently[½]
sama pilin associate[½]
sama pona equity[½]
sama sitelen musi dramatically[½]
sama suli identical[1]
sama telo clear[½]
sama telo suli wawa overwhelming[½]
sama wile pi jan ante behalf of[½]
samu wanting to create new words[2]
san three[½]

seli
  n heat[5], fire[5], flame[5]
  adj hot[5], burning[5], warm[4]
  vt heat[5], burn[4], bake[2], cook[2], boil[2] *(see also* **seli e***)*

(more)
temperature[2], cooking[2], tropical[1]

seli ala raw[1]

seli anpa hell$^{1/2}$

seli anu lete temperature$^{1/2}$

seli e boil^1, burn^1, light$^{1/2}$

seli e moku cooking^1, cook^1, bake$^{1/2}$

seli e pan bake$^{1/2}$

seli lili spark^2, warm^2

seli ma climate^1

seli mute hot$^{1/2}$

seli sijelo fever$^{1/2}$

seli sijelo ike fever^1

seli sijelo jaki fever$^{1/2}$

selo

  n skin^5, boundary^4, surface^3, peel^3, shape^3, layer^3

  adj outer^3

  (more)
edge^2, outline^2, external^2, border^2, frame^2, margin^2, shell^2, barrier^2, cover^2, appearance^1, fence^1, naked^1, threshold^1, protect^1, outdoors^1, limitation^1, arrangement^1, protection^1, film$^{1/2}$, polyhedron$^{1/2}$, out$^{1/2}$, type$^{1/2}$, format$^{1/2}$, constraint$^{1/2}$, figure$^{1/2}$, aspect$^{1/2}$, wrap$^{1/2}$, coverage$^{1/2}$, trait$^{1/2}$, limit$^{1/2}$, profile$^{1/2}$, model$^{1/2}$, shield$^{1/2}$, structure$^{1/2}$, framework$^{1/2}$, pattern$^{1/2}$, hide$^{1/2}$, design$^{1/2}$

selo ante transform$^{1/2}$

selo e wrap$^{1/2}$, touch$^{1/2}$

selo ijo model$^{1/2}$

selo ike spiky$^{1/2}$

selo ilo interface$^{1/2}$

selo jan figure$^{1/2}$

selo kala scale$^{1/2}$

selo kalama drum^1

selo kiwen shell^3, framework$^{1/2}$

selo lawa constraint$^{1/2}$

selo lili thin$^{1/2}$

selo lon poka uta cheek$^{1/2}$

selo ma shore^1, coast^1, border$^{1/2}$, landscape$^{1/2}$

selo mani leather$^{1/2}$

selo pake cage$^{1/2}$

selo pi kon jaki symptom$^{1/2}$

selo pi ma tomo suburb^2, suburban^1

selo pi sike tawa tire$^{1/2}$

selo pini limit$^{1/2}$

selo pona smooth$^{1/2}$

selo sewi tomo ceiling$^{1/2}$

selo sitelen frame^1

selo soweli leather^3

selo suwi smooth$^{1/2}$

selo telo coastal^1, shore$^{1/2}$

selo tomo wall^1

selo tomo sewi ceiling$^{1/2}$
selo uta lip^1
selo weka ma horizon$^{1/2}$
seme what^5, which^4, huh^3,
   how^1, ask$^{1/2}$, whose$^{1/2}$
seme li sin headline$^{1/2}$

sewi
   adj upper^5, divine^5, sacred^4,
   top^4, holy^4, elevated^4,
   high^3, supreme^3, spiritual^3
   n top^4, sky^4, peak^3, God^2,
   area above^2
   vt raise^3

   (more)
   rise^2, superior^2, magical^2,
   summit^2, religious^2,
   upstairs^2, arise^2, weather^2,
   leap^2, lift^1, promote^1, elite^1,
   over^1, advanced^1, win^1,
   jump^1, honour^1, heaven^1,
   steep^1, Lord^1, importantly^1,
   increased$^{1/2}$, victory$^{1/2}$,
   ultimate$^{1/2}$, extraordinary$^{1/2}$,
   special$^{1/2}$, dominant$^{1/2}$,
   standing$^{1/2}$, glory$^{1/2}$, ranking$^{1/2}$,
   grand$^{1/2}$, rank$^{1/2}$, level$^{1/2}$,
   sophisticated$^{1/2}$

sewi a outstanding$^{1/2}$,
   incredibly$^{1/2}$, supreme$^{1/2}$

sewi ala secular^2
sewi e lift$^{1/2}$
sewi e sike juggle$^{1/2}$
sewi en anpa hierarchy$^{1/2}$
sewi kalama pitch^1
sewi lawa forehead^2
sewi leko upstairs$^{1/2}$
sewi lukin elegant$^{1/2}$
sewi moli funeral$^{1/2}$
sewi mute exceed$^{1/2}$, beyond$^{1/2}$,
   steep$^{1/2}$
sewi nena summit^2
sewi pi sona ala mysterious$^{1/2}$
sewi pimeja space$^{1/2}$
sewi pona bless$^{1/2}$
sewi sinpin forehead^2
sewi telo tide$^{1/2}$
sewi tomo roof^1, ceiling$^{1/2}$,
   upstairs$^{1/2}$
sewi utala storm$^{1/2}$

sijelo
   n body^5, torso^4, flesh^3

   (more)
   physically^2, form^2, figure^2,
   physical^2, self^2, pose^2,
   shape^2, structure^1, health^1,
   organism^1, formation^1,
   appearance^1, constitute^1,
   model^1, structural^1, clinical^1,

arrangement[1], state[1],
vessel[1], chest (anatomy)[½],
biological[½], biology[½],
framework[½]

sijelo e tackle[½], hug[½]
sijelo insa structure[½]
sijelo kasi trunk[½]
sijelo kasi moli log[½]
sijelo li ken ala pali e suwi
lon telo loje diabetes[½]
sijelo li pilin ike sick[½]
sijelo moli li kama kiwen
fossil[½]
sijelo pali framework[½]
sijelo pi kasi kiwen trunk[½]
sijelo pi suli ike fat[½]
sijelo pona healthy[3], fit[2],
fitness[1]
sijelo seli fever[1]
sijelo tomo structural[½]
sijelo wawa athletic[1]

sike
  adj round[5]
  n circle[5], sphere[5], ball[4],
    loop[4], cycle[4], wheel[4], disc[3],
    globe[3], circuit[3]
  (*see also* **tenpo sike**)

  (*more*)
  spin[2], ring[2], surround[2],

rolling[2], curve[2], spot[2], orbit[2],
twist[2], roll[1], lap[1],
anniversary[1], dot[1], button[1],
bubble[½], screw[½], bend[½]

sike ala straight[½]
sike alasa target[½]
sike e stir[1], screw[½], wrap[½]
sike ilo gear[½]
sike kalama record[½], drum[½]
sike kasi seed[½]
sike kiwen pona award[½]
sike kon balloon[3], bubble[2]
sike kon pi selo telo bubble[½]
sike kule rainbow[1]
sike kule musi balloon[½]
sike kule sewi rainbow[1]
sike lawa crown[½]
sike len kute earnings[½]
sike lili dot[3], spot[1], point[1],
  button[1]
sike lili mama seed[½]
sike lili pi wawa nasa pi lawa
  jan precious[½]
sike lili sijelo cell[½]
sike lili utala bullet[½]
sike linja pipi web[½]
sike lipu disc[½]
sike luka ring[1], wrist[1]
sike lukin lens[1]
sike lupa ring[1]

sike ma globe[1]
sike mama egg[4], seed[½]
sike mama kasi seed[½]
sike mani coin[2]
sike misikeke pill[½]
sike moku plate[1]
sike moli bomb[½]
sike moli lili bullet[½]
sike mun orbit[½]
sike musi basketball[2],
football[2], ball[2]
sike musi pi loje jelo
basketball[½]
sike noka football[2]
sike pakala bomb[½]
sike pali pi nena mute gear[½]
sike pan pizza[½]
sike pan suwi cookie[½]
sike pi ken tawa joint[½]
sike pi musi lupa basketball[1]
sike pi pali pona medal[½]
sike pi tomo tawa tire[1]
sike pimeja tire[½]
sike sike sphere[1]
sike sinpin cheek[1]
sike suno year[1], annually[1]
sike suwi cookie[½]
sike tawa wheel[2], tire[1],
revolution[½]
sike tawa tu bike[½]
sike telo bubble[2]

sike tu bicycle[2], bike[½]
sike tu tawa bike[½]
sike utala bullet[½]
sike walo pi musi palisa sike
baseball[½]
sike wawa circuit[1]
sike wile target[½]

sin
   adj new[5], fresh[5],
     unprecedented[2],
     innovative[2], modern[2],
     another[2], recent[2], young[2]
   adv newly[5], again[2], back (i.e.
     as before or returned)[2],
     additionally[2]
   n innovation[2]

(more)
repeat[2], update[1], added[1],
contemporary[1], addition[1],
novel[1], additional[1], news[1],
add[1], extra[1], experimental[1],
increasingly[1], original[½],
conception[½], amendment[½],
surprising[½], restore[½]

sin ala old[1], traditional[½],
institutional[½], elder[½],
expected[½]
sin e restore[½]
sin e sona remind[½]

sin insa idea$^{1/2}$
sin la suddenly$^{1/2}$
sin nasa surprisingly$^{1/2}$
sin pona improved^{1},
  innovative$^{1/2}$
sina you^{5}, your^{5}, yours^{5},
  yourself^{4}
sina ante ala e ona la
  default$^{1/2}$
sina ken ala ante e ni
  inevitable$^{1/2}$
sina ken lukin explicitly$^{1/2}$
sina kin welcome (you're
  welcome)$^{1/2}$
sina pona thanks^{2}, welcome
  (you're welcome)^{2}
sina pona kin welcome
  (you're welcome)^{1}
sina sama yourself^{2}
sina sona e ni surely$^{1/2}$
sina wile la please$^{1/2}$

sinpin
  n front^{5}, face^{4}, wall^{3}, chest
    (anatomy)^{2}, area ahead^{2},
    barrier^{2}, forehead^{2}
    *(see also **lon sinpin, tawa sinpin**)*
  adj front^{5}
  adv forward^{2}

  (more)
  obstacle^{1}, torso^{1}, forth^{1},
  expression^{1}, panel^{1},
  interface^{1}, hang$^{1/2}$, fence$^{1/2}$,
  cheek$^{1/2}$, sign$^{1/2}$, board$^{1/2}$,
  aspect$^{1/2}$

sinpin anpa chin$^{1/2}$
sinpin awen fence$^{1/2}$
sinpin ilo monitor$^{1/2}$
sinpin ilo suno screen$^{1/2}$
sinpin kiwen suli cliff$^{1/2}$
sinpin la monsi reverse$^{1/2}$
sinpin lawa face (n)^{1}
sinpin li pona taso insa li ike
  fraud$^{1/2}$
sinpin li tawa nasin ante
  turn$^{1/2}$
sinpin luka palm^{2}
sinpin ma fence^{1}, cliff$^{1/2}$
sinpin monsi reverse$^{1/2}$
sinpin nena cliff$^{1/2}$
sinpin pake barrier$^{1/2}$
sinpin palisa fence$^{1/2}$
sinpin pi lukin sama mirror$^{1/2}$
sinpin pi pana wawa outlet$^{1/2}$
sinpin pi sitelen tawa
  monitor$^{1/2}$
sinpin pona smile^{1}
sinpin sijelo chest (anatomy)^{1}
sinpin suli kiwen cliff$^{1/2}$
sinpin suno screen$^{1/2}$
sinpin tomo porch^{1}

sinpin utala shield[1]
sinpin walo canvas$^{1/2}$

sitelen
    n picture[5], image[5], symbol[5], drawing[5], illustration[5], photo[5], writing[4], painting[4], portrait[3], icon[3], representation[3], mark[3]
    adj graphic[5], written[4]
    vt illustrate[4], write[4], depict[4], draw[4], photograph[4], mark[3], portray[3]
    (see also **sitelen e***)*

    (more)
    record[2], render[2], text[2], note[2], sign[2], pattern[2], poster[2], graph[2], compose[2], letter (of alphabet)[2], font[2], media[2], script[2], cartoon[2], calligraphy[2], stamp[2], print[1], type[1], signal[1], literary[1], projection[1], represent[1], cite[1], label[1], art[1], indicator[1], character[1], visual[1], figure[1], artistic[1], photography[1], design[1], display[1], registration[1], scene[1], movie[1], indication[1], video[1], formation[1], signature$^{1/2}$, log$^{1/2}$, clip$^{1/2}$, scan$^{1/2}$, metaphor$^{1/2}$, profile$^{1/2}$, chronicle$^{1/2}$, arrangement$^{1/2}$, flag$^{1/2}$, exhibit$^{1/2}$, canvas$^{1/2}$

sitelen e write[1], register[1]
sitelen e nimi lon lipu registration$^{1/2}$
sitelen e selo trace$^{1/2}$
sitelen Elena nanpa wan alpha[1]
sitelen esun advertisement[3], ad[3], advertising[2], commercial[1], brand[1]
sitelen ilo programming[1], photograph$^{1/2}$
sitelen insa imagine[1], imagination$^{1/2}$
sitelen insa e tenpo pini recall$^{1/2}$
sitelen jan portrait[2], signature[1], identification$^{1/2}$, profile$^{1/2}$
sitelen kalama recording[2]
sitelen kalama nanpa wan alpha$^{1/2}$
sitelen kiwen sculpture[1]
sitelen kon illusion$^{1/2}$
sitelen kule painting[1]
sitelen kulupu flag$^{1/2}$
sitelen lape dream[4]
sitelen lape ike nightmare[1]

sitelen lape monsuta nightmare^{1}

sitelen lawa imagination^{2}, imagine^{1}

sitelen lili icon^{2}, letter (of alphabet)^{1}, dot^{1}, paragraph^{½}, detail^{½}, stamp^{½}

sitelen lili lon selo mark^{½}

sitelen lipu layer^{½}, stamp^{½}

sitelen lon photo^{½}, photograph^{½}

sitelen lon sinpin poster^{½}

sitelen lon sinpin kepeken suno projection^{½}

sitelen ma map^{2}, landscape^{1}

sitelen ma la nasin sewi pi luka ike northwest^{½}

sitelen mani advertising^{1}

sitelen monsi background^{2}

sitelen musi comics^{4}, meme^{3}, poetry^{1}, cartoon^{1}, craft^{½}, art^{½}

sitelen musi lukin exhibit^{½}

sitelen mute presentation^{½}, exhibition^{½}

sitelen nanpa graph^{2}, chart^{2}, equation^{1}

sitelen nimi signature^{2}

sitelen pali draft^{½}, schedule^{½}

sitelen pi ilo lukin photograph^{½}

sitelen pi jan wan identification^{½}, signature^{½}

sitelen pi lawa jan portrait^{½}

sitelen pi linja tu cross^{½}

sitelen pi lon ala illusion^{1}, fiction^{½}

sitelen pi mute sama pattern^{½}

sitelen pi nasin sewi scripture^{1}

sitelen pi nimi jan signature^{½}

sitelen pi pana sona presentation^{½}

sitelen pi pana wile advertisement^{½}

sitelen pi pini ala draft^{½}

sitelen pi tawa luka gesture^{½}

sitelen pi tenpo kama projection^{½}

sitelen pi tenpo ni scene^{½}

sitelen pi tenpo pini chronicle^{1}

sitelen pi utala sona exam^{½}

sitelen pona calligraphy^{1}

sitelen powe illusion^{½}

sitelen sama trace^{½}

sitelen selo tattoo^{3}, outline^{1}

sitelen sijelo tattoo^{2}, pose^{1}, sculpture^{½}, figure^{½}

sitelen sinpin poster^{½}, portrait^{½}

sitelen sinpin lipu cover^{½}

sitelen sona chart^{3}, graph^{1}, indicator^{1}, data^{½},

identification$^{1/2}$, description$^{1/2}$,
presentation$^{1/2}$, imagination$^{1/2}$
sitelen suli paragraph$^{1/2}$
sitelen suno projection^{1},
photograph$^{1/2}$
sitelen suwi calligraphy^{1}
sitelen tawa video^{5}, film^{4},
footage^{4}, movie^{3}, cartoon^{2},
cinema^{2}, content$^{1/2}$,
television$^{1/2}$, scene$^{1/2}$
sitelen tawa esun
commercial$^{1/2}$
sitelen tawa lili trailer^{1}, clip^{1}
sitelen tawa lon
documentary^{1}
sitelen tawa sona
documentary^{3}
sitelen tawa suli movie^{1}
sitelen tawa wan episode$^{1/2}$
sitelen tenpo reservation$^{1/2}$,
chronicle$^{1/2}$, schedule$^{1/2}$
sitelen toki text^{2}, message^{1},
writing^{1}
sitelen toki pi pona lukin
calligraphy$^{1/2}$

soko mushroom^{3}, fungus^{3}

sona
  n information^{5}, knowledge^{5},
  understanding^{5}, info^{4},
  wisdom^{4}, awareness^{4},
  data^{3}, recognition^{3},
  expertise^{3}
  vt know^{5}, understand^{5},
  recognize^{3}
  adj aware^{5}, known^{4}, wise^{3}
  pv know how to

(more)
intelligence^{2}, smart^{2}, sure^{2},
experienced^{2}, insight^{2},
educational^{2}, identify^{2},
conscious^{2}, clever^{2}, logical^{2},
remember^{2}, cognitive^{2},
familiar^{2}, acknowledge^{2},
skill^{2}, logic^{2}, memory^{2},
rational^{2}, intelligent^{2},

science[2], scientific[2], recall[1],
theory[1], concept[1], advice[1],
lesson[1], intellectual[1], sense[1],
consideration[1], conception[1],
idea[1], instructional[1],
determine[1], sentient[1], clue[1],
explanation[1], credibility[1],
interpret[1], expected[1],
critical[1], experience[1],
evidence[1], fact[1], talented[1],
mind[1], topic[1], surely[1],
assessment[1], think[1],
education[1], notion[½],
believe[½], conscience[½], regard
(v)[½], meaning[½], subject[½],
brilliant[½], expect[½],
reasonable[½], academic[½],
reason[½], proof[½],
sophisticated[½], gifted[½],
certain[½]

sona a profound[½]
sona ala ignorance[5],
   ignorant[5], unknown[3],
   uncertainty[3], surprising[2],
   mystery[2], unidentified[2],
   doubt[2], unclear[2], surprised[1],
   unexpected[1], confusion[1],
   hesitate[1], surprisingly[1],
   shrug[½]
sona ala e ma lost[1]

sona ala e nasin lost[½]
sona ala la surprisingly[1]
sona ala lon lost[1]
sona ala sona suppose[½]
sona ale pona
   comprehensive[½]
sona anpa premise[½],
   elementary[½]
sona awen archive[½], certain[½]
sona e ante distinguish[1]
sona e ijo pi tenpo pini
   recall[½]
sona e ike sijelo diagnose[½]
sona e kama expect[½]
sona e kama pi ijo ni
   expected[½]
sona e kon interpret[½]
sona e lon acknowledge[½]
sona e lon ona conscious[½]
sona e nanpa measure[½]
**sona e ni: mi wile e ona la
   ona li kama** rely[½]
sona e ni tan lipu ni cite[½]
sona e nimi identify[½]
sona e tenpo kama predict[½]
sona esun marketing[½],
   economics[½]
sona ijo concept[½]
sona ike wrong[1], bias[½]
sona ilo engineering[1]

sona insa insight[1], analyze[½], interpret[½]

sona kama predict[½], anticipate[½]

sona ken suppose[½], anticipate[½], theory[½], hypothesis[½]

sona ken pi tenpo kama expect[½]

sona kiwen certain[½]

sona kon psychology[½], philosophy[½], faith[½]

sona kulupu culture[½], consensus[½], heritage[½]

sona la theoretical[1], surely[½]

sona lawa psychology[½], cognitive[½], doctrine[½], judgement[½]

sona len secret[2]

sona li kama revelation[½]

sona li kama sin remember[½]

sona lili hint[2], clue[1], remark[½], suspicion[½], detail[½], estimate[½], tip[½]

sona lipu theoretical[½], interpretation[½]

sona lon proof[1], awareness[½]

sona lon ale obvious[½]

sona lukin observation[½]

sona majuna history[½]

sona mani economics[2], finance[1]

sona meso uncertainty[1]

sona mi interpretation[½]

sona mi la apparently[½], so-called[½]

sona moku nutrition[½]

sona musi creativity[½], humour[½], fascinating[½]

sona mute intelligent[2], genius[1], specialize[1], smart[1], experienced[1], detailed[½], sophisticated[½], clever[½], wise[½], expert[½], brilliant[½], technical[½], precise[½]

sona namako hint[½], clue[½], specific[½]

sona nanpa mathematics[4], statistics[1]

sona nanpa ken statistics[½]

sona nasa assume[½], paradox[½]

sona nasin orientation[½], guidance[½]

sona nimi meaning[½]

sona pakala bias[½]

sona pali engineering[1], formula[½], strategy[½], planning[½], expertise[½], skill[½]

sona pi ijo ike warning[½]

sona pi ijo lili exact[½]

sona pi ijo tawa dynamics[½]

sona pi ike sijelo diagnose$^{1/2}$
sona pi insa lawa
  psychology$^{1/2}$
sona pi jaki sijelo diagnosis$^{1/2}$
sona pi jan mute fame$^{1/2}$
sona pi jan ni li pona
  credibility$^{1/2}$
sona pi jan wan taso
  private$^{1/2}$
sona pi kasi en soweli
  biology$^{1/2}$
sona pi ken jan trust$^{1/2}$
sona pi ken suli assumption$^{1/2}$
sona pi kulupu suli fame^{1}
sona pi lawa jan psychology^{1}
sona pi lukin ala
  assumption$^{1/2}$
sona pi nasin pona ethics$^{1/2}$
sona pi nasin sewi theology^{1}
sona pi nasin toki linguistics^{1}
sona pi nasin wan specialize$^{1/2}$
sona pi nimi jan
  identification$^{1/2}$
sona pi pali jan legacy$^{1/2}$,
  behavioural$^{1/2}$
sona pi pali mute involved$^{1/2}$
sona pi pali suli
  responsibility$^{1/2}$
sona pi pona jan trust$^{1/2}$
sona pi pona sijelo
  diagnosis$^{1/2}$
sona pi sike lili chemistry$^{1/2}$

sona pi sitelen suno
  photography^{1}
**sona pi soweli ale en sona pi
  kasi ale** biology$^{1/2}$
sona pi tawa ijo physics^{1},
  dynamics$^{1/2}$
sona pi telo seli chemistry$^{1/2}$
sona pi tenpo kama
  prediction^{1}, divination$^{1/2}$
sona pi tenpo pini history^{2},
  memory^{1}, remember$^{1/2}$
sona pi toki insa psychology^{1}
sona pi wawa ala hesitate$^{1/2}$
sona pi wile mute poll$^{1/2}$
sona pilin believe^{1},
  philosophical^{1}
sona pini conclusion^{1}
sona pona wisdom^{1}, rational^{1},
  advice$^{1/2}$, reasonable$^{1/2}$,
  accuracy$^{1/2}$, truth$^{1/2}$, fact$^{1/2}$,
  credibility$^{1/2}$, fascinating$^{1/2}$,
  gifted$^{1/2}$, true$^{1/2}$
sona powe myth$^{1/2}$, divination$^{1/2}$
sona seli chemistry^{1}
sona sewi theology^{2},
  mystery$^{1/2}$, religion$^{1/2}$,
  revelation$^{1/2}$, brilliant$^{1/2}$
sona sijelo diagnose$^{1/2}$,
  medical$^{1/2}$, biological$^{1/2}$
sona sijelo la clinical$^{1/2}$

sona sin revelation^2,
  recognize^1, discovery^1,
  innovation^1, discover$^{1/2}$,
  inspiration$^{1/2}$, finding$^{1/2}$, news$^{1/2}$
sona sin li pakala e sona ona
  surprised$^{1/2}$
sona sitelen literacy^1,
  photography^1
sona soweli biology^2
sona suli profound$^{1/2}$,
  expertise$^{1/2}$
sona tan ala assumption$^{1/2}$
sona tan jan mute famous^1
sona tan lukin mute
  analysis$^{1/2}$
sona tan pali experience$^{1/2}$
sona taso abstract$^{1/2}$
sona tawa physics^1,
  dynamics$^{1/2}$
sona toki linguistics^4,
  grammar$^{1/2}$
sona tomo architecture^2
sona utala strategic$^{1/2}$
sona wawa clever^1,
  profound$^{1/2}$, meaningful$^{1/2}$,
  brilliant$^{1/2}$, expertise$^{1/2}$,
  intelligent$^{1/2}$, gifted$^{1/2}$
Sonko Chinese^2
soto left (not right)$^{1/2}$
soto tan kama suno north$^{1/2}$

soweli
n animal^5, land mammal^5,
  deer^5, creature^4, dog^4, cat^4

(more)
llama^3, goat^3, beast^3,
Musteloidea^3, lion^3, pig^2,
capybara^2, wolf^2, horse^2,
mouse^2, tiger^2, *Hominidae*^{2},
large domesticated animal^2,
monkey^2, procyonid^2, rabbit^2,
wildlife^2, rat^2, pet^2, sheep^1,
buck^1, bear^1, bull^1, ass^1,
pork^1, steak^1, meat^1,
organism^1, teddy bear^1,
cattle^1, manatee^1, cow$^{1/2}$,
elephant$^{1/2}$, seal$^{1/2}$, *Glires* or
Eulipotyphla$^{1/2}$, protein$^{1/2}$,
beef$^{1/2}$, police$^{1/2}$, penguin$^{1/2}$,
species$^{1/2}$

soweli alasa tiger^1, wolf$^{1/2}$,
  cat$^{1/2}$, lion$^{1/2}$
soweli alasa suli tiger^1, lion$^{1/2}$
soweli ale wildlife$^{1/2}$
soweli anu waso meat$^{1/2}$
soweli anu waso anu kala
  anu pipi anu akesi
  creature$^{1/2}$
soweli ike beast^1
soweli jaki pig$^{1/2}$, rat$^{1/2}$

soweli jan monkey[2], *Hominidae*[2], pet$^{1/2}$

soweli kala seal[2]

soweli kapesi suwi teddy bear$^{1/2}$

soweli ko teddy bear$^{1/2}$

soweli ko musi teddy bear$^{1/2}$

soweli kute rabbit[1]

soweli lawa lion[1]

soweli len sheep[3], teddy bear[1]

soweli lili *Glires* or *Eulipotyphla*[4], mouse[3], rat[2]

soweli lili ma *Glires* or *Eulipotyphla*$^{1/2}$

soweli lili sama jan monkey$^{1/2}$

soweli lili suwi teddy bear$^{1/2}$

soweli loje pig$^{1/2}$

soweli ma wildlife[1]

soweli mani cow[2], large domesticated animal[2], cattle[1]

soweli mani loje pig$^{1/2}$

soweli meli bitch[2]

soweli mije buck$^{1/2}$

soweli mije pi kiwen lawa buck$^{1/2}$

soweli moli beef$^{1/2}$

soweli mun wolf$^{1/2}$

soweli musi monkey$^{1/2}$

soweli nasa platypus[1], familiar$^{1/2}$, creature$^{1/2}$, monkey$^{1/2}$

soweli nasa pi sike mama pi telo mama platypus$^{1/2}$

soweli pi kute palisa rabbit$^{1/2}$

soweli pi kute suli rabbit[2]

soweli pi linja jelo pimeja tiger$^{1/2}$

soweli pi linja lawa ala pig$^{1/2}$

soweli pi linja len sheep$^{1/2}$

soweli pi linja monsi sike procyonid$^{1/2}$

soweli pi linja sijelo li moku e kasi li pana e jaki tan uta llama$^{1/2}$

soweli pi loje walo pig$^{1/2}$

soweli pi moku kala cat$^{1/2}$

soweli pi moku ko jelo bear$^{1/2}$

soweli pi mu mute dog$^{1/2}$

soweli pi nena waso platypus$^{1/2}$

soweli pi palisa lawa tu deer$^{1/2}$

soweli pi sama jan *Hominidae*$^{1/2}$

soweli pi telo suli sea creature$^{1/2}$

soweli pi telo uta llama$^{1/2}$

soweli pi uta waso platypus$^{1/2}$

soweli pona dog$^{1/2}$, pet$^{1/2}$

soweli sama jan monkey$^{1/2}$

soweli suli elephant[3], bear[2], cow[½], large domesticated animal[½], manatee[½]
soweli suli monsuta lion[½]
soweli suli pi kiwen uta sinpin suli tu capybara[½]
soweli suli pi nena linja elephant[½]
soweli suwi cat[1], teddy bear[1], rabbit[½]
soweli suwi pi kute suli rabbit[½]
soweli suwi pi nena lawa suli deer[½]
soweli suwi pi noka pi kalama ala cat[½]
soweli tawa horse[3]
soweli telo manatee[2]
soweli telo suli manatee[½]
soweli tomo pet[2], dog[½]
soweli tomo meli bitch[½]
soweli tomo pi linja mute pi tenpo mun cat[½]
soweli tomo pona dog[½]
soweli utala pi linja jelo pimeja tiger[½]
soweli waso bat[1], platypus[½]
soweli wawa lion[2], bear[1], bull[1], wolf[½], tiger[½]
su (word reserved for future use by Sonja Lang)

suli
adj large[5], big[5], important[5], significant[5], grand[4], huge[4], vast[4], tall[4], crucial[4], prominent[4], extensive[4], fat[4], broad[4], substantial[4], long[4], giant[4], heavy[4], wide[4], extended[4], considerable[4], thick[4]
n importance[5], weight[4], significance[4], size[4]
vi matter[5]
adv significantly[4]
(see also **suli la**)
vt emphasize[2], stretch[2], extend[2], expand[2], grow[2]
(see also **suli e**)

(more)
major[3], tremendous[3], extent[3], magnitude[3], great[3], length[3], height[3], vital[3], greatly[3], importantly[3], severe[3], dramatically[3], mass[3], massive[2], essential[2], largely[2], relevant[2], fundamental[2], enormous[2], heavily[2], expansion[2], critical[2], depth[2], volume[2], extension[2], age[2], profound[2], deeply[2], widely[2], density[2], influential[2], dramatic[2], dominant[2],

super[2], emphasis[2], growth[2], remarkable[2], mainly[2], scale[2], sheer[2], historic[2], fame[1], meaningful[1], main[1], complex[1], boost[1], proportion[1], advanced[1], increase[1], superior[1], intense[1], inflation[1], thrive[1], complexity[1], worthy[1], highly[1], dimension[1], capacity[1], essentially[1], steep[1], beyond[1], highlight[1], range[1], measurement[1], develop[1], necessarily[1], classic[1], priority[1], serious[1], overwhelming[1], intensity[1], widespread[1], scope[1], dominate[1], senior[1], complicated[1], central[½], evolution[½], necessary[½], primarily[½], impressive[½], premium[½], popular[½], formal[½], special[½], ultimate[½], incredibly[½], sophisticated[½], known[½], metre[½], reach[½], elderly[½], burden[½], common[½], popularity[½], influence[½], value[½], required[½]

suli a massive[1], enormous[1], incredibly[½], whoa[½], huge[½], overwhelming[½]

suli ala casual[1], moderate[1], lightly[1], modest[½], light[½], average[½]

suli anpa deep[1], depth[1]

suli anu lili resolution[½], size[½], scale[½]

suli e emphasize[2], expand[1], extend[1], stretch[1], scatter[½], unfold[½], raise[½]

suli e namako enhance[½]

suli e wile encourage[½]

suli ike excessive[1], infamous[1]

suli kalama loud[1]

suli kulupu popularity[½]

suli la especially[3], importantly[2], mainly[2], essentially[2], deeply[1], primarily[1], heavily[½], widely[½]

suli lili teenage[1], medium[1]

suli linja length[1]

suli lon kulupu popular[½]

suli lon tenpo pini historic[½]

suli lon toki ni relevant[½]

suli lukin formal[½]

suli mute enormous[2], massive[2], critical[1], huge[1], tremendous[1], vital[½], essential[½], supreme[½],

comprehensive$^{1/2}$, grand$^{1/2}$,
overwhelming$^{1/2}$

suli mute a tremendous^1,
massive$^{1/2}$

suli mute mute enormous^1

suli mute pi kama pona
dominant$^{1/2}$

suli pali difficulty^1,
productivity^1

suli palisa tall$^{1/2}$

suli pi wawa anpa mass$^{1/2}$

suli pilin sensitivity$^{1/2}$

suli pini ultimate$^{1/2}$

suli poka fat$^{1/2}$

suli poki capacity$^{1/2}$

suli pona comprehensive$^{1/2}$

suli sewi tall$^{1/2}$, height$^{1/2}$

suli sitelen emphasis$^{1/2}$

suli sona meaningful$^{1/2}$

suli suli exceed$^{1/2}$

suli toki emphasis$^{1/2}$

suli wawa supreme$^{1/2}$

suli weka exceed$^{1/2}$, distance$^{1/2}$

suno
> *n* sun^5, light^4, sunlight^4,
> lamp^2
> *adj* solar^5, bright^4
> *vi* shine^3
> *(see also* **tenpo suno***)*

(more)
day^1, radiation^1, flash^1,
brilliant^1, lightning$^{1/2}$,
highlight$^{1/2}$, clarify$^{1/2}$

suno kama tomorrow^1

suno lili spark^1, flash^1

suno linja laser^1, lightning$^{1/2}$

suno mute bright$^{1/2}$

suno nanpa wan Monday$^{1/2}$

suno ni today^1

suno pi pali ala vacation$^{1/2}$

suno pi tenpo lili flash^1

suno pini yesterday^2

**suno suli pi kama lon ma pi
jan Jesu** Christmas$^{1/2}$

suno wawa flash^1, bright$^{1/2}$,
laser$^{1/2}$

supa
> *n* platform^5, table^5, shelf^4,
> board^4, furniture^3, level^3,
> desk^3, deck^2, couch^2, seat^2,
> stage^2, bench^2, tablet^2,
> surface^2, chair^2, counter^2,
> pad^2
> *vi,adj* lie (be in flat position)^3,
> flat^3

(more)
floor^1, bureau^1, lay^1, unfold^1,
panel^1, plain^1, landing$^{1/2}$,

layer$^{1/2}$, booth$^{1/2}$, pan$^{1/2}$, even$^{1/2}$, base$^{1/2}$

supa anpa floor^{1}, deck$^{1/2}$, carpet$^{1/2}$, ground$^{1/2}$

supa esun counter^{1}

supa kasi lawn^{2}

supa kiwen tension$^{1/2}$

supa lape bed^{5}

supa lawa throne^{1}, pillow^{1}

supa lawa suwi pillow$^{1/2}$

supa lili pi tawa sewi stair$^{1/2}$

supa lili tawa noka stair$^{1/2}$

supa lipu desk$^{1/2}$

supa lon noka lap$^{1/2}$

supa lon sinpin tomo porch$^{1/2}$

supa luka palm^{1}

supa lupa threshold$^{1/2}$

supa moku plate^{3}, dish^{2}, counter$^{1/2}$, table$^{1/2}$

supa monsi seat^{3}, chair^{2}, bench^{1}, deck$^{1/2}$, couch$^{1/2}$

supa monsi jaki toilet$^{1/2}$

supa monsi ko couch$^{1/2}$

supa monsi lawa throne$^{1/2}$

supa monsi li tawa li kama swing$^{1/2}$

supa monsi pi jan lawa throne$^{1/2}$

supa monsi suli couch^{1}

supa musi stage^{2}

supa noka floor^{1}, lap$^{1/2}$, table$^{1/2}$

supa pali desk^{2}

supa pi kama pona porch$^{1/2}$

supa pi sinpin tomo porch$^{1/2}$

supa sama telo mirror$^{1/2}$

supa seli pan$^{1/2}$

supa selo porch$^{1/2}$

supa sewi ceiling^{2}, roof^{1}, slope$^{1/2}$, alter$^{1/2}$ *[sic]*

supa sewi musi stage^{1}

supa sewi tomo roof$^{1/2}$

supa sinpin shelf^{1}

supa sitelen desk^{1}

supa sona desk$^{1/2}$

supa tawa cart^{1}

supa tawa musi swing$^{1/2}$

supa tawa sewi slope$^{1/2}$

supa telo port^{1}

supa tomo roof$^{1/2}$

supa waso nest$^{1/2}$

sutopatikuna platypus^{1}

suwi

   adj sweet[5], cute[5], gentle[2],
      tender[2], soft[2]

   n candy[4], sugar[3], dessert[2],
      darling[2], treat[2]

   adv gently[2]

   (more)

   pleasant[1], precious[1], dear[1],
     softly[1], elegant[1], lovely[1],
     smooth[1], honey[1], gorgeous[½],
     pleasure[½], grace[½], delicious[½],
     innocent[½], nice[½],
     carbohydrate[½]

suwi ala bitter[½], ugly[½],
   rough[½]

suwi kiwen pimeja
   chocolate[½]

suwi lukin cute[½]

suwi mute wonderful[½]

suwi mute ike lon telo loje
   diabetes[½]

**suwi mute lon telo loje li
   pakala e sijelo** diabetes[½]

suwi pimeja chocolate[2]

taki bond[½], attract[½], attach[½],
   clip[½]

tan

   prep from[5], because of[4], by[4]

   n reason[5], source[4]

(more)

on behalf of[2], basis[2], origin[2],
   motive[2], cause[2], purpose[2],
   per[2], since[2], factor[2],
   incentive[2], excuse[1],
   responsible[1], root[1], sake[1],
   underlying[1], inspiration[1],
   depending[1], for[1], therefore[1],
   originally[½], consequently[½],
   about[½], starting[½],
   dependent[½], due[½], premise[½]

tan ale percent[½]

tan ijo pi moli ala organic[½]

tan jan artificial[½]

tan jan ala natural[½], organic[½]

tan jan ni author[½]

tan kon pona lucky[½]

**tan lawa la jan li ken ala pali
   e ijo** restriction[½]

tan lukin evident[½]

tan ma native[½], natural[½],
   organic[½]

tan ma ala artificial[½]

tan ma ante foreign[1], alien[½]

tan ma Apika African[½]

tan ma Asija Asian[½]

tan ma Elopa European[1],
   Western[½]

tan ma Epanja Spanish[½]

tan ma Kanata Canadian[½]

tan ma kasi natural$^{1/2}$
tan ma ni native^{1}, local$^{1/2}$
tan ma Palata Indian$^{1/2}$
tan ma pi pini suno Western^{1}
tan ma sama native$^{1/2}$
tan ma Sonko Chinese$^{1/2}$
tan mani ala non-profit$^{1/2}$
tan ni: mi sona ala
　somehow$^{1/2}$
tan ni therefore^{2}, hence^{1},
　thereby^{1}, consequently^{1}
tan ni la thereby^{2}, hence^{1},
　thus$^{1/2}$
tan selo external$^{1/2}$
tan seme why^{4}, somehow$^{1/2}$
tan seme la why^{1}
tan sewi hang$^{1/2}$
tan sijelo biological$^{1/2}$
tan sijelo taso biological$^{1/2}$
tan toki pi jan ante
　allegedly$^{1/2}$
tan wile behalf of^{1}
tan wile mani ala non-profit$^{1/2}$

taso
　ptcl,adj,adv but^{5}, only^{5},
　however^{5}, solely^{5},
　exclusively^{4}, although^{4},
　though^{4}, just^{4}, exclusive^{4},
　despite^{4}, nonetheless^{4},
　mere^{4}, merely^{3}

(more)
except^{3}, nevertheless^{3}, sole^{3},
yet^{3}, whereas^{3}, regardless^{2},
exception^{2}, anyway^{2},
specific^{2}, sheer^{2}, solo^{1},
specifically^{1}, besides^{1},
instead^{1}, unless^{1}, actually^{1},
pure^{1}, isolation^{1}, single$^{1/2}$,
well$^{1/2}$

taso la however^{1},
　nevertheless^{1}, despite^{1}

tawa
　prep toward^{5}, go to^{5},
　towards^{5}, to^{5}, for^{5}, onto^{3},
　from the perspective of^{3},
　according to^{2}
　n motion^{5}, movement^{5},
　transit^{4}, travel^{4},
　transportation^{3}, trip^{3},
　walk^{3}, walking^{3}, migration^{3},
　departure^{3}, transport^{3}
　vi move^{5}, travel^{4}, walk^{3},
　advance^{3}, pass^{3}
　vt move^{5}, push^{3}
　(see also **tawa e)**
　pv go

(more)
march^{2}, proceed^{2}, slide^{2},
forth^{2}, drift^{2}, mobile^{2}, until^{2},

cross^2, transfer^2, approach^2,
till^2, forward^2, progress^2,
momentum^2, attend^2,
dynamic^2, wander^2, visit^2,
leave^2, chase^2, drive^2, active^2,
speed^2, than^1, pull^1, shake^1,
drag^1, resign^1, turn^1,
destination^1, gesture^1,
passing^1, swing^1, run^1, per^1,
running^1, passage^1, tour^1,
flow^1, flip^1, escape^1, ride^1,
behalf of^1, pursuit^1, journey^1,
climb^1, pace^1, exit^1,
transition^1, driving^1, directly^1,
through^1, into^1, cruise^1,
following^{½}, proceedings^{½},
quit^{½}, venture^{½}, target^{½},
reach^{½}, withdraw^{½}, pan^{½},
regarding^{½}

tawa ala still^1, frozen^{½}, stop^{½}
tawa ala lon tenpo lili
    hesitate^{½}
tawa ale openly^1, general^{½}
tawa anpa descend^3, fall^2,
    crawl^2, slip^1, gravity^{½}, lower^{½},
    collapse^{½}
tawa anpa e tackle^{½}
tawa anpa pi ijo ale gravity^{½}
tawa anpa wawa slam^{½}
tawa ante shift^{½}

tawa awen momentum^{½}
tawa e push^2, shake^{½},
    transport^{½}
tawa e ijo tawa mi pull^1
tawa e kipisi tawa kipisi
    ante fold^{½}
tawa e kon breathe^{½}
tawa e lawa nod^{½}
tawa e luka wave^{½}
tawa e sike lili juggle^{½}
tawa e telo lon sike stir^{½}
tawa ike slip^1
tawa insa into^3, enter^2,
    through^2, insert^1, entry^{½},
    shove^{½}
tawa jan immigration^1
tawa jan ale publicly^{½},
    general^{½}
tawa jan lawa follow^{½}
tawa jan mute widely^{½}
tawa jasima bounce^{½}
tawa kala swim^{½}
tawa kepeken ride^1, driving^1
tawa kepeken kalama ala
    sneak^1
tawa kepeken noka walk^1,
    walking^1
tawa kepeken sike tu cycle^{½}
tawa kepeken tenpo lili
    fast^{½}

tawa kepeken tomo tawa
drive[1/2]

tawa kon fly[2], breeze[1], flight[1]

tawa kulupu migration[1],
parade[1], march[1]

tawa lawa nod[2]

**tawa lawa lili tan sewi tawa
anpa** nod[1/2]

tawa leko turn[1/2]

tawa lete north[1]

tawa lili shift[1], slow[1], sneak[1],
slowly[1], shake[1/2],
adjustment[1/2], step[1/2]

tawa lon ride[1]

tawa lon anpa crawl[1], slide[1/2]

tawa lon kon fly[1/2]

tawa lon ma drag[1]

tawa lon monsi following[2],
follow[1], ride[1/2]

tawa lon nasin sama follow[1/2]

tawa lon poka accompany[1],
distract[1/2], surround[1/2]

tawa lon sewi ride[1/2]

tawa lon sike spin[1/2]

tawa lon supa drag[1/2], slide[1/2]

tawa lon telo swim[2], sail[1]

tawa lon tenpo mute drift[1/2]

tawa luka gesture[2], rub[2]

tawa luka pi sona ala shrug[1/2]

tawa lukin tour[1], visit[1/2],
adventure[1/2]

tawa ma earthquake[2],
landing[1], external[1/2],
destination[1/2], adventure[1/2],
tour[1/2], fall[1/2], out[1/2]

tawa ma ale scatter[1/2]

tawa ma ante migration[2],
travel[2]

tawa ma lete pi soweli lete
northern[1/2]

tawa ma pona
environmental[1/2]

tawa mi relatively[1/2]

tawa monsi reverse[1],
following[1/2], withdraw[1/2]

tawa musi dance[5], dancing[3],
skip[2], adventure[1], sport[1],
trip[1/2], bounce[1/2]

tawa musi lon ko lete ski[1/2]

tawa musi pi kalama musi
dancing[1/2]

tawa mute faster[1]

tawa mute e shake[1/2]

tawa nasa drift$^{1/2}$

tawa nasin along$^{1/2}$

tawa nasin mute spread$^{1/2}$

tawa nena climb^{1}

tawa noka walking^{2}, walk^{1}, step$^{1/2}$

tawa pakala stumble^{1}, slip^{1}, trip$^{1/2}$

tawa pi jan utala patrol$^{1/2}$

tawa pi kalama ala sneak^{1}

tawa pi kalama lili sneak^{1}

tawa pi kalama musi rhythm$^{1/2}$

tawa pi kama sona exploration$^{1/2}$, tour$^{1/2}$

tawa pi len ala streak$^{1/2}$

tawa pi lukin pona patrol$^{1/2}$

tawa pi nasin ala wander$^{1/2}$

tawa pi noka wan step$^{1/2}$

tawa pi pali ala vacation$^{1/2}$

tawa pi pona sijelo exercise$^{1/2}$

tawa pi tenpo lili running$^{1/2}$

tawa pi wawa ala drift$^{1/2}$

tawa pi wile ala slip^{1}

tawa pilin reach$^{1/2}$

tawa poka turn^{1}, drift^{1}, accompany^{1}, passing$^{1/2}$

tawa poka ante across^{1}, cross$^{1/2}$

tawa poka wan lean$^{1/2}$

tawa pona bye (said by person staying)^{4}, goodbye^{3}, grace^{1}, elegant$^{1/2}$, progress$^{1/2}$

tawa pona pi kama sona adventure$^{1/2}$

tawa sama akesi crawl$^{1/2}$

tawa sama jan lete shake$^{1/2}$

tawa sama sike rolling^{2}

tawa sama telo flow^{1}

tawa sama waso fly$^{1/2}$

tawa seli tawa pini suno southwest$^{1/2}$

tawa sewi jump^{3}, leap^{3}, climb^{2}, fly^{2}, flight^{2}, bounce^{1}, mount^{1}, arise$^{1/2}$, scale$^{1/2}$, over$^{1/2}$

tawa sewi lili leap^{1}

tawa sewi lili pi sewi luka shrug$^{1/2}$

tawa sewi musi e sike tu wan juggle$^{1/2}$

tawa sewi sin bounce^{1}

tawa sijelo workout$^{1/2}$

tawa sijelo pi pilin ala shrug$^{1/2}$

tawa sijelo pi sona ala shrug$^{1/2}$

tawa sike roll^{3}, spin^{3}, turn^{2}, twist^{2}, rolling^{2}, stir^{2}, orbit^{2}, patrol^{1}, trip$^{1/2}$, swing$^{1/2}$, tour$^{1/2}$, revolution$^{1/2}$

tawa sike e ilo wan screw$^{1/2}$

tawa sinpin forward[3], advance[2], forth[1], progress[½]

tawa sinpin tawa monsi swing[½]

tawa sona introduce[1], exploration[½], explore[½]

tawa suli journey[2], venture[½]

tawa suli pi ken pakala adventure[½]

tawa suno pini west[½]

tawa supa lay[½]

tawa tan flee[½]

tawa tan ike flee[½]

tawa tan lawa ala drift[½]

tawa tan tenpo lili hurry[½]

tawa tawa speed[2]

tawa telo swim[3], cruise[1], flow[1], tide[1], wave[1]

tawa telo pi tawa mun tide[½]

tawa tenpo until[1], till[1]

tawa tenpo ni yet[½]

tawa utala invade[1], invasion[1], shove[1], march[1]

tawa waso flight[3]

tawa wawa run[3], running[3], hurry[2], rush[2], shake[2], fast[1], shove[1], quick[1], march[1], slam[½], express[½], workout[½], charge[½]

tawa weka flee[2], vanish[1], departure[1], leave[1], exit[1], fade[½], disappear[½], avoid[½], out[½]

tawa weka pi pali ala vacation[½]

tawa weka tan avoid[½]

te (opening quotation particle)[½]

teje right (not left)[½]

telo
　n fluid[5], water[5], pond[3], pool[3], drink[2]
　adj fluid[5], wet[4]
　vt water[5], wash[3]
　*(see also **telo e**)*

(more)
shower[2], lake[2], flow[2], marine[2], oil[1], bath[1], juice[1], gulf[1], sauce[1], melt[1], chemical[1], wipe[½], rain[½], stream[½]

telo ala dry[4]

telo e melt[1], clean[½], wash[½]

telo e len laundry[½]

telo e sijelo bath[½], shower[½]

telo ike acid[1], alcohol[½], beer[½]

telo insa blood[½]

telo jaki piss[2]

telo jelo piss[3], oil[½]

telo jelo pi jan suli beer[½]

telo kasi tea[3]
telo kasi seli tea[1]
telo kasi wawa coffee[½]
telo kili juice[5], stock[½]
telo kiwen ice[½]
telo ko oil[½]
telo kon suwi soda[2]
telo kule paint[2]
telo lete ice[½]
telo lete kiwen ice[½]
telo li tawa supa noka spill[½]
telo lili pond[1]
telo lili oko tear[½]
telo linja creek[1]
telo loje blood[3]
telo loje pi tenpo mun period[½]
telo loje sijelo blood[½]
telo lon selo sweat[½]
telo luka hand sanitizer[1]
telo luka pi weka jaki hand sanitizer[½]
telo ma mud[1]
telo mama milk[1]
telo mama mani milk[½]
telo moku soup[1]
telo musi pool[½]
telo mute flood[1], gallon[½]
telo namako sauce[2], tea[½]
telo nasa alcohol[4], beer[4], wine[2], sake[1]

telo nasa kili wine[1]
telo nasa lili shot[2]
telo nasa loje wine[1]
telo nasa pakala acid[1]
telo nasa pan sake[½], beer[½]
telo nasa pi moku ala hand sanitizer[½]
telo nasa pi pan walo sake[½]
telo oko tear[2], cry[1]
telo pakala acid[2]
telo pali pimeja coffee[½]
telo pi awen sijelo vaccine[½]
telo pi kon lili soda[½]
telo pi kon mute pop[½]
telo pi lape ala coffee[½]
telo pi lawa mun tide[½]
telo pi ma kasi pond[½]
telo pi nasa lawa alcohol[½]
telo pi nena mama milk[½]
telo pi pona sijelo vaccine[½]
telo pi sike kon lili soda[1]
telo pi tomo tawa gas[½]
telo pi utala uta soda[½]
telo pi weka jaki hand sanitizer[1], bath[½], soap[½], shower[½]
telo pimeja coffee[½]
telo pimeja wawa coffee[½]
telo seli gasoline[2], tea[1], gas[½]
telo seli pi kasi wawa tea[½]
telo seli pimeja coffee[½]

telo selo sweat[3]
telo sewi rain[3], tide$^{1/2}$
telo sijelo sweat[2], blood$^{1/2}$
telo sijelo loje blood[1]
telo soweli milk$^{1/2}$
telo suli ocean[5], sea[4], lake[2],
  bay[1], marine[1], gulf[1], pond$^{1/2}$,
  gallon$^{1/2}$
telo suwi pop$^{1/2}$
telo suwi namako soda$^{1/2}$
telo tan sewi rain[2]
telo tan telo mute mixture$^{1/2}$
telo tawa stream[2], wake$^{1/2}$
telo uta spit[4]
telo walo milk[2], cream[1]
telo walo mama milk[1]
telo walo soweli milk$^{1/2}$
telo walo tawa soweli lili
  milk$^{1/2}$
telo wawa gasoline[3], fuel[2],
  coffee[2], oil$^{1/2}$, gas$^{1/2}$
telo wawa pi tomo tawa
  gasoline$^{1/2}$
telo wawa pimeja coffee$^{1/2}$

tenpo
  n time[5], timing[4], session[4],
  occasion[4], phase[4],
  moment[3], date[3],
  circumstance[3], hour[3],
  appointment[3], scenario[3]

(more)
event[2], season[2], period[2],
situation[2], interval[2],
instance[2], scene[1], term[1],
case[1], occasional[1], episode[1],
condition[1], anytime[1],
sometimes[1], lifetime[1], age[1],
minute[1], pace[1], era[1], cue[1],
status$^{1/2}$, incident$^{1/2}$,
frequency$^{1/2}$, context$^{1/2}$, rep$^{1/2}$

tenpo ala never[3]
tenpo ala la never$^{1/2}$
tenpo ale forever[3],
  constantly[3], ever[2], always[2],
  full-time[2], anytime[2],
  whenever[1], eternal[1],
  permanent$^{1/2}$, consistently$^{1/2}$
tenpo ale ala sometimes$^{1/2}$
tenpo ale jan lifetime$^{1/2}$
tenpo ale la forever$^{1/2}$,
  whenever$^{1/2}$, anytime$^{1/2}$
tenpo ale la ijo li sama
  consistently$^{1/2}$
tenpo ali always[1], anytime$^{1/2}$,
  constantly$^{1/2}$
tenpo ali la always$^{1/2}$,
  continuous$^{1/2}$, consistently$^{1/2}$,
  constantly$^{1/2}$
tenpo anu trial$^{1/2}$
tenpo awen delay[1], break$^{1/2}$

tenpo e schedule$^{1/2}$
tenpo esun week^{4}, sale$^{1/2}$
tenpo esun ale weekly^{1}
tenpo esun ale la weekly$^{1/2}$
tenpo ike emergency^{2}, crisis^{2}, incident^{1}, late^{1}, tragedy^{1}, disaster^{1}, Valentine's Day$^{1/2}$
tenpo insa interval$^{1/2}$
tenpo jan lifetime$^{1/2}$
tenpo jasima consequence$^{1/2}$
tenpo kalama hour$^{1/2}$
tenpo kalama pi jan wan solo$^{1/2}$
tenpo kama future^{5}, later^{3}, fate^{2}, after^{1}, destiny^{1}, reservation$^{1/2}$, prospect$^{1/2}$, soon$^{1/2}$, upcoming$^{1/2}$, appointment$^{1/2}$
tenpo kama la eventually^{1}, will^{1}, shall$^{1/2}$
tenpo kama la sona ala random$^{1/2}$
tenpo kama lili soon^{2}, shortly$^{1/2}$
tenpo kama lili la shortly$^{1/2}$
tenpo kasi spring^{1}
tenpo ken opportunity^{1}, availability$^{1/2}$
tenpo kulupu gathering^{1}, convention^{1}, meeting$^{1/2}$, assembly$^{1/2}$, engagement$^{1/2}$, session$^{1/2}$, event$^{1/2}$
tenpo kulupu musi party^{1}
tenpo kulupu pi weka pi jan moli funeral$^{1/2}$
tenpo kute hearing$^{1/2}$
tenpo la sometimes^{1}, occasionally^{1}, eventually^{1}
tenpo lape break$^{1/2}$
tenpo lawa trial$^{1/2}$
tenpo lete winter^{5}, December$^{1/2}$, February$^{1/2}$
tenpo li pini ala la till$^{1/2}$
tenpo lili minute^{3}, second (unit of time)^{3}, temporary^{2}, shortly^{2}, moment^{2}, short-term^{2}, briefly^{2}, rarely^{1}, quickly^{1}, contemporary^{1}, rapid^{1}, soon^{1}, occasional^{1}, instantly^{1}, occasionally^{1}, rapidly$^{1/2}$, quick$^{1/2}$, prompt$^{1/2}$, instant$^{1/2}$, hour$^{1/2}$, suddenly$^{1/2}$
tenpo lili la rarely^{1}, suddenly^{1}, shortly$^{1/2}$, occasionally$^{1/2}$
tenpo lili lili second (unit of time)$^{1/2}$
tenpo lili pini la recently$^{1/2}$
tenpo loje period$^{1/2}$, fall$^{1/2}$
tenpo loje mun period$^{1/2}$
tenpo lon lifetime^{2}, now^{1}
tenpo lukin impression$^{1/2}$

tenpo majuna history$^{1/2}$
tenpo mama birth^{1}, pregnancy^{1}
tenpo moku dinner^{1}, lunch^{1}, meal$^{1/2}$
tenpo moli funeral$^{1/2}$
tenpo monsi after^{1}
tenpo monsuta Halloween^{2}
tenpo mun month^{4}, monthly^{2}, night$^{1/2}$
tenpo mun lete November^{1}, December$^{1/2}$, February$^{1/2}$, January$^{1/2}$
tenpo mun nanpa luka luka October^{1}
tenpo mun nanpa luka luka tu December^{1}
tenpo mun nanpa luka luka wan November^{1}
tenpo mun nanpa luka tu July^{2}
tenpo mun nanpa luka tu tu September^{1}
tenpo mun nanpa luka tu wan August^{2}
tenpo mun nanpa luka wan June^{2}
tenpo mun nanpa pini December$^{1/2}$
tenpo mun nanpa tu February^{2}
tenpo mun nanpa tu tu April^{1}
tenpo mun nanpa tu wan March^{2}
tenpo mun nanpa wan January$^{1/2}$
tenpo mun open January$^{1/2}$
tenpo mun pi lete lili September$^{1/2}$
tenpo musi festival^{3}, celebration^{1}, party^{1}, vacation$^{1/2}$
tenpo musi lon tomo telo cruise$^{1/2}$
tenpo musi pana lete Christmas$^{1/2}$
tenpo musi pi suno lili Christmas$^{1/2}$
tenpo musi pona celebration$^{1/2}$
tenpo musi suli festival^{1}
tenpo mute frequently^{2}, often^{2}, regularly^{2}, repeatedly^{1}, typically^{1}, usually^{1}, consistently^{1}, constantly^{1}, frequent^{1}, sometimes^{1}, usual$^{1/2}$
tenpo mute ala rarely$^{1/2}$, rare$^{1/2}$
tenpo mute ala la sometimes$^{1/2}$
tenpo mute la typically^{4}, usually^{3}, tend^{3}, commonly^{3},

often[2], frequently[2], normally[2], generally[2], regularly[1], usual[1], consistent[1], overall[½], mainly[½], tendency[½], practically[½], repeatedly[½]

tenpo mute mute forever[½]

tenpo nanpa pini deadline[1]

tenpo nanpa pini la eventually[½]

tenpo nanpa wan la originally[½]

tenpo nasa chaos[½]

tenpo ni now[3], current[3], present[2], modern[2], already[2], today[2], meantime[1], instant[1], immediately[1], lately[1], immediate[1], actively[½], currently[½], live[½], recently[½], suddenly[½], actual[½]

tenpo ni kin meanwhile[½]

tenpo ni la currently[5], lately[2], then[1], yet[½], while[½], now[½], anymore[½], immediately[½]

tenpo ni la sona ala forget[½]

tenpo ni li pona ready[½]

tenpo oko second (unit of time)[½]

tenpo olin Valentine's Day[2], date[½]

tenpo olin pi jan moli funeral[½]

tenpo open conception[½]

tenpo open la initially[1], originally[1]

tenpo open pi tomo sona September[½]

tenpo pakala emergency[½]

tenpo pali ceremony[1], session[1], cue[1], shift[½]

tenpo pana Christmas[½]

tenpo pi ante ma season[½]

tenpo pi ante suli wawa revolution[½]

tenpo pi awen sona memorial[½]

tenpo pi esun ala recession[½]

tenpo pi esun ike recession[1]

tenpo pi esun lili recession[½]

tenpo pi esun mute Christmas[½]

tenpo pi jan lawa presidency[½]

tenpo pi jan lili childhood[3], youth[1]

tenpo pi jan wan taso isolation[½]

tenpo pi kalama musi concert[2], rhythm[½]

tenpo pi kama ante transition[½]

tenpo pi kama jan li ike tan ni: tenpo pi kama pona li pini late$^{1/2}$

tenpo pi kama kulupu meeting$^{1/2}$

tenpo pi kama lete September$^{1/2}$

tenpo pi kama sona lesson^{1}, class^{1}, course$^{1/2}$

tenpo pi kama sona en pali workshop$^{1/2}$

tenpo pi kama suli youth^{1}

tenpo pi kama suno morning^{1}, dawn$^{1/2}$

tenpo pi kama wan wedding$^{1/2}$

tenpo pi kama weka departure$^{1/2}$

tenpo pi kasi sin spring^{1}

tenpo pi lawa nasa alcohol$^{1/2}$

tenpo pi moli ala lifetime$^{1/2}$

tenpo pi moli lipu fall$^{1/2}$

tenpo pi mute ala sometimes$^{1/2}$

tenpo pi mute lili la occasionally$^{1/2}$, sometimes$^{1/2}$

tenpo pi nasin lili gradually$^{1/2}$

tenpo pi open kasi spring^{1}

tenpo pi open suno morning^{1}, dawn$^{1/2}$

tenpo pi pakala suli tragedy$^{1/2}$

tenpo pi pali ala vacation^{4}, weekend^{2}, retirement^{1}, holiday$^{1/2}$, break$^{1/2}$

tenpo pi pali sona training$^{1/2}$

tenpo pi palisa lili hour$^{1/2}$

tenpo pi palisa suli pi ilo tenpo minute$^{1/2}$

tenpo pi pana sona lecture$^{1/2}$

tenpo pi pana wile election$^{1/2}$

tenpo pi pili pali deadline^{1}

tenpo pi pilin ike episode$^{1/2}$

tenpo pi pini ala eternal^{1}

tenpo pi pini pali retirement^{2}

tenpo pi pini pana deadline$^{1/2}$

tenpo pi suno anpa afternoon^{2}

tenpo pi suno kama dawn^{1}

tenpo pi suno pini evening^{1}

tenpo pi suno sewi noon^{2}

tenpo pi suno sin dawn$^{1/2}$, morning$^{1/2}$

tenpo pi telo loje period$^{1/2}$

tenpo pi toki moli funeral$^{1/2}$, memorial$^{1/2}$

tenpo pi wile kulupu election$^{1/2}$

tenpo pimeja night^{4}, midnight^{2}, evening^{2}

tenpo pimeja a midnight$^{1/2}$

tenpo pimeja ni tonight^{3}

tenpo pini past[5], deadline[3], history[3], ago[2], historic[2], prior[1], former[1], previously[1], classical[1], yesterday[1], historical[½], before[½], background[½], old[½]

tenpo pini la previously[3], historically[2], before[1], already[1], finally[½], previous[½]

tenpo pini la mi sona e ni: ijo li kama expected[½]

tenpo pini la pini prevent[½]

tenpo pini lili recent[2], recently[1]

tenpo pini lili la recently[1], lately[1]

tenpo pini mute la historically[1], traditionally[½]

tenpo pini poka recently[1], just[½]

tenpo pini poka la recently[½]

tenpo poka soon[1]

tenpo poka la lately[1]

tenpo pona holiday[2], celebration[1], opportunity[1], peace[½], harmony[½]

tenpo sama meantime[3], simultaneously[2]

tenpo sama la meanwhile[3], simultaneously[1], meantime[½], instantly[½], while[½]

tenpo sama ni la while[½]

tenpo Santa Christmas[2]

tenpo seli summer[4], June[2], July[1], August[1]

tenpo seme when[3]

tenpo sewi ceremony[½], Saturday[½], mass[½]

tenpo sewi nasin ceremony[½]

tenpo sewi ni: jan olin tu li kama wan wedding[½]

tenpo sewi tan jan moli funeral[½]

tenpo sike year[3], cycle[½], annually[½], anniversary[½]

tenpo sike ale century[½]

tenpo sike mute century[½], decade[½]

tenpo sike sin anniversary[½]

tenpo sike suno year[½]

tenpo sin repeat[½], again[½]

tenpo sin la again[½]

tenpo sitelen exam[½]

tenpo sona lesson[1], lecture[½]

tenpo suke luka luka decade[2]

tenpo suli era[3], longtime[3], century[3], decade[2], long-term[2], gradually[1], history[½], hour[½]

tenpo suno day[4], Thursday[2], Friday[1], Tuesday[1], afternoon[1], date[1], Wednesday[½], Saturday[½], noon[½]

tenpo suno ale everyday[2]

tenpo suno ale la everyday[½]

tenpo suno ali everyday[½]

tenpo suno esun nanpa luka Friday[½]

tenpo suno kama tomorrow[4]

tenpo suno lape weekend[½], Sunday[½]

tenpo suno nanpa luka pi tenpo esun Friday[½]

tenpo suno nanpa luka tu Saturday[½]

tenpo suno nanpa luka wan Saturday[½]

tenpo suno nanpa tu Tuesday[½]

tenpo suno nanpa tu pi tenpo esun Tuesday[½]

tenpo suno nanpa tu tu pi tenpo esun Thursday[½]

tenpo suno nanpa tu wan Wednesday[1]

tenpo suno nanpa tu wan lon tenpo esun Wednesday[½]

tenpo suno nanpa wan Monday[1], Sunday[½]

tenpo suno nanpa wan pi pali ala Saturday[½]

tenpo suno nanpa wan pi tenpo pali ala Saturday[½]

tenpo suno ni today[4], Tuesday[½], Thursday[½]

tenpo suno olin Valentine's Day[3]

tenpo suno ona birthday[½]

tenpo suno pali nanpa tu Tuesday[½]

tenpo suno pali nanpa wan Monday[1]

tenpo suno pi kama jan birthday[½]

tenpo suno pi kama lon birthday[½]

tenpo suno pi kama lon ma birthday[½]

tenpo suno pi kama ona birthday[½]

tenpo suno pi open lon birthday[½]

tenpo suno pi pali ala Saturday[2], holiday[1], weekend[½]

tenpo suno pi pana pona Thanksgiving[1]

tenpo suno pini yesterday[3]

tenpo suno pini la yesterday[1]

tenpo suno poka pini yesterday[½]

tenpo suno sin morning[½]

tenpo suno suno Sunday[½]

tenpo suno wan Monday[1]
tenpo tawa pace[½]
tenpo tawa tenpo ni la yet[½]
tenpo toki appointment[½]
tenpo tu twice[1]
tenpo tu la twice[½]
tenpo wan instance[2], once[2],
  ever[½], incident[½], occasion[½],
  meeting[½], stage[½], case[½]
tenpo wan la once[2],
  simultaneously[½]
tenpo wan tan sitelen tawa
  scene[½]
tenpo waso Thanksgiving[½]
tenpo weka musi vacation[½]
to (closing quotation particle)[½]

toki
  v speak[5], say[5],
    communicate[5], talk[5], tell[5],
    discuss[5]
  excl hello[5], hi[5]
  n conversation[5], speech[5],
    communication[5], talk[5],
    language[5], statement[5],
    discussion[5]

(more)
discourse[4], mention[4],
comment[4], refer[4], message[4],
express[3], remark[3], dialogue[3],
call[3], reporting[3], narrative[3],
disclose[3], respond[3], contact[3],
commentary[3], admit[3],
proposal[3], verbal[3], tale[3],
interview[3], declare[3], story[3],
answer[3], testify[3], expression[3],
report[3], phrase[3], hey[2],
excuse[2], reply[2], response[2],
greet[2], suggest[2],
declaration[2], interaction[2],
confess[2], quote[2], state[2],
preach[2], describe[2],
negotiate[2], claim[2], specify[2],
feedback[2], counsel[2],
suggestion[2], accuse[2],
consult[2], proposition[2],
coverage[2], sentence[2], vocal[2],
social[2], criticism[2], allegation[2],
inform[2], announce[2],
proposed[2], clause[1],
disclosure[1], deem[1], indicate[1],
acknowledge[1], verse[1],
rhetoric[1], convey[1], confront[1],
post[1], signal[1], testimony[1],
plead[1], negotiation[1],
explain[1], characterize[1], mean
(v)[1], explanation[1], instruct[1],
transmission[1], promise[1],
assert[1], appeal[1], chronicle[1],
reference[1], dialect[1], topic[1],
inquiry[1], indication[1],
introduce[1], convince[1], imply[1],

email^1, interact^1, planning^{½},
conclude^{½}, input^{½}, meet^{½},
announcement^{½},
consciousness^{½}, suppose^{½},
description^{½}

toki ala denial^1, silence^{½},
deny^{½}
toki Alan Irish^{½}
toki alasa pilin plea^{½}
toki Anku Korean^{½}
toki anpa plea^1, comment^{½}
toki ante translate^2,
translation^2, objection^1,
respond^1, response^{½},
dialect^{½}
**toki anu pali e wile pi jan
mute** represent^{½}
toki e refer^1, describe^{½}
toki e ala oppose^{½}
toki e ijo about (talk about
something)^2
toki e ijo ike complain^{½}
toki e ijo kama predict^{½}
toki e ijo ona describe^{½}
toki e ijo pi lon ala lie (saying
untruth)^1
toki e ike condemn^2, criticize^1,
complain^{½}, offend^{½}, critical^{½},
accuse^{½}, blame^{½}
toki e ike jan blame^{½}

toki e ike jan lon confess^{½}
toki e ike ken warn^{½}
toki e ike pi jan ante blame^{½}
toki e kalama musi sing^{½}
toki e kama pana tawa
greet^{½}
toki e ken guess^{½}
toki e kon characterize^{½}
toki e kule describe^{½}
toki e lon testify^2, confirm^1,
confess^1, prove^{½}, swear^{½},
acknowledge^{½}
toki e lon ala lie (saying
untruth)^1, denial^{½}
toki e lon ijo admit^{½}
toki e nasin describe^{½}
toki e ni: ala refuse^{½},
decline^{½}, deny^{½}
toki e ni: ale li pona assure^{½}
toki e ni: ijo li lili dismiss^{½}
toki e ni: ijo li pona approve^{½}
toki e ni: ike li ken kama
warn^{½}
toki e ni: jan li ken ala
prohibit^{½}
**toki e ni: jan li ken tawa
tomo ona** invite^{½}
toki e ni: jan li pali e ijo
accuse^{½}
toki e ni: jan li pali e ijo ike
accusation^{½}, accuse^{½}
toki e ni: lon nod^{½}

toki e ni: mi pakala apologize[1/2]

toki e ni: mi pilin ike. pilin li tan ni: mi pali ike tawa sina apology[1/2]

toki e ni: ni li pona recommend[1/2]

toki e ni: o kama pona greet[1/2]

toki e ni: o lukin show[1/2]

toki e ni: o pali ala e ijo discourage[1/2]

toki e ni: ona li ike condemn[1/2]

toki e ni: ona li pona endorse[1/2]

toki e ni: sina ken ala pali e ni dare[1/2]

toki e ni: sina ken tawa dismiss[1/2]

toki e nimi pona tawa greet[1/2]

toki e pakala confess[1/2]

toki e pali ken advise[1/2]

toki e pilin suggest[1/2], guess[1/2]

toki e pona recommend[1], endorse[1], encourage[1/2], praise[1/2], recommendation[1/2]

toki e pona anu ike evaluate[1/2]

toki e pona ijo praise[1/2], promote[1/2]

toki e pona jan grateful[1/2]

toki e sitelen depict[1/2]

toki e suli ona highlight[1/2]

toki e tan pona pi pali ni justify[1/2]

toki e toki ante lon tomo pi toki pona taso speak another language in a Toki Pona only environment[1/2]

toki e toki pi jan ante cite[1/2]

toki e utala ken threaten[1/2]

toki e wile beg[1], plead[1/2], request[1/2]

toki e wile ala refuse[1/2]

toki e wile pali apply[1/2]

toki e wile pi pana mani bid[1/2]

toki e wile pona apologize[1/2]

toki e wile sona ask[1/2]

toki Epanja Spanish[2]

toki Epanjo Spanish[1]

toki esun advertising[2], negotiate[1], marketing[1], advertisement[1], ad[1], deal[1/2]

toki ijo about (talk about something)[1]

toki ike complain[3], criticize[3], condemn[2], speak another language in a Toki Pona only environment[2], swear[2], harassment[2], criticism[2], accuse[1], critique[1], threaten[1], trolling[1], offend[1], nonsense[1], accusation[1], complaint[1/2], fraud$^{1/2}$, spamming$^{1/2}$, confuse$^{1/2}$, English$^{1/2}$, drama$^{1/2}$, lie (saying untruth)$^{1/2}$

toki ike mute spamming^{1}

toki ike pi kulupu lawa propaganda$^{1/2}$

toki ike pi weka mani fraud$^{1/2}$

toki ike pi wile ike plot$^{1/2}$

toki ike tawa condemn$^{1/2}$

toki ilo code^{2}, programming^{2}, program^{1}

toki ilo la technically$^{1/2}$

toki Inli English^{5}

toki insa thinking^{3}, consider^{2}, thought^{2}, considering^{1}, think^{1}, consideration^{1}, consciousness$^{1/2}$, judgement$^{1/2}$, assume$^{1/2}$

toki insa ni: ona li pali e ijo suspicion$^{1/2}$

toki insa pi ken sona ala suppose$^{1/2}$

toki jaki bullshit^{1}, spamming$^{1/2}$

toki jan social$^{1/2}$, rumour$^{1/2}$

toki jan la supposedly^{1}, reportedly$^{1/2}$

toki jan taso la allegedly$^{1/2}$

toki jasima reply$^{1/2}$

toki kama tale$^{1/2}$

toki Kanse French^{2}

toki ken speculation^{1}, allegation$^{1/2}$, consent$^{1/2}$

toki kepeken ilo call^{1}

toki kepeken ilo sona type$^{1/2}$

toki kepeken kalama lili whisper^{1}

toki kepeken kalama suli yell$^{1/2}$

toki kepeken wawa lili whisper^{2}

toki kon metaphor^{1}, prayer^{1}, imply^{1}, whisper$^{1/2}$

toki kulupu conference^{1}, rally$^{1/2}$, dialogue$^{1/2}$

toki kulupu tawa jan lawa demonstration$^{1/2}$

toki la reportedly^{2}, supposedly^{2}, apparently^{1}, allegedly^{1}

toki Lasin Latin^{1}

toki Lasina Latin^{3}

toki lawa command^{3}, consideration^{1}, instructions^{1}, mandate$^{1/2}$, officially$^{1/2}$, legislation$^{1/2}$, order$^{1/2}$, declaration$^{1/2}$, ruling$^{1/2}$, think$^{1/2}$, preach$^{1/2}$

toki lili summary^{2}, remark$^{1/2}$, comment$^{1/2}$, dialect$^{1/2}$, phrase$^{1/2}$, shy$^{1/2}$

toki lili pi ijo suli summary$^{1/2}$

toki lili pi toki mute summary[½]

toki lipu text[½], lecture[½]

toki lon testimony[2], honest[1], truth[1], testify[1], fact[1], claim[1], confirm[½], verify[½], confess[½], refer[½], verdict[½]

toki lon ala lie (saying untruth)[1]

toki lon esun negotiate[½]

toki lon ijo about (talk about something)[1], remark[½]

toki lon nasin sewi preach[½]

toki Losi Russian[2]

toki luka gesture[½]

toki lukin testimony[1]

toki mani negotiation[½]

toki meso diplomatic[½]

toki misikeke therapy[½], counselling[½]

toki moli threaten[½]

toki musi poetry[3], joke[3], poem[2], story[2], tale[1], sing[½], humour[½], myth[½], drama[½]

toki musi lili poem[1]

toki musi mute chronicle[½]

toki musi pi kulupu lili slang[½]

toki namako remark[½], specify[½]

toki nanpa formula[½]

toki nanpa wan premise[½]

toki nasa nonsense[2], bullshit[1], slang[1], ignorance[½], accent[½], conspiracy[½]

toki nasin narrative[1], instructions[1], advice[½]

toki Netelan Dutch[1]

toki ni: jan ni li ike judgement[½]

toki Nijon Japanese[2]

toki Nipon Japanese[½]

toki olin proposal[½]

toki open introduction[3]

toki pakala swear[2], apology[1]

toki pi ante lili accent[½]

toki pi awen sewi blessing[½]

toki pi awen sona reminder[½]

toki pi ijo ike complaint[1], allegation[1], warning[½]

toki pi ijo kama story[½]

toki pi ijo lon assert[½]

toki pi ijo poka implication[½]

toki pi ijo pona recommend[½], recommendation[½]

toki pi ijo sin journalism[1]

toki pi ike jan conviction[½], accusation[½]

toki pi ike kama warn[2], warning[1]

toki pi ike sijelo diagnosis[½]

toki pi insa lawa think[½]

toki pi jan ante la allegedly[½]
toki pi jan mute rumour[1], discussion[½], dialogue[½]
toki pi jan tu dialogue[1]
toki pi kalama lili whisper[2]
toki pi kalama musi lyrics[1]
toki pi kalama suli yell[½]
toki pi kama ike warning[½]
toki pi kama pilin pona counselling[½]
toki pi kama pona criticism[½], apology[½]
toki pi kama sona inquiry[½]
toki pi kama wile negotiation[½]
toki pi kama wile sama negotiate[½]
toki pi ken pali invitation[½]
toki pi ken wan pi nasin lon hypothesis[½]
toki pi kon ante implication[½]
toki pi kon ike shade[½]
toki pi kon wan taso specify[½]
toki pi lon ala fiction[2], lie (saying untruth)[1], myth[1], rumour[½]
toki pi lon ante fantasy[½]
toki pi nasin jan discourse[½]
toki pi nasin lawa verdict[½]
toki pi pakala jan accusation[½]

toki pi pali ike allegation[2], complaint[½], prosecution[½], accusation[½]
toki pi pali ike jan accusation[½]
toki pi pali ike pi jan ante accusation[½]
toki pi pali kama promise[½]
toki pi pali ken consent[½]
toki pi pana ike threaten[½]
toki pi pana ken suggest[½]
toki pi pana sona explanation[1], presentation[½]
toki pi pilin ante argument[½]
toki pi pilin ike apology[1], complain[½], complaint[½]
toki pi pilin mi suli confess[½]
toki pi pilin pona assure[½], motivate[½]
toki pi pona ijo recommendation[1]
toki pi pona pakala apology[½]
toki pi pona sewi bless[½]
toki pi sona ante debate[½]
toki pi sona mute specify[½]
toki pi sona pona correction[½]
toki pi sona sin reporting[½]
toki pi tenpo ike kama warning[½]
toki pi tenpo kama prediction[2]

toki pi tenpo ken speculation$^{1/2}$
toki pi tenpo mute chronicle$^{1/2}$
toki pi tenpo pini testify$^{1/2}$
toki pi toki ante reference$^{1/2}$
toki pi utala ala treaty$^{1/2}$
toki pi utala kama threaten^{1}
toki pi wawa nasa spell$^{1/2}$
toki pi weka apeja excuse$^{1/2}$
toki pi weka ike forgive$^{1/2}$
toki pi wile ala refuse$^{1/2}$
toki pi wile ante tawa kulupu protest$^{1/2}$
toki pi wile ike threaten$^{1/2}$
toki pi wile kama invitation$^{1/2}$
toki pi wile mute plead$^{1/2}$
toki pi wile sona interview^{2}, question^{1}, ask$^{1/2}$
toki pi wile suli petition$^{1/2}$
toki pi wile tu negotiate$^{1/2}$
toki pilin feedback^{2}, critique^{1}, critical$^{1/2}$, discourse$^{1/2}$, preach$^{1/2}$, therapy$^{1/2}$
toki pilin pi pali ike apology$^{1/2}$
toki pini verdict^{1}, conclusion^{1}, premise$^{1/2}$
toki Pisin Tok Pisin^{2}
toki poka comment$^{1/2}$
toki pona Toki Pona^{5}, honest^{2}, advise^{2}, endorse^{2}, recommend^{2}, approve^{1}, praise^{1}, charismatic^{1}, justify^{1}, advice^{1}, recommendation^{1}, promote^{1}, explicitly^{1}, encourage$^{1/2}$, forgive$^{1/2}$, humour$^{1/2}$, announcement$^{1/2}$, comment$^{1/2}$, promotion$^{1/2}$, Gospel$^{1/2}$, motivate$^{1/2}$, therapy$^{1/2}$, diplomatic$^{1/2}$, feedback$^{1/2}$, negotiate$^{1/2}$
toki pona ante Tokiponido^{1}
toki pona la frankly^{1}, clearly$^{1/2}$, basically$^{1/2}$, honestly$^{1/2}$
toki pona tan utala ala diplomatic$^{1/2}$
toki powe lie (saying untruth)^{1}, rumour$^{1/2}$, propaganda$^{1/2}$
toki sama cite^{1}, quote^{1}, agree^{1}, consensus$^{1/2}$
toki sama ala dispute$^{1/2}$
toki sama pi toki pona Tokiponido^{1}
toki sewi praise^{2}, pray^{2}, preach^{2}, prayer^{2}, blessing^{1}, myth^{1}, scripture^{1}, bless$^{1/2}$, tale$^{1/2}$, revelation$^{1/2}$, divination$^{1/2}$
toki sewi pona blessing$^{1/2}$
toki sin news^{2}, reply^{1}, response$^{1/2}$

toki sin tan tenpo pini
reminder$^{1/2}$

toki sin tan toki pona
Tokiponido$^{1/2}$

toki sona lecture^3,
explanation^2, description^1,
rhetoric$^{1/2}$, discussion$^{1/2}$,
advise$^{1/2}$, expose$^{1/2}$

toki sona pi mama sona
cite$^{1/2}$

toki sona pi pakala pini
apology$^{1/2}$

toki sona tan alasa lon
verdict$^{1/2}$

toki Sonko Chinese^1

toki suli announcement^4,
declare^2, emphasize^2,
announce^2, emphasis^1,
shout^1, declaration^1,
testimony^1, tale$^{1/2}$, chronicle$^{1/2}$,
story$^{1/2}$

toki suli pi jan mute protest$^{1/2}$

toki suli tawa kulupu
announcement$^{1/2}$

toki suwi charismatic^1

toki tan cite$^{1/2}$

toki tan ike pi ona sama
confess$^{1/2}$

toki tan jan ante represent$^{1/2}$

toki tan pakala excuse$^{1/2}$

toki tan sewi divination$^{1/2}$

toki tan sona ante cite$^{1/2}$

toki taso rumour$^{1/2}$

toki tawa contact^1

toki tawa jan lawa appeal$^{1/2}$

toki tawa jan mute rally$^{1/2}$

toki tawa jan sewi prayer^1

toki tawa kulupu
presentation$^{1/2}$

toki tawa sewi pray^3, prayer^2

toki Topisin Tok Pisin^2

toki Tosi German^2

toki tu pi ken ala paradox$^{1/2}$

toki unpa pickup$^{1/2}$

toki uta verbal^1

toki uta lili whisper$^{1/2}$

toki utala argument^3, argue^2,
debate^2, threat^2, dispute^1,
disagree^1, threaten^1,
allegation^1, protest^1, yell$^{1/2}$,
controversial$^{1/2}$, accusation$^{1/2}$,
confront$^{1/2}$, discourse$^{1/2}$,
drama$^{1/2}$

toki wawa shout^2, insist^1,
yell^1, swear^1, legend^1, spell^1,
announce^1, declare^1,
guarantee^1, persuade$^{1/2}$,
rhetoric$^{1/2}$, assure$^{1/2}$,
resolution$^{1/2}$, cheer$^{1/2}$,
warning$^{1/2}$, preach$^{1/2}$

toki wawa e wile demand$^{1/2}$

toki wile plea^3, plead^2, beg^2,
request^1, suggestion^1,

negotiation[1], order[1], negotiate[½], petition[½], proposition[½], suggest[½], verdict[½], demand[½]

toki wile wawa plea[½], demand[½]

tomo
 n building[5], house[5], housing[5], chamber[5], home[5], room[5], shelter[4], residence[4], suite[3], structure[3], facility[3], establishment[3], household[3]
 adj domestic[3], structural[3], residential[3]

(more)
apartment[3], cabin[3], station[2], hall[2], construction[2], venue[2], institute[2], urban[2], hotel[2], habitat[1], department[1], booth[1], cell[1], settle[1], framework[1], zone[1], channel[1], campus[1], hallway[½], van[½], infrastructure[½], resort[½], barn[½], property[½], base[½], address[½]

tomo ala homeless[2]
tomo anpa basement[5]

tomo awen prison[2], lobby[2], jail[1], storage[½], station[½]
tomo awen lipu library[½]
tomo awen pi jan ike prison[1], jail[½]
tomo awen pi tomo tawa garage[½]
tomo esun shop[3], store[3], mall[2], market[2], retailer[½]
tomo esun lili booth[½]
tomo esun mute mall[½]
tomo esun pi telo wawa café[½]
tomo esun suli mall[2]
tomo ike prison[1]
tomo ilo garage[1], infrastructure[½], workshop[½]
tomo ilo pali factory[1]
tomo ilo pi pali sona lab[½]
tomo jaki bathroom[1]
tomo jan household[½], house[½]
tomo kiwen castle[½]
tomo kiwen pi jan lawa castle[½]
tomo kiwen suli monument[½]
tomo kiwen utala castle[½]
tomo kon aircraft[1], temple[½]
tomo lape bedroom[4], hotel[1], apartment[½]
tomo lawa headquarters[4], courtroom[4], court[2], palace[1],

ministry^{½}, embassy^{½}, department^{½}, institute^{½}, parliament^{½}, legislature^{½}

tomo lawa pi ma ante embassy^{½}

tomo len tent^4, closet^1, camp^{½}

tomo lili booth^2, cabin^2, apartment^2, closet^1, shelter^{½}, tent^{½}, chamber^{½}, room^{½}

tomo lili len closet^{½}

tomo linja corridor^2, aisle^1

tomo lipu library^5

tomo lon insa tomo room^{½}

tomo lon ma wan tan ma ante embassy^{½}

tomo lon sewi pi leko noka upstairs^{½}

tomo lukin gallery^1, exhibition^{½}, museum^{½}

tomo mama nest^{½}

tomo mani bank^4, treasury^2, barn^{½}

tomo mi home^1

tomo misikeke hospital^1, clinic^1

tomo moku restaurant^4, kitchen^3, café^2

tomo moku esun restaurant^1

tomo musi theatre^3, museum^1, studio^{½}, club^{½}

tomo musi suli stadium^{½}

tomo nanpa wan headquarters^{½}

tomo nasin corridor^{½}

tomo olin temple^{½}

tomo open lobby^2, hall^{½}

tomo open lon sinpin tomo porch^{½}

tomo pakala ruin^1

tomo pali studio^4, factory^3, workshop^3, office^3, facility^2, bureau^1, headquarters^{½}

tomo pali moku kitchen^1

tomo pali pi alasa sona laboratory^{½}

tomo pali pi ko pan mill^{½}

tomo palisa tower^2, corridor^1

tomo pan barn^2, mill^{½}

tomo pi alasa lawa courtroom^{½}

tomo pi alasa sona lab^1, laboratory^{½}

tomo pi anpa ma basement^{½}

tomo pi anu pi jan ike courtroom^{½}

tomo pi awen mani bank^{½}

tomo pi awen sona monument^{½}, archive^{½}

tomo pi esun mute mall^1

tomo pi ijo lukin exhibition^{½}

tomo pi ijo majuna museum^{½}

tomo pi jan musi studio^{½}

tomo pi jan pali post^{½}

tomo pi jan sinpin embassy$^{1/2}$
tomo pi jan tawa hotel$^{1/2}$
tomo pi kalama musi
    venue$^{1/2}$
tomo pi kama pona
    reception$^{1/2}$
tomo pi kama sewi elevator$^{1/2}$
tomo pi kama sona school^2,
    classroom^2, university$^{1/2}$
tomo pi kama tawa hallway$^{1/2}$
tomo pi kiwen kasi cabin$^{1/2}$
tomo pi kulupu sewi church$^{1/2}$
tomo pi lipu majuna
    archive$^{1/2}$
tomo pi ma ante embassy^2
tomo pi ma kasi cabin$^{1/2}$
tomo pi musi mani casino^2
tomo pi nasin lawa court$^{1/2}$
tomo pi nasin sewi church^1,
    temple$^{1/2}$
tomo pi nasin sona lab$^{1/2}$
tomo pi pakala ala safety$^{1/2}$
tomo pi pali moku kitchen^1
tomo pi pali musi studio^1
tomo pi pali pan mill^1
tomo pi pali sijelo gym$^{1/2}$
tomo pi pali sona lab^3,
    laboratory^1
tomo pi pan pakala mill$^{1/2}$
tomo pi pana lukin
    museum$^{1/2}$

tomo pi pana sona school^1,
    classroom$^{1/2}$
tomo pi pilin mute
    monument$^{1/2}$
tomo pi pona sijelo clinic^3,
    hospital^3
tomo pi sijelo pakala
    hospital$^{1/2}$
tomo pi sijelo pona hospital$^{1/2}$
tomo pi sitelen musi gallery$^{1/2}$
tomo pi sitelen musi mute
    museum$^{1/2}$
tomo pi sitelen tawa cinema^3
tomo pi sona mute institute$^{1/2}$
tomo pi sona sewi university$^{1/2}$
tomo pi sona sin lab$^{1/2}$
tomo pi supa lape bedroom$^{1/2}$
tomo pi tawa ala prison$^{1/2}$
tomo pi tawa sewi elevator^1
tomo pi telo jaki bathroom$^{1/2}$
tomo pi telo kasi wawa
    café$^{1/2}$
tomo pi telo nasa bar^2
tomo pi telo pimeja café$^{1/2}$
tomo pi telo wawa café$^{1/2}$
tomo pi tenpo pini museum$^{1/2}$
tomo pi toki pi lipu lawa
    courtroom$^{1/2}$
tomo pi tomo tawa garage^3,
    station^1
tomo pi tomo tawa telo
    port^1

tomo pi tomo wan taso studio$^{1/2}$

tomo pi utala musi stadium^1

tomo pi wawa sijelo gym$^{1/2}$

tomo pi weka jaki bathroom$^{1/2}$

tomo pi wile lawa courtroom$^{1/2}$

tomo pipi nest^1

tomo poka neighbourhood^1

tomo poki jail^1, prison$^{1/2}$

tomo pona home$^{1/2}$

tomo seli kitchen$^{1/2}$

tomo sewi temple^4, church^4, roof$^{1/2}$, palace$^{1/2}$, institute$^{1/2}$

tomo sijelo gym^1

tomo sike arena$^{1/2}$

tomo sinpin lobby$^{1/2}$

tomo sitelen gallery^2, museum^1

tomo sona academy^4, classroom^3, school^3, college^2, university^2, laboratory^2, museum^2, institute^1, lab$^{1/2}$

tomo sona la jan sin pi tenpo sike nanpa wan freshman$^{1/2}$

tomo sona pi jan suli college^1

tomo sona pi kulupu lili classroom$^{1/2}$

tomo sona sewi university$^{1/2}$

tomo sona suli university^2, college^2

tomo soweli barn^2, stable^1, pound$^{1/2}$

tomo suli tower^3, castle^2, palace^2, apartment^1, hall^1, barn$^{1/2}$

tomo suli lawa palace$^{1/2}$

tomo suli mani palace$^{1/2}$

tomo suli pi jan lawa palace$^{1/2}$

tomo suli pi jan mani estate$^{1/2}$

tomo suli tawa van$^{1/2}$

tomo tawa car^5, vehicle^4, wagon^3, van^3, shuttle^3, truck^2, train^2, cab^1, trailer^1, vessel^1, bus^1, transportation$^{1/2}$, lift$^{1/2}$, transport$^{1/2}$

tomo tawa esun cab^2

tomo tawa kon plane^3, aircraft^3, airplane^2, jet^2, helicopter^2

tomo tawa kulupu bus^1

tomo tawa leko van^1

tomo tawa linja train^2

tomo tawa lon sewi aircraft$^{1/2}$

tomo tawa lon tomo elevator$^{1/2}$

tomo tawa mute traffic^1

tomo tawa pi jan mute bus^1

tomo tawa poka trailer$^{1/2}$

tomo tawa sewi plane[1], airplane[1], aircraft[½]

tomo tawa sewi lon insa tomo elevator[½]

tomo tawa suli bus[2], truck[2], train[1], van[½], pickup[½]

tomo tawa tan mani charter[½]

tomo tawa telo boat[4], ship[3], vessel[1]

tomo tawa telo mute fleet[2]

tomo tawa utala tank[2]

tomo tawa waso airplane[1]

tomo telo bathroom[4], toilet[1], shower[1], ship[1], bath[½]

tomo toki forum[1], server[½]

tomo unpa bedroom[½]

tomo utala arena[2]

tomo utala wawa castle[½]

tomo waso nest[3], airplane[1]

tomo wawa castle[2]

tonsi non-binary person[3], transgender person[3], gender non-conforming person[3], intersex person[2], LGBTQ+[2]

Tosi German[2]

tu

  num two[5]

  n pair[5], couple[3]

  adj double[4], both[4]

  vt double[4], cut[2], divide[2], split[2], chop[2]

  adv twice[3]

  (more)

  division[1], divorce[1], separate[1], apart[½], separation[½]

tu e ijo share[½]

tu li ken either[½]

tu tu four[3]

tu tu tu six[2]

tu tu tu tu tu tu tu tu tu tu tu tu tu tu tu tu tu tu tu tu tu tu tu tu tu fifty[½]

tu tu tu tu tu wan eleven[½]

tu tu wan five[½]

tu wan three[3]

tu weka separation[½]

tuli three[½]

u (word reserved for future use by Sonja Lang)

umesu be on the leaderboard for a Toki Pona game[½]

unpa sex[5], sexual[5], sexually[5], fucking[3], fuck[2], mate[1], pound[1], bang[½]

unpa ala asexual[2]

unpa ante LGBTQ+[½]

unpa ike affair[½]

unpa la kon pi jan lili sin li kama conception[½]

unpa lukin sexy$^{\frac{1}{2}}$

unpa pi nasin ike affair$^{\frac{1}{2}}$

unpa wawa fuck$^{\frac{1}{2}}$, passionate$^{\frac{1}{2}}$

unu purple^{2}

usawi magic$^{\frac{1}{2}}$

uta mouth^{5}, lip^{3}, kiss^{3}, jaw^{3}, bite^{2}, chew^{2}, suck^{1}, vocal^{1}, verbal^{1}, oral$^{\frac{1}{2}}$, bill$^{\frac{1}{2}}$

uta anpa jaw$^{\frac{1}{2}}$

uta e kiss^{1}, taste$^{\frac{1}{2}}$

uta olin kiss^{1}

uta open gasp$^{\frac{1}{2}}$

uta pi pilin pona smile^{1}

uta pi waso telo bill$^{\frac{1}{2}}$

uta pona smile^{1}, laugh$^{\frac{1}{2}}$

uta utala bite^{1}

uta waso bill$^{\frac{1}{2}}$

utala
   vt fight^{5}, battle^{5}, combat^{5}, contend with^{5}, assault^{5}, attack^{5}, versus^{4}, compete with^{4}, challenge^{4}, hit^{4}, contest^{3}, dispute^{3}, oppose^{3}
   n fight^{5}, fighting^{5}, battle^{5}, combat^{5}, conflict^{5}, assault^{5}, attack^{5}, challenge^{4}, violence^{4}, hit^{4}, struggle^{3}, war^{3}, contest^{3}, dispute^{3}
   vi compete^{4}, struggle^{3}

adj violent^{4}

(more)
tackle^{2}, competitive^{2}, competition^{2}, aggressive^{2}, resist^{2}, beat^{2}, hostile^{2}, punch^{2}, opposed^{2}, confront^{2}, opposition^{2}, riot^{2}, against^{2}, strike^{2}, brutal^{2}, tournament^{2}, offense^{2}, pound^{1}, resistance^{1}, interfere^{1}, controversy^{1}, engage^{1}, rebel^{1}, revenge^{1}, drama^{1}, championship^{1}, exploit^{1}, trolling^{1}, buck$^{\frac{1}{2}}$, violate$^{\frac{1}{2}}$, shoot$^{\frac{1}{2}}$, slam$^{\frac{1}{2}}$, harsh$^{\frac{1}{2}}$, shooting$^{\frac{1}{2}}$, revolution$^{\frac{1}{2}}$, abuse$^{\frac{1}{2}}$, shove$^{\frac{1}{2}}$, invasion$^{\frac{1}{2}}$, slap$^{\frac{1}{2}}$, offend$^{\frac{1}{2}}$, shot$^{\frac{1}{2}}$, counter$^{\frac{1}{2}}$

utala ala peace^{3}, peaceful^{1}, tolerate$^{\frac{1}{2}}$, neutral$^{\frac{1}{2}}$, gentle$^{\frac{1}{2}}$, diplomatic$^{\frac{1}{2}}$, harmony$^{\frac{1}{2}}$

utala awen defensive$^{\frac{1}{2}}$

utala e jan pona betray$^{\frac{1}{2}}$

utala e lawa violation$^{\frac{1}{2}}$, rebel$^{\frac{1}{2}}$

utala e ma invade$^{\frac{1}{2}}$

utala e moku kepeken kiwen uta chew$^{\frac{1}{2}}$

utala e pilin shock$^{\frac{1}{2}}$

utala esun sanction$^{\frac{1}{2}}$

utala ike terrorism^{1}, violence$^{\frac{1}{2}}$

utala jasima revenge^1
utala kepeken noka kick$^{1/2}$
utala kepeken supa luka
  slap$^{1/2}$
utala kulupu riot$^{1/2}$
utala lawa lawsuit^2, sue^2,
  election$^{1/2}$
utala lawa la jan wan li
  alasa e mani tan jan ante
  sue$^{1/2}$
utala lawa mani sue$^{1/2}$
utala lili luka slap$^{1/2}$
utala lon tomo lawa sue$^{1/2}$
utala lon tomo nasin sue$^{1/2}$
utala luka slap^1, punch^1
utala mani bid$^{1/2}$, sue$^{1/2}$
utala moli shooting$^{1/2}$
utala monsuta terrorism^1
utala musi competition^2,
  championship^1, contest^1,
  match^1, competitive$^{1/2}$,
  challenge$^{1/2}$, compete$^{1/2}$,
  tournament$^{1/2}$, sport$^{1/2}$,
  playoffs$^{1/2}$
utala musi kulupu
  tournament$^{1/2}$
utala musi lete hockey$^{1/2}$
utala musi pi ma ale
  Olympics^1
utala musi suli tournament^1
utala mute challenging$^{1/2}$
utala noka kick$^{1/2}$

utala pali strive$^{1/2}$
utala pi ijo lili lili chemistry$^{1/2}$
utala pi luka open slap$^{1/2}$
utala pi nasin wawa
  revolution$^{1/2}$
utala pi pona jan revolution$^{1/2}$
utala pi sona lawa lawsuit$^{1/2}$
utala pi tawa wawa race^1
utala pi wile ante resistance$^{1/2}$
utala pilin drama$^{1/2}$
utala sama revenge^1
utala sona exam^1, test$^{1/2}$
utala suli war^2, riot$^{1/2}$
utala suli ike war$^{1/2}$
utala tawa race^1
utala tawa insa invasion$^{1/2}$
utala toki argue^2, debate^2,
  argument^1, lawsuit^1,
  offense$^{1/2}$, offend$^{1/2}$
wa whoa^2, wow^1
waleja context^1,
  circumstance^1, attention$^{1/2}$,
  theme$^{1/2}$, background$^{1/2}$,
  situation$^{1/2}$, emphasize$^{1/2}$,
  emphasis$^{1/2}$, topic$^{1/2}$, case$^{1/2}$,
  subject$^{1/2}$, premise$^{1/2}$
waleja ona li ni concerning$^{1/2}$
walo white^5, pale^4, light$^{1/2}$
walo anu pimeja contrast$^{1/2}$
walo loje pink^1
walo pi seli sewi lightning$^{1/2}$

walo pimeja grey[2]
walo sewi cloud[½]
walo uta tooth[½]

wan
  num one[5]
  adj united[5], combined[4], single[4]
  n unity[5], unit[3], union[3]
  vt unite[4], blend[3], combine[3]
  (see also **wan e***)*

(more)
solo[2], bind[2], whole[2], integration[2], integrate[2], component[2], alone[2], together[2], particular[2], mix[2], segment[2], portion[2], independent[2], combination[2], slice[2], primary[2], part[2], incorporate[2], tie[1], initial[1], married[1], unique[1], element[1], isolation[1], marriage[1], connect[1], sum[1], marry[1], isolate[1], piece[1], section[1], fraction[1], bit[1], lonely[1], characteristic[1], distinct[1], factor[1], specific[1], link[1], sample[1], mixture[1], aspect[1], integrity[1], individual[1], example[1], addition[1], chunk[1], bond[½], any[½], feature[½], joint[½], fully[½], entity[½], trait[½], episode[½], sole[½], material[½], division[½], compound[½]

wan e combine[2], blend[1], unite[1], integrate[1], attach[1], assemble[1], add[1], isolate[½], mix[½], join[½]
wan e ijo ante mute mix[½]
wan e jan tu marry[½]
wan e lili mute compose[½]
wan kulupu member[1]
wan la combined[½]
wan lili molecule[1], eighth[½]
wan lili lili molecule[½]
wan lipu chapter[2], paragraph[½]
wan mama gene[½]
wan moku ingredient[½], serving[½]
wan nimi letter (of alphabet)[1]
wan noka step[1]
wan olin marriage[1], married[1], wedding[½]
wan pan grain[½]
wan pi ijo tu combination[½]
wan pi kasi suli log[½]
wan pi ken tawa joint[½]
wan pi kulupu lipu layer[½]
wan pi nasin mute possibility[½]
wan pi sama mama gene[½]

wan pi sitelen tawa episode$^{1/2}$
wan pi tawa noka step^1
wan pi tu half^2
wan sijelo cell$^{1/2}$
wan sin another$^{1/2}$
wan sona clue$^{1/2}$
wan tan ijo ale element$^{1/2}$
wan tan kulupu section$^{1/2}$, representation$^{1/2}$
wan tan mute mixed$^{1/2}$
wan taso alone^2, unique^1, lonely^1, sole^1, single^1, solo$^{1/2}$, isolate$^{1/2}$, isolation$^{1/2}$
wan weka lili pi ma Mewika inch$^{1/2}$

waso
   n bird^5, chicken^3, duck^2, turkey^2, eagle^2, bat^2

   (more)
   penguin$^{1/2}$, fly$^{1/2}$

waso alasa eagle$^{1/2}$
waso kala penguin$^{1/2}$
waso lete penguin^2
waso moku chicken^1
waso nasa penguin$^{1/2}$, turkey$^{1/2}$, chicken$^{1/2}$
waso pi anpa lawa loje turkey$^{1/2}$

waso pi kalama mute turkey$^{1/2}$
waso pi len pona penguin$^{1/2}$
waso pi ma lete penguin$^{1/2}$
waso pi pana sike chicken$^{1/2}$
waso pi walo pimeja penguin$^{1/2}$
waso pimeja bat^1
waso pimeja pi selo anpa uta turkey$^{1/2}$
waso suli turkey$^{1/2}$
waso telo duck^3
waso wawa eagle^2
wasoweli pimeja walo penguin$^{1/2}$

wawa
   n strength^5, power^5, energy^5, force^4, intensity^4
   adj powerful^5, strong^5, intense^4, bold^4, brave^3, rapid^3, electrical^3
   adv strongly^5, firmly^4
   vt reinforce^4, strengthen^4, charge^3
   (see also **wawa e***)*

   (more)
   might^2, tough^2, electricity^2, rapidly^2, fast^2, compelling^2, quickly^2, confident^2, severe^2, glory^2, boost^2, pressure^2,

extreme^1, calorie^1, electronic^1, heavily^1, super^1, courage^1, dignity^1, sudden^1, dynamics^1, advanced^1, hurry^1, effort^1, firm^1, impress^1, charismatic^1, quick^1, immune^1, blast^1, ensure^1, impact^1, athletic^1, speed^1, deeply^1, faster^1, carbohydrate^1, motivate^1, stiff^1, explosion^1, influential^1, vital$^{1/2}$, loud$^{1/2}$, premium$^{1/2}$, thoroughly$^{1/2}$, outstanding$^{1/2}$, lightning$^{1/2}$, capable$^{1/2}$, exciting$^{1/2}$, pulse$^{1/2}$, dare$^{1/2}$, superior$^{1/2}$, advantage$^{1/2}$, stability$^{1/2}$, efficient$^{1/2}$, dominant$^{1/2}$, sure$^{1/2}$, dramatic$^{1/2}$, excite$^{1/2}$, shock$^{1/2}$, radiation$^{1/2}$, independent$^{1/2}$, privilege$^{1/2}$, healthy$^{1/2}$, thrive$^{1/2}$, dynamic$^{1/2}$, dramatically$^{1/2}$, stimulus$^{1/2}$, spectacular$^{1/2}$, alive$^{1/2}$, living$^{1/2}$, reliability$^{1/2}$, alpha$^{1/2}$, sheer$^{1/2}$, roughly$^{1/2}$, momentum$^{1/2}$, amazing$^{1/2}$, gifted$^{1/2}$, suddenly$^{1/2}$, secure$^{1/2}$, rough$^{1/2}$, nerve$^{1/2}$, certain$^{1/2}$, cool$^{1/2}$

wawa a wow$^{1/2}$

wawa ala weak^4, weakness^3, vulnerable^2, tender^1, slowly^1, mild^1, loose^1, slow^1, gently^1, delicate^1, lightly^1, reluctant$^{1/2}$, softly$^{1/2}$, tired$^{1/2}$, undermine$^{1/2}$

wawa ale supreme$^{1/2}$

wawa anpa gravity^1

wawa ante resistance$^{1/2}$

wawa awen tension$^{1/2}$, reliability$^{1/2}$

wawa e strengthen^1, enhance$^{1/2}$, motivate$^{1/2}$, promote$^{1/2}$

wawa e pilin excite$^{1/2}$

wawa e wile inspire$^{1/2}$

wawa ike violent$^{1/2}$, overwhelming$^{1/2}$

wawa ike lon selo pressure$^{1/2}$

wawa ilo electricity^1

wawa insa tension$^{1/2}$

wawa kalama volume$^{1/2}$

wawa kon electrical$^{1/2}$

wawa lawa jurisdiction^1, concentration$^{1/2}$, dominant$^{1/2}$, conscience$^{1/2}$

wawa lawa pi ona sama independence$^{1/2}$

wawa lili weak^1

wawa linja electrical$^{1/2}$, electricity$^{1/2}$

wawa moku calorie^2

wawa musi spectacular$^{1/2}$

wawa mute vital$^{1/2}$, powerful$^{1/2}$, faster$^{1/2}$

wawa mute pi ijo lili nuclear$^{1/2}$

wawa nanpa wan ultimate$^{1/2}$

wawa nasa magic^2, magical^1, spell^1

wawa pakala brutal^1

wawa pali productivity^1

wawa pi ijo lili nuclear$^{1/2}$

wawa pi kama anpa gravity$^{1/2}$

wawa pi kon sewi lightning$^{1/2}$

wawa pi linja kiwen electricity$^{1/2}$

wawa pi wile ala resistance$^{1/2}$

wawa pini ultimate$^{1/2}$

wawa pona lucky$^{1/2}$, spectacular$^{1/2}$

wawa sama draw$^{1/2}$, tie$^{1/2}$

wawa sewi lightning^1, magical$^{1/2}$, magic$^{1/2}$, spell$^{1/2}$

wawa sewi pi pana pona luck$^{1/2}$

wawa sijelo athletic^1, muscle^1, fitness$^{1/2}$

wawa suno radiation$^{1/2}$

wawa tan linja electricity$^{1/2}$

wawa tan pilin faith$^{1/2}$

wawa tawa momentum^2, gravity$^{1/2}$, impress$^{1/2}$, pace$^{1/2}$

wawa utala violent$^{1/2}$

wawa wile discipline$^{1/2}$

weka

vt get rid of^5, remove^5, eliminate^4, omit^4, delete^4, dismiss^4, leave^4, abandon^4, avoid^3, exclude^3
(see also **weka e***)*

n removal^5, absence^4, loss^4, distance^3

adj,adv apart^4, missing^4, away^4, distant^4, far^3, out^3

vi leave^4, vanish^3, disappear^3, escape^3

(more)

drain^2, flee^2, reject^2, withdraw^2, resign^2, sweep^2, exit^2, ban^2, separation^2, strip^2, skip^2, lack^2, fade^2, wipe^2, separate^2, lose^2, remote^2, without^2, abroad^2, hide^2, dump^1, scatter^1, ignore^1, deficit^1, quit^1, extract^1, outer^1, off^1, lost^1, release^1, suspend^1, beyond^1, deny^1, drop^1, mile$^{1/2}$, departure$^{1/2}$, cease$^{1/2}$, horizon$^{1/2}$, isolate$^{1/2}$, hidden$^{1/2}$, condemn$^{1/2}$, margin$^{1/2}$, elsewhere$^{1/2}$, cancel$^{1/2}$, less$^{1/2}$, throw$^{1/2}$

weka e filter[1], eliminate[½], exclude[½], dismiss[½], delete[½], cancel[½], remove[½]

weka e ike relieve[1], filter[½]

weka e jaki sweep[1], wash[1], brush[½], immune[½]

weka e jaki anpa kepeken ilo sweep[½]

weka e jaki kepeken len wipe[½]

weka e jaki tan wash[½]

weka e ken forbid[½], prevention[½]

weka e ko sweep[½]

weka e lawa distract[½]

weka e len reveal[2], expose[2], uncover[2], strip[2], disclose[½]

weka e len tan reveal[½], uncover[½]

weka e len tan toki clarify[½]

weka e lukin distract[½]

weka e lupa shut[½]

weka e ma dig[1]

weka e mani spending[½]

weka e pali ike forgive[1]

weka e pan tan telo strain[½]

weka e pilin ante concentrate[½]

weka e pilin ike cope[½]

weka e selo peel[2]

weka e sona forget[½]

weka e telo spill[1], drain[½]

weka e wile discourage[½]

weka ike waste[1]

weka ken restriction[½]

weka lawa prohibit[1], violation[1]

weka lili gap[½]

weka mani bankruptcy[2], deficit[1], poverty[½]

weka monsuta courage[½]

weka olin divorce[½]

weka pali break[½]

weka pi ken pakala prevention[½]

weka sona forget[3]

weka suli ban[1], mile[½]

weka suno sunset[1]

weka tan avoid[1], beyond[½], drift[½]

weka tan kulupu isolate[½]

weka tan lukin hide[½]

weka tan nasin lost[½]

weka tan pona sacrifice[1]

weka telo drain[1]

weka tenpo delay[1]

weka waleja distract[½]

weka wawa throw[½]

wile

vt,pv want^5, wish^5, intend^5,
require^5, need^5, desire^5,
yearn for^4, ought^4, hope^4,
prefer^4

n want^5, wish^5, intention^5,
will^5, intent^4, preference^4,
motivation^4, necessity^4,
hope^4, ambition^4,
willingness^4, requirement^4,

adj willing^5, necessary^4,
required^4

(more)
must^3, obligation^3, decision^3,
should^3, eager^3, demand^3,
request^3, agenda^3, goal^2,
would^2, motive^2, select^2,
dare^2, criteria^2, opt^2,
interested^2, choose^2,
consent^2, objective^2, urge^2,
expectation^2, shall^2, pick^2,
determination^2, depend^2,
dependent^2, elect^2, deserve^2,
selection^2, strive^2, choice^2,
incentive^2, enthusiasm^2,
supposed^2, interest^2, due^2,
plea^2, proposed^2, let^1, claim^1,
necessarily^1, insist^1,
purpose^1, commitment^1,
attraction^1, decide^1, plead^1,
duty^1, desperately^1, commit^1,
expect^1, tendency^1,
responsibility^1, aim^1,
instinct^1, promise^1,
anticipate^1, target^1,
resolution^1, rely^1, voting^1,
scheme^1, warrant^1, pine^1,
appeal^1, vote^1, try^1, liability^1,
ego^1, may^1, proposal^1,
accountability^1, nomination^1,
passion^1, propose^1, favour^1,
option^1, essential$^{1/2}$, believe$^{1/2}$,
courage$^{1/2}$, constraint$^{1/2}$,
opinion$^{1/2}$, nominate$^{1/2}$,
mandate$^{1/2}$, provision$^{1/2}$,
implication$^{1/2}$, habit$^{1/2}$, plan$^{1/2}$,
involve$^{1/2}$, inspiration$^{1/2}$,
commission$^{1/2}$, drive$^{1/2}$,
discipline$^{1/2}$,
recommendation$^{1/2}$, pray$^{1/2}$,
scope$^{1/2}$

wile ala reluctant^3, refuse^2,
decline^2, resistance^1,
prohibit^1, reject^1, exclude$^{1/2}$,
objection$^{1/2}$, deny$^{1/2}$, oppose$^{1/2}$

wile ala moku full$^{1/2}$

wile ala utala resign$^{1/2}$

wile ante opposition$^{1/2}$,
complain$^{1/2}$, rebel$^{1/2}$, objection$^{1/2}$

wile awen patience^1,
commit$^{1/2}$, hesitate$^{1/2}$

wile e ante ala conservative$^{1/2}$

wile e ijo lon tenpo kama anticipate$^{1/2}$

wile e ijo weka pine$^{1/2}$

wile e mani lili cheap^{1}

wile e mani mute expensive$^{1/2}$

wile e mani tan jan tan ike sue$^{1/2}$

wile e mani tan mama dependent$^{1/2}$

wile e pali lili easy$^{1/2}$

wile e pali mute challenging$^{1/2}$

wile e pali suli hard (difficult)^{1}

wile e pona care$^{1/2}$

wile e wawa mute steep$^{1/2}$, challenging$^{1/2}$

wile esun commission$^{1/2}$

wile ike addiction^{2}, spite^{1}

wile ike wawa addiction$^{1/2}$

wile jaki corrupt$^{1/2}$

wile jo essential$^{1/2}$, seek$^{1/2}$

wile kama invitation$^{1/2}$

wile kama pali ambitious$^{1/2}$

wile kama wan engagement$^{1/2}$

wile kulupu democratic^{1}, poll$^{1/2}$, election$^{1/2}$, obligation$^{1/2}$, agenda$^{1/2}$

wile kute discipline$^{1/2}$

wile la hopefully^{2}, surely^{1}, necessarily^{1}

wile lape tired^{2}

wile lili reluctant$^{1/2}$

wile lili taso reluctant$^{1/2}$, modest$^{1/2}$

wile lon belong^{1}

wile lon tenpo kama expectation$^{1/2}$

wile lukin interested$^{1/2}$

wile ma diplomatic$^{1/2}$

wile mani fee^{2}, premium$^{1/2}$, charge$^{1/2}$

wile mi la hopefully^{1}

wile moku hunger^{5}, hungry^{4}

wile musi utala competitive$^{1/2}$

wile mute desperately^{2}, desperate^{2}, yearn^{1}, ambitious^{1}, eager$^{1/2}$, demand$^{1/2}$

wile nanpa wan priority^{2}, necessity$^{1/2}$

wile nasa fantasy$^{1/2}$

wile olin crush^{1}

wile open initiative^{1}

wile pakala spite^{1}, cruel$^{1/2}$

wile pakala ala carefully$^{1/2}$

wile pali duty^{2}, competitive$^{1/2}$, application$^{1/2}$, incentive$^{1/2}$, difficulty$^{1/2}$, objective$^{1/2}$, discipline$^{1/2}$, ambitious$^{1/2}$, enthusiasm$^{1/2}$

wile pali e ike spite$^{1/2}$

wile pali e nimi sin wanting to create new words$^{1/2}$

wile pali mute ambition^{½}, ambitious^{½}

wile pali pona conscience^{½}

wile pali suli ambitious^{1}

wile pana owe^{2}, offer^{2}, offering^{2}, due^{½}

wile pana e mani debt^{1}, bid^{½}

wile pana e mani tawa jan ante debt^{½}

wile pi ante ala conservative^{½}

wile pi jan ale democratic^{½}

wile pi jan ante obligation^{½}

wile pi jan mute pressure^{½}, popularity^{½}

wile pi mani taso corrupt^{½}

wile pi olin wan engagement^{½}

wile pi tawa anpa gravity^{½}

wile pi toki mute exact^{½}

wile pini verdict^{½}, resign^{½}

wile pona deserve^{½}, bless^{½}, blessing^{½}, willingness^{½}, apology^{½}

wile sama compliance^{½}, consent^{½}, settlement^{½}

wile sama pi jan mute consensus^{½}

wile sewi odds^{½}, inevitable^{½}

wile sijelo instinct^{½}

wile sona curiosity^{5}, inquiry^{3}, question^{3}, curious^{3}, interested^{2}, wonder^{2}, ask^{1}, interest^{1}, consult^{1}, test^{1}, poll^{½}, survey^{½}, trial^{½}, research^{½}, assessment^{½}

wile sona kulupu poll^{½}

wile sona pi pilin kulupu poll^{½}

wile sona pi wile jan poll^{½}

wile soweli instinct^{½}

wile suli requirement^{1}, ambitious^{1}, desperate^{1}, vital^{½}, essential^{½}, ambition^{½}, priority^{½}, obligation^{½}, rush^{½}

wile suli ike addiction^{½}

wile suli pi ijo ike addiction^{½}

wile tan pona ona deserve^{½}

wile tawa aim^{1}

wile tawa moli ala vital^{½}

wile toki mean (v)^{2}, social^{½}, imply^{½}

wile toki ala shy^{½}

wile unpa ala asexual^{1}

wile utala hostile^{2}, aggressive^{2}, competitive^{½}, rebel^{½}, confront^{½}, hatred^{½}

wile wawa determination^{2}, motivation^{1}, urge^{1}, eager^{½}, insist^{½}, courage^{½}, obligation^{½}

wile weka e pali pini regret^{½}

yupekosi change a creative
work and unintentionally
make it worse[3]
*(no one knows how to pronounce the **y**)*

Creative Works

laso tu

laso sewi
laso anpa

wan laso
lon tu

telo suli li pana sewi e luka.
sewi la ona li awen weka.

kon sewi li wile olin e telo.
wile la telo li ken ala.

taso ijo li lon. ijo li ken
wan e olin pakala awen.

sewi li lon e suno wawa.
telo li ken kama anpa ala.

telo anpa o!
suno o ken sewi e sina!

nasin nanpa kijetesantakalu

tan soweli nata

After a lot of deliberation, I have finally come up with my very own *nasin nanpa* that I believe stays true to the philosophy of Toki Pona.

Like some others, it uses base-6, with the most significant digit spoken first. Unlike some others, it allocates a few extra words for this. The words are pronounced similarly to the existing word *kijetesantakalu*, but the stress is placed differently.

The digit 5 is represented with the second syllable stressed, the digit 4 is represented with the third syllable stressed, and so on, up to 0, with the last syllable stressed. Do not be deceived; these are still different words!

Stress is not marked in written form.

Example:

> *mi wile e kili kijetesantakalu kijetesantakalu.*
> I would like thirty apples.

lon ma tomo pi tenpo pini suli

tan jan Kapilu

lon ma tomo pi tenpo pini suli,
la tomo ale li tan kiwen walo,
tan tenpo la tomo li anpa li pakala.

kasi mute li lawa e kulupu tomo,
insa pi ma ni la kasi pi kule ale li lon,
tan lupa pi kiwen walo la kasi lili li open.

sama kasi la pipi pi kule mute li lon,
ona li lon anpa kiwen li weka tan akesi,
waso suwi li jo e kule walo sama kiwen.

suno anpa la sewi li kama jelo li kama loje,
suno weka la mun li kama wawa,
pimeja li lon la kon li lete.

tenpo ni la jan ala li lon ma ni,
lon ma tomo pi jan ala,
la kalama pona li lon.

lon kiwen walo wan la toki ni li sitelen:
sama telo la ale li tawa,
o olin e tenpo ni, tenpo ante li lon ala.

Made in the USA
Thornton, CO
01/13/23 20:11:06

753b23a2-b49e-4c2f-ac7f-1f6e89aec0d3R01